智库丛书
Think Tank Series

国家发展与战略丛书
人大国发院智库丛书

中国资产管理行业发展报告2021

Report on the Development of China
Asset Management Industry 2021

庄毓敏　宋科　主编

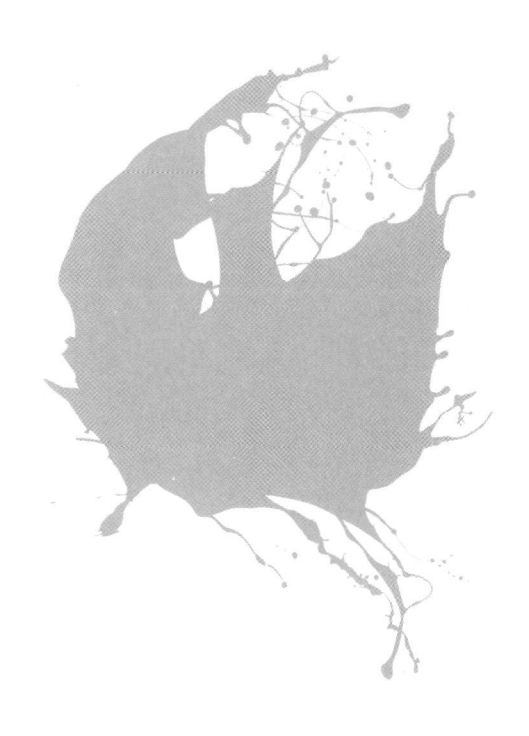

中国社会科学出版社

图书在版编目（CIP）数据

中国资产管理行业发展报告.2021／庄毓敏，宋科主编.—北京：中国社会科学出版社，2022.4

（国家发展与战略丛书）

ISBN 978-7-5227-0118-9

Ⅰ.①中… Ⅱ.①庄…②宋… Ⅲ.①资产管理—研究报告—中国—2021 Ⅳ.①F832.48

中国版本图书馆 CIP 数据核字（2022）第 066705 号

出 版 人	赵剑英
责任编辑	黄 丹　郭曼曼
责任校对	夏慧萍
责任印制	王 超

出　　版	中国社会科学出版社
社　　址	北京鼓楼西大街甲 158 号
邮　　编	100720
网　　址	http://www.csspw.cn
发 行 部	010-84083685
门 市 部	010-84029450
经　　销	新华书店及其他书店
印　　刷	北京明恒达印务有限公司
装　　订	廊坊市广阳区广增装订厂
版　　次	2022 年 4 月第 1 版
印　　次	2022 年 4 月第 1 次印刷
开　　本	710×1000　1/16
印　　张	34.5
插　　页	2
字　　数	431 千字
定　　价	179.00 元

凡购买中国社会科学出版社图书，如有质量问题请与本社营销中心联系调换
电话：010-84083683
版权所有　侵权必究

中国资产管理行业发展报告 2021
编委会

顾　　问　刘元春

主　　编　庄毓敏　宋　科

编　　委　（按姓氏拼音排序）
　　　　　廖双辉　廖志明　马晓燕　钱宗鑫
　　　　　孙　超　谭松涛　田昕明　王　剑
　　　　　徐力婧　严丹虹　严金明　尹彬彬
　　　　　杨雅鑫　姚泽宇　周文渊

中国资产管理行业发展报告 2021 编写单位

中国人民大学国家发展与战略研究院（简称"人大国发院"），是以习近平总书记治国理政思想为指导，以"四个全面"战略为研究框架，以"国家治理现代化"为特色研究领域，通过机制和体制创新，整合中国人民大学优质智库研究资源而打造的、独立的非营利实体研究机构，于 2013 年 6 月正式成立，于 2015 年 12 月入选首批国家高端智库建设单位，并入选全球智库百强。

2017 年，人大国发院拓展国家高端智库的地方合作网络，先后成立了长江经济带研究院（宜宾分院）和青岛分院，迈出了校地合作的标志性步伐；2018 年年初在"中国大学智库机构百强排行榜"中名列第一；2019 年在国家高端智库三年综合评估中入选第一档次梯队，是唯一入选第一档次梯队的高校智库。秉承时代使命，人大国发院努力成为"最懂中国的世界一流大学智库"。

福建省金司南金融研究院（Fujian Jinsinan Institute of Finance，FJIF）是经福建省民政厅批准登记的学术性、非营利性组织，主管部门为福建省地方金融监督管理局，专注于探索资产管理行业与区域经济的协同发展，致力于长期打造一流的专家智库和行业研讨平台。

FJIF 拥有一支由资深学者、行业专家领衔的智库团队，包括国内著名区域经济学者、金融机构高管、金融科技专家、行业领头人等，着力于探索区域经济升级、金融资源与实体经济有效配置等相关领域研究，并开展课题调研、交流合作、金融能力建设等，为地方政府、研究专家及行业机构提供长期的智库平台支持，助力资产管理行业长效健康发展。

目　录

引　言 …………………………………………………………… (1)

第一章　中国武夷资产管理行业发展指数：2013—2020 年 …… (12)
第一节　编制原则 ………………………………………… (13)
第二节　编制方法 ………………………………………… (13)
第三节　指标体系构建 …………………………………… (25)
第四节　数据处理与权重确定 …………………………… (31)
第五节　指数测算 ………………………………………… (34)
第六节　结果分析 ………………………………………… (38)
第七节　结论性评价 ……………………………………… (77)

第二章　银行理财：转型攻坚期的机遇与挑战并存 ………… (92)
第一节　2019 年银行理财业务发展情况 ………………… (92)
第二节　2020 年银行理财行业发展情况 ………………… (106)
第三节　2021 年银行理财行业发展展望 ………………… (125)

第四节　2021 年银行理财行业的机遇与挑战 …………（136）

第三章　证券公司资管：加速主动化管理提升竞争实力………（162）
　　第一节　2019 年证券公司资产管理业务发展情况 …………（162）
　　第二节　2020 年证券公司资产管理业务发展情况 …………（182）
　　第三节　2021 年证券公司资产管理业务发展展望 …………（207）
　　第四节　2021 年证券公司资产管理业务的机遇与挑战 ……（214）

第四章　保险资管：有望迎来规范大发展时代…………………（230）
　　第一节　2019 年保险资金应用情况及保险资管行业
　　　　　　发展情况………………………………………………（231）
　　第二节　2020 年保险资金应用情况及保险资管行业
　　　　　　发展情况………………………………………………（243）
　　第三节　2021 年保险资管行业发展展望 ……………………（265）
　　第四节　2021 年保险资管行业的机遇与挑战 ………………（277）

第五章　信托业：严监管下转型趋势加快………………………（288）
　　第一节　2019 年信托业发展情况 ……………………………（288）
　　第二节　2020 年信托业发展情况 ……………………………（308）
　　第三节　2021 年信托业发展展望 ……………………………（329）
　　第四节　2021 年信托业的挑战与机遇 ………………………（347）

第六章　公募基金：基金管理规模实现历史性跨越……………（357）
　　第一节　2019 年公募基金行业发展情况 ……………………（357）
　　第二节　2020 年公募基金行业发展情况 ……………………（374）

第三节　2021年公募基金行业发展展望 ………………………（392）
第四节　2021年公募基金业的机遇与挑战 ……………………（403）

第七章　私募基金：监管改革下行业现状与转型方向………（410）
第一节　2019年私募基金行业发展情况 ………………………（411）
第二节　2020年私募基金行业发展情况 ………………………（424）
第三节　2021年私募基金行业发展展望 ………………………（432）
第四节　2021年私募基金行业的机遇与挑战 …………………（444）

第八章　互联网理财：财富管理新时代………………………（447）
第一节　2019年互联网理财行业发展情况 ……………………（447）
第二节　2020年互联网理财行业发展情况 ……………………（464）
第三节　2021年互联网理财行业发展展望 ……………………（479）
第四节　2021年互联网理财行业的机遇与挑战 ………………（487）

第九章　主要结论与政策启示…………………………………（499）
第一节　2013—2020年中国资管行业总指数增长
　　　　近5倍…………………………………………………（499）
第二节　银行理财转型进入攻坚期，未来机遇与
　　　　挑战并存………………………………………………（500）
第三节　券商资管稳步转型，加速主动化管理提升
　　　　竞争实力………………………………………………（502）
第四节　保险资管"1+3"监管框架落地，有望迎来
　　　　规范大发展时代………………………………………（503）
第五节　信托资管：严监管下转型趋势加快……………………（504）

第六节 基金资管稳步发展，高起点带来新机遇更带来

新挑战…………………………………………（507）

第七节 财富管理新时代来临，互联网理财快速发展………（510）

参考文献……………………………………………………（514）

后　记………………………………………………………（519）

图索引

图1-1 指数构建流程 …………………………………… (14)
图1-2 中国资产管理行业规模情况
       (2013Q1—2020Q4) ………………………………… (32)
图1-3 中国资产管理行业产品存续情况
       (2013Q1—2020Q4) ………………………………… (33)
图1-4 中国武夷资产管理行业发展指数
       (2013Q1—2020Q4) ………………………………… (37)
图1-5 中国武夷资产管理行业发展指数增速
       (2014Q1—2020Q4) ………………………………… (38)
图1-6 中国武夷资产管理行业总指数
       (2013Q1—2020Q4) ………………………………… (42)
图1-7 中国武夷资产管理行业二级指数
       (2013Q1—2020Q4) ………………………………… (44)
图1-8 中国武夷资产管理行业二级指数同比增长率
       (2014Q1—2020Q4) ………………………………… (45)

图 1-9　各行业资产管理业务发展指数
　　　　（2013Q1—2020Q4） ………………………………（50）
图 1-10　各行业资产管理业务发展指数同比增长率
　　　　（2014Q1—2020Q4） ………………………………（50）
图 1-11　银行业资产管理发展指数
　　　　（2013Q1—2020Q4） ………………………………（53）
图 1-12　银行业资管分维度指数
　　　　（2013Q1—2020Q4） ………………………………（54）
图 1-13　银行业资管分维度指数同比增长率
　　　　（2014Q1—2020Q4） ………………………………（55）
图 1-14　证券业资产管理发展指数
　　　　（2013Q1—2020Q4） ………………………………（59）
图 1-15　证券业资管分维度指数
　　　　（2013Q1—2020Q4） ………………………………（60）
图 1-16　证券业资管分维度指数同比增长率
　　　　（2014Q1—2020Q4） ………………………………（60）
图 1-17　保险业资产管理发展指数
　　　　（2013Q1—2020Q4） ………………………………（64）
图 1-18　保险业资管分维度指数
　　　　（2013Q1—2020Q4） ………………………………（65）
图 1-19　保险业资管分维度指数同比增长率
　　　　（2014Q1—2020Q4） ………………………………（66）
图 1-20　信托业资产管理发展指数
　　　　（2013Q1—2020Q4） ………………………………（70）

图 1-21 信托业资管分维度指数
（2013Q1—2020Q4） ……………………… （70）

图 1-22 信托业资管分维度指数同比增长率
（2014Q1—2020Q4） ……………………… （71）

图 1-23 基金业资产管理发展指数
（2013Q1—2020Q4） ……………………… （75）

图 1-24 基金业资管分维度指数
（2013Q1—2020Q4） ……………………… （76）

图 1-25 基金业资管分维度指数同比增长率
（2014Q1—2020Q4） ……………………… （76）

图 2-1 GDP 当季同比增速 ………………………………… （93）

图 2-2 工业增加值累计同比增速 ………………………… （93）

图 2-3 工业品出厂价格指数当月同比增速 ……………… （94）

图 2-4 社会消费品零售总额累计同比增速 ……………… （94）

图 2-5 2019 年新增企业中长期贷款同比变化 …………… （95）

图 2-6 民企信用利差 ……………………………………… （95）

图 2-7 2018 年、2019 年当月新增非标（信托+委托）
同比变化 …………………………………………… （96）

图 2-8 非保本理财余额及增速 …………………………… （98）

图 2-9 2019 年年末不同投资性质非保本理财
产品余额占比 ……………………………………… （99）

图 2-10 2019 年年末不同运作模式非保本理财
产品存续余额占比 ………………………………… （99）

图 2-11 2019 年年末部分上市银行净值型产品余额占其
非保本理财余额比例 ……………………………… （101）

图 2-12	2019 年年末非保本理财资产配置情况	(102)
图 2-13	招商银行 2019 年理财资金配置情况	(102)
图 2-14	2019 年年末青岛银行理财资金配置情况	(103)
图 2-15	2019 年年末建设银行理财资金资产配置情况	(104)
图 2-16	全市场 1 年期理财产品预期收益率	(105)
图 2-17	GDP 当季同比增速	(107)
图 2-18	工业增加值累计同比增速	(108)
图 2-19	PPI：全部工业品：当月同比	(108)
图 2-20	社会消费品零售总额累计同比增速	(109)
图 2-21	2020 年新增企业中长期贷款同比变化	(110)
图 2-22	民企信用利差	(111)
图 2-23	非保本理财余额及增速	(114)
图 2-24	2020 年年末不同投资性质非保本理财产品余额占比	(115)
图 2-25	2020 年年末不同运作模式非保本理财产品存续余额占比	(115)
图 2-26	2020 年年末净值型非保本理财产品存续余额占比	(116)
图 2-27	2020 年年末部分上市银行净值型产品余额占比	(117)
图 2-28	净值型产品发行数量占比	(117)
图 2-29	同业理财存续余额逐年降低	(118)
图 2-30	3 个月（含）以下理财存续余额占比变化趋势	(119)
图 2-31	2020 年年末非保本理财资产配置情况	(120)
图 2-32	宁波银行保本理财资产配置	(121)

图2-33	宁波银行非保本理财资产配置	(121)
图2-34	青岛银行理财资产配置	(122)
图2-35	全市场1年期理财产品预期收益率	(124)
图2-36	净值型产品收益率波动较大	(124)
图2-37	大资管主要细分行业占比	(126)
图2-38	大资管主要细分行业增速	(126)
图2-39	2021年银行理财规模预测（分产品类型，万亿元）	(127)
图2-40	2021年银行理财规模预测（分产品类型，万亿元）	(128)
图2-41	2020年年末国外银行表外资管与表内资产规模比例	(129)
图2-42	2020年年末部分上市银行表外理财余额占表内总资产比例	(129)
图2-43	3年期AAA企业债收益率及1年期理财预期收益率走势	(131)
图2-44	中邮理财产品布局	(134)
图2-45	工银理财产品体系	(134)
图2-46	银行理财资金进入股市	(142)
图3-1	2019年年末中国各资管机构业务规模占比	(164)
图3-2	2014—2019年年末中国各主体资管业务规模	(165)
图3-3	证券行业资管业务产品规模构成（2018Q4—2019Q4）	(166)
图3-4	2018Q4—2019Q4证券行业资管业务产品数量构成	(167)

图 3-5　2018Q4—2019Q4 券商资管业务净收入
明细 …………………………………………… (168)

图 3-6　2018—2019 年券商资管业务净收入明细 ………… (168)

图 3-7　中国不同资管主体风险收益定位 ………………… (169)

图 3-8　2018 年年末银行理财投资者结构 ………………… (170)

图 3-9　2019 年年末银行理财存续规模结构 ……………… (171)

图 3-10　2010 年 3 月—2019 年 9 月信托资产规模变化 …… (172)

图 3-11　公募基金产品结构 ………………………………… (173)

图 3-12　原有银信证合作模式 ……………………………… (174)

图 3-13　2015 年 9 月—2019 年 12 月证券公司定向
资管规模 ……………………………………… (176)

图 3-14　2018 年 1 月—2019 年 12 月上市 ABS 资产
规模 …………………………………………… (177)

图 3-15　2015—2019 年券商资管计划下 ABS 产品规模 …… (177)

图 3-16　2020 年中国各资管机构业务规模占比 ………… (190)

图 3-17　2014—2020 年中国各资管机构业务规模构成 …… (190)

图 3-18　2016 年 6 月—2020 年 12 月中国券商资管
产品数量 ……………………………………… (192)

图 3-19　2016 年 6 月—2020 年 12 月中国券商资管产品
规模 …………………………………………… (193)

图 3-20　2015—2020 年券商新成立资管产品投资类型
构成 …………………………………………… (194)

图 3-21　2016—2020 存续券商资管产品同比变化率—按
数量 …………………………………………… (195)

图 3-22	截至 2021Q1 存续券商资管产品投资类型构成—按规模	（195）
图 3-23	2014—2020 年证券公司受托客户资产管理业务净收入及净利润占比	（196）
图 3-24	2016—2020 年证券公司集合资管计划规模及数量	（198）
图 3-25	2015—2020 年集合资管产品资产配置市值构成	（200）
图 3-26	2016 年 6 月—2020 年 12 月券商定向资管计划存续规模及数量	（204）
图 3-27	银证合作下券商资管通道业务模式	（205）
图 3-28	2015—2020 年企业 ABS 总发行量及各品种发行量	（206）
图 3-29	2015—2020 年券商资管计划 ABS 产品发行规模	（213）
图 3-30	截至 2021 第一季度存量中国证券监督管理委员会主管 ABS 中规模前十的各类型比重	（213）
图 4-1	2002—2019 年中国保险业资产规模及增长率	（232）
图 4-2	1999—2019 年中国保费收入增速	（233）
图 4-3	2009—2019 年中国保险公司资产总额和资金运用余额及同比增速	（233）
图 4-4	2019 年年末中国保险资金运用余额结构	（234）
图 4-5	2013—2019 年中国保险资金运用结构	（234）
图 4-6	2002—2019 年中国保险资金运用平均收益率	（235）

图 4-7　2015—2019 年中国保险资管机构数量及从业
　　　　人数 ………………………………………………（237）
图 4-8　2016—2019 年中国保险资管机构管理费收入 ………（238）
图 4-9　2019 年年末中国保险资管机构管理规模结构 ………（239）
图 4-10　2015—2019 年中国保险资管机构管理规模…………（240）
图 4-11　2019 年年末中国保险资管产品数量及近 1 年平均
　　　　　回报率 ……………………………………………（241）
图 4-12　2019 年中国平安债权计划及债权型理财产品
　　　　　结构 ………………………………………………（243）
图 4-13　2002—2020 年中国保险业资产规模变化趋势………（244）
图 4-14　2000—2020 年保费收入变化趋势……………………（245）
图 4-15　2020 年中国保险公司资产总额和资金运用余额
　　　　　同比增速 …………………………………………（246）
图 4-16　截至 2020 年年末，中国保险资金运用余额
　　　　　结构 ………………………………………………（246）
图 4-17　2013 年 12 月—2021 年 1 月资产配置变化趋势 ……（247）
图 4-18　2000—2020 年中国保险资金运用平均收益率
　　　　　变化趋势 …………………………………………（248）
图 4-19　2015—2020 年保险资管机构管理规模………………（250）
图 4-20　保险资管市场产品数量和近 1 年平均回报率
　　　　　（截至 2020 年年末）………………………………（251）
图 4-21　2015—2020 年中国保险资管机构数和从业
　　　　　人数变化趋势 ……………………………………（260）
图 4-22　2016—2020 年中国保险资管机构管理费
　　　　　收入规模 …………………………………………（261）

图 4-23	平安资管新投研系统整体框架	(263)
图 4-24	泰康资管智能投研深度学习平台	(264)
图 4-25	智能投研平台整体架构	(264)
图 4-26	2020年年末保险资管行业各资金来源占比情况	(267)
图 4-27	CAS 22中金融资产分类方式对比情况	(269)
图 4-28	新准则下重分类主要的归类方式（不包含指定分类情况）	(271)
图 4-29	中国平安2017年年末，在原先的IAS39分类下投资组合的"四分类"情况	(272)
图 4-30	新准则下，2018年年末中国平安金融资产分类情况	(273)
图 4-31	2014—2020年中国平安股票投资规模情况	(274)
图 4-32	2014—2020年中国平安长期股权投资占总投资资产比重变化趋势	(275)
图 4-33	2016—2020年中国平安债券投资中政府债券占比情况	(276)
图 4-34	中国平安债券投资规模变化趋势	(276)
图 4-35	2001年1月—2021年1月保费收入变化趋势	(279)
图 4-36	2001年1月—2021年1月财产险、健康险、寿险保费收入变化趋势	(279)
图 4-37	2008年7月—2020年7月国内主要债券收益率变化趋势	(280)
图 4-38	2005年12月—2019年12月日本保险资金对外投资变化趋势	(282)

图 4-39　2005 年 12 月—2019 年 12 月日本对中国金融业
　　　　 直接投资变化趋势 ……………………………………（282）

图 4-40　2018 年保险资管资金来源构成 ……………………（284）

图 4-41　2013 年 12 月—2020 年 12 月保险公司其他投资
　　　　 占比变化趋势 …………………………………………（285）

图 4-42　2004 年 12 月—2020 年 12 月银行资产规模和保险
　　　　 资产规模变化趋势 ……………………………………（287）

图 5-1　2010—2019 年中国信托资产规模及环比增速 ………（289）

图 5-2　2010—2019 年中国集合资金信托资产规模及占比
　　　　变化趋势 ………………………………………………（290）

图 5-3　2010—2019 年中国单一资金信托资产规模及
　　　　占比 ……………………………………………………（291）

图 5-4　2010—2019 年中国管理财产信托资产规模及
　　　　占比 ……………………………………………………（291）

图 5-5　2010—2019 年中国事务管理类信托资产规模及
　　　　占比 ……………………………………………………（292）

图 5-6　2010—2019 年中国融资类信托资产规模及占比 ……（293）

图 5-7　2010—2019 年中国投资类信托资产规模及占比 ……（293）

图 5-8　2014—2019 年中国信托行业资金投向占比 …………（294）

图 5-9　2010—2019 年投向工商企业的信托资金余额 ………（295）

图 5-10　2010—2019 年投向基础产业的信托资金余额 ……（296）

图 5-11　2010—2019 年投向房地产的信托资金余额 ………（296）

图 5-12　2010—2019 年投向金融机构的信托资金余额 ……（297）

图 5-13　2010—2019 年投向证券市场的信托资金余额 ……（298）

图 5-14　2010—2019 年中国信托公司所有者权益 …………（299）

图 5-15　2015—2019 年中国信托公司所有者权益构成变化 …………………………………………………（299）

图 5-16　2015—2019 年中国信托公司固有资产规模及环比增速 ……………………………………（300）

图 5-17　2015—2019 年中国信托公司各类固有资产占比 ……（301）

图 5-18　2010—2019 年中国信托公司经营收入及同比增速 ……………………………………（302）

图 5-19　2015—2019 年中国信托公司业务收入结构 …………（302）

图 5-20　2010—2019 年中国信托公司利润总额及同比增速 ……………………………………（303）

图 5-21　2010—2019 年中国信托公司人均利润及同比增速 ……………………………………（304）

图 5-22　2010—2019 年中国信托公司年化报酬率和实际收益率 …………………………………（304）

图 5-23　2014—2019 年中国信托行业风险资产规模及增速 ……………………………………（305）

图 5-24　2014—2019 年中国信托行业风险项目个数及增速 ……………………………………（305）

图 5-25　2015—2019 年中国集合信托风险项目规模 …………（306）

图 5-26　2015—2019 年中国单一信托风险项目规模 …………（307）

图 5-27　2015—2019 年中国财产权信托风险项目规模 ………（307）

图 5-28　2014—2020 年中国信托行业未来一年到期规模和个数 …………………………………（308）

图 5-29　2011—2020 年中国信托资产规模及环比增速 ………（309）

图 5-30　2011—2020 年中国集合资金信托资产规模及
占比 ……………………………………………… （310）

图 5-31　2011—2020 年中国单一资金信托资产规模及
占比 ……………………………………………… （311）

图 5-32　2011—2020 年中国管理财产信托资产规模及
占比 ……………………………………………… （311）

图 5-33　2011—2020 年中国事务管理类信托资产规模及
占比 ……………………………………………… （313）

图 5-34　2011—2020 年中国融资类信托资产规模及占比 …… （313）

图 5-35　2011—2020 年中国投资类信托资产规模及占比 …… （314）

图 5-36　2015—2020 年中国信托行业资金投向占比 ………… （315）

图 5-37　2011—2020 年投向工商企业的信托资金余额 ……… （316）

图 5-38　2011—2020 年投向基础产业的信托资金余额 ……… （317）

图 5-39　2011—2020 年投向房地产的信托资金余额 ………… （317）

图 5-40　2011—2020 年投向金融机构的信托资金余额 ……… （318）

图 5-41　2011—2020 年投向证券市场的信托资金余额 ……… （319）

图 5-42　2011—2020 年中国信托公司所有者权益 …………… （321）

图 5-43　2016—2020 年中国信托公司所有者权益构成
变化 ……………………………………………… （321）

图 5-44　2016—2020 年中国信托公司固有资产规模及
环比增速 ………………………………………… （322）

图 5-45　2016—2020 年中国信托公司各类固有资产占比 …… （323）

图 5-46　2010—2020 年中国信托公司经营收入及增速 ……… （323）

图 5-47　2016—2020 年中国信托公司业务收入结构 ………… （324）

图 5-48	2010—2020 年中国信托公司利润总额及同比增速	（325）
图 5-49	2010—2020 年中国信托公司人均利润及同比增速	（325）
图 5-50	2010—2020H1 中国信托公司年化报酬率和实际收益率	（326）
图 5-51	2014—2020Q1 中国信托行业风险资产规模及增速	（327）
图 5-52	2014—2020Q1 中国信托行业风险项目个数及增速	（327）
图 5-53	2016—2020Q1 中国集合信托风险项目规模	（328）
图 5-54	2016—2020Q1 中国单一信托风险项目规模	（328）
图 5-55	2016—2020Q1 中国财产权信托风险项目规模	（329）
图 5-56	中国信托产品发展展望	（331）
图 6-1	2019 年基金公司及其子公司管理的资产规模变化情况（万亿元）	（365）
图 6-2	基金公司及其子公司管理的资产规模变化情况	（366）
图 6-3	2016Q4—2019Q4 公募资产管理规模发展情况	（366）
图 6-4	2015 年 1 月—2019 年 10 月公募基金规模发展情况	（368）
图 6-5	2016Q4—2019Q3 基金管理公司及其子公司私募资管计划只数及规模发展情况	（369）
图 6-6	基金公司及其子公司一对一专户、一对多专户数量和净资产规模发展情况	（372）

图 6-7　2019 年年末封闭式和开放式公募基金净资产占比
　　　　情况（亿元） ………………………………………………（372）
图 6-8　2019 年年末各类型公募基金净资产占比情况
　　　　（亿元） …………………………………………………（373）
图 6-9　资产管理业务总规模（2019Q4—2020Q4） …………（384）
图 6-10　2020 年各类资产管理业务规模及占比
　　　　（万亿元） …………………………………………………（385）
图 6-11　2020 年公募资产管理规模发展情况………………（386）
图 6-12　2020 年基金发行数量及份额情况…………………（389）
图 6-13　2020 年封闭式和开放式公募基金净资产规模及
　　　　占比情况（亿元） …………………………………………（390）
图 6-14　2020 年各类型公募基金净资产规模及占比情况
　　　　（亿元） …………………………………………………（391）
图 6-15　2020 年资管各行业资产管理规模占比情况………（395）
图 6-16　2019 年 12 月—2020 年 12 月基金公司及其子公司
　　　　私募产品管理情况 ………………………………………（397）
图 7-1　2015 年 12 月—2019 年 12 月私募基金管理人、
　　　　在管私募基金数量及私募基金管理规模情况 ………（417）
图 7-2　2019 年私募基金管理人管理基金规模分布情况 ……（419）
图 7-3　各类型私募基金管理人数量（家） …………………（422）
图 7-4　2019 年年末各类型私募基金管理人数量占比 ………（423）
图 7-5　2019 年年末各类型私募基金产品管理规模占比 ……（424）
图 7-6　2019 年 12 月—2020 年 12 月私募基金管理人存续
　　　　情况趋势 …………………………………………………（426）

图 7-7　2020 年 12 月各类型私募基金产品规模与产品数
　　　　占比 ……………………………………………………（429）

图 7-8　各类型私募基金管理人数量 ……………………………（430）

图 7-9　2020 年年末各类型私募基金管理人数量占比 …………（431）

图 7-10　2020 年年末各类型私募基金产品管理规模
　　　　 占比 …………………………………………………（431）

图 8-1　2008—2018 年中国国内生产总值和同比增速 …………（448）

图 8-2　2008—2018 年中国居民可投资资产规模及
　　　　财富管理市场规模 ……………………………………（448）

图 8-3　2014—2019 年中国互联网理财用户数及
　　　　增长率 …………………………………………………（449）

图 8-4　2014—2019 年中国互联网理财用户使用率 ……………（450）

图 8-5　2014—2018 年中国数字普惠金融投资业务
　　　　指数 ……………………………………………………（451）

图 8-6　周内平均购买用户数 ……………………………………（452）

图 8-7　断点回归的线性拟合与二次型拟合 ……………………（452）

图 8-8　活跃理财用户的职业与年龄分布 ………………………（453）

图 8-9　理财经验和风险偏好 ……………………………………（455）

图 8-10　理财经验与风险偏好—按年龄划分 …………………（458）

图 8-11　按基金类型分布的活跃理财人数占比 ………………（460）

图 8-12　各基金类型占比—按职业划分 ………………………（461）

图 8-13　2010—2020 年中国名义国内生产总值和同比
　　　　 增速 …………………………………………………（465）

图 8-14　2017—2025 年中国居民可投资资产规模 ……………（465）

图 8-15　中国境内上市公司总市值及占 GDP 比例 ……………（467）

图 8-16　中国债券市场托管余额及占 GDP 比例 ……………（467）
图 8-17　2010—2020 年中国网民规模及互联网
　　　　 普及率 ………………………………………………（468）
图 8-18　2013—2020 年中国移动支付笔数及增速 …………（468）
图 8-19　2014 年 11 月—2021 年 2 月综合理财和股票
　　　　 交易类 APP 月活用户数 ……………………………（469）
图 8-20　2014 年 11 月—2021 年 2 月综合理财和股票
　　　　 交易类 APP 月使用时长 ……………………………（469）
图 8-21　2014—2020 年中国互联网理财用户规模及
　　　　 使用率 ………………………………………………（472）
图 8-22　2019 年中国居民金融资产配置结构 ………………（480）
图 8-23　2004—2019 年中国居民家庭总资产配置结构 ……（481）
图 8-24　2015—2019 年各渠道基金销售保有量市占率
　　　　 分布 …………………………………………………（484）
图 8-25　卖方销售模式与买方销售模式对比 ………………（485）
图 8-26　2013—2018 年中国高净值人群数量及持有
　　　　 可投资资产规模 ……………………………………（489）
图 8-27　互联网理财参与率（按户主年龄分组）……………（491）
图 8-28　居民家庭理财行为影响消费行为的传导机制 ………（496）

表 索 引

表1-1 六大类指数编制方法对比 …………………………… (24)
表1-2 中国武夷资产管理行业发展指数指标框架 …………… (26)
表1-3 中国武夷资产管理行业发展指数对比（不同权重
确定方法）…………………………………………… (34)
表1-4 中国武夷资产管理行业发展指数及其同比增长率
（2013Q1—2020Q4）………………………………… (39)
表1-5 各行业资产管理业务发展指数及其同比增长率
（2013Q1—2020Q4）………………………………… (47)
表1-6 银行业资产管理发展指数及其同比增长率
（2013Q1—2020Q4）………………………………… (51)
表1-7 证券业资产管理发展指数及其增长率
（2013Q1—2020Q4）………………………………… (56)
表1-8 保险业资产管理发展指数及其增长率
（2013Q1—2020Q4）………………………………… (62)

表 1-9　信托业资产管理发展指数及其同比增长率
（2013Q1—2020Q4） ·················· （67）
表 1-10　基金业资产管理发展指数及其同比增长率
（2013Q1—2020Q4） ·················· （72）
表 2-1　2019 年陆续出台的各项关于银行理财业务政策 ········ （97）
表 2-2　2018 年陆续出台的各项关于银行理财业务政策 ······ （113）
表 2-3　常熟银行理财资产配置 ····················· （122）
表 2-4　"固收 +" 产品的适配标的 ··················· （132）
表 2-5　2020 年年末理财投资者类型分布 ··············· （136）
表 2-6　上市银行非保本理财余额 ···················· （147）
表 2-7　理财子公司设立情况 ······················· （149）
表 3-1　2019 年中国各主体资管业务规模占比 ············ （169）
表 3-2　2019 年度 ABS 管理规模排名前十的券商 ··········· （178）
表 3-3　券商资管、基金、信托特征 ·················· （180）
表 3-4　资管新规发布以来证券公司资管业务相关
政策梳理 ······························ （185）
表 3-5　资管新规相关政策梳理 ····················· （188）
表 3-6　截至 2021 年第一季度集合资管净值规模排名
前十的券商 ···························· （198）
表 3-7　2020 年集合理财产品业绩分类统计 ·············· （200）
表 3-8　截至 2021 年 3 月末持公募牌照的券商管理公募
基金情况 ····························· （202）
表 3-9　截至 2021 年 3 月末券商公募基金类型及规模 ········ （203）
表 3-10　国务院金融稳定委员会出台金融业对外开放
11 条 ······························· （214）

表 3-11	券商资管 2020 年年报业绩情况	(226)
表 3-12	国内外投行财富管理产品对比	(229)
表 4-1	2019 年保险资金运用情况	(236)
表 4-2	2020 年保险资金运用情况	(249)
表 4-3	2020 年中国平安债权计划及债权型理财产品结构	(252)
表 4-4	保险资金运用相关监管政策梳理	(254)
表 4-5	27 家综合性保险资产管理公司概况	(258)
表 4-6	2020 年 24 家保险资产管理公司经营情况	(261)
表 4-7	根据合同现金流测试与业务模式测试的结果进行重分类	(269)
表 4-8	预期信用损失减值模型	(270)
表 4-9	2017—2020 年中国平安投资收益	(273)
表 6-1	公募基金行业主要监管规则	(361)
表 6-2	基金管理公司及其子公司私募资管计划管理只数及规模（截至 2019 年第三季度末）	(369)
表 6-3	2012—2019 年开放式公募基金产品净资产数据	(374)
表 6-4	2018—2020 年新出台的公募基金行业监管规则	(380)
表 6-5	基金管理公司及其子公司私募资管计划只数及规模（截至 2020 年第四季度末）	(387)
表 6-6	2012—2020 年开放式公募基金产品净资产数据（亿元）	(391)
表 6-7	截至 2021 年 2 月公募基金产品规模分布情况	(396)

表 7-1　2019 年私募基金管理人按注册地分布情况
　　　　（36 辖区） ………………………………………… (419)
表 7-2　私募基金管理人按注册地分布情况
　　　　（36 辖区） ………………………………………… (427)
表 7-3　私募基金行业监管概况 ………………………… (436)
表 8-1　近两年内下沉人群购买基金人数变化对比 ……… (454)
表 8-2　理财经验—按城乡与城市等级划分 ……………… (456)
表 8-3　风险偏好—按城乡与城市等级划分 ……………… (456)
表 8-4　理财经验—按性别划分 …………………………… (457)
表 8-5　风险偏好—按性别划分 …………………………… (457)
表 8-6　近两年内下沉人群理财观念转变程度 …………… (459)
表 8-7　是否涉农人群资产配置结构变化趋势 …………… (461)
表 8-8　不同城市等级人群资产配置结构变化趋势 ……… (462)
表 8-9　不同青年人群资产配置结构变化趋势 …………… (463)
表 8-10　各类人群理财获益人数占比 …………………… (464)
表 8-11　各类型平台业务、客户、渠道、产品、投研实力
　　　　 对比 ……………………………………………… (474)
表 8-12　中国互联网理财群体配置理念 ………………… (476)
表 8-13　中国互联网理财群体冲动理财动机 …………… (477)
表 8-14　互联网理财细分群体持仓情况 ………………… (478)
表 8-15　合理配置金融资产对消费影响的实证结果 …… (495)
附表 1-1　中国武夷资管行业发展规模指数数据 ………… (78)
附表 1-2　中国武夷资管行业发展产品指数数据 ………… (80)
附表 1-3　中国武夷资管行业发展经营效益指数数据 …… (81)
附表 1-4　中国武夷资管行业发展人才资源指数数据 …… (82)

附表1-5　指标权重分布对比 …………………………………（83）

附表1-6　各行业资管业务经营效益数据 HP 滤波结果 ………（85）

附表1-7　中国武夷资产管理行业发展指数及其增长率
（简单平均法） …………………………………………（87）

附表1-8　中国武夷资产管理行业发展指数及其增长率
（专家打分法） …………………………………………（89）

引　言

2013年以来，中国"大资管"行业跨界竞合与混业经营的态势加速形成。牌照放开、渠道扩充、投资拓宽等资管新政打破了资产管理业务分业割据的局面，资产管理行业步入具有竞争、创新、混业等特征的"大资管时代"。资管规模迅速扩大，资管产品不断丰富，资管行业已经逐步成为影响国民经济和金融市场运行的重要力量。

近年来，在严监管和有序发展的新形势下，特别是《关于规范金融机构资产管理业务的指导意见》（银发〔2018〕106号，以下简称"资管新规"）推出以来，资管行业机遇与挑战并存，出现了一些新现象、新特征与新趋势。2020年，新冠肺炎疫情冲击全球，世界经济严重衰退，国内经济发展面临外部诸多不确定性，资管产品底层标的资产质量、资金来源以及线下业务等均受到不同程度的影响，资管行业面临严峻挑战。随着中国率先控制新冠肺炎疫情、率先复工复产、率先实现经济正增长由负转正，国内经济实现从开局不利到超预期收官。同时，监管层多项稳定市场的政策出台，资管新规过渡期延长，行业风险整体可控，为资管行业逆势回升提供了有力支撑，但潜在的不稳定因素仍值得高度重视。

为进一步厘清中国资产管理行业发展历程，科学跟踪行业最新动态，把握未来发展方向，为资产管理行业提供实践指导和决策参考，自2020年，我们开始编制中国武夷资产管理行业发展指数，并从银行、证券、保险、信托、公募基金、私募基金与互联网理财7个维度详细阐述资管行业各子领域的发展情况及其未来展望。指数编制兼顾金融理论与资管实践，充分考虑全面性和数据可得性，力求客观、量化地反映"大资管时代"以来中国资产管理行业的整体发展水平和动态变化趋势。本书具体选取资管规模、资管产品、经营效益和人才资源4个一级指标，银行业、证券业、保险业、信托业、基金业5个行业作为二级指标，并以此来构建2013年第一季度至2020年第四季度中国武夷资产管理行业发展指数。

通过构建指标体系、收集数据，对数据进行标准化、同趋化、HP滤波剔除周期性扰动项处理之后，采用主成分分析法确定权重，以2013年第一季度为基期，进行指数测算。结果表明，2013年第一季度至2020年第四季度，中国资产管理行业总指数增长近5倍，整体呈现两个发展阶段。第一阶段为2013年第一季度至2017年第四季度的迅猛增长阶段，指数从2013年第一季度基期的100增长到2017年第四季度的531.67，五年间增长了约4.3倍。第二阶段为2018年第一季度至2020年第四季度的稳定发展阶段，2019年第一季度总指数首次出现同比负增长，而后出现回升。

分维度来看，规模指数、产品指数、经营效益指数和人才资源指数4个二级指数可分为两个梯队，规模指数与产品指数为第一发展梯队，经营效益指数与人才资源指数为第二梯队，一梯队指数量级约为二梯队的两倍。整体上看，2013—2016年，4个二级指数均保持高速增长；2016年第一季度起，产品指数与人才资源指数同比增长曲线进入下降通道；2018年起，除规模指数出现下降以外，其他指数均进入稳定发展的区间；2020年4个二级指数均有不同程度回升。

经历了资产管理行业蓬勃发展之后，"转型"成了行业近几年最为重要的主题，"潮水逐步退去"也是面临新规则考验的过程。2017年以来，在严监管格局下，行业增速逐步放缓，指数增长率大幅下降。2019年，在资管新规"破刚兑、去通道、去杠杆"的指导下，监管部门针对各资管子行业出台相关细则，继续补齐监管拼图，使资管行业回归本源。2020年，面对新冠肺炎疫情冲击，央行联合多部门审慎研究决定将资管新规过渡期延长一年，为资管市场逆势回升提供了有力支撑。最新数据显示，截至2020年第四季度，总指数为596.23，同比增长10.66%，环比增长3.94%；分二级指标来看，规模指数为552.71，同比增长2.42%，产品指数为934.20，同比增长17.70%，经营效益指数为258.76，同比增长2.37%，人才资源指数为232.68，同比增长7.10%。

在此基础上，本书进一步针对资管子行业进行深入研究，一方面，从指数层面整体反映子行业发展水平和趋势，另一方面，针对2020年相关子行业的发展现状与未来展望进行系统梳理，并据此提出相关政策建议。

第一，银行理财转型进入攻坚期，未来机遇与挑战并存。

从银行理财分指数来看，2013年第一季度至2020年第四季度，中国银行业资产管理业务发展指数整体呈现先增后减两个发展阶段。第一阶段为2013年第一季度至2017年第四季度的增长阶段，指数从2013年第一季度基期的100增长到2017年第四季度的616.10，五年间增长了五倍多。第二阶段为2018年第一季度至2020年第四季度的波动下行阶段，2019年第一季度总指数首次出现同比负增长，2020年第一季度指数进一步下降至541.83，同比减少10.92%，2020年第四季度末指数回升至560.26，同比减少1.68%，环比增加0.39%。

通过系统梳理2020年以来的行业发展情况，本书发现：

一是2020年银行理财市场经历了新冠肺炎疫情的冲击，但也经受住了考验，各项业务平稳发展，资管新规转型顺利推进。整体上，不管是理财规模还是增速，较2019年均有所提升；从产品端来看，开放式、净值型产品规模大幅提升，同业理财、短久期与嵌套类理财产品规模进一步明显压缩；从资产端来看，标准化资产占比继续上升，非标资产占比下降。

二是银行理财子公司中长期发展潜力巨大，马太效应凸显。以国外成熟资管行业作为对标，未来国内银行理财子公司成立之后，规模至少有十倍左右的增长空间。若表内外资产比例能达到1∶1[①]，则国有大行增长空间更大，并且以理财子公司开业的速度看，大行有明显的先发优势，能迅速抢占市场份额。

三是后疫情时代，"固收+"将是理财产品策略配置的主流，"权益类"产品将会是差异化发展的方向。"固收+"资产配置策略成为银行在资管新方向下对保本理财产品的替代方案，即以策略保本代替刚性兑付，将大部分资金投资于固定收益类资产，使其期末的本息和等于本金额度，然后将剩余资金投资于股票指数期权、股票、衍生品等其他资产。借鉴海外发达经济体资管业务发展的趋势，权益市场将在固收收益市场之外，能为客户提供更多超额收益，或将成为更多头部银行做大做强理财子公司、并且有望形成差异化发展的方向。

第二，券商资管稳步转型，加速主动化管理提升竞争实力。

从券商资管分指数来看，2013年第一季度至2020年第四季度，中国证券业资产管理业务发展指数同样整体呈现先增后减两个发展阶

[①] 以国外主流的银行系资管公司为例，2019年年末，表内资产与表外资产规模比例平均为1∶1，基本上持平，部分银行表外资管规模远超过表内资产。

段。第一阶段为2013年第一季度至2016年第四季度的高速增长阶段，指数从2013年一季度基期的100增长到2016年第四季度的512.47，4年间增长了四倍多。第二阶段为2017年第一季度至2020年第四季度的缓慢下行阶段，截至2020年第四季度，指数进一步下降至336.40，同比减少7.00%、环比减少2.76%。通过系统梳理2020年以来的行业发展情况，本书发现：

一是资管新规"降杠杆、去通道"要求下，业务结构发生重心转变。资管新规下，资金端通道业务被全面封堵，资产端被动管理模式也被封堵，以定向计划通道业务为主的券商资管必然要转移重心。

二是资管行业同质化竞争加剧，券商资管需打造差异化优势。未来资管新规过渡期结束后，资管行业有望迎来统一监管的局面，各类金融机构的资管业务同质化将越发明显，市场竞争也将越发激烈。

三是正确理解与迎合政策导向，迅速完成业务转型，在变化阶段抢占先机。资管新规过渡期正式宣布延长至2021年年末，目的是保持金融市场稳定，防止资产集中抛售，为券商资管转型提供空间与时间，但长期改革大方向并没有改变。

四是积极开拓产品创新，以主动管理型产品为发力点。资管新规下，券商资管以往依赖的定向通道业务已无生存空间，需要创设能够凸显自身投研实力的主动管理型产品。

五是增强研究实力，把握居民财富管理需求。2020年中国居民的财务配置呈现从不动产和银行储蓄向金融资产迁移的趋势，居民追求金融性财富增长的意愿越发强烈。

第三，保险资管"1+3"监管框架落地，有望迎来规范大发展时代。

从保险资管分指数表现来看，2013年第一季度至2020年第四季度，中国保险业资产管理业务发展指数呈现不断增长趋势，是最具潜力、增长最稳定的资管行业，指数从2013年第一季度基期的100增长到2020年第四季度的651.32，八年来持续稳定增长了近5.5倍。从同比增长率来看，保险业资管指数始终保持高速增长，2015年第一季度指数同比增长率出现大幅下降，并于2016年第一季度由超高速增长进入高速增长阶段，近五年同比增速始终维持在20%至30%区间内。据测算，截至2020年第四季度，保险业资管指数为651.32，同比增长27.35%。通过系统梳理2020年以来的行业发展情况，本书发现：

一是资管新规赋予保险资管市场化地位，利于其长期健康发展。2020年保险资管新规落地实施，2020年9月出台了针对债权投资计划、股权投资计划、组合类保险资产管理产品的配套细则，自此保险资管业"1+3"监管框架落地。资管新规统一各资管子行业监管要求，缩小监管差异，保险资管新规赋予保险资管市场化地位，有利于保险资管行业长期健康发展。保险资管新规将保险资管明确定位为私募资管产品，将开启保险资管市场化发展的新篇章。

二是拓展负债来源，提升投研能力，降低对母公司的依赖。受托关联保险机构保险资金业务、非关联保险机构的保险资金业务、第三方非保险资金的业务等是目前保险资管公司主要受托业务。2012年《保险资金委托投资管理暂行办法》实施以来，券商、基金公司等资管机构可作为受托人受托保险资金投资，保险资管面临的竞争压力加大。

三是科技赋能，提升科技在业务上的运用。科技变革了很多传统行业，也在赋能金融业的发展。科技能够提升保险资管业效率，不少保险资管公司利用金融科技打造智能投研平台，提升投研能力；大数据风控可以赋能保险资管的债券投资业务，识别财务造假，降低债券投资踩雷的概率。

第四，监管趋严背景下，信托资管转型趋势加快。

从信托分指数来看，2013—2020年，中国信托业资产管理业务发展指数总体呈现波动上升趋势，同比增长率呈波动下降趋势。截至2020年第四季度末，信托业资管指数为285.20，同比增长3.53%，环比增长1.00%。通过系统梳理2020年以来的行业发展情况，本书发现：

一是信托行业监管继续从严。资管新规颁布后，2020年新一轮的监管文件陆续落地，从严监管趋势不断强化。监管趋严的背景下，去通道、去杠杆、压融资，严防多层嵌套，规避监管套利等，归根结底都是为了服务实体经济。随着监管政策陆续出台，信托业面临新一轮冲击与挑战，倒逼信托公司加快转型步伐。

二是融资类信托的收入贡献难以持续。从短期来看，融资类业务埋下较多风险隐患，从近年来"爆雷"事件频发中可以窥知一二，压降举措在一定程度上排除了风险由表外向表内传递转移的风险隐患，为后续信托业的平稳运行奠定基础。从中期来看，融资类业务具有周期性，受宏观经济环境影响较大。随着全球经济放缓，新冠肺炎疫情冲击，利率在未来一段时间内将维持低位运行，当利率无法支撑融资成本时，融资类信托将走向消亡。从长期来看，金融科技的蓬勃发展加快了金融脱媒进程，提高直接融资占比一直是政策鼓励的方向。融资类信托的中介功能存在被新的金融业态替代风险。

三是信托行业资本实力进一步增强，实收资本、信托赔偿准备和未分配利润都保持了较快的增速。2020年，已有十余家信托公司增资扩股，引入战略投资者，合计增资额远超2018年和2019年。信托行业在资产规模继续回落的背景下，资本实力持续增强，这将有助于公司拓展业务领域，提高风险抵御能力。

第五，基金资管稳步发展，高起点带来新机遇更带来新挑战。

从基金业分指数来看，2013年第一季度至2020年第四季度，中国基金业资产管理业务发展指数整体呈现波动上升趋势，大致可分为两个发展阶段。第一阶段为2013年第一季度至2015年第四季度的迅猛增长阶段，指数从2013年第一季度基期的100增长到2015年第四季度的633.84，三年间增长了约5.3倍。第二阶段为2016年第一季度至2020年第四季度的增长趋稳阶段，且于2019年第二季度指数同比首次出现负增长。据测算，截至2020年第四季度，指数为1172.52，同比增长17.69%，环比增长5.91%。通过系统梳理2020年以来的行业发展情况，本书发现：

一是在资管新规过渡期结束之际，公募基金作为整个资管行业的标杆，起着规范全行业的资产管理行为的带头作用。在其他资管面临由非标向标转化的业务模式转变的情况下，公募基金则因原本就扎根净值化管理领域而具备先天优势，高起点意味着在短期内获得更大的政策支持和能力发挥空间。

二是银行资管选择单独成立资管子公司来运作理财业务背景下，与公募基金一样，股债均可投。虽然银行理财子整体仍处于起步阶段，但是1元起投的"普惠化"优势，未来将对公募基金构成强大的竞争。银行理财子公司发展初期，借力银行固收方面的传统优势，初期发行产品以固收为主，之后扩展其他品类。公募基金可凭借在权益投资上的优势，在银行缺乏丰富的投资经验和完善的投研团队的背景下，接受银行理财子公司的委托，以FOF（Fund of Funds）、MOM（Manager of Managers）等形式开展跨行业合作。在银行理财子公司自主开展权益类投资前，与其他资管抢占市场合作份额。对于公募基金来说，在FOF和资产配置领域处于起步阶段，权益类资产配置外的其他策略竞争力较弱，亟须通过快速创新，夯实优势。

三是私募基金行业规范取得明显进步，但仍任重道远。目前，中国证券投资基金业协会（简称"中基协"）已经通过AMBERS系统实现了对私募基金管理人和私募基金产品的规范登记和基础信息披露，2020年2月，中基协正式上线信披备份系统投资者定向披露功能，私募基金投资者可以通过中基协信披备份系统查看其购买私募基金的信息披露报告。中基协增加投资者登录查询端口，大大推进了私募基金向规范化、透明化的转变。

四是私募基金行业是国内资管行业的重要补充，无论是证券类基金、股权类基金、创投基金还是其他私募基金，均应在更专业化的领域做出重要贡献。以量化私募为例，近年量化私募采用以统计套利、机器学习、人工智能等相关数量化技术，并配合算法交易等方法从事专业的量化对冲投资。与公募相比，量化私募通过交易更加灵活、技术更加先进、激励机制更加吸引人的优势，获得超额收益的能力比公募基金更加突出，进而掀起规模增长浪潮。头部量化私募的崛起，逐渐进入银行委外资金视角，为私募基金规范化、专业化带了好头，与此同时量化私募行业的马太效应也更加明显，中小私募的处境并不乐观，尤其是尾部的机构面临较大的生存压力。量化领域的马太效应扩展到整个私募行业看也是同理。

第六，财富管理新时代来临，互联网理财快速发展。

一是理财市场存在缺口为互联网理财留下发展空间。2018年以来，中国理财市场的规模和产品存续量增速放缓，信托、证券业的理财规模以及银行、证券业的理财产品数量甚至出现了负增长。互联网理财的发展速度虽然受到强监管影响有所下降,但其线上化的模式以及智能投顾的运用能够突破传统理财模式的诸多限制,降低理财门槛,为投资者提供多元选择,减少数字鸿沟,将理财服务触达更多下沉人群,扩大理财市场规模,未来发展动力强劲。

二是大财富管理时代到来,带动互联网理财快速发展。随着资本市场深化改革、居民资产配置拐点加速到来,未来金融风险资产在居民资产配置中占比有望提升。与此同时,随着财富积累,年轻群体的线上理财意识与需求提升,未来线上财富管理规模将持续提升。根据奥纬咨询数据,中国通过在线渠道销售的个人可投资资产规模2019年为21万亿元,预计2025年有望达69万亿元,对应的2019—2025年复合增速达22%。

三是青年人群和下沉人群是互联网理财的"明日之星"。互联网理财平台有助于培养投资者的理财习惯,增加理财经验,帮助理财用户迅速成长为成熟投资人,尤其是对小镇青年和下沉人群理财意识的培养效果更为显著。但整体来看,下沉人群的投资效率和投资能力相对较弱。

四是互联网理财有助于促进居民消费和消费升级,拉动内需。对居民来说,合理配置金融资产有助于促进居民的消费和消费升级,更进一步,这主要是通过财富效应传导机制、资产效应传导机制和信贷效应传导机制来促进。

五是买方投顾成为财富管理行业的新趋势,推动互联网理财平台转型。2019年10月,买方投顾试点落地,"买方模式"下机构多通过存量资产管理规模向客户收取管理费,盈利模式由以产品销售为导向转向以用户服务为导向。"买方模式"对抗市场波动的能力相对较强,同时较为成熟、具备品牌影响力的投顾方拥有较高的客户黏性及定价能力，由此带来较高的附加值及稳定的 ROE（Return on Equity）水平，进而能够提升机构收入的稳定性、形成良性循环。

六是互联网理财监管环境趋严，互联网理财平台要正确理解与符合监管导向。随着互联网财富管理行业不断发展，针对互联网理财平台的监管趋严，2020年监管重点在于规范互联网销售渠道，互联网财富管理业务短期或将主要依托中国证券监督管理委员会颁发的基金销售牌照、信息技术系统服务机构备案以及基金投顾试点资质，向自身零售长尾客户提供公/私募基金、券商资管、股票开户/交易等产品及服务。

七是金融业对外开放程度加深，互联网理财面临的竞争加剧。在推进金融供给侧结构性改革的过程中，金融行业对外开放程度不断加深，2020年，证券、基金以及保险等金融机构外资持股比例限制全面取消，外资财富管理机构通过直接申请公募/私募牌照、提高现有合资基金公司持股比重、新发起中外合资资管机构等方式加速切入中国市场，将对国内互联网理财平台带来激烈竞争。

第 一 章

中国武夷资产管理行业发展指数：2013—2020 年

中国武夷资产管理行业发展指数旨在动态刻画近年来中国资产管理行业的整体变化情况，本书选取资管规模、资管产品、经营效益和人才资源 4 个一级指标，银行业、证券业、保险业、信托业、基金业 5 个行业作为二级指标，并以此来构建 2013 年第一季度至 2020 年第四季度中国武夷资产管理行业发展指数。

结果表明，2013 年第一季度至 2020 年第四季度，中国资产管理行业总指数增长近 5 倍，整体呈现两个发展阶段。第一阶段为 2013 年第一季度至 2017 年第四季度的迅猛增长阶段，指数从 2013 年第一季度基期的 100 增长到 2017 年第四季度的 531.67，五年间增长了近 4.3 倍。第二阶段为 2018 年第一季度至 2020 年第四季度的稳定发展阶段，2019 年第一季度总指数首次出现同比负增长，降至 536.36，而后出现回升。

据测算，截至 2020 年第四季度，总指数为 596.23，同比增长 10.66%，环比增长 3.94%；分二级指标来看，规模指数为 552.71、同比增长 2.42%，产品指数为 934.20、同比增长 17.70%，经营效益指数为 258.76、同比增长 2.37%，人才资源指数为 232.68、同比增长 7.10%；分行业来看，银行业资管指数为 560.26、同比减少

1.68%，证券业资管指数为 336.40、同比减少 7.00%，保险业资管指数为 651.32、同比增加 27.35%，信托业资管指数为 285.20、同比增加 3.53%，基金业资管指数为 1172.52、同比增加 17.69%。

◇ 第一节 编制原则

第一，以现代金融理论为指导。现代金融理论是资管行业发展评价体系建立的基础，在指数的编制过程中，充分对相关金融理论进行梳理和分析。明确指标体系的构成和分类，既涵盖资管业务所具备的共性因素，又兼顾各个子行业的特性和优势，多维度、全方位建立评价指标体系，运用于中国资管行业发展的评价和分析。

第二，兼顾未来资管行业发展趋势。当前中国正处于金融改革发展的关键期，金融结构不断调整，金融业务发展迅速，要兼顾资管行业发展趋势，涵盖新兴资管业态相关指标，并对其进行合理的评价和赋权，科学展现不同资管业务的特点。

第三，充分考虑全面性和数据可得性。金融行业具有综合性和复杂性，对其进行测度和评价需要一个完善的指标体系，需要从多方面进行考虑。在指数的编制过程中，要在充分考虑数据可得性的基础上，尽可能涵盖所应具备的各种因素。

◇ 第二节 编制方法

中国武夷资产管理行业发展指数编制过程包括，指标体系的确定、数据收集处理、权重的确定、指数测算四个过程。其中，有关指标体系的确定将在下一部分进行介绍，这里主要介绍数据处理和权重确定的方法。

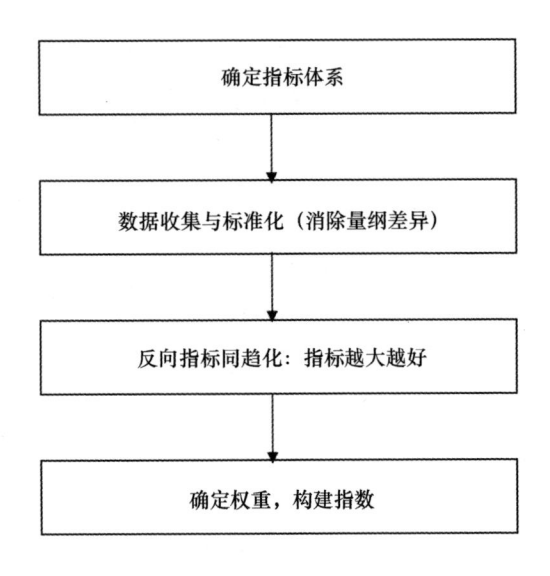

```
┌─────────────────────────┐
│      确定指标体系        │
└───────────┬─────────────┘
            ↓
┌─────────────────────────┐
│ 数据收集与标准化（消除量纲差异）│
└───────────┬─────────────┘
            ↓
┌─────────────────────────┐
│ 反向指标同趋化：指标越大越好  │
└───────────┬─────────────┘
            ↓
┌─────────────────────────┐
│    确定权重，构建指数      │
└─────────────────────────┘
```

图1-1 指数构建流程

图1-1为中国武夷资产管理行业发展指数构建流程，在收集数据后，需要进行标准化、同趋化、确定权重等处理。

中国武夷资产管理行业发展指数是从多角度、多层次对中国资产管理行业发展进行多维度测评的综合性指数，每一维度都是构成特定方面的分指数，每个分指数又由若干定量指标合成。定量指标衡量范围包括规模、数量、盈利能力和人才规模等方面，指标量级与单位不尽相同，因此需要在各分指数计算之前，对这些指标的处理方法统一规范，以使整体测算的指数不仅横向可比，而且纵向可比；不仅可以比较不同金融领域的发展相对水平，而且也可以考察资产管理行业整体发展的历史进程。

一 数量指标的无量纲化

无量纲化，也叫数据的标准化，是通过数学变换来消除原始变量（指标）量纲影响的方法。在计算单个指标指数时，首先必须对每个指标进行无量纲化处理，而进行无量纲化处理的关键是确定各指标的上、下限阈值。在指数的构建过程中本书采用 min – max 方法，对原始数据进行标准化处理，消除量纲。这种方法的好处是能够使得标准化后的指标变量都位于 [0，1] 区间内，方便后续指数的计算。具体的标准化的公式如下：

$$Z_i = \frac{指标 - 该指标最小值}{该指标最大值 - 该指标最小值} = \frac{X_i - min}{max - min}$$

上式中 X_i 代表待标准化的变量数据，Z_i 为标准化后的变量，min 代表该指标变量的最小值，max 代表该指标变量的最大值

当指标数据存在极端值，离差较大时，简单的标准化方法可能会使得标准化后的数据集中在某一个较窄的范围，使得指标反映的信息模糊化，同时相当于无形中增大了异常值得权重，不利于指标之间的客观比较。因此，针对离差较大（最大值减去最小值）大于 1000 的变量，本书采用先取自然对数值，再进行标准化的方法进行特殊化处理。

二 指标权重的确定

权重值的确定直接影响综合评估的结果，权重值的变动可能引起

被评估对象优劣顺序的改变。所以，合理地确定综合评估发展各主要因素指标的权重，是进行综合评估能否成功的关键问题。

权重的确定方法有很多种。从原理上看，我们可以基于理论研究确定权重，也可以以主观定性与客观定量法相结合的方式来确定不同指标的权重。确定权重的方法主要有专家打分法、层次分析法、主成分分析法、VAR脉冲响应法和动态模型选择的时变向量自回归模型法。

（一）专家打分法

专家打分法（Experts Grading Method，EGM）是指通过匿名方式征询有关专家的意见，对专家意见进行统计、处理、分析和归纳，客观地综合多数专家经验与主观判断，对大量难以采用技术方法进行定量分析的因素做出合理估算，经过多轮意见征询、反馈和调整后，由各指标变量的重要性程度确定权重。

专家打分法能够根据经济学原理、资产管理行业发展经验，按照影响资产管理发展水平指标的重要性进行打分，同时能够灵活调整，满足具体要求。该方法的特点是简单、直观，能够充分反映影响关系以及灵活调整的需求。但缺点是权重确定具有主观性，公允性不足。

（二）层次分析法

层次分析法（Analytic Hierarchy Process，AHP）主要分五步获得权重：

第一，将每一层次的各要素相对于上一层次的各要素进行两两比较判断，得出相对重要程度的比较权；

第二，建立判断矩阵；

第三，计算最大特征根以及相对应的特征向量，进行层次单排序；

第四，得到各层要素相对于上一层某要素的重要性排序；

第五，自上而下用上一层各要素的组合权重为权数，对本层次各要素的相对权重向量进行加权求和，进行层次总排序，得出各层次要素相对于系统总体目标的组合权重。

该方法的优点是以数据为基础分析获得，科学性较强；缺点是经济意义不明显，理解与接受性稍差。

（三）主成分分析法

主成分分析（Principal Components Analysis，PCA）也被称作主分量分析，主要思想是通过降维，将反映个体特征的多个指标转化为一个或少数几个综合性指标，从而使该指标兼具科学性、全面性和有效性等特点。基于主成分分析还可以进一步作因子分析，以使各变量对研究目标的影响力更为显著。从数学运算上看，主成分分析与因子分析的本质是一致的，都是一种数据集简化技术，通过线性变换将原始数据投影到新的坐标系中，并且依照数据投影方差的大小将投影坐标依次排序（第一主成分、第二主成分……）。每个主成分包含原有指标或变量的主要信息，而且不同主成分所含信息不存在重叠，所以能够在兼顾多变量信息的同时将相对复杂的因素降维简化，得到更为科学、有效的信息集合。

从实际运用上看，主成分分析法主要为了解决人们在指标（变量）信息量和分析效率之间的矛盾。为了尽可能全面、系统地分析问题或反映情况，在构建指数时，我们理论上应该将所有影响因素纳入考虑。但问题是这些未经处理的指标或变量所包含的信息一般都有重叠，而且变量越多，信息重叠的情况就越严重，进行定量分析时计算就越加复杂。

主成分分析法正是解决此类问题的理想方法。将原有具有一定相关性（信息重叠）的指标（如 P 个变量）组合成为一组新的但相互不相关的综合指标加以替代。组合方法通常为线性组合。随后依据综合指标方差大小来确定最终选择综合指标的个数。如第一个综合指标（F1）的方差最大，即 Var（F1）最大，那么表明综合指标 F1 所包含信息较多，被称为第一主成分。如果第一主成分所包含的信息不能满足分析需要，即遗漏了原始 P 个变量较多的信息，那么可以考虑增加选取第二个综合指标 F2，而经过矩阵转化之后，F1 所包含的信息不会再出现在 F2 中，即 Cov（F1，F2）=0。我们可构造出 P 个综合指标，顺序增加纳入分析的指标，直到其所包含的信息满足分析需要。

使用主成分分析的计算方法主要如下：

1. 对原始数据的标准化

假设有 n 个样本，指标体系中的变量有 P 个，因此可以得到总体的样本矩阵。并选取反映其特性的 P 个变量，从而得到总体样本矩阵：

$$x_i = (x_{i1}, x_{i2}, \cdots, x_{ip})^T, i = 1, 2, \cdots, n (n > p) \quad (1-1)$$

对样本矩阵元进行标准化：

$$Z_{ij} = \frac{x_{ij} - \bar{x}_j}{s_j}, i = 1, 2, \cdots, n; j = 1, 2, \cdots, p \quad (1-2)$$

其中 $\bar{x}_j = \frac{\sum_{i=1}^{n} x_{ij}}{n}, S_j^2 = \frac{\sum_{i=1}^{n}(x_{ij} - \bar{x}_j)^2}{n-1}$，由此得到标准化的矩阵 Z。

2. 求解相关系数矩阵

利用标准化矩阵 Z 求解相关系数矩阵，计算方法如下：

$$R = [r_{ij}]_p, xp = \frac{Z^T Z}{n-1} \qquad (1-3)$$

3. 求解特征根

通过 $|R - \lambda I_p| = 0$ 求解样本相关矩阵 R 的特征方程并得到相应的特征根，依据信息利用率大小确定主成分个数 m。一般在指数构建时设定信息利用率达到 85% 以上，由此得到 m 值。对于每个特征根 λ_j，求解特征向量。

4. 将指标变量转化为主成分

计算公式为：$U_{ij} = z_i^T b_j^0, j = 1, 2, \cdots, m$

其中 U_j 为第 j 个主成分，共得到 p 个主成分。

5. 对所选取的 m 个主成分进行综合评价

以信息利用率为标准，我们选择主成分的前 m 个作为最终分析所用综合指数，以每个主成分的方差贡献率作为权数对 m 个主成分进行加权求和，即可得到每个指标的权重。权重计算过程为：以所取前 m 个主成分特征值乘以对应主成分得分系数的绝对值得到系数值，再以各系数值占系数值之和的比例作为权重。

主成分分析法的优点是能够将大量指标变量构成的指数体系综合成几个简单的变量，并能够代表内部主要的推动信息。主成分分析法的应用从理论上使得指数的指标体系的范围可以变成无穷大，能够将所有的相关变量全部纳入，通过主成分的分析，去除变量间的代表性，归纳出主要信息。但主成分（因子）分析法的缺点在于较为依赖指标变量的数值规律——相关性。而变量间的相关性并不完全等价于指标变量对资产管理发展水平的影响程度，因此主成分分析法背后的经济学理论的支持力度较弱。

（四）VAR 脉冲响应法

VAR 脉冲响应法确定权重的原理是以各指标变量与目标变量进行 VAR 回归，根据不同指标变量对目标变量的冲击的占比确定权重。

第一步，使用 VAR 脉冲响应确定指标的权重需要先对各指标与目标变量构建 VAR 模型进行回归。p 阶的 VAR 模型可以写成如下形式：

$$y_t = a_0 + \sum_{j=1}^{p} A_j y_{t-1} + \varepsilon_t \qquad (1-4)$$

其中，y_t 是 $N \times 1$ 维的向量，由可观测到的指标变量构成。ε_t 是误差项，a_0 是截距项，A_j 是 $N \times P$ 的系数矩阵。在估计 VAR 模型时通常假设 ε_t 为独立同分布的随机误差向量，$\varepsilon_t \sim NIID(0, \sum)$。采用贝叶斯参数估计的方法估计上述模型。在 y_t 中，存在部分政策制定者、评估者关注的指标，如人才储备、资产管理产品等，我们称其为目标变量。因此，VAR 模型又可以改写成以下形式：

$$y_{it} = \lambda_{0i} + \gamma_i r_t + u_{it} \qquad (1-5)$$

$$\begin{bmatrix} y_t \\ r_t \end{bmatrix} = \varphi_1 \begin{bmatrix} y_{t-1} \\ r_{t-1} \end{bmatrix} + \cdots + \varphi_p \begin{bmatrix} y_{t-p} \\ r_{t-p} \end{bmatrix} + \varepsilon_t \qquad (1-6)$$

第二步，计算各指标变量的脉冲响应值，以平均的脉冲响应占比来确定各指标变量在的权重。具体公式如下：

$$w_i = \frac{|z_i|}{\sum_{i=1}^{n} z_i}, \sum_{i=1}^{n} w_i = 1 \qquad (1-7)$$

其中 w_i 是各指标对应的权重，z_i 是指标变量的信息冲击在一定时期内对目标变量产生的平均脉冲响应值。简单说来，VAR 脉冲响应法确定的权重是以指标变量的冲击 y_t（即变动）在未来一定时期内，

对目标变量 r_t 即考察的指标造成的冲击的比例。以各指标变量对目标变量的脉冲响应占比作为权重，能够赋予对目标变量影响力度大的指标更大的权重，保证了指数的有效性，也能够提高指数对目标变量的追踪情况。

VAR 脉冲响应法的优点是通过不同指标变量对目标变量的影响程度确定权重，权重背后的经济学意义比较明确。但这个方法的缺点在于，当指标变量很多时，而存在的样本数据较少，VAR 模型回归时可能会出现过度参数而无法识别的问题。因此 VAR 脉冲响应法在对应庞大指标体系时的适用性不佳。

（五）动态模型选择的时变向量自回归模型法（DMS – TVP – FAVAR）

我们将动态模型选择的动态系数因子增广向量自回归模型（TVP – FAVAR）引入指数构建过程，相当于把主成分分析和 VAR 这两大常见的指数构建方法结合，并引入时间变动因素。这一模型既能解决主成分分析法确定权重存在的只注重数值，经济含义不明的问题，又允许了大量综合指标变量的出现，更是考虑了指数构成的时间变动。指数构建过程更具科学性，对于目标变量的评价能力、预测能力更强。

1. FAVAR 模型构建指数

VAR 模型存在过度参数问题。若我们构建的指数体系有 N 个指标变量，VAR 模型选择滞后 P 阶，则有 $N \times P$ 个待估计参数。在实际应用中，由于数据取得的局限性，通常难以获得大量的数据进行估计。

由于资管行业发展水平受多方面因素不同程度的影响，因此，不可能用单一指标或几个指标来反映它。我们有必要建立一个综合性的指标体系,对其进行全面测度。当指标体系的变量数量较多时,由于数据的限制,普通的 VAR 模型会面临过度参数无法识别的问题。因此,引入 FAVAR,将主成分分析法与 VAR 模型进行结合,尽可能地从大量的指标中抽取较少的因子,以保留原始变量所反映的绝大部分信息。FAVAR 模型的形式如下:

$$y_{it} = \lambda_i + \lambda_i f_t + \lambda_i r_t + u_{it} \quad (1-8)$$

$$\begin{bmatrix} f_t \\ r_t \end{bmatrix} = \varphi_1 \begin{bmatrix} f_{t-1} \\ r_{t-1} \end{bmatrix} + \cdots + \varphi_p \begin{bmatrix} f_{t-p} \\ r_{t-p} \end{bmatrix} + \varepsilon_t \quad (1-9)$$

f_t 是从 N 个指标中提取出的一个 $q \times 1$ 阶向量,从大量的指标抽取一个最大公因子,尽可能大地体现出原始指标的信息。r_t 是由 $s \times 1$ 个可观测到的目标追踪变量构成。

FAVAR 的引入能够保证我们综合运用大量的指标变量得到有用信息,同时能够利用 VAR 模型进行估计,建立脉冲变动的权重,构建各级指数。

2. TVP - FAVAR 构建指数

FAVAR 模型解决了大量指标变量的问题,但该模型的假设是模型中的参数在不同的时间内是保持不变的,即不同时期,各指标对各级指数的权重是不变的。而这种假设对分析金融、经济问题可能是不成立的,容易造成分析的误差。例如随着科技进步,金融科技对资产管理行业的影响可能会不断增大,如果在指数中对金融科技的指标赋予固定的权重,则可能导致对资产管理行业发展判断的不确定性。TVP - FAVAR 模型就是考虑估计参数存在时间变动。

$$y_{it} = \lambda_{0i} + \lambda_{it} f_t + \gamma_{it} r_t + u_{it} \quad (1-10)$$

$$\begin{bmatrix} f_t \\ r_t \end{bmatrix} = \varphi_{1t} \begin{bmatrix} f_{t-1} \\ r_{t-1} \end{bmatrix} + \cdots + \varphi_{pt} \begin{bmatrix} f_{t-p} \\ r_{t-p} \end{bmatrix} + \varepsilon_t \quad (1-11)$$

其中 y_t 是 $n \times 1$ 维向量，由用于构建资产管理行业发展指数的各指标数据组成。r_t 是 $s \times 1$ 维向量，由模型追踪的金融变量构成。在指数构建中，r_t 可以选取为人才储备、行业发展水平等政策制定者关心的变量。γ_{it} 是回归系数，λ_{it} 是因子权重，f_t 是计算出的资产管理行业发展指数。u_{it} 和 ε_t 是零均值具有随时间变化方差的高斯分布的随机变量。

3. DMS – TVP – FAVAR 模型构建指数

在时间变动的特性中，参数的变动只是其中一种形式，更符合现实的应该是模型因素的动态变化。随着时间变动，以往对目标变量没有或者影响很小的指标，可能会产生更大的影响，应该加入模型中；而过去对目标变量影响较大的变量可能会失去影响力从而从指标体系中剔除。为保持指数动态评价的有效性，采用的 TVP – FAVAR 模型改进如下：

$$y_{it}^{(j)} = \lambda_{0i} + \lambda_{it} f_t^{(j)} + \gamma_{it} r_t + u_{it} \quad (1-12)$$

$$\begin{bmatrix} f_t^{(j)} \\ r_t \end{bmatrix} = \varphi_{1t} \begin{bmatrix} f_{t-1}^{(j)} \\ r_{t-1} \end{bmatrix} + \cdots + \varphi_{pt} \begin{bmatrix} f_{t-p}^{(j)} \\ r_{t-p} \end{bmatrix} + \varepsilon_t \quad (1-13)$$

其中 $y_{it}^{(j)}$ 是指标变量 y_{it} 的一个子集，由此构成的子模型 M_j 计算出的指数为 $f_t^{(j)}$。对于有 N 个指标变量的模型，最多有 $2^n - 1$ 种模型选择，允许不同时期的评价指标的构成存在动态变化，同样的对目标变量进行追踪，得到总指数。

（六）各方法比较

不难看出，指数权重的确定方法有简单平均法[①]、专家打分法、层次分析法、主成分分析法、VAR 脉冲响应法和 DMS – TVP – FA-

---

① 简单平均法即每个指标平均赋权，过程过于简单，在前文没有具体展开。

VAR 六大类。

对于前四类方法，主要依赖数据数值上的客观规律，以数值相关性、离散程度或空间结构来确定权重，其权重背后的经济学含义较弱，不利于公众的理解。而 VAR 系列的方法以指标对追踪变量的波动的解释程度作为权重，使得权重具有直观明确的经济学含义，且这种方法构建的指数一般具有更好的预测能力。但简单的 VAR 模型法由于模型的假定及局限性，可能会遗漏部分指标变量的信息。同时，随着指标体系的扩大，VAR 模型法面临着过度参数问题，因此 VAR 脉冲响应法在对应较大的指标体系时的适用性不佳。

表 1-1　　　　　　　　　　六大类指数编制方法对比

	主要内容	优点	缺点
简单平均法	平均赋权，每类一级指标相同权重	简单、直接	相同权重不符合客观规律
专家打分法	聘请行业内专家对各指标重要性进行打分	简单、直观、便于理解	缺乏客观性
层次分析法	各层次要素相对于系统总体目标的组合权重	以数据为基础分析获得，科学性较强	经济意义不明显，理解与接受性稍差
主成分分析法	发掘指标内部相关性，以共同因子替代，最大限度保留原有信息	客观、可用于庞大的指标体系	背后经济学含义较弱
VAR 脉冲响应法	以指标变量对目标变量冲击的平均脉冲响应的比例作为权重	具备经济学含义，对目标变量追踪效果好	针对庞大指标，易出现过度参数问题
DMS-TVP-FAVAR	VAR+主成分分析+系数动态变化+模型动态选择	先进、追踪效果佳、克服了之前的问题	操作复杂

对比可知，DMS-TVP-FAVAR 是目前在指数估计中最先进的方法，能够解决客观性、经济学含义以及应用庞大指标体系的问题。将

主成分分析法与VAR方法结合，即因子增广向量自回归模型（FA-VAR）既能解决主成分分析法确定权重存在的只注重数值规律，经济含义不明的问题，又避免大量指标变量导致的过度参数问题。而加入动态系数变化（TVP）则考虑了指标体系中权重随时间变化的动态特征。同时，允许对指数的指标体系进行动态模型选择（DMS），不同时期，影响指标可以发生变化。例如，随着时间变动，以往对目标变量没有或者影响很小的指标，影响能力增大，应该加入模型中；而过去对目标变量影响较大的变量可能会失去影响力而从指标体系中剔除。动态模型选择的采用使得我们能够对指标体系进行动态跟踪、调整而不会对整个模型产生系统性变化。

考虑到中国资管行业数据的可得性问题，暂时无法进行VAR系列方法的估计。在此，我们只是先将方法论提出，待中国资产管理行业相关变量扩充完善后，再进行更高级的方法估计。

参考已有研究，2015—2019年中国财富管理规模指数、中国财富管理行业产品指数与中国财富管理机构发展指数都是采用主成分分析法确定权重。因此，考虑到数据的可得性与评价客观性，本书对于中国武夷资产管理行业发展指数的评价采用主成分分析法，同时辅以简单平均法、专家打分法进行对比分析。

◇ 第三节　指标体系构建

一　指标框架

在指标体系构建过程中，本书在借鉴《中国资产管理行业发展报告（2018）》《中国财富管理发展指数报告（2019）》等研究的基础上，充分考虑当前中国资产管理行业发展特征[1]，以资管规模、资管产品、经营效益和人才资源4个一级维度，银行业、证券业、保险业、信托业和基金业5个二级维度，来刻画中国资管行业的发展情况，保证该指数的科学性、系统性与完整性。

表1-2　　　　　中国武夷资产管理行业发展指数指标框架

一级指标	二级指标	指标描述[2]	数据来源
资管规模	银行业资管规模	银行理财产品存续余额[3]	普益标准金融数据库
	证券业资管规模	证券公司及其子公司资管规模	中国证券投资基金业协会
	保险业资管规模	保险业资金运用余额[4]	中国银行保险监督管理委员会
	信托业资管规模	信托资产余额	中国信托业协会
	基金业资管规模	公募基金、基金公司及基金子公司的专户业务与私募基金存续余额之和	中国证券投资基金业协会

---

[1] 2012年监管部门首次允许期货公司加入资管阵营，2016年中国泛资管行业所管理的资产总规模约为102.5万亿元，期货公司资管规模为2792亿元，占比仅为0.27%左右，不足百分之一，可见期货公司资管业务还未成为中国财富管理的主要手段，因此暂未将其单独列为二级指标。

[2] 各指标所涵盖的各资产管理业务资金规模总和即为该行业资产管理规模。

[3] 由于银行业理财登记托管中心未公开银行资管相关季度数据，为满足本书聚焦资管行业季度发展的变化，本书采用普益标准数据库对银行理财规模与产品的统计口径。

[4] 根据中国证券投资基金业协会发布的《中国证券投资基金业年报》，在其关于保险公司资产管理业务的描述中采用保险业资金运用余额来代表保险业资产管理规模。

续表

一级指标	二级指标	指标描述①	数据来源
资管产品	银行业资管产品	银行理财产品存续数量	普益标准数据库
	证券业资管产品	证券公司存续资产管理计划数量	中国证券投资基金业协会
	保险业资管产品	保险资产管理产品存续数量	中国保险资产管理业协会
	信托业资管产品	存续集合类、单一类、财产类信托数量之和	Wind数据库
	基金业资管产品	公募基金、基金公司及其子公司私募资产管理计划量与私募投资基金存续数量之和	中国证券投资基金业协会、Wind数据库
经营效益	银行业资管经营效益	上市银行手续费及佣金收入②	Wind数据库
	证券业资管经营效益	资产管理业务净收入	中国证券业协会
	保险业资管经营效益	上市保险公司非保险业务经营收入③	Wind数据库
	信托业资管经营效益	信托公司经营收入	中国信托业协会
	基金业资管经营效益	公募基金及基金子公司管理费总收入	中国证券投资基金业协会

① 各指标所涵盖的各资产管理业务资金规模总和即为该行业资产管理规模。

② 截至2019年年末,36家A股上市银行理财产品存续规模达到21.64万亿元,占银行业理财总规模的80%。根据上市银行年报所披露的银行机构财务状况,未有银行资管业务的经营效益的具体衡量指标,而手续费及佣金收入为非息收入,具体包括顾问和咨询费、理财服务手续费、代理手续费、托管及其他受托业务佣金等,因此用该指标作为银行资管经营效益的替代变量。

③ 数据来源于Wind数据库整理的上市保险公司年报,该指标为经营收入与保费总收入之差,该部分包括投资收益、公允价值变动损益、汇兑损益与其他业务收入,其中其他业务收入包括资管业务,鉴于数据可得性,以该指标作为保险资管经营效益的替代指标。

续表

一级指标	二级指标	指标描述①	数据来源
人才资源②	银行业资管人才资源	银行业金融机构从业人员数	国家统计局
	证券业资管人才资源	已注册从业人员	中国证券业协会
	保险业资管人才资源	保险公司职工人数	国家统计局
	信托业资管人才资源	信托机构从业人员	中国信托业协会
	基金业资管人才资源	公募基金管理机构从业人员、私募基金管理人员数之和	中国证券投资基金业协会

二 指标选取

(一) 资管规模

资管规模指标是对各细分金融领域资管规模的动态刻画，从理论上讲，资管业务发展程度最直接的表现就是市场规模，规模的扩大可以吸引更多的金融机构和金融从业人员，形成规模经济收益。

在资产管理规模一级指标下，本书设置了基于不同子行业的 5 个二级指标。其中，银行业资产管理规模用银行业理财产品存续余额来度量，具体包括银行理财产品、私人银行业务的产品资金余额，数据来源于普益标准数据库；证券业资产管理规模用证券公司及其子公司资管规模来衡量，数据来源于中国证券投资基金业协会；保险业资产管理规模用保险业资金运用余额来衡量，数据来源于中国银行保险业监督管理委员会；信托业资产管理规模用信托资产余额来衡量，数据

---

① 各指标所涵盖的各资产管理业务资金规模总和即为该行业资产管理规模。
② 由于银行业、证券业、保险业没有关于资管人才的指标统计，鉴于数据可得性，只能以子金融行业从业总人数的变化情况作为替代变量，以此来衡量该领域人才资源发展情况。

来源于中国信托业协会；基金业资管规模用公募基金、基金公司及基金子公司的专户业务与私募投资基金存续余额之和来衡量，其中私募投资基金包括私募证券投资基金、私募股权投资基金、创业投资基金等，数据来源于中国证券投资基金业协会。

（二）资管产品

资管产品指标是基于银行业、证券业、保险业、信托业和基金业进行集成的一级指标，包括5个行业产品发行量的二级指标，以此对中国资产管理产品总体发行数量与丰富程度进行量化评估。其中，银行业资产管理产品用银行理财产品存续数量来衡量，数据来源于普益标准数据库；证券业资产管理产品用证券公司存续资产管理计划数量来衡量，数据来源于中国证券投资基金业协会；保险业资产管理产品用保险资产管理产品存续数来衡量，数据来源于中国保险资产管理业协会；信托业资产管理产品用存续集合类信托数量、单一类信托数量和财产类信托数量之和来衡量，数据来源于Wind数据库；基金业资管产品用公募基金、基金公司及其子公司私募资产管理计划量与私募投资基金存续数行量之和来衡量，数据来源于中国证券投资基金业协会、Wind数据库。

（三）经营效益

经营效益指标是对5个细分行业资管业务运作能力和效益进行评价的一级指标。具体来看，银行业资管经营效益用上市银行手续费及佣金收入来衡量，数据来源于Wind数据库整理的上市银行年报；证券业资产管理经营效益用证券机构资产管理业务净收入来衡量，数据来源于中国证券业协会；保险业资产管理经营效益用上市保险公司非保险业务经营收入来衡量，数据来源于 Wind 数据库；信托业资产管理经营效益用信托公司经营收益来衡量，数据来源于中国信托业协会；基金业资产管理经营效益用公募基金管理费总收入与基金子公司管理费总收入之和来衡量，数据来源于中国证券投资基金业协会。

（四）人才资源

资产管理是一个轻资产、重人才的服务型行业，人才就是竞争力的体现，对人才的吸引和培养是资管业务发展的关键。从理论上讲，金融人才是最重要的供给因素，是金融集聚的重要体现，是每一个金融市场发展不可或缺的因素。人才资源不仅是软实力的重要体现，更是对未来发展趋势的潜在参考指标。

由于银行业、证券业、保险业缺少关于资管人才的指标统计，鉴于数据可得性，本书以子金融行业从业总人数的变化情况作为替代变量，以此来衡量该领域人才资源发展情况。具体来看，银行业资管人才资源用银行业金融机构从业人员数来衡量，数据来源于国家统计局；证券业资管人才资源用已注册从业人员数来衡量，数据来源于中国证券业协会；保险业资管人才资源用保险公司职工人数来衡量，数据来源于国家统计局；信托业资管人才资源用信托机构从业人员[①]来衡量，数据来源于中国信托业协会；基金业资管人才资源用公募基金管理机构有从业人员与私募基金管理人员工总数之和来衡量，数据来源于中国证券投资基金业协会。

[①] 信托机构从业人员数据为信托业协会季报公布的信托业净利润收入总额除以人均净利润额的值。

◈ 第四节 数据处理与权重确定

一 数据统计描述

在指标的获取方面，主要分为三种方式：第一种是使用权威的官方数据作为指标的数据来源，主要包括各种统计年鉴、一行两会（中国人民银行、中国证券监督管理委员会、中国银行保险监督管理委员会）和相关协会组织的网站、地方政府的信息公开数据等。第二种是使用市场上权威机构整理发布的数据库，比如 Wind 数据库的并购重组库、上市公司库、PEVC 库等。第三种是其他权威机构编制发布的指数，比如中国司法文明指数、中国市场化指数、中国城市商业信用环境指数等。

2012 年以前，中国资产管理行业发展相对滞后，监管部门还未大规模放开金融机构的资产管理业务。2012 年之后，监管部门陆续推出新政，如券商资管新政十一条、放宽公募基金投资范围、保险业资管放松以及首次允许期货公司加入资管阵营，使资产管理行业步入具有竞争、创新、混业经营等特征的"大资管时代"。2013 年，在"放松管制、放宽限制、防控风险"的政策环境下，传统资管的分业经营壁垒逐渐被打破，各类资产管理机构之间的竞争加剧，银行、券商、保险、基金、信托等各类资产管理机构开始涌向同一片红海，中国资产管理行业也开始进入快速发展的新阶段，2013 年也因此被称作"中国大资管元年"。

有鉴于此，本书收集了时间跨度为 2013 年第一季度至 2020 年第四季度的数据,可以比较直观地了解自2013年进入大资管元年之后,中国资产管理行业的发展态势(原数据见附表1-1至附表1-4)。

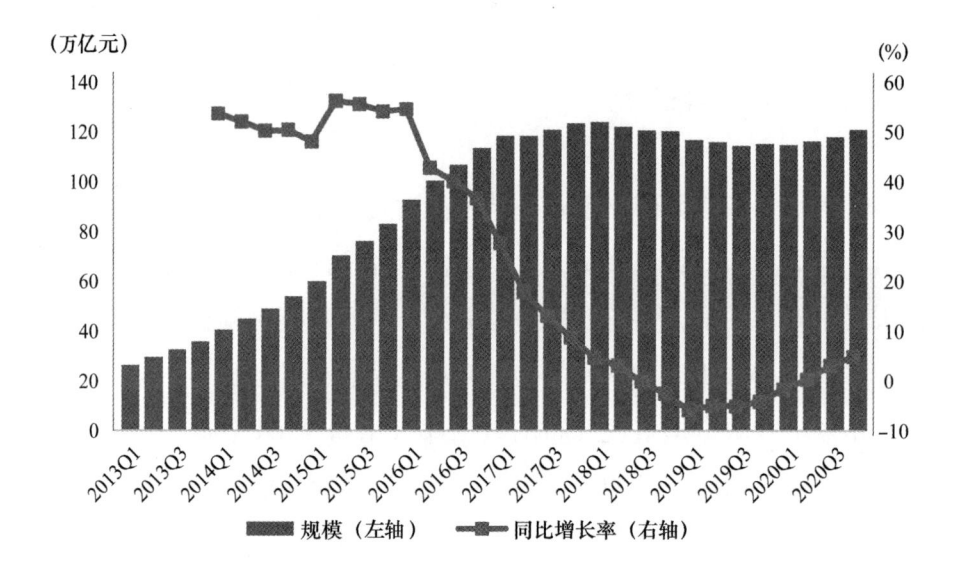

图1-2 中国资产管理行业规模情况(2013Q1—2020Q4)

资管规模方面,中国资产管理行业总规模呈先增后减趋势,其中2013—2017年为迅猛发展阶段,从2013年第一季度的26.36万亿元增长到2017年年末的123.37万亿元,五年来增长了3.68倍,年复合增长率高达36.16%。2018年起,中国资管总规模进入缓慢下行通道,且逐年企稳。截至2020年第四季度末,中国资产管理总规模为120.8万亿元,同比增长4.88%、环比增长2.46%。

资管产品方面[①],中国资管产品存续量也呈先增后减趋势,其中

---

① 由于衡量各金融业态资管业务的经营效益与人才资源的指标多为替代变量,指标简单加总并无意义,因此不对中国资管行业的经营效益与人才资源做统计性描述,后文将通过测算得到的分指数来对这两个维度进行发展与现状分析。

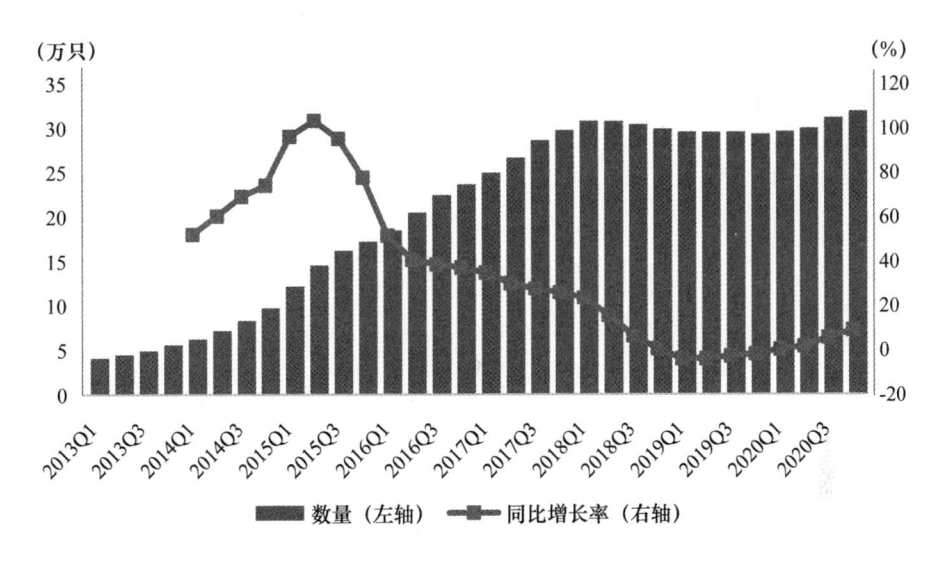

图 1-3 中国资产管理行业产品存续情况（2013Q1—2020Q4）

2013年为资管行业起步阶段，2014—2017年为迅猛增长阶段，2018年至今为波动上升阶段。数据显示，中国资产管理行业产品存续总量从2013年第一季度的4.09万只增长到2018年第一季度末的30.75万只，五年来增长了6.52倍。2018年第二季度起资管产品存续总量出现下降，2020年有所回升，截至2020年第四季度末，资管产品总量为31.85万只，同比增加8.81%，环比增长2.37%。

二 权重测算

本书进一步对原始数据进行标准化无量纲处理，以避免各指标量纲不同所引起的比较无意义性，然后通过简单平均法、专家打分法[①]

[①] 项目组多次召开专家座谈会，通过多轮匿名打分，最终得到基于专家打分法确定的各指标权重。

和主成分分析法计算得到三种权重确定方法下每个指标所占的权重（见附表1-5）。

第五节 指数测算

首先，通过构建指标体系、收集数据，对数据进行标准化、同趋化处理，特别是对于季度性影响因素过大的资管业务经营效益指标先通过 HP 滤波法剔除周期性扰动因素的影响，以趋势性指标进行指数测算。原数据经过 HP 滤波处理后，输出结果（见附表1-6）。

其次，分别利用简单平均法、专家打分法和主成分分析法确定的权重，以2013年第一季度为基期[①]，测算中国武夷资产管理行业发展指数，并横向比较三种权重确定方法所构建出的中国武夷资产管理行业发展指数。

最后，基于简单平均法、专家打分法和主成分分析法的权重框架，测算出中国武夷资产管理行业发展指数（见表1-3）。其中，根据简单平均法所测算的二级指数（见附表1-7），根据专家打分法所测算的二级指数（见附表1-8）。

表1-3 中国武夷资产管理行业发展指数对比（不同权重确定方法）

	权重确定方法		
	简单平均法	专家打分法	主成分分析法
2013Q1	100.00	100.00	100.00

---

① 基期指数为100。

续表

	权重确定方法		
	简单平均法	专家打分法	主成分析法
2013Q2	110.80	111.66	113.41
2013Q3	121.78	123.48	127.00
2013Q4	133.37	136.12	141.45
2014Q1	147.91	152.27	160.23
	(47.91%)	(52.27%)	(60.23%)
2014Q2	164.04	170.01	180.32
	(48.04%)	(52.26%)	(59.00%)
2014Q3	181.35	188.81	201.20
	(48.91%)	(52.90%)	(58.43%)
2014Q4	201.13	210.29	224.53
	(50.80%)	(54.50%)	(58.73%)
2015Q1	228.41	239.91	256.35
	(54.43%)	(57.55%)	(59.99%)
2015Q2	264.88	279.65	300.29
	(61.47%)	(64.49%)	(66.54%)
2015Q3	296.89	312.51	333.59
	(63.71%)	(65.52%)	(65.80%)
2015Q4	328.04	343.74	363.30
	(63.10%)	(63.46%)	(61.80%)
2016Q1	352.62	371.55	397.24
	(54.38%)	(54.87%)	(54.96%)
2016Q2	368.94	392.46	426.25
	(39.29%)	(40.34%)	(41.94%)
2016Q3	377.83	407.72	453.97
	(27.26%)	(30.46%)	(36.08%)
2016Q4	389.60	423.90	478.62
	(18.77%)	(23.32%)	(31.74%)

续表

	权重确定方法		
	简单平均法	专家打分法	主成分分析法
2017Q1	401.98 (14.00%)	437.45 (17.74%)	493.63 (24.26%)
2017Q2	410.53 (11.27%)	447.22 (13.95%)	503.30 (18.08%)
2017Q3	423.81 (12.17%)	462.27 (13.38%)	518.73 (14.27%)
2017Q4	434.85 (11.61%)	474.85 (12.02%)	531.67 (11.08%)
2018Q1	441.50 (9.83%)	482.93 (10.40%)	541.73 (9.74%)
2018Q2	443.40 (8.01%)	483.87 (8.19%)	540.66 (7.42%)
2018Q3	443.64 (4.68%)	483.59 (4.61%)	539.36 (3.98%)
2018Q4	445.18 (2.37%)	485.16 (2.17%)	540.81 (1.72%)
2019Q1	441.53 (0.01%)	480.84 -(0.43%)	536.35 -(0.99%)
2019Q2	441.53 -(0.42%)	480.44 -(0.71%)	533.04 -(1.41%)
2019Q3	443.38 -(0.06%)	482.23 -(0.28%)	533.98 -(1.00%)
2019Q4	448.28 (0.70%)	487.58 (0.50%)	538.78 -(0.38%)
2020Q1	453.17 (2.64%)	493.01 (2.53%)	543.49 (1.33%)
2020Q2	458.96 (3.95%)	500.12 (4.09%)	552.68 (3.69%)

续表

	权重确定方法		
	简单平均法	专家打分法	主成分分析法
2020Q3	474.90	518.63	573.62
	(7.11%)	(7.55%)	(7.42%)
2020Q4	493.94	539.73	596.23
	(10.19%)	(10.70%)	(10.66%)

据测算，三种不同权重确定方法下的中国武夷资产管理行业总指数走势与增长趋势具有极高的相似性。由于简单平均法与专家打分法缺少一定的客观性，同时在分二级指数与分行业指数的横向对比上欠缺科学性与可比性，因此，本书最终选择主成分分析法所确定的权重来测算中国武夷资产管理行业发展指数，并对结果进行分析。

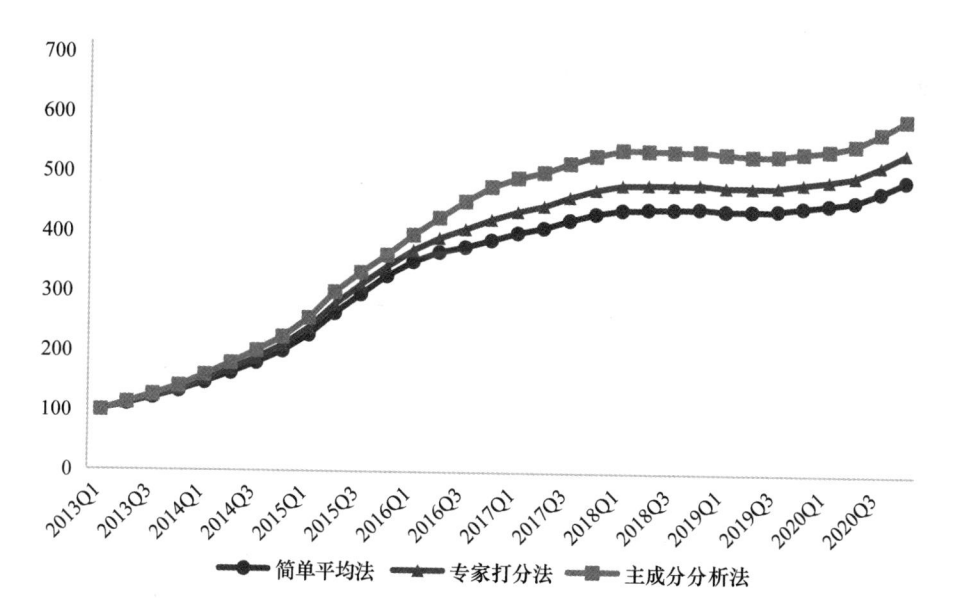

图1-4 中国武夷资产管理行业发展指数（2013Q1—2020Q4）

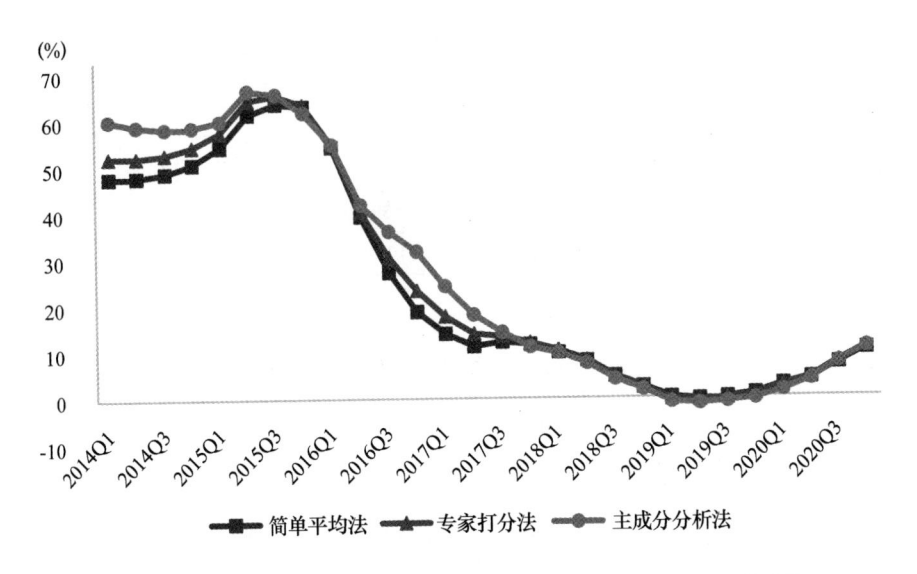

图1-5 中国武夷资产管理行业发展指数增速（2014Q1—2020Q4）

第六节 结果分析

根据前文对比分析，最终本书选取主成分分析法确定权重，经过三级加权模型，测算出2013年第一季度至2020年第四季度中国武夷资产管理行业总指数、分维度二级指数和分行业的资产管理发展分指数。本节将针对中国武夷资产管理行业发展指数的得分结果，从总指数、银行业资产管理业务发展指数、证券业资产管理业务发展指数、保险业资产管理业务发展指数、信托业资产管理业务发展指数和基金业资产管理业务发展指数5个细分金融领域资产管理业务发展分指数进行分析。

一 中国武夷资产管理行业发展总指数

经过三级加权模型,测算得到 2013 年第一季度至 2020 年第四季度中国武夷资产管理行业总指数与规模指数、产品指数、经营效益指数、人才资源指数四个二级指数及其增长率(见表 1-4)。

表 1-4　　中国武夷资产管理行业发展指数及其

同比增长率(2013Q1—2020Q4)

	总指数	二级指数			
		规模指数	产品指数	经营效益指数	人才资源指数
2013Q1	100.00	100.00	100.00	100.00	100.00
2013Q2	113.41	117.76	115.09	109.91	103.22
2013Q3	127.00	135.09	130.86	119.80	107.01
2013Q4	141.45	152.85	149.00	129.66	110.08
2014Q1	160.23	176.71	173.48	139.44	112.82
	(60.23%)	(76.71%)	(73.48%)	(39.44%)	(12.82%)
2014Q2	180.32	200.08	201.26	149.11	117.63
	(59.00%)	(69.91%)	(74.87%)	(35.67%)	(13.96%)
2014Q3	201.20	222.64	231.10	158.61	124.76
	(58.43%)	(64.81%)	(76.60%)	(32.40%)	(16.59%)
2014Q4	224.53	246.85	265.62	167.86	133.42
	(58.73%)	(61.50%)	(78.27%)	(29.46%)	(21.21%)
2015Q1	256.35	281.06	312.65	176.77	145.74
	(59.99%)	(59.06%)	(80.22%)	(26.77%)	(29.18%)
2015Q2	300.29	336.48	370.99	185.25	162.57
	(66.54%)	(68.17%)	(84.33%)	(24.24%)	(38.21%)
2015Q3	333.59	374.81	412.24	193.22	188.36
	(65.80%)	(68.34%)	(78.38%)	(21.82%)	(50.98%)

续表

	总指数	二级指数			
		规模指数	产品指数	经营效益指数	人才资源指数
2015Q4	363.30 (61.80%)	410.04 (66.11%)	444.95 (67.51%)	200.62 (19.52%)	217.77 (63.22%)
2016Q1	397.24 (54.96%)	470.39 (67.36%)	475.66 (52.14%)	207.39 (17.32%)	223.75 (53.53%)
2016Q2	426.25 (41.94%)	513.45 (52.59%)	516.53 (39.23%)	213.54 (15.27%)	215.30 (32.44%)
2016Q3	453.97 (36.08%)	548.54 (46.35%)	568.78 (37.97%)	219.08 (13.38%)	192.00 (1.93%)
2016Q4	478.62 (31.74%)	583.52 (42.31%)	606.47 (36.30%)	224.01 (11.66%)	182.16 -(16.35%)
2017Q1	493.63 (24.26%)	606.67 (28.97%)	620.39 (30.43%)	228.34 (10.10%)	190.59 -(14.82%)
2017Q2	503.30 (18.08%)	596.50 (16.17%)	655.49 (26.90%)	232.13 (8.70%)	192.86 -(10.42%)
2017Q3	518.73 (14.27%)	600.81 (9.53%)	691.93 (21.65%)	235.42 (7.46%)	196.63 (2.41%)
2017Q4	531.67 (11.08%)	604.79 (3.64%)	722.33 (19.11%)	238.27 (6.37%)	199.32 (9.42%)
2018Q1	541.73 (9.74%)	607.26 (0.10%)	747.66 (20.51%)	240.73 (5.43%)	198.88 (4.35%)
2018Q2	540.66 (7.42%)	595.63 -(0.15%)	752.02 (14.73%)	242.89 (4.63%)	206.25 (6.94%)
2018Q3	539.36 (3.98%)	587.29 -(2.25%)	753.90 (8.96%)	244.81 (3.99%)	210.67 (7.14%)
2018Q4	540.81 (1.72%)	582.75 -(3.64%)	760.82 (5.33%)	246.57 (3.48%)	212.96 (6.84%)
2019Q1	536.35 -(0.99%)	575.05 -(5.30%)	755.82 (1.09%)	248.21 (3.11%)	211.71 (6.45%)

续表

	总指数	二级指数			
		规模指数	产品指数	经营效益指数	人才资源指数
2019Q2	533.04 －（1.41%）	551.34 －（7.44%）	768.02 （2.13%）	249.77 （2.83%）	214.90 （4.19%）
2019Q3	533.98 －（1.00%）	539.21 －（8.19%）	780.73 （3.56%）	251.29 （2.65%）	218.14 （3.54%）
2019Q4	538.78 －（0.38%）	539.66 －（7.39%）	793.73 （4.33%）	252.78 （2.52%）	217.26 （2.02%）
2020Q1	543.49 （1.33%）	532.17 －（7.46%）	814.86 （7.81%）	254.26 （2.44%）	215.38 （1.74%）
2020Q2	552.68 （3.69%）	537.16 －（2.57%）	833.70 （8.55%）	255.75 （2.39%）	219.04 （1.93%）
2020Q3	573.62 （7.42%）	543.10 （0.72%）	885.69 （13.44%）	257.25 （2.37%）	220.93 （1.28%）
2020Q4	596.23 （10.66%）	552.71 （2.42%）	934.20 （17.70%）	258.76 （2.37%）	232.68 （7.10%）

2013—2020年第四季度，中国武夷资产管理行业总指数整体呈现两个发展阶段。第一阶段为2013年第一季度至2017年第四季度的迅猛增长阶段，指数从2013年第一季度基期的100增长到2017年第四季度的531.67，五年间增长了近4.3倍。第二阶段为2018年第一季度至2020年第四季度的稳定发展阶段，2019年第一季度总指数首次出现同比负增长，降至536.36，2020年第四季度指数回升至596.23，同比增长10.66%，环比增长3.94%。

其中，2014年第一季度至2015年第四季度总指数超高速且加速增长，一方面，2013年起全球经济总体缓慢复苏，主要经济体增长态势和货币政策分化明显，与此同时，中国金融市场创新发展加快，

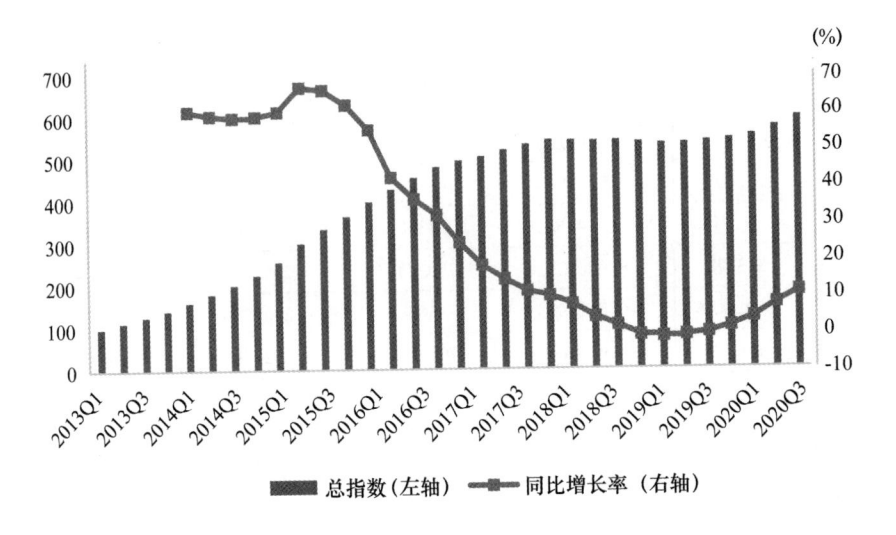

图1-6 中国武夷资产管理行业总指数(2013Q1—2020Q4)

金融基础设施建设不断完善,金融体系总体稳健,服务经济社会的能力不断增强,尤其是2015年,中国金融业改革全面深化,利率市场化改革不断推进,养老金获准入市,第二批自贸区建设正式启动,"一带一路"建设务实推进,亚洲基础设施投资银行正式成立,丝路基金投入运营以及人民币加入国际货币基金组织特别提款权货币篮子(Special Drawing Right,SDR)带来的预期向好。基于此,中国金融机构的实力进一步提高,资源进一步拓展。另一方面,2013年中国资管行业刚刚起步,"改革红利"开启了中国资产管理行业大发展的新思维、新方向,"政策红利"也为各金融业态带来了创新创业的激情与激励,资产管理行业也因此而飞速发展。

2016年第一季度起总指数增速出现大幅下降,由2015年第四季度的61.80%极速下降至54.96%,增速曲线由此进入下行通道。从宏观层面看,一方面,世界经济处于缓慢复苏进程中,世界经济的复杂性、不稳定性、不确定性进一步凸显,另一方面,国内经济金融稳定运行基础还不牢固，经济下行压力较大，行业走势持续分化，重大结构性失衡导致经济循环不畅；从中观层面看，非金融企业杠杆率高企，商业银行不良贷款余额和不良率"双升"，部分地方政府变相举债存在隐患，金融产品创新无序发展风险日渐显现；从技术层面看，总量因素造成的比值差异，也引起增加率下行。

第二阶段为2017年第一季度至2020年第四季度的波动增长阶段。究其原因，国际方面，2017年以来特别是进入2018年，世界政治经济格局发生深度调整变化，外部环境的不确定性增加，使得中国经济金融体系面临的外部环境日趋复杂。影响和威胁全球金融稳定的风险因素也在增加，特别是全球贸易保护主义抬头，由美国挑起的经贸摩擦，对全球及中国宏观经济和金融市场构成负面影响。同时，美国等主要发达经济体的货币政策调整也可能引发全球流动性收紧，并对新兴市场国家形成外溢效应。国内方面，中国经济金融体系中多年累积的周期性、体制机制性矛盾和风险正在显现，经济运行中结构性矛盾仍较突出，调整体制机制性因素需要一个过程，化解潜在的风险隐患需要付出一定的成本，甚至经历一定阵痛，任务较为艰巨。行业方面，2017年，五年一次的全国金融工作会议在北京召开，提出服务实体经济、防范金融风险、深化金融改革三项任务，明确指出金融工作的重要原则为"回归本源、优化结构、强化监管、市场导向"。在全国金融工作会议的任务部署下，国务院金融稳定发展委员会成立，加强金融监管协调，确保金融安全稳定发展；中国人民银行、中国银行保险监督管理委员会、中国证券监督管理委员会和国家外汇管理局联合发布《关于规范金融机构资产管理业务的指导意见》；一行两会等金融监管机构针对银行、证券、基金、保险出台一系列监管政策，在推动资产管理行业不断规范的同时，正本清源、优胜劣汰效应也逐渐显现。2019年，国际环境深刻变化，经济全球化遭遇波折，国际金融市场震荡，特别是中美经贸摩擦给市场预期带来不利影响；国内经济转型阵痛凸显，周期性、结构性问题叠加，经济出现新的下行压力；在错综复杂的国际国内环境之下，金融领域改革深化，资产管理行业在"弱冠之年"也迎来重大变局与转型挑战，推动资管业务回归本源的政策相继出台，在不断收紧、规范的监管窗口之下，"政策红利"已尽退却，在防风险、严监管、大变革的同时，行业将由规模发展进入高质量发展新阶段。2020年，在新冠肺炎疫情冲击和国内外经济复杂形势的影响下，中国金融体系流动性供求变化的不确定性明显加大，随着中国率先控制住新冠肺炎疫情、率先复工复产、率先实现经济正增长，央行稳健的货币政策体现了前瞻性、主动性、精准性和有效性，同时也为资管行业逆势回升提供了有力支撑。

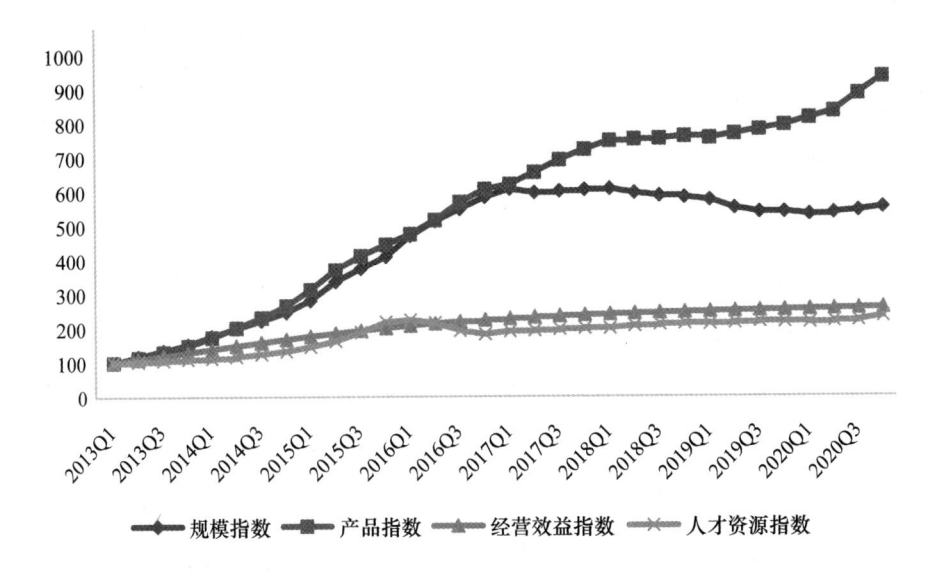

图1-7 中国武夷资产管理行业二级指数（2013Q1—2020Q4）

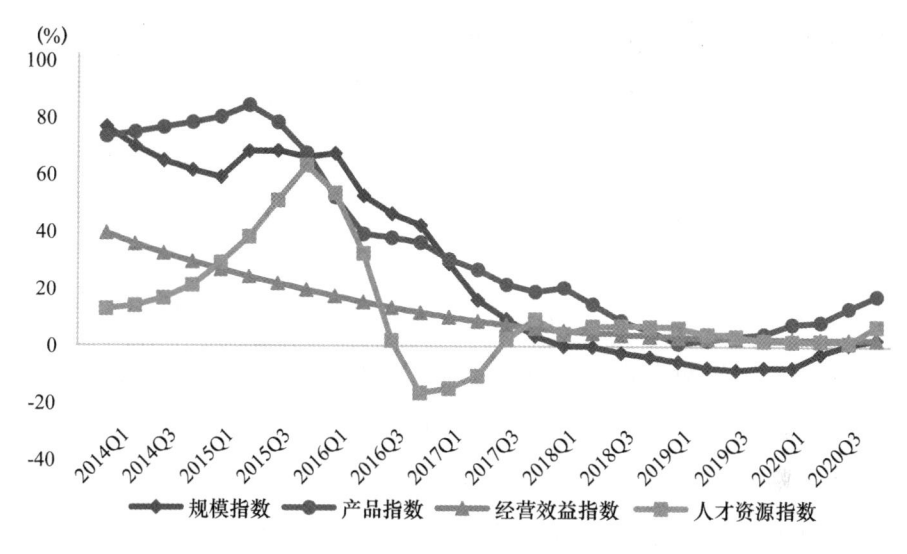

图1-8 中国武夷资产管理行业二级指数同比增长率（2014Q1—2020Q4）

分维度来看，四项二级指数发展可分为两个梯队，规模指数与产品指数为第一梯队，经营效益指数与人才资源指数为第二梯队，第一梯队指数量级约为第二梯队的两倍。从分指数变化情况看，四项二级指数2013—2016年均保持高速增长，2018年起，除规模指数出现下降以外，其他指数均保持较为稳定的增长水平。据测算，截至2020年第四季度，规模指数为552.71、同比增长2.42%，产品指数为934.20、同比增长17.70%，经营效益指数为258.76、同比增长2.37%，人才资源指数为232.68、同比增长7.10%。

经历了资产管理行业蓬勃发展之后，转型成了行业近几年最为重要的主题，"潮水逐步退去"也是面临新规则考验的过程。2017年起监管趋严，2017年4月，中国银行业监督管理委员会（2018年撤销）开展"三三四"检查；2017年7月，全国金融工作会议强调要加强金融监管协调，设立国务院金融稳定发展委员会。在严监管格局下，行业增速放缓，指数增长率大幅下降。

而2018年对于中国资产管理市场而言，是极其不平凡的一年。2018年，《关于规范金融机构资产管理业务的指导意见》《商业银行理财业务监督管理办法》（简称"理财新规"）和《商业银行理财子公司管理办法》等监管文件连续出台，监管规则和监管框架随之变化，给市场带来新的政策导向。

2019年，针对资管新规"破刚兑、去通道、去杠杆"的指导思想，监管部门针对各资管子行业出台相关细则，继续补齐监管。与此同时，金融业对外开放进一步提速，内资资管正式接轨国际竞争，资管行业面临全新发展，这些变化推动中国资产管理行业进入一轮新的洗牌与转型。随着资管新规的逐步实施与落地，监管框架更趋明晰，未来还会对资产管理行业的发展产生一定影响。

2020年，为平稳推动资管新规实施和资管业务规范转型，中国人民银行会同国家发展和改革委员会、财政部、中国银行保险监督管理委员会、中国证券监督管理委员会、国家外汇管理局等部门审慎研究决定，资管新规过渡期延长至2021年年末，此举从新冠肺炎疫情防控常态化出发，有利于缓解疫情对金融市场和资管业务的冲击，提振资本市场信心；同时也减轻了金融机构的整改压力，有助于平稳推动资管新规实施和资管业务规范转型。

二 中国武夷资产管理行业发展分指数

为了便于银行业、证券业、保险业、信托业和基金业5个细分金融行业资产管理业务发展情况对比，现根据主成分分析法确定的各指标加权权重，测算2013年第一季度至2020年第四季度各细分金融行业的资管发展指数（见表1-5）。

第一章 中国武夷资产管理行业发展指数：2013—2020年 47

表1-5 各行业资产管理业务发展指数及其同比增长率（2013Q1—2020Q4）

	细分金融行业				
	银行业	证券业	保险业	信托业	基金业
2013Q1	100.00	100.00	100.00	100.00	100.00
2013Q2	112.23	124.45	110.06	105.89	111.21
2013Q3	125.63	148.79	119.67	112.23	122.43
2013Q4	142.45	173.02	130.14	118.97	133.64
2014Q1	155.30	194.18	145.68	125.20	169.89
	(55.30%)	(94.18%)	(45.68%)	(25.20%)	(69.89%)
2014Q2	172.32	215.40	160.77	133.61	207.33
	(53.54%)	(73.08%)	(46.07%)	(26.18%)	(86.42%)
2014Q3	192.57	236.67	175.17	142.51	245.95
	(53.28%)	(59.06%)	(46.38%)	(26.97%)	(100.89%)
2014Q4	213.06	257.96	191.44	161.66	285.74
	(49.57%)	(49.09%)	(47.10%)	(35.89%)	(113.82%)
2015Q1	261.99	281.26	205.48	173.57	347.91
	(68.70%)	(44.85%)	(41.05%)	(38.64%)	(104.79%)
2015Q2	294.47	319.76	214.81	196.42	465.13
	(70.89%)	(48.45%)	(33.61%)	(47.01%)	(124.35%)
2015Q3	350.74	345.02	225.95	202.60	533.58
	(82.14%)	(45.78%)	(28.99%)	(42.17%)	(116.95%)
2015Q4	353.30	371.49	238.52	207.72	633.84
	(65.82%)	(44.01%)	(24.59%)	(28.49%)	(121.82%)
2016Q1	424.48	410.21	252.00	209.23	676.20
	(62.02%)	(45.84%)	(22.64%)	(20.54%)	(94.36%)
2016Q2	466.24	444.86	262.66	209.58	730.82
	(58.33%)	(39.13%)	(22.28%)	(6.70%)	(57.12%)
2016Q3	511.54	469.65	277.76	218.00	775.59
	(45.85%)	(36.12%)	(22.93%)	(7.60%)	(45.36%)
2016Q4	531.95	512.47	294.84	231.31	800.14
	(50.56%)	(37.95%)	(23.61%)	(11.36%)	(26.24%)

续表

	细分金融行业					
	银行业	证券业	保险业	信托业	基金业
2017Q1	561.66	522.51	300.46	241.45	821.16
	(32.32%)	(27.38%)	(19.23%)	(15.40%)	(21.44%)
2017Q2	568.74	516.70	316.48	249.18	847.51
	(21.98%)	(16.15%)	(20.49%)	(18.90%)	(15.97%)
2017Q3	598.71	504.80	332.46	258.06	887.72
	(17.04%)	(7.48%)	(19.70%)	(18.38%)	(14.46%)
2017Q4	616.10	492.19	357.05	269.05	917.29
	(15.82%)	-(3.96%)	(21.10%)	(16.32%)	(14.64%)
2018Q1	627.53	479.54	372.72	271.02	955.35
	(11.73%)	-(8.22%)	(24.05%)	(12.25%)	(16.34%)
2018Q2	624.85	457.15	381.90	268.98	972.24
	(9.86%)	-(11.53%)	(20.67%)	(7.94%)	(14.72%)
2018Q3	624.41	434.42	400.87	268.32	974.63
	(4.29%)	-(13.94%)	(20.57%)	(3.97%)	(9.79%)
2018Q4	628.74	419.42	429.37	266.30	968.15
	(2.05%)	-(14.78%)	(20.25%)	-(1.02%)	(5.55%)
2019Q1	608.23	405.77	442.54	256.86	976.59
	-(3.07%)	-(15.38%)	(18.73%)	-(5.22%)	(2.22%)
2019Q2	589.32	394.50	462.91	271.07	957.65
	-(5.69%)	-(13.70%)	(21.21%)	(0.78%)	-(1.50%)
2019Q3	577.56	375.53	483.37	273.60	973.56
	-(7.50%)	-(13.55%)	(20.58%)	(1.97%)	-(0.11%)
2019Q4	569.82	361.71	511.43	275.48	996.29
	-(9.37%)	-(13.76%)	(19.11%)	(3.45%)	(2.91%)
2020Q1	541.83	359.19	534.37	274.06	1032.80
	-(10.92%)	-(11.48%)	(20.75%)	(6.69%)	(5.76%)
2020Q2	547.24	352.83	553.03	279.16	1049.25
	-(7.14%)	-(10.56%)	(19.47%)	(2.98%)	(9.57%)

续表

	细分金融行业					
	银行业	证券业	保险业	信托业	基金业
2020Q3	558.08	345.93	595.96	282.39	1107.09
	－(3.37%)	－(7.88%)	(23.29%)	(3.21%)	(13.72%)
2020Q4	560.26	336.40	651.32	285.20	1172.52
	－(1.68%)	－(7.00%)	(27.35%)	(3.53%)	(17.69%)

分行业来看，2013—2019年，基金业、保险业和信托业资管发展指数整体呈不断增长趋势，其中，基金业指数始终遥遥领先，银行业和证券业呈先增后减趋势。据测算，截至2020年第四季度，银行业资管指数为560.26、同比减少1.68%，证券业资管指数为336.40、同比减少7.00%，保险业资管指数为651.32、同比增加27.35%，信托业资管指数为285.20、同比增加3.53%，基金业资管指数为1172.52、同比增加17.69%。

分梯队来看，2013—2016年，五大行业资管业务发展呈三阶梯队，第一梯队为基金业，第二梯队为证券业和银行业，第三梯队为保险业和信托业；2017年起，各行业梯队出现分化，截至2020年第四季度，呈现行业梯队新格局，第一梯队仍为基金业，第二梯队为银行业和保险业，第三梯队为证券业和信托业。

分增长率来看，2014—2016年，基金业、银行业和信托业资管指数同比增长曲线整体呈先增后减趋势，分化点为2015年与2016年之交；证券业和保险业资管指数同比增长曲线整体呈波动下降趋势。截至2020年第四季度，保险业资管同比增速仍保持27.35%的增速，而银行业和证券业均保持负增长水平。

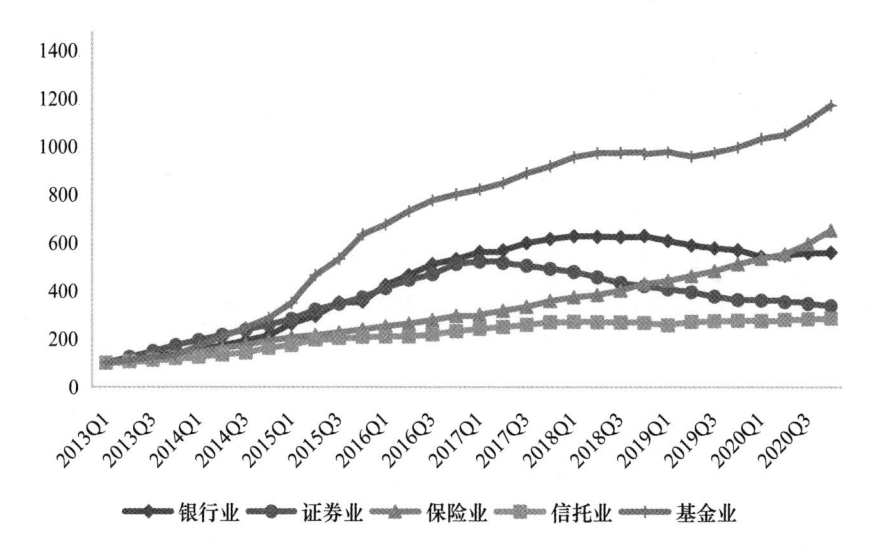

图1-9 各行业资产管理业务发展指数（2013Q1—2020Q4）

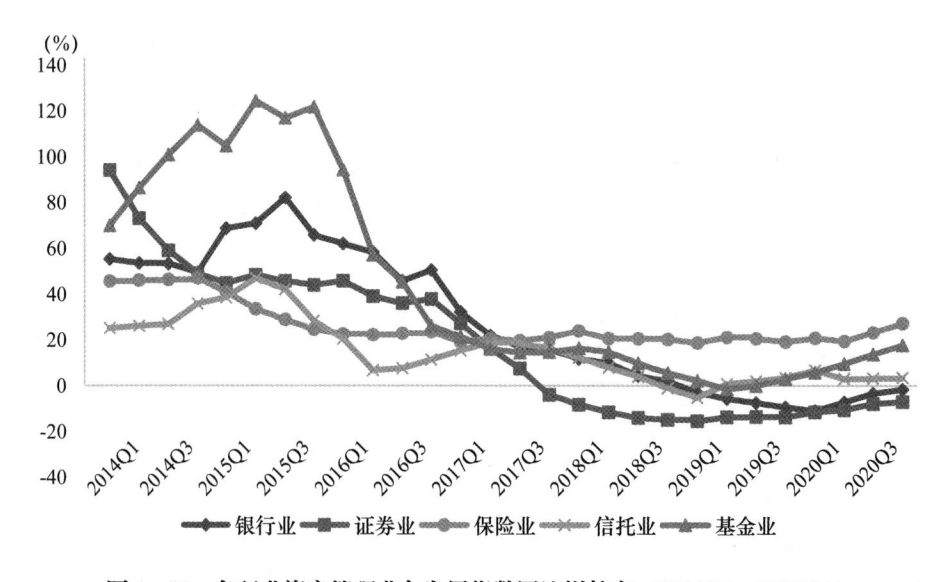

图1-10 各行业资产管理业务发展指数同比增长率（2014Q1—2020Q4）

（一）银行业资产管理发展指数

经过加权模型，测算得2013年第一季度至2020年第四季度银行业资产管理发展指数及其增长率（见表1-6）。

表1-6 银行业资产管理发展指数及其同比增长率（2013Q1—2020Q4）

	银行资管指数	银行业资管分维度指数			
		规模指数	产品指数	经营效益指数	人才资源指数
2013Q1	100.00	100.00	100.00	100.00	100.00
2013Q2	112.23	123.06	105.67	103.27	100.86
2013Q3	125.63	146.11	114.77	106.52	102.15
2013Q4	142.45	169.17	134.21	109.77	103.87
2014Q1	155.30	192.23	142.02	112.99	104.31
	(55.30%)	(92.23%)	(42.02%)	(12.99%)	(4.31%)
2014Q2	172.32	215.28	162.50	116.18	105.20
	(53.54%)	(74.95%)	(53.78%)	(12.51%)	(4.30%)
2014Q3	192.57	238.34	192.75	119.33	106.54
	(53.28%)	(63.12%)	(67.94%)	(12.02%)	(4.30%)
2014Q4	213.06	261.40	223.56	122.43	108.32
	(49.57%)	(54.52%)	(66.58%)	(11.53%)	(4.28%)
2015Q1	261.99	308.94	310.37	125.47	108.35
	(68.70%)	(60.71%)	(118.54%)	(11.04%)	(3.88%)
2015Q2	294.47	356.48	346.34	128.44	108.43
	(70.89%)	(65.58%)	(113.13%)	(10.55%)	(3.07%)
2015Q3	350.74	455.70	386.60	131.33	108.59
	(82.14%)	(91.20%)	(100.58%)	(10.06%)	(1.93%)
2015Q4	353.30	451.55	399.29	134.15	108.75
	(65.82%)	(72.75%)	(78.60%)	(9.57%)	(0.40%)
2016Q1	424.48	586.27	438.08	136.90	109.05
	(62.02%)	(89.77%)	(41.15%)	(9.11%)	(0.64%)

续表

	银行资管指数	银行业资管分维度指数			
		规模指数	产品指数	经营效益指数	人才资源指数
2016Q2	466.24 (58.33%)	629.02 (76.45%)	509.07 (46.99%)	139.60 (8.69%)	109.44 (0.93%)
2016Q3	511.54 (45.85%)	702.07 (54.06%)	550.34 (42.35%)	142.24 (8.31%)	110.00 (1.30%)
2016Q4	531.95 (50.56%)	733.42 (62.42%)	570.48 (42.87%)	144.87 (7.99%)	110.63 (1.73%)
2017Q1	561.66 (32.32%)	754.66 (28.72%)	627.73 (43.29%)	147.49 (7.73%)	121.65 (11.56%)
2017Q2	568.74 (21.98%)	727.20 (15.61%)	687.31 (35.01%)	150.10 (7.52%)	118.42 (8.21%)
2017Q3	598.71 (17.04%)	737.05 (4.98%)	765.16 (39.03%)	152.71 (7.36%)	120.30 (9.37%)
2017Q4	616.10 (15.82%)	748.19 (2.01%)	799.54 (40.15%)	155.32 (7.21%)	127.97 (15.68%)
2018Q1	627.53 (11.73%)	753.11 -(0.21%)	827.62 (31.84%)	157.94 (7.09%)	127.92 (5.15%)
2018Q2	624.85 (9.86%)	753.63 (3.63%)	817.99 (19.01%)	160.58 (6.98%)	127.86 (7.97%)
2018Q3	624.41 (4.29%)	763.73 (3.62%)	802.53 (4.88%)	163.24 (6.90%)	127.70 (6.15%)
2018Q4	628.74 (2.05%)	795.60 (6.34%)	772.81 -(3.34%)	165.93 (6.83%)	127.22 -(0.59%)
2019Q1	608.23 -(3.07%)	754.15 (0.14%)	764.17 -(7.67%)	168.64 (6.77%)	127.32 -(0.46%)
2019Q2	589.32 -(5.69%)	717.10 -(4.85%)	754.52 -(7.76%)	171.36 (6.71%)	127.52 -(0.27%)
2019Q3	577.56 -(7.50%)	697.41 -(8.68%)	743.71 -(7.33%)	174.11 (6.66%)	127.77 (0.05%)

续表

	银行资管指数	银行业资管分维度指数			
		规模指数	产品指数	经营效益指数	人才资源指数
2019Q4	569.82	695.34	721.72	176.90	128.03
	－（9.37%）	－（12.60%）	－（6.61%）	（6.61%）	（0.64%）
2020Q1	541.83	632.12	718.98	179.70	128.28
	－（10.92%）	－（16.18%）	－（5.91%）	（6.56%）	（0.75%）
2020Q2	547.24	637.05	727.89	182.53	129.28
	－（7.14%）	－（11.16%）	－（3.53%）	（6.52%）	（1.38%）
2020Q3	558.08	649.74	742.40	185.36	131.86
	－（3.37%）	－（6.84%）	－（0.18%）	（6.46%）	（3.20%）
2020Q4	560.26	652.07	745.06	188.19	132.33
	－（1.68%）	－（6.22%）	（3.23%）	（6.39%）	（3.36%）

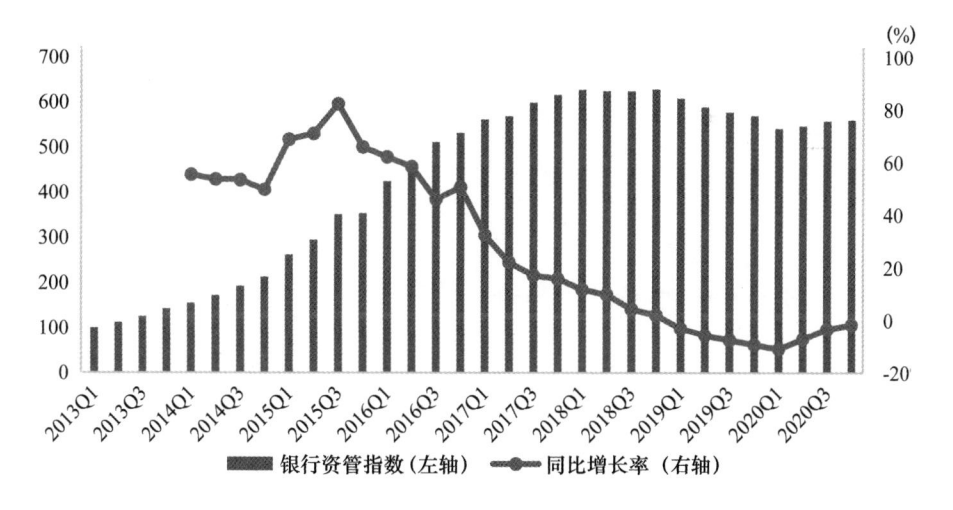

图1-11 银行业资产管理发展指数（2013Q1—2020Q4）

2013年第一季度至2020年第四季度，中国银行业资产管理业务发展指数整体呈现先增后减两个发展阶段。第一阶段为2013年第一季度至2017年第四季度的增长阶段，指数从2013年第一季度基期的

100增长到2017年第四季度的616.10,五年间增长了5倍多。第二阶段为2018年第一季度至2020年第四季度的波动下行阶段,2019年第一季度总指数首次出现同比负增长,2020年第一季度指数进一步下降至541.83,同比减少10.92%,2020年第四季度指数回升至560.26,同比减少1.68%,环比增加0.39%。

分二级指标来看,银行业资管规模指数和产品指数呈现先增后减趋势,且遥遥领先于经营效益指数和人才资源指数。据测算,2020年第四季度银行业规模指数为652.07、同比减少6.22%,产品指数为745.06、同比增加3.23%,经营效益指数为188.19、同比增加6.39%,人才资源指数为132.33、同比增加3.36%。

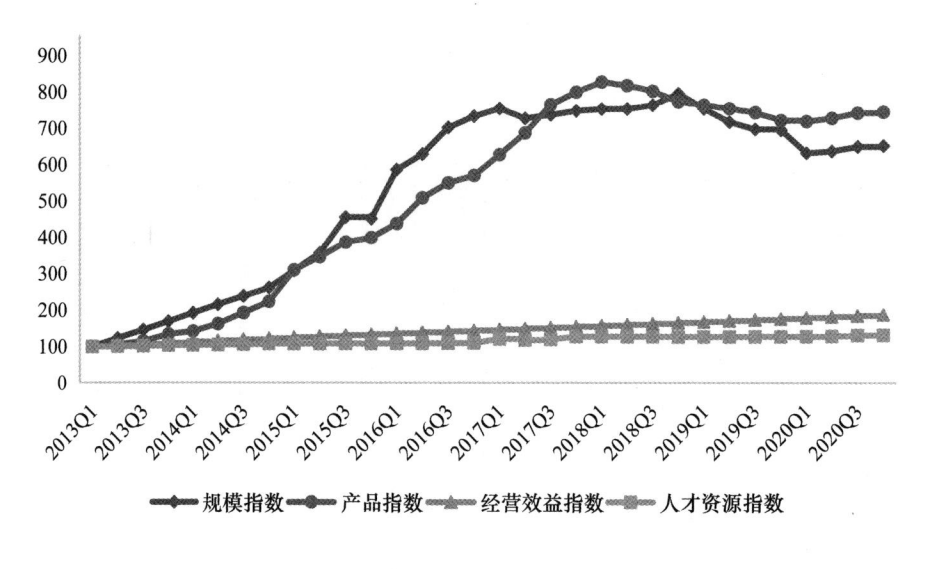

图1-12 银行业资管分维度指数(2013Q1—2020Q4)

自2004年以来,中国银行资产管理业务发展迅速。尤其是2013—2016年,受金融市场化改革持续推进、居民收入持续增长等

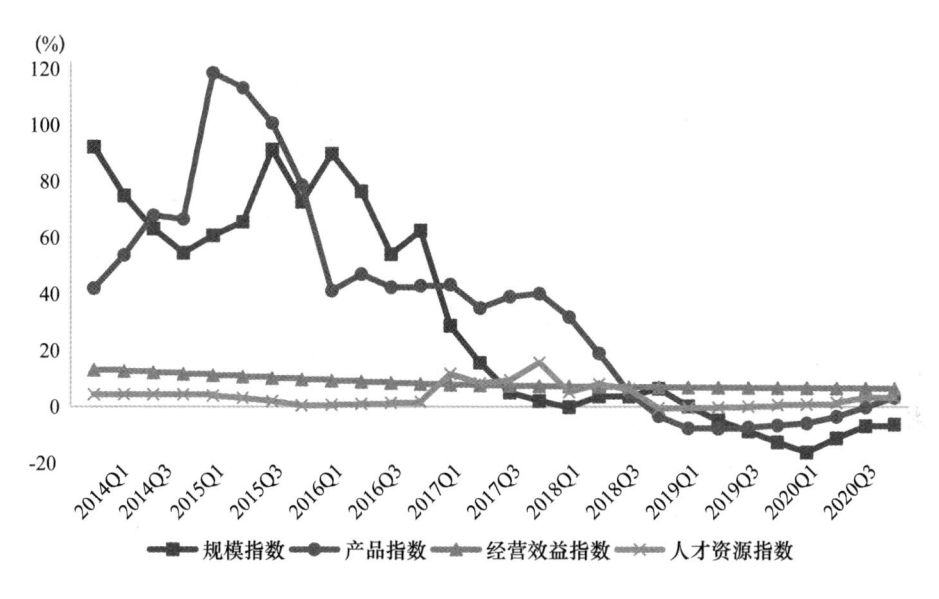

图 1-13 银行业资管分维度指数同比增长率（2014Q1—2020Q4）

诸多利好因素影响，银行在满足客户高收益需求的同时，又迫切需要通过表外理财业务节约银行资本消耗，导致银行表外理财业务规模快速增长。2013—2016 年，银行理财资金账面余额平均增速高于 50%，远高于同期银行业贷款和广义货币供应量（M2）的平均增速。长期高速发展使得银行理财的潜在风险不断积聚，管理不规范、不完善等弊病逐步暴露出来。

2016 年以来监管部门陆续发布了一系列针对银行表外理财的监管措施，逐步收紧银行表外理财业务的监管。尤其是 2016 年第三季度，银行业资管指数同比增速大幅下降，主要是由于 2016 年 7 月，中国银监会发布《商业银行理财业务监督管理办法（征求意见稿）》。

2017 年开始，银行资管指数同比增长曲线进入持续下行通道，一方面，监管部门以守住不发生系统性风险的底线为基本前提，以推动银行理财回归代客理财的资管业务本源为宗旨，进一步加强监管；另一方面，银行表外理财被明确纳入MPA考核体系，以满足去杠杆、挤泡沫，缓慢释放风险的需要。受这两方面因素影响，2017年银行资管业务增速明显放缓，银行业指数同比增长率持续下降。

从市场情况来看，2018年《商业银行理财子公司管理办法》等监管文件陆续出台，在资管新规的指导之下，银行保本理财注定将要退出历史。实际上，很多银行在资管新规出台不久，已经开始控制甚至是缩减了保本理财发行的规模，为的就是尽早适应新规对于行业的冲击。尤其对于保本理财发行和保有量较大的股份制和城商行，资管新规冲击更大。但是，资管新规毕竟在2021年年末才全部落地，设置了一定的缓冲时间。目前，很多银行依然售卖保本理财，为的就是对接之前发行的产品。然而，无论是收益还是规模，都有不同程度的控制。

（二）证券业资产管理发展指数

经过加权模型，测算得2013年第一季度至2020年第四季度证券业资产管理发展指数及其增长率（见表1-7）。

表1-7　证券业资产管理发展指数及其增长率（2013Q1—2020Q4）

	证券资管指数	证券业资管分维度指数			
		规模指数	产品指数	经营效益指数	人才资源指数
2013Q1	100.00	100.00	100.00	100.00	100.00
2013Q2	124.45	130.39	130.39	120.50	98.48
2013Q3	148.79	160.77	160.77	140.98	96.21
2013Q4	173.02	191.16	191.16	161.40	93.18

续表

	证券资管指数	证券业资管分维度指数			
		规模指数	产品指数	经营效益指数	人才资源指数
2014Q1	194.18	216.57	216.57	181.69	93.82
	(94.18%)	(116.57%)	(116.57%)	(81.69%)	-(6.18%)
2014Q2	215.40	241.99	241.99	201.74	95.11
	(73.08%)	(85.59%)	(85.59%)	(67.42%)	-(3.42%)
2014Q3	236.67	267.40	267.40	221.45	97.05
	(59.06%)	(66.32%)	(66.32%)	(57.07%)	(0.87%)
2014Q4	257.96	292.82	292.82	240.65	99.62
	(49.09%)	(53.18%)	(53.18%)	(49.10%)	(6.92%)
2015Q1	281.26	323.76	318.29	259.18	101.51
	(44.85%)	(49.49%)	(46.96%)	(42.65%)	(8.19%)
2015Q2	319.76	377.53	361.77	276.81	106.67
	(48.45%)	(56.01%)	(49.50%)	(37.21%)	(12.15%)
2015Q3	345.02	404.05	397.54	293.35	113.44
	(45.78%)	(51.10%)	(48.67%)	(32.47%)	(16.89%)
2015Q4	371.49	437.94	427.51	308.65	122.27
	(44.01%)	(49.56%)	(46.00%)	(28.26%)	(22.73%)
2016Q1	410.21	505.71	457.51	322.58	123.93
	(45.84%)	(56.20%)	(43.74%)	(24.46%)	(22.09%)
2016Q2	444.86	552.49	500.97	335.11	126.73
	(39.13%)	(46.34%)	(38.48%)	(21.06%)	(18.81%)
2016Q3	469.65	580.85	536.78	346.23	130.23
	(36.12%)	(43.76%)	(35.03%)	(18.03%)	(14.80%)
2016Q4	512.47	647.51	581.23	355.95	135.36
	(37.95%)	(47.86%)	(35.96%)	(15.32%)	(10.70%)
2017Q1	522.51	691.34	547.05	364.29	152.15
	(27.38%)	(36.71%)	(19.57%)	(12.93%)	(22.77%)
2017Q2	516.70	666.67	553.20	371.35	159.50
	(16.15%)	(20.67%)	(10.43%)	(10.82%)	(25.85%)

续表

	证券资管指数	证券业资管分维度指数			
		规模指数	产品指数	经营效益指数	人才资源指数
2017Q3	504.80	639.78	548.13	377.25	156.53
	(7.48%)	(10.15%)	(2.11%)	(8.96%)	(20.20%)
2017Q4	492.19	621.73	533.45	382.08	146.65
	-(3.96%)	-(3.98%)	-(8.22%)	(7.34%)	(8.34%)
2018Q1	479.54	606.26	511.50	386.02	146.51
	-(8.22%)	-(12.31%)	-(6.50%)	(5.96%)	-(3.71%)
2018Q2	457.15	562.80	494.33	389.25	146.00
	-(11.53%)	-(15.58%)	-(10.64%)	(4.82%)	-(8.46%)
2018Q3	434.42	522.28	472.82	391.94	145.13
	-(13.94%)	-(18.36%)	-(13.74%)	(3.90%)	-(7.28%)
2018Q4	419.42	492.08	462.97	394.27	144.01
	-(14.78%)	-(20.85%)	-(13.21%)	(3.19%)	-(1.80%)
2019Q1	405.77	488.77	423.57	396.37	143.88
	-(15.38%)	-(19.38%)	-(17.19%)	(2.68%)	-(1.80%)
2019Q2	394.50	461.51	421.86	398.36	142.73
	-(13.70%)	-(18.00%)	-(14.66%)	(2.34%)	-(2.24%)
2019Q3	375.53	423.94	409.55	400.30	140.18
	-(13.55%)	-(18.83%)	-(13.38%)	(2.13%)	-(3.42%)
2019Q4	361.71	398.90	398.19	402.24	136.68
	-(13.76%)	-(18.94%)	-(13.99%)	(2.02%)	-(5.09%)
2020Q1	359.19	385.64	407.46	404.18	133.27
	-(11.48%)	-(21.10%)	-(3.80%)	(1.97%)	-(7.37%)
2020Q2	352.83	377.90	397.51	406.17	130.60
	-(10.56%)	-(18.12%)	-(5.77%)	(1.96%)	-(8.50%)
2020Q3	345.93	349.91	414.14	408.18	120.92
	-(7.88%)	-(17.46%)	(1.12%)	(1.97%)	-(13.74%)
2020Q4	336.40	314.92	418.48	410.23	139.85
	-(7.00%)	-(21.05%)	(5.09%)	(1.99%)	(2.32%)

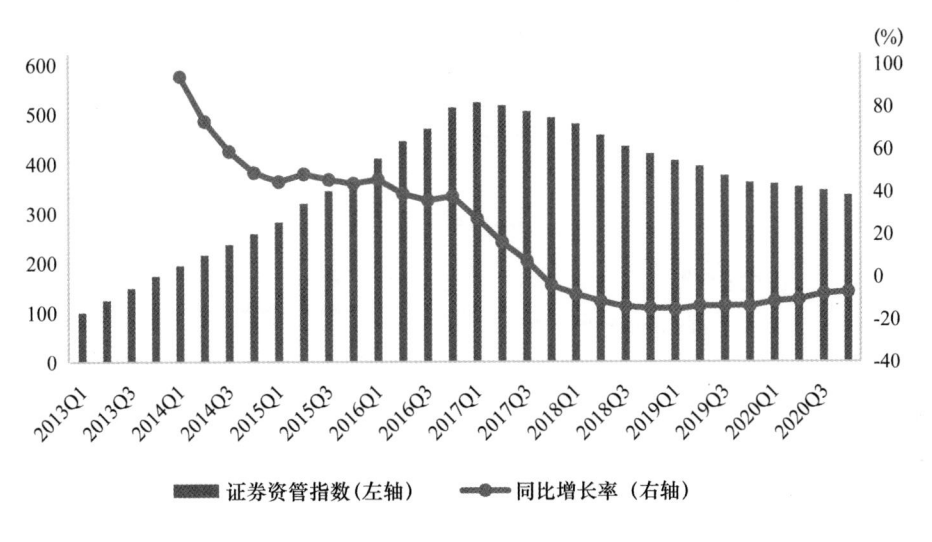

第一章　中国武夷资产管理行业发展指数：2013—2020年　59

图1-14　证券业资产管理发展指数（2013Q1—2020Q4）

2013年第一季度至2020年第四季度，中国证券业资产管理业务发展指数同样整体呈现先增后减两个发展阶段。第一阶段为2013年第一季度至2016年第四季度的高速增长阶段，指数从2013年第一季度基期的100增长到2016年第四季度的512.47，四年间增长了4倍多。第二阶段为2017年第一季度至2020年第四季度的缓慢下行阶段，截至2020年第四季度，证券资管指数进一步下降至336.40，同比减少7.00%、环比减少2.76%。

分维度来看，证券业资管规模指数和产品指数整体呈现先增后减趋势，且均遥遥领先于人才资源指数，经营效益指数一直处于稳定的上升通道。据测算，2020年第四季度证券业规模指数为314.92、同比减少21.05%，产品指数为418.48、同比增长5.09%，经营效益指数为410.23、同比增加1.99%，人才资源指数为139.85、同比增长2.32%。

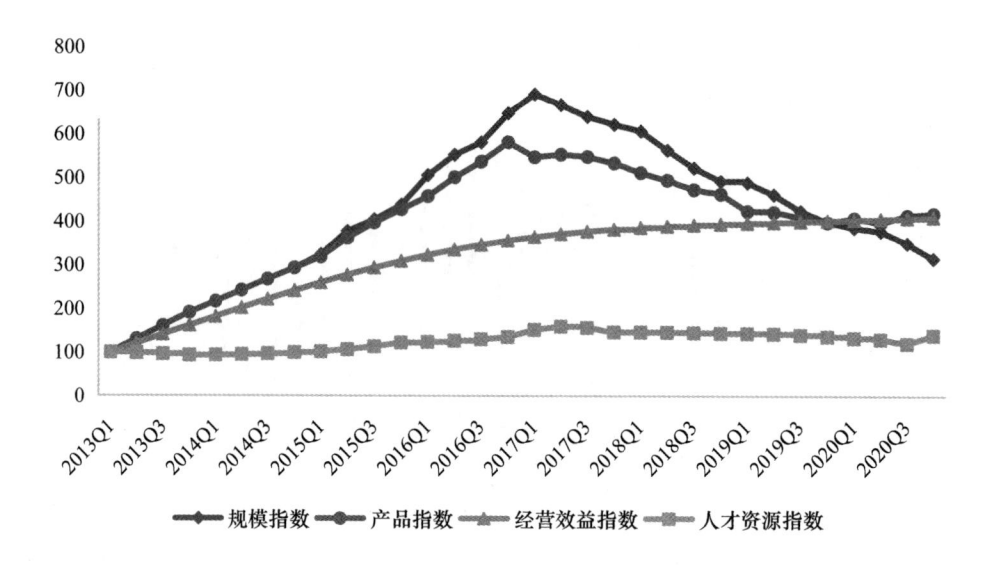

图1-15 证券业资管分维度指数（2013Q1—2020Q4）

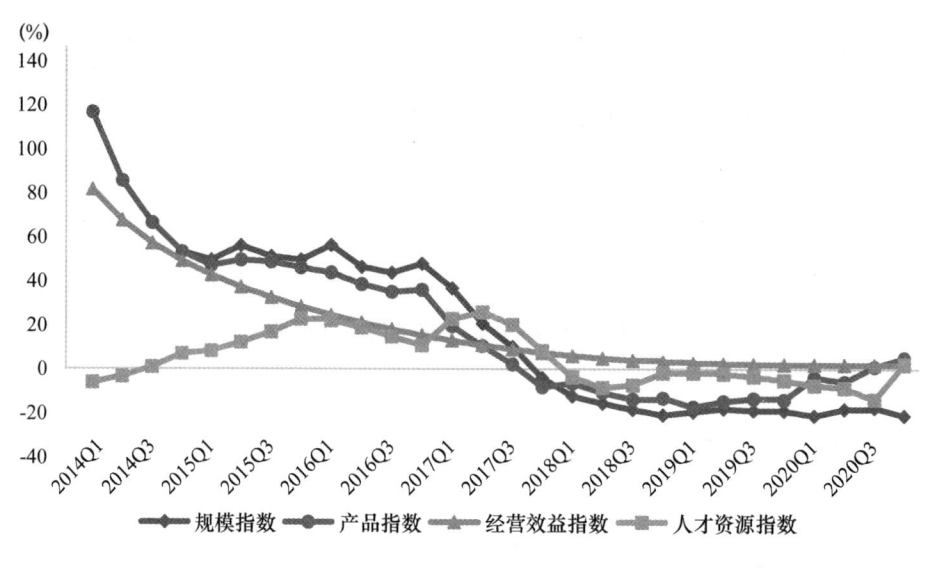

图1-16 证券业资管分维度指数同比增长率（2014Q1—2020Q4）

2012年之前，与信托、保险、基金、银行业等行业相比，证券业的资产管理规模相对较低。2012年，资产管理业务迎来全面放开之年，行业监管政策环境极大改善。2012年10月19日，中国证券监督管理委员会正式发布了《证券公司客户资产管理业务管理办法》《证券公司集合资产管理业务实施细则》及《证券公司定向资产管理业务实施细则》（简称"一法两则"）。根据"一法两则"的相关规定，产品由行政审批制改为报备制、投资范围扩大、允许产品分级、允许集合计划份额转让等，使得证券公司资产管理业务全面驶入快车道。特别是2012年券商通道类资管业务的放开，使之逐渐成为该类业务的重头戏，成为推动券商资管业务发展的主要动力。2013年，证券业资产管理业务充分利用制度红利迅猛发展，同业竞争环境明显改善。随后三年，虽然证券业资管指数增速逐渐放缓，但依靠政策红利的余温，增长率依旧保持较高水平。

2017年，监管开始严控券商通道，由于券商资管对通道的依赖过于严重，资管业务受到极大影响，指数增长率变为负值，资管指数较2016年有所下降。

2018年，主要是在资管新规去通道、降杠杆和消除层层嵌套政策的指引下，券商资管的发展重心从过去的以"规模论英雄"主动向"优质发展"转型，提升主动管理能力。回归资管业务本源是监管的要求，也是券商资管的主攻方向。未来的券商资管，将逐步回归到本源；多层嵌套蕴含极大不确定性的产品将退出历史，主动管理能力和营销能力是未来券商立足市场的核心竞争力所在。

（三）保险业资产管理发展指数

经过加权模型，测算得2013年第一季度至2020年第四季度保险业资产管理发展指数及其增长率（见表1-8）。

表1-8 保险业资产管理发展指数及其增长率（2013Q1—2020Q4）

	保险资管指数	保险业资管分维度指数			
		规模指数	产品指数	经营效益指数	人才资源指数
2013Q1	100.00	100.00	100.00	100.00	100.00
2013Q2	110.06	104.30	120.48	109.60	102.47
2013Q3	119.67	106.30	140.95	119.20	105.76
2013Q4	130.14	110.13	161.43	128.76	110.60
2014Q1	145.68	117.77	196.22	138.25	112.04
	(45.68%)	(17.77%)	(96.22%)	(38.25%)	(12.04%)
2014Q2	160.77	123.07	231.01	147.61	114.47
	(46.07%)	(17.99%)	(91.75%)	(34.68%)	(11.71%)
2014Q3	175.17	125.64	265.81	156.76	117.39
	(46.38%)	(18.19%)	(88.58%)	(31.51%)	(11.00%)
2014Q4	191.44	133.71	300.60	165.61	121.83
	(47.10%)	(21.41%)	(86.21%)	(28.62%)	(10.16%)
2015Q1	205.48	141.69	330.99	174.06	123.38
	(41.05%)	(20.32%)	(68.68%)	(25.90%)	(10.12%)
2015Q2	214.81	148.57	347.54	181.98	126.26
	(33.61%)	(20.72%)	(50.44%)	(23.29%)	(10.29%)
2015Q3	225.95	148.85	375.35	189.28	129.19
	(28.99%)	(18.47%)	(41.21%)	(20.75%)	(10.05%)
2015Q4	238.52	160.17	396.82	195.88	134.31
	(24.59%)	(19.79%)	(32.01%)	(18.28%)	(10.24%)
2016Q1	252.00	171.78	423.06	201.75	136.66
	(22.64%)	(21.23%)	(27.82%)	(15.90%)	(10.77%)
2016Q2	262.66	179.94	442.94	206.86	140.67
	(22.28%)	(21.12%)	(27.45%)	(13.67%)	(11.42%)
2016Q3	277.76	183.81	479.52	211.22	145.47
	(22.93%)	(23.48%)	(27.75%)	(11.59%)	(12.60%)

续表

	保险资管指数	保险业资管分维度指数			
		规模指数	产品指数	经营效益指数	人才资源指数
2016Q4	294.84	191.85	517.69	214.85	151.89
	(23.61%)	(19.78%)	(30.46%)	(9.68%)	(13.09%)
2017Q1	300.46	201.58	523.26	217.75	154.31
	(19.23%)	(17.35%)	(23.68%)	(7.93%)	(12.91%)
2017Q2	316.48	207.74	562.23	219.96	158.25
	(20.49%)	(15.45%)	(26.93%)	(6.33%)	(12.50%)
2017Q3	332.46	209.89	604.37	221.53	162.73
	(19.70%)	(14.19%)	(26.04%)	(4.88%)	(11.87%)
2017Q4	357.05	213.76	670.38	222.53	168.18
	(21.10%)	(11.42%)	(29.49%)	(3.58%)	(10.72%)
2018Q1	372.72	218.62	710.14	223.02	172.14
	(24.05%)	(8.46%)	(35.71%)	(2.42%)	(11.55%)
2018Q2	381.90	224.79	726.04	223.09	181.11
	(20.67%)	(8.21%)	(29.14%)	(1.42%)	(14.44%)
2018Q3	400.87	227.36	772.96	222.81	192.19
	(20.57%)	(8.33%)	(27.89%)	(0.58%)	(18.10%)
2018Q4	429.37	235.08	839.76	222.23	209.55
	(20.25%)	(9.97%)	(25.27%)	-(0.13%)	(24.60%)
2019Q1	442.54	244.41	869.18	221.39	213.01
	(18.73%)	(11.80%)	(22.40%)	-(0.73%)	(23.74%)
2019Q2	462.91	248.85	923.26	220.31	218.10
	(21.21%)	(10.71%)	(27.16%)	-(1.25%)	(20.42%)
2019Q3	483.37	254.73	974.95	219.02	225.38
	(20.58%)	(12.04%)	(26.13%)	-(1.70%)	(17.27%)
2019Q4	511.43	265.47	1042.54	217.55	236.63
	(19.11%)	(12.93%)	(24.15%)	-(2.11%)	(12.92%)
2020Q1	534.37	278.37	1092.64	215.94	248.44
	(20.75%)	(13.89%)	(25.71%)	-(2.46%)	(16.63%)

续表

	保险资管指数	保险业资管分维度指数			
		规模指数	产品指数	经营效益指数	人才资源指数
2020Q2	553.03	288.40	1161.83	214.27	218.21
	(19.47%)	(15.89%)	(25.84%)	-(2.74%)	(0.05%)
2020Q3	595.96	296.70	1279.52	212.57	224.49
	(23.29%)	(16.48%)	(31.24%)	-(2.94%)	-(0.39%)
2020Q4	651.32	310.60	1426.64	210.86	235.11
	(27.35%)	(17.00%)	(36.84%)	-(3.07%)	-(0.64%)

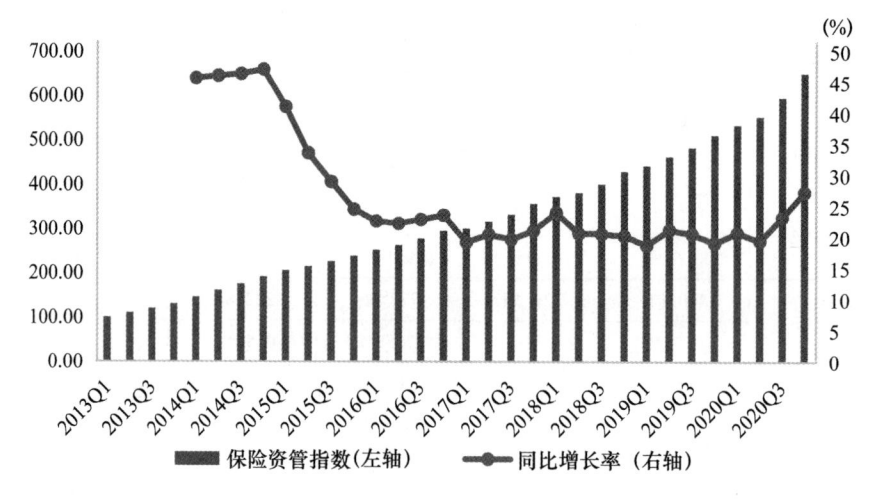

图1-17 保险业资产管理发展指数（2013Q1—2020Q4）

2013年第一季度至2020年第四季度，中国保险业资产管理业务发展指数呈现不断增长趋势，是最具潜力、增长最稳定的资管行业，指数从2013年第一季度基期的100增长到2020年第四季度的651.32，八年来持续稳定增长了近5.5倍。从同比增长率来看，保险业资管指数始终保持高速增长，2015年第一季度指数同比增长率出现大幅下降，并于2016年第一季度由超高速增长进入高速增长阶段，近五年同比增速始终维持在20%至30%区间内。据测算，截至2020年第四季度，保险业资管指数为651.32，同比增长27.35%。

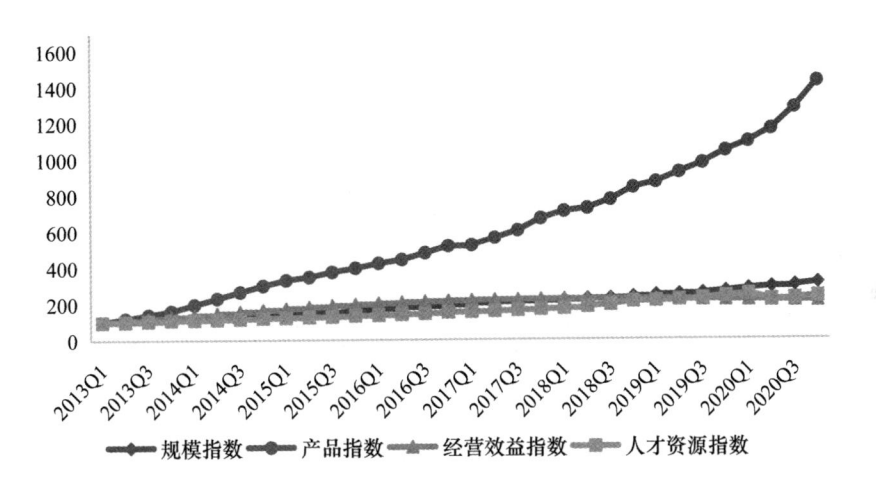

图1-18 保险业资管分维度指数（2013Q1—2020Q4）

分维度来看，保险业资管规模指数、产品指数、经营效益指数和人才资源指数整体呈不断增长趋势，其中产品指数遥遥领先于其余三项指数。据测算，2020年第四季度保险业规模指数为310.60、同比增长17.00%，产品指数为1426.64、同比增长36.84%，经营效益指数为210.86、同比下降3.07%，人才资源指数为235.11、同比下降0.64%。

保险业始终坚持"保险姓保"的发展理念，主动适应新常态，不断进行改革创新，行业发展势头良好。保费收入保持增长，资产规模不断扩大，为资产管理业务的开展营造了稳定的环境。近年来，保险行业迎来了较快发展。各种创新性产品层出不穷，尤其是以万能险为代表的产品更是增速迅猛，势不可当。然而，万能险过度增长，也带

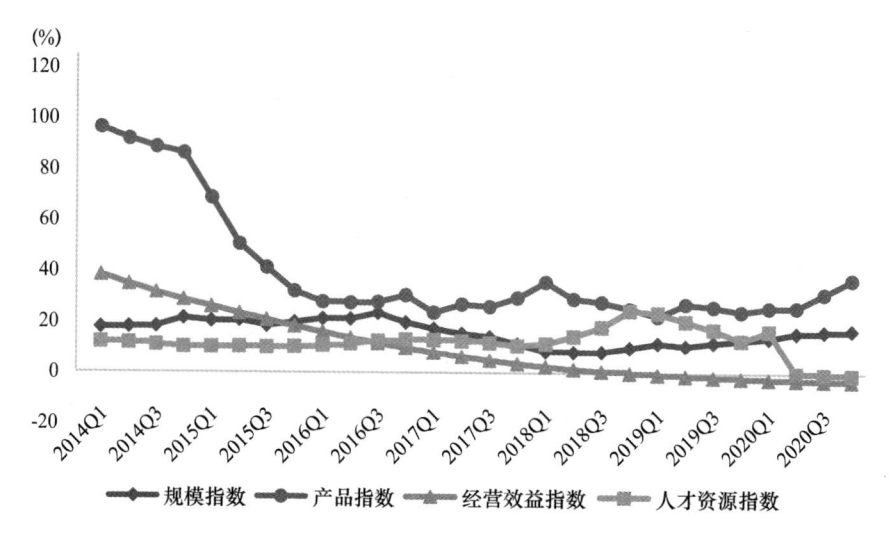

图1-19 保险业资管分维度指数同比增长率（2014Q1—2020Q4）

来了很多问题，不仅扰乱了市场秩序，而且一定程度上"扰乱"了保险的本源和初心。

值得一提的是，2016年，保险资管经营效益指数增速出现断崖式下跌，一方面，是因为2015年一季度保险业资管产品指数增速开始进入下降通道，2015全年，保险业发行资管产品121只，同比减少近3成；另一方面，中国经济增长进入新常态，经济发展模式和增长方式面临重大转变，从高速增长转为中高速增长，从要素驱动转向创新驱动，经济增长速度和固定资产投资增速放缓，使得以基础设施为主要投资对象的保险资产管理面临着"项目荒"的挑战。

保险资管业务蓬勃发展，监管制度也在逐步补齐。继2020年3月《保险资产管理产品管理暂行办法》（简称《办法》）出台后，2020年9月11日，中国银行保险监督管理委员会发布《办法》配套文件，通过《组合类保险资产管理产品实施细则》《债权投资计划实施细则》和《股权投资计划实施细则》三个细则，进一步规范保险资产管理产品业务发展。《保险资产管理产品管理暂行办法》及配套细则落地，是"资管新规"在保险资管产品上的监管细化，融合后保险资管将成为大资管行业的重要主体，从同业委托向个人财富市场拓展，迎来保险资管新机遇。

（四）信托业资产管理发展指数

经过加权模型，测算得2013年第一季度至2020年第四季度信托业资产管理发展指数及其增长率（见表1-9）。

表1-9 信托业资产管理发展指数及其同比增长率（2013Q1—2020Q4）

	信托资管指数	信托业资管分维度指数			
		规模指数	产品指数	经营效益指数	人才资源指数
2013Q1	100.00	100.00	100.00	100.00	100.00
2013Q2	105.89	108.25	105.01	103.26	107.10
2013Q3	112.23	116.04	110.49	106.51	116.13
2013Q4	118.97	124.97	118.88	109.72	120.00
2014Q1	125.20	134.36	126.09	112.86	123.23
	(25.20%)	(34.36%)	(26.09%)	(12.86%)	(23.23%)
2014Q2	133.61	142.96	138.98	115.94	127.10
	(26.18%)	(32.06%)	(32.34%)	(12.28%)	(18.67%)
2014Q3	142.51	148.34	153.74	118.92	133.55
	(26.97%)	(27.84%)	(39.14%)	(11.65%)	(15.00%)
2014Q4	161.66	160.14	191.99	121.77	137.42
	(35.89%)	(28.14%)	(61.49%)	(10.99%)	(14.52%)
2015Q1	173.57	165.06	216.04	124.47	141.29
	(38.64%)	(22.85%)	(71.34%)	(10.28%)	(14.66%)

续表

	信托资管指数	信托业资管分维度指数			
		规模指数	产品指数	经营效益指数	人才资源指数
2015Q2	196.42 (47.01%)	181.79 (27.16%)	263.75 (89.78%)	126.99 (9.53%)	139.35 (9.64%)
2015Q3	202.60 (42.17%)	178.92 (20.62%)	276.48 (79.84%)	129.32 (8.75%)	146.45 (9.66%)
2015Q4	207.72 (28.49%)	187.17 (16.88%)	281.02 (46.37%)	131.47 (7.97%)	151.61 (10.33%)
2016Q1	209.23 (20.54%)	189.92 (15.06%)	282.03 (30.55%)	133.44 (7.21%)	152.26 (7.76%)
2016Q2	209.58 (6.70%)	198.05 (8.95%)	278.62 (5.64%)	135.26 (6.51%)	149.68 (7.41%)
2016Q3	218.00 (7.60%)	208.13 (16.33%)	291.90 (5.58%)	136.93 (5.88%)	152.26 (3.96%)
2016Q4	231.31 (11.36%)	231.96 (23.93%)	308.19 (9.67%)	138.49 (5.34%)	157.42 (3.83%)
2017Q1	241.45 (15.40%)	251.66 (32.51%)	318.27 (12.85%)	139.92 (4.86%)	163.87 (7.63%)
2017Q2	249.18 (18.90%)	265.06 (33.83%)	327.68 (17.61%)	141.26 (4.44%)	167.10 (11.64%)
2017Q3	258.06 (18.38%)	279.61 (34.34%)	339.66 (16.36%)	142.53 (4.08%)	169.68 (11.44%)
2017Q4	269.05 (16.32%)	300.69 (29.63%)	353.80 (14.80%)	143.72 (3.78%)	170.97 (8.61%)
2018Q1	271.02 (12.25%)	293.36 (16.57%)	360.02 (13.12%)	144.84 (3.52%)	176.13 (7.48%)
2018Q2	268.98 (7.94%)	278.01 (4.88%)	362.49 (10.62%)	145.93 (3.31%)	178.06 (6.56%)
2018Q3	268.32 (3.97%)	265.06 -(5.20%)	365.42 (7.58%)	147.02 (3.15%)	183.23 (7.98%)

续表

	信托资管指数	信托业资管分维度指数			
		规模指数	产品指数	经营效益指数	人才资源指数
2018Q4	266.30 -（1.02%）	260.02 -（13.52%）	368.67 （4.20%）	148.12 （3.06%）	171.61 （0.38%）
2019Q1	256.86 -（5.22%）	217.87 -（25.73%）	372.54 （3.48%）	149.24 （3.03%）	165.16 -（6.23%）
2019Q2	271.07 （0.78%）	258.08 -（7.17%）	378.63 （4.45%）	150.38 （3.05%）	176.13 -（1.09%）
2019Q3	273.60 （1.97%）	252.00 -（4.93%）	384.53 （5.23%）	151.57 （3.09%）	183.23 （0.00%）
2019Q4	275.48 （3.45%）	247.42 -（4.85%）	386.91 （4.95%）	152.78 （3.15%）	192.26 （12.03%）
2020Q1	274.06 （6.69%）	244.33 （12.15%）	382.68 （2.72%）	154.02 （3.21%）	196.13 （18.75%）
2020Q2	279.16 （2.98%）	243.76 -（5.55%）	394.06 （4.08%）	155.29 （3.26%）	198.71 （12.82%）
2020Q3	282.39 （3.21%）	238.95 -（5.18%）	407.43 （5.95%）	156.59 （3.32%）	192.90 （5.28%）
2020Q4	285.20 （3.53%）	234.71 -（5.14%）	417.11 （7.80%）	157.91 （3.36%）	191.61 -（0.34%）

2013—2020年，中国信托业资产管理业务发展指数总体呈现波动上升趋势，同比增长率呈波动下降趋势。截至2020年第四季度，信托业资管指数为285.20，同比增长3.53%，环比增长1.00%。

分维度来看，信托业资管产品指数和人才资源指数呈持续上升趋势，规模指数呈先增后减趋势，经营效益指数季节性波动明显。据测算，2020年第四季度信托业规模指数为234.71、同比下降5.14%，产品指数为417.11、同比增加7.80%，经营效益指数为157.91、同

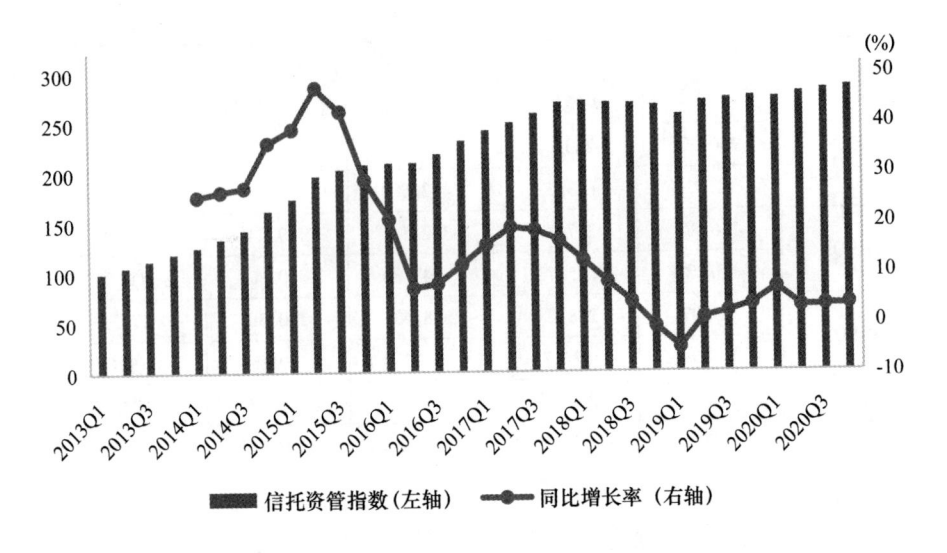

图 1-20 信托业资产管理发展指数（2013Q1—2020Q4）

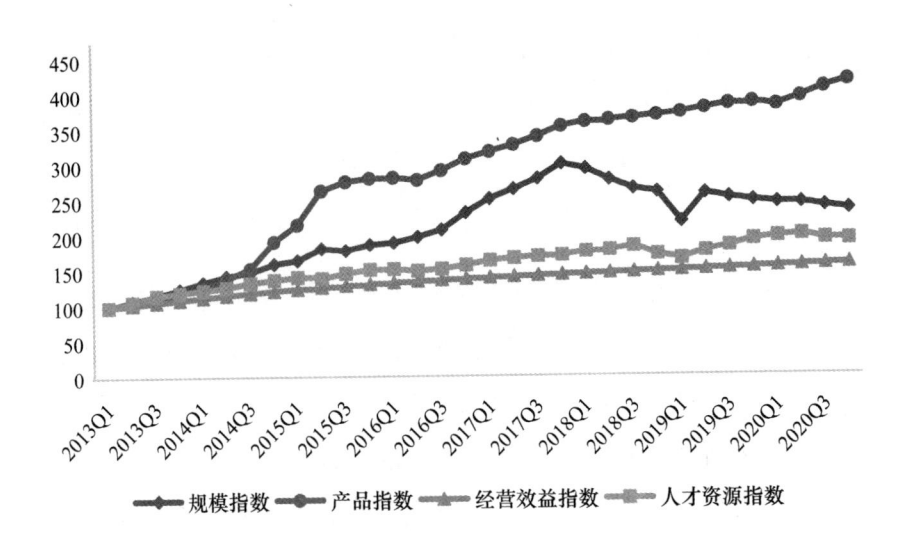

图 1-21 信托业资管分维度指数（2013Q1—2020Q4）

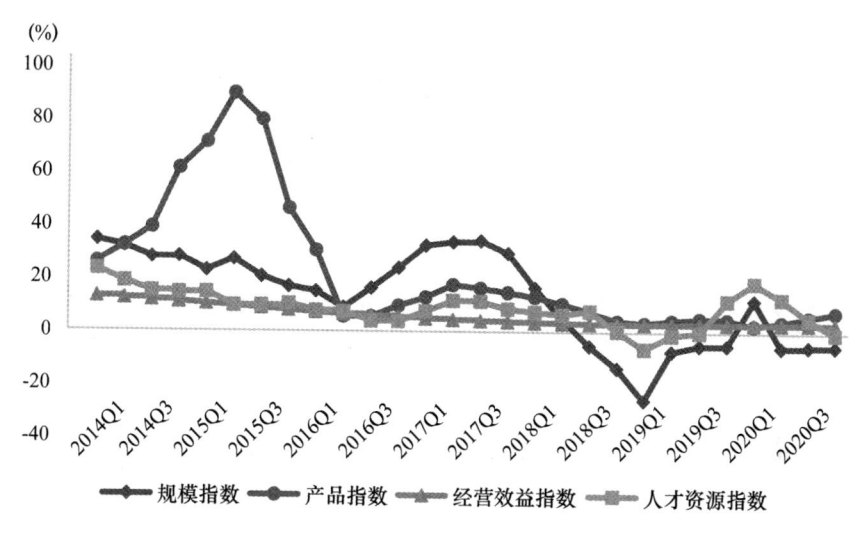

图 1-22 信托业资管分维度指数同比增长率（2014Q1—2020Q4）

比增加 3.36%，人才资源指数为 191.61、同比减少 0.34%。

自 2015 年 6 月以来，资本市场出现异常波动，以信托为代表的较高收益类产品陷入"资产荒"，这预示着利息进入下行通道时资金必然向固定收益类产品转变的趋势，因此信托业 2015 年新增项目 19396 只，同比减少 47%。

值得一提的是，2018 年第四季度信托业资管指数首次出现负增长。究其原因，一是在去通道化和消除多重嵌套的影响之下，信托行业的通道业务整体承压。从规模上来看，信托资管的总体规模从 2018 年年初的 26 万亿，下降到 2018 年第三季度末的 23 万亿元，降幅高达 10%，而这下降的主要是通道业务。二是违约增加，监管力度加大。2018 年，在经济压力下行和破刚兑的影响之下，企业违约案例逐渐增多，主要表现为各类经营不善和高杠杆企业。随着债券市场违约的增加，相应的信托产品也出现了违约。资管新规之下，信托行业的"刚兑"招牌在监管严令禁止和风险事件频发中已经名存实亡。据统计，2018年的信托项目违约事件的发生的频次不仅远高于2017年，而且金额亦较去年出现较大增长。根据公开信息整理，信托发生踩雷项目有77个，涉及金额296.53亿元。从资金投向来看，工商企业类项目的违约性较高，往往是一家公司出现问题，多家信托产品出现违约；而房地产类和政信类信托的风险事件发生较少。2020年在资金信托新规征求意见、窗口指导等监管的正确引导下，信托业持续"挤水分"，有序压降融资类和通道类业务规模，不断深化转型方向。截至2020年第四季度，信托业资产管理规模平稳降至20.49万亿元，发展模式从"重规模"转向"重质量"，投向实体经济的信托资金占比超60%，有效支撑了实体经济的高质量发展。

（五）基金业资产管理发展指数

经过加权模型，测算得2013年第一季度至2020年第四季度基金业资产管理发展指数及其增长率（见表1-10）。

表1-10 基金业资产管理发展指数及其同比增长率（2013Q1—2020Q4）

	基金资管指数	基金业资管分维度指数			
		规模指数	产品指数	经营效益指数	人才资源指数
2013Q1	100.00	100.00	100.00	100.00	100.00
2013Q2	111.21	111.65	111.65	108.04	111.65
2013Q3	122.43	123.31	123.31	116.08	123.31
2013Q4	133.64	134.96	134.96	124.10	134.96
2014Q1	169.89 (69.89%)	177.79 (77.79%)	177.79 (77.79%)	132.09 (32.09%)	149.43 (49.43%)
2014Q2	207.33 (86.42%)	220.62 (97.60%)	220.62 (97.60%)	140.04 (29.62%)	178.36 (59.74%)

续表

	基金资管指数	基金业资管分维度指数			
		规模指数	产品指数	经营效益指数	人才资源指数
2014Q3	245.95 (100.89%)	263.45 (113.66%)	263.45 (113.66%)	147.92 (27.44%)	221.75 (79.84%)
2014Q4	285.74 (113.82%)	306.28 (126.94%)	306.28 (126.94%)	155.69 (25.46%)	279.61 (107.18%)
2015Q1	347.91 (104.79%)	365.83 (105.77%)	378.04 (112.63%)	163.29 (23.62%)	388.26 (159.83%)
2015Q2	465.13 (124.35%)	489.32 (121.79%)	514.40 (133.16%)	170.68 (21.88%)	544.45 (205.26%)
2015Q3	533.58 (116.95%)	527.88 (100.37%)	598.74 (127.26%)	177.82 (20.21%)	768.83 (246.71%)
2015Q4	633.84 (121.82%)	639.66 (108.84%)	684.48 (123.48%)	184.67 (18.61%)	1023.36 (265.99%)
2016Q1	676.20 (94.36%)	678.71 (85.52%)	739.65 (95.65%)	191.18 (17.08%)	1071.92 (176.08%)
2016Q2	730.82 (57.12%)	762.66 (55.86%)	811.77 (57.81%)	197.38 (15.64%)	972.50 (78.62%)
2016Q3	775.59 (45.36%)	802.44 (52.01%)	936.80 (56.46%)	203.26 (14.30%)	706.09 -(8.16%)
2016Q4	800.14 (26.24%)	828.31 (29.49%)	1000.07 (46.11%)	208.83 (13.08%)	563.07 -(44.98%)
2017Q1	821.16 (21.44%)	839.78 (23.73%)	1037.87 (40.32%)	214.12 (12.00%)	570.93 -(46.74%)
2017Q2	847.51 (15.97%)	841.24 (10.30%)	1101.43 (35.68%)	219.15 (11.03%)	565.80 -(41.82%)
2017Q3	887.72 (14.46%)	874.68 (9.00%)	1162.66 (24.11%)	223.97 (10.19%)	588.04 -(16.72%)
2017Q4	917.29 (14.64%)	889.32 (7.37%)	1217.36 (21.73%)	228.59 (9.46%)	602.86 (7.07%)

续表

	基金资管指数	基金业资管分维度指数			
		规模指数	产品指数	经营效益指数	人才资源指数
2018Q1	955.35 (16.34%)	914.95 (8.95%)	1291.09 (24.40%)	233.06 (8.84%)	575.69 (0.83%)
2018Q2	972.24 (14.72%)	918.36 (9.17%)	1319.11 (19.76%)	237.38 (8.32%)	621.11 (9.77%)
2018Q3	974.63 (9.79%)	924.47 (5.69%)	1317.20 (13.29%)	241.60 (7.87%)	624.09 (6.13%)
2018Q4	968.15 (5.55%)	903.72 (1.62%)	1320.14 (8.44%)	245.75 (7.51%)	624.05 (3.51%)
2019Q1	976.59 (2.22%)	932.28 (1.89%)	1313.79 (1.76%)	249.86 (7.21%)	614.99 (6.83%)
2019Q2	957.65 -(1.50%)	871.75 -(5.08%)	1325.57 (0.49%)	253.96 (6.98%)	610.56 -(1.70%)
2019Q3	973.56 -(0.11%)	882.49 -(4.54%)	1353.16 (2.73%)	258.07 (6.81%)	611.48 -(2.02%)
2019Q4	996.29 (2.91%)	912.26 (0.95%)	1379.09 (4.47%)	262.21 (6.70%)	612.39 -(1.87%)
2020Q1	1032.80 (5.76%)	954.00 (2.33%)	1427.57 (8.66%)	266.38 (6.61%)	613.30 -(0.27%)
2020Q2	1049.25 (9.57%)	974.01 (11.73%)	1444.99 (9.01%)	270.59 (6.55%)	626.17 (2.56%)
2020Q3	1107.09 (13.72%)	1018.91 (15.46%)	1537.62 (13.63%)	274.83 (6.50%)	655.04 (7.12%)
2020Q4	1172.52 (17.69%)	1096.03 (20.14%)	1613.37 (16.99%)	279.07 (6.43%)	704.61 (15.06%)

2013年第一季度至2020年第四季度，中国基金业资产管理业务发展指数整体呈现波动上升趋势，大致可分为两个发展阶段。第一阶段为2013年第一季度至2015年第四季度的迅猛增长阶段，指数从

2013年第一季度基期的100增长到2015年第四季度的633.84，三年间增长了约5.34倍。第二阶段为2016年第一季度至2020年第四季度的增长趋稳阶段，且于2019年第二季度指数同比首次出现负增长。据测算，截至2020年第四季度，指数为1172.52，同比增长17.69%，环比增长5.91%。

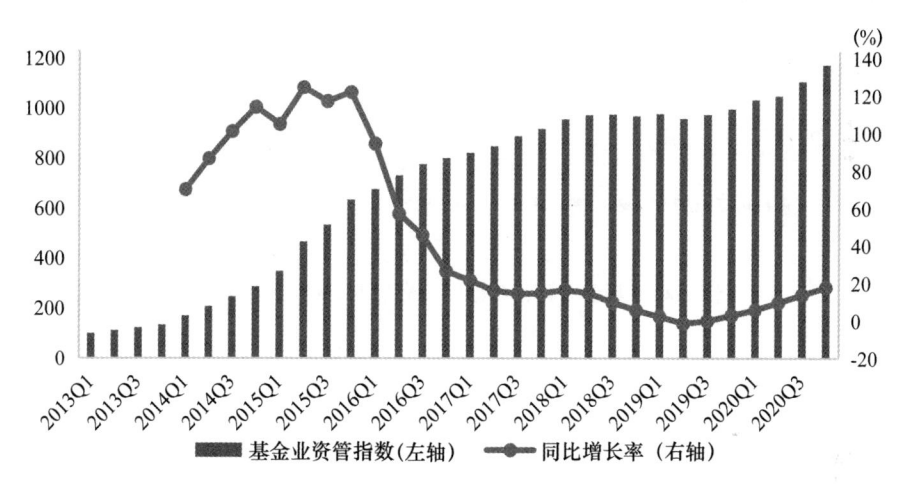

图1-23 基金业资产管理发展指数（2013Q1—2020Q4）

分维度来看，基金业资管产品指数、规模指数和经营效益指数整体呈不断上升趋势；人才资源指数2015年急剧上升，而2016年又急剧降低，之后进入缓慢增长通道。据测算，2020年第四季度基金业规模指数为1096.03、同比增加20.14%，产品指数为1613.37、同比增加16.99%，经营效益指数为279.07、同比增加6.43%，人才资源指数为704.61、同比增加15.06%。

2014年，资产管理业务迎来全面放开之年。2014年2月7日起，《私募投资基金管理人登记和基金备案办法（试行）》开始施行，私募基金获得明确的法律地位。2014年5月9日，国务院发布《关于进

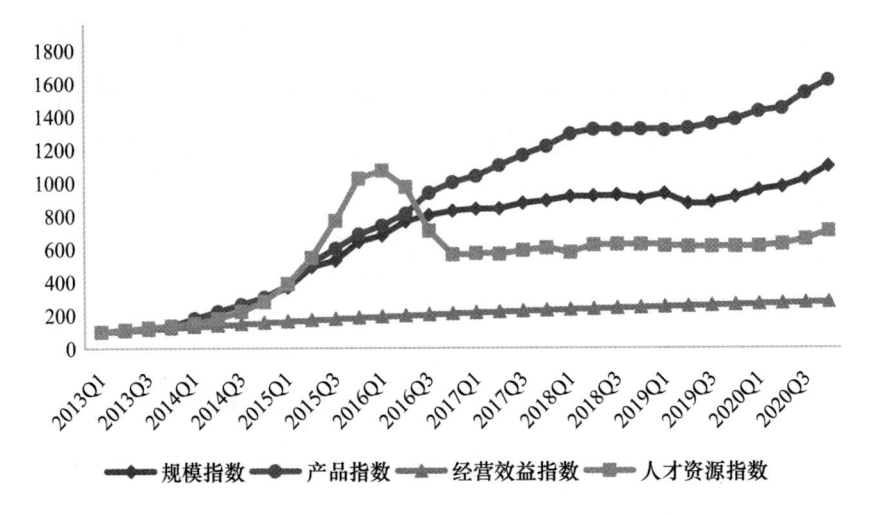

图1-24 基金业资管分维度指数（2013Q1—2020Q4）

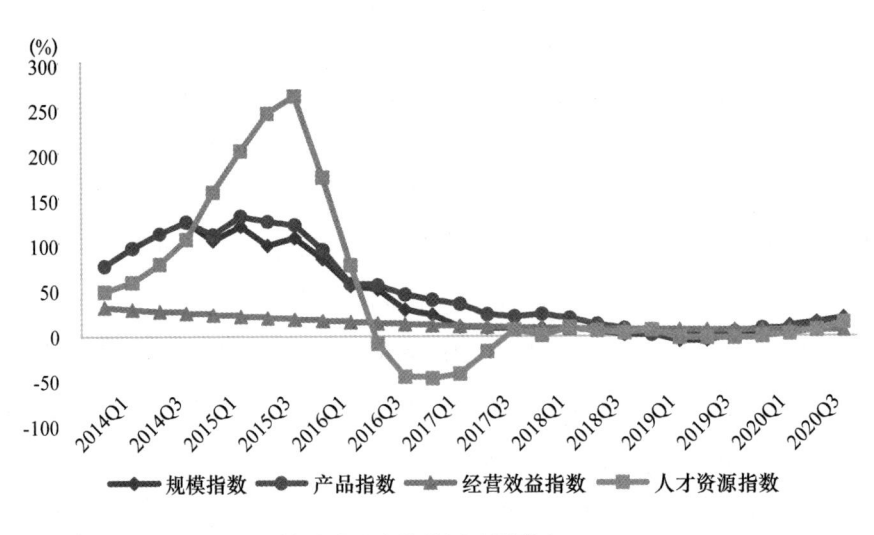

图1-25 基金业资管分维度指数同比增长率（2014Q1—2020Q4）

一步促进资本市场健康发展的若干意见》("新国九条"),首次把培育私募市场提升到一个新的高度,行业监管政策环境得到极大改善。因此,2014年上半年至2015年私募基金业从业人员迅猛增长,也由此导致基金业资管人才资源指数大幅上升。

而过了2016年第一季度的分水岭,基金业资管人才资源指数急转直下,主要是由于私募基金管理从业资格人员总数由2015年第四季度末的42.67万人减少为2016年第四季度末的22.37万人,同比减少约47.57%,私募基金所剩人才仅为上年的一半。究其原因,2015年A股市场跌宕起伏,中小私募抵御风险能力较弱,致使资管业务向头部机构靠拢,导致私募行业整体人才流失。

2020年因新冠肺炎疫情冲击导致资本市场波动剧烈,不过中国以牺牲短期经济增长为代价使疫情传播迅速得到控制,结合宽松政策提振,各类型资产价格中枢均有抬升,基金整体也收益良好,其中权益类基金表现最为突出,其中股票型及混合型产品发行数量合计超过总数的60%,且募集份额总数较2019年的涨幅分别为82.17%和734.87%。权益市场走强推动公募基金发行募集规模大幅增加。截至2020年12月31日,全年新发公募基金数量共计1439只,累计募集基金份额2.88万亿份,同比增加116.60%。

第七节 结论性评价

2013年第一季度至2020年第四季度,中国武夷资产管理行业总指数整体呈现先增后减两个发展阶段。第一阶段为2013年第一季度至2017年第四季度的迅猛增长阶段,指数从2013年第一季度基期的

100 增长到 2017 年第四季度的 531.67，五年间增长了近 4.3 倍。第二阶段为 2018 年第一季度至 2020 年第四季度的波动上升阶段，2019 年第一季度总指数首次出现同比负增长，降至 536.36，而后出现回升。

截至 2020 年第四季度，指数测算的最新结果如下：

第一，整体层面，总指数为 596.23，同比增长 10.66%，环比增长 3.94%；

第二，分二级指标层面，规模指数为 552.71，同比增长 2.42%，产品指数为 934.20，同比增长 17.70%，经营效益指数为 258.76，同比增长 2.37%，人才资源指数为 232.68，同比增长 7.10%；

第三，分行业层面，银行业资管指数为 560.26，同比减少 1.68%，证券业资管指数为 336.40，同比减少 7.00%，保险业资管指数为 651.32，同比增加 27.35%，信托业资管指数为 285.20，同比增加 3.53%，基金业资管指数为 1172.52，同比增加 17.69%。

附表 1-1　　　　中国武夷资管行业发展规模指数数据　　　　（单位：万亿元）

	银行业资管规模	证券业资管规模	保险业资管规模	信托业资管规模	基金业资管规模
2013Q1	3.86 *①	2.72 *	6.98	8.73	4.10 *
2013Q2	4.75 *	3.54 *	7.28	9.45	4.58 *
2013Q3	5.64 *	4.37 *	7.42	10.13	5.05 *
2013Q4	6.53 *	5.19 *	7.69	10.91	5.53 *
2014Q1	7.42 *	5.88 *	8.22	11.73	7.29 *
2014Q2	8.31 *	6.57 *	8.59	12.48	9.04 *
2014Q3	9.20 *	7.26 *	8.77	12.95	10.80 *

① 右上标星号数据为根据同行业其他维度增长率与年度数据的季节性调整变化估算的替代数据，下同。

续表

	银行业资管规模	证券业资管规模	保险业资管规模	信托业资管规模	基金业资管规模
2014Q4	10.09*	7.95	9.33	13.98	12.55
2015Q1	11.93*	8.79	9.89	14.41	14.99
2015Q2	13.76*	10.25	10.37	15.87	20.05
2015Q3	17.59*	10.97	10.39	15.62	21.63
2015Q4	17.43*	11.89	11.18	16.34	26.21
2016Q1	22.63	13.73	11.99	16.58	27.81
2016Q2	24.28	15.00	12.56	17.29	31.25
2016Q3	27.10	15.77	12.83	18.17	32.88
2016Q4	28.31	17.58	13.39	20.25	33.94
2017Q1	29.13	18.77	14.07	21.97	34.41
2017Q2	28.07	18.10	14.50	23.14	34.47
2017Q3	28.45	17.37	14.65	24.41	35.84
2017Q4	28.88	16.88	14.92	26.25	36.44
2018Q1	29.07	16.46	15.26	25.61	37.49
2018Q2	29.09	15.28	15.69	24.27	37.63
2018Q3	29.48	14.18	15.87	23.14	37.88
2018Q4	30.71	13.36	16.41	22.70	37.03
2019Q1	29.11	13.27	17.06	19.02	38.20
2019Q2	27.68	12.53	17.37	22.53	35.72
2019Q3	26.92	11.51	17.78	22.00	36.16
2019Q4	26.84	10.83	18.53	21.60	37.38
2020Q1	24.40	10.47	19.43	21.33	39.09
2020Q2	24.59	10.26	20.13	21.28	39.91
2020Q3	25.08	9.50	20.71	20.86	41.75
2020Q4	25.17	8.55	21.68	20.49	44.91

附表1-2　　中国武夷资管行业发展产品指数数据　　（单位：只）

	银行业资管产品	证券业资管产品	保险业资管产品	信托业资管产品	基金业资管产品
2013Q1	18473	4264 *	126 *	10809	7201 *
2013Q2	19521	5559 *	152 *	11351	8040 *
2013Q3	21201	6855 *	177 *	11943	8879 *
2013Q4	24792	8151 *	203	12850	9718 *
2014Q1	26236	9234 *	247 *	13629	12802 *
2014Q2	30019	10318 *	291 *	15022	15887 *
2014Q3	35606	11401 *	334 *	16618	18971 *
2014Q4	41298	12485	378	20752	22055
2015Q1	57335	13571	416 *	23352	27222
2015Q2	63979	15425	437 *	28509	37041
2015Q3	71417	16950	472	29885	43114
2015Q4	73760	18228	499	30375	49288
2016Q1	80927	19507	532	30485	53261
2016Q2	94041	21360	557	30116	58454
2016Q3	101665	22887	603	31552	67457
2016Q4	105384	24782	651	33312	72013
2017Q1	115960	23325	658	34402	74735
2017Q2	126967	23587	707	35419	79312
2017Q3	141348	23371	760	36714	83721
2017Q4	147699	22745	843	38242	87660
2018Q1	152887	21809	893	38915	92969
2018Q2	151108	21077	913	39182	94987
2018Q3	148252	20160	972	39498	94849
2018Q4	142761	19740	1056	39850	95061
2019Q1	141165	18060	1093	40268	94604
2019Q2	139382	17987	1161	40926	95452
2019Q3	137385	17462	1226	41564	97439
2019Q4	133324	16978	1311	41821	99306
2020Q1	132818	17373	1374	41364	102797
2020Q2	134464	16949	1461	42594	104051
2020Q3	137143 *	17658	1609	44039	110721
2020Q4	137635 *	17843	1794	45085	116176

附表1-3　　　中国武夷资管行业发展经营效益指数数据　　（单位：亿元）

	银行资管经营效益	证券资管经营效益	保险资管经营效益	信托资管经营效益	基金资管经营效益
2013Q1	2828.13 *	12.50	978.51 *	152.41	66.65 *
2013Q2	3480.21	16.30	1020.56 *	198.38	74.41 *
2013Q3	3154.79 *	18.96	1040.19 *	188.60	82.18 *
2013Q4	3652.62	22.54	1077.66	293.21	89.95
2014Q1	3525.85 *	26.43	1372.08 *	178.65	71.87 *
2014Q2	3948.77	29.54	1433.84 *	220.14	89.18 *
2014Q3	3684.56 *	32.64	1463.89 *	209.81	106.50 *
2014Q4	4041.01	35.74	1557.84	346.35	123.81
2015Q1	4087.85 *	56.39	2511.33 *	229.96	101.74 *
2015Q2	4716.89	65.75	2633.22 *	314.10	136.08 *
2015Q3	4408.99 *	56.03	2638.30 *	278.08	146.80 *
2015Q4	4368.89	96.71	2838.90	353.92	177.89
2016Q1	4800.43 *	64.89	2473.22 *	214.99	135.65 *
2016Q2	5150.44	69.45	2590.80 *	281.43	152.43 *
2016Q3	3830.05 *	65.83	2646.49 *	234.38	160.38 *
2016Q4	4001.06	96.29	2762.23	385.44	165.55
2017Q1	5123.60 *	71.26	2685.81 *	216.80	156.70 *
2017Q2	4937.16	68.72	2767.89 *	281.02	156.98 *
2017Q3	4907.09 *	86.33	2796.53 *	258.51	163.22 *
2017Q4	4981.26	83.90	2848.18	434.36	165.95
2018Q1	5003.53 *	67.79	2184.02 *	243.36	174.60 *
2018Q2	5006.98	71.09	2245.56 *	269.96	175.25 *
2018Q3	5158.95 *	64.13	2271.32 *	234.34	176.41 *
2018Q4	5374.19	71.99	2348.44	392.97	172.46
2019Q1	5765.88 *	57.33	2611.02 *	230.58	184.98 *
2019Q2	5482.64	70.00	2658.46 *	292.37	172.97 *
2019Q3	5270.51 *	63.31	2721.21 *	272.69	175.10 *
2019Q4	5254.84	84.52	2836.00	404.48	181.01

续表

	银行资管经营效益	证券资管经营效益	保险资管经营效益	信托资管经营效益	基金资管经营效益
2020Q1	5990.90*	66.73	2049.33*	255.65	189.28*
2020Q2	6037.56	76.18	2123.17	294.87	193.25*
2020Q3	6157.86*	69.73	2184.34*	291.09	202.16*
2020Q4	6179.96*	86.96	2286.65*	386.44	217.64*

附表1-4　中国武夷资管行业发展人才资源指数数据　（单位：万人）

	银行资管人才资源	证券资管人才资源	保险资管人才资源	信托资管人才资源	基金资管人才资源
2013Q1	325.90*	23.91*	3.36*	1.55	4.31*
2013Q2	328.70*	23.55*	3.45*	1.66	4.81*
2013Q3	332.90*	23.01*	3.56*	1.80	5.32*
2013Q4	338.50	22.28	3.72	1.86	5.82
2014Q1	339.95*	22.43*	3.77*	1.91	6.44*
2014Q2	342.85*	22.74*	3.85*	1.97	7.69*
2014Q3	347.20*	23.20*	3.95*	2.07	9.56*
2014Q4	353.00	23.82	4.10	2.13	12.06
2015Q1	353.13*	24.27*	4.15*	2.19	16.74
2015Q2	353.38*	25.50*	4.25*	2.16	23.47
2015Q3	353.90*	27.12*	4.35*	2.27	33.15
2015Q4	354.41	29.24	4.52	2.35	44.12
2016Q1	355.39*	29.63*	4.60*	2.36	46.22
2016Q2	356.67*	30.30*	4.73*	2.32	41.93
2016Q3	358.49*	31.14*	4.89*	2.36	30.44
2016Q4	360.53	32.36	5.11	2.44	24.28
2017Q1	396.46*	36.38*	5.19*	2.54	24.62
2017Q2	385.94*	38.14*	5.32*	2.59	24.40
2017Q3	392.07*	37.43*	5.47*	2.63	25.35

续表

	银行资管人才资源	证券资管人才资源	保险资管人才资源	信托资管人才资源	基金资管人才资源
2017Q4	417.05	35.07	5.66	2.65	25.99
2018Q1	416.88*	35.03*	5.79*	2.73	24.82
2018Q2	416.70*	34.91*	6.09*	2.76	26.78
2018Q3	416.18*	34.70*	6.47*	2.84	26.91
2018Q4	414.60	34.43	7.05	2.66	26.91
2019Q1	414.94*	34.40*	7.17	2.56	26.52
2019Q2	415.59*	34.13*	7.34	2.73	26.33
2019Q3	416.41*	33.52*	7.58	2.84	26.36
2019Q4	417.24	32.68	7.96	2.98	26.40*
2020Q1	418.07*	31.87*	8.36*	3.04	26.44*
2020Q2	421.32*	31.23*	7.34	3.08	27.00*
2020Q3	429.72*	28.91*	7.55	2.99	28.24*
2020Q4	421.32*	31.23*	7.34	3.08	27.00*

附表1-5　　指标权重分布对比

一级指标	二级指标	简单平均法 一级权重	简单平均法 二级权重	简单平均法 加权权重	专家打分法 一级权重	专家打分法 二级权重	专家打分法 加权权重	主成分分析法 一级权重	主成分分析法 二级权重	主成分分析法 加权权重
资管规模	银行业资管规模	25.00%	20.00%	5.00%	30.00%	20.00%	6.00%	35.19%	23.28%	8.19%
	证券业资管规模		20.00%	5.00%		20.00%	6.00%		27.00%	9.50%
	保险业资管规模		20.00%	5.00%		20.00%	6.00%		16.48%	5.80%
	信托业资管规模		20.00%	5.00%		20.00%	6.00%		11.57%	4.07%
	基金业资管规模		20.00%	5.00%		20.00%	6.00%		21.67%	7.63%

续表

指标 一级指标	指标 二级指标	简单平均法 一级权重	简单平均法 二级权重	简单平均法 加权权重	专家打分法 一级权重	专家打分法 二级权重	专家打分法 加权权重	主成分分析法 一级权重	主成分分析法 二级权重	主成分分析法 加权权重
资管产品	银行业资管产品	25.00%	20.00%	5.00%	30.00%	20.00%	6.00%	35.28%	17.34%	6.12%
资管产品	证券业资管产品	25.00%	20.00%	5.00%	30.00%	20.00%	6.00%	35.28%	21.69%	7.65%
资管产品	保险业资管产品	25.00%	20.00%	5.00%	30.00%	20.00%	6.00%	35.28%	19.34%	6.82%
资管产品	信托业资管产品	25.00%	20.00%	5.00%	30.00%	20.00%	6.00%	35.28%	19.51%	6.88%
资管产品	基金业资管产品	25.00%	20.00%	5.00%	30.00%	20.00%	6.00%	35.28%	22.12%	7.80%
经营效益	银行资管经营效益	25.00%	20.00%	5.00%	20.00%	20.00%	4.00%	13.24%	11.75%	1.64%
经营效益	证券资管经营效益	25.00%	20.00%	5.00%	20.00%	20.00%	4.00%	13.24%	25.21%	2.36%
经营效益	保险资管经营效益	25.00%	20.00%	5.00%	20.00%	20.00%	4.00%	13.24%	22.77%	3.46%
经营效益	信托资管经营效益	25.00%	20.00%	5.00%	20.00%	20.00%	4.00%	13.24%	22.43%	3.31%
经营效益	基金资管经营效益	25.00%	20.00%	5.00%	20.00%	20.00%	4.00%	13.24%	17.84%	2.47%
人才资源	银行资管人才队伍	25.00%	20.00%	5.00%	20.00%	20.00%	4.00%	16.29%	18.71%	3.05%
人才资源	证券资管人才队伍	25.00%	20.00%	5.00%	20.00%	20.00%	4.00%	16.29%	20.94%	3.41%
人才资源	保险资管人才队伍	25.00%	20.00%	5.00%	20.00%	20.00%	4.00%	16.29%	29.30%	4.77%
人才资源	信托资管人才队伍	25.00%	20.00%	5.00%	20.00%	20.00%	4.00%	16.29%	21.26%	3.46%
人才资源	基金资管人才队伍	25.00%	20.00%	5.00%	20.00%	20.00%	4.00%	16.29%	9.79%	1.60%

第一章　中国武夷资产管理行业发展指数：2013—2020 年 | 85

附表 1-6　各行业资管业务经营效益数据 HP 滤波结果

	银行业		证券业		保险业		信托业		基金业	
	扰动项	趋势项	扰动项	趋势项	扰动项	趋势项	扰动项	趋势项	扰动项	趋势项
2013Q1	-401.91205	3230.0419	-6.4773121	18.977312	-171.03733	1149.5473	-51.898059	204.30806	-6.4871072	73.137109
2013Q2	144.66803	3335.5419	-6.5682279	22.868227	-239.3889	1259.9489	-12.591866	210.97187	-4.6078032	79.017807
2013Q3	-286.00069	3440.7907	-7.7950949	26.755094	-330.05361	1370.2436	-29.003237	217.60324	-2.7144502	84.89445
2013Q4	106.99256	3545.6276	-8.089758	30.629759	-402.51477	1480.1748	69.048119	224.16187	-0.81010843	90.760105
2014Q1	-123.86279	3649.7129	-8.0491965	34.479197	-217.19988	1589.2798	-51.939333	230.58933	-24.736138	96.606141
2014Q2	195.99596	3752.7741	-8.745325	38.285326	-263.00431	1696.8443	-16.730327	236.87033	-13.243419	102.42342
2014Q3	-169.90094	3854.461	-9.3850348	42.025034	-338.128	1802.018	-33.147135	242.95713	-1.6873436	108.18734
2014Q4	86.463877	3954.5461	-9.9297417	45.669743	-345.94658	1903.7865	97.558458	248.79155	9.9449579	113.86504
2015Q1	35.154396	4052.6957	7.2049895	49.18501	510.40603	2000.924	-24.334652	254.29466	-17.68258	119.42258
2015Q2	568.26015	4148.63	13.219816	52.530184	541.23151	2091.9885	54.651481	259.44853	11.247756	124.83225
2015Q3	166.89901	4242.0912	0.36088002	55.669119	462.4433	2175.8567	13.859987	264.22	16.744725	130.05528
2015Q4	35.713303	4333.1768	38.136069	58.57393	587.15577	2251.7441	85.309924	268.61009	42.83006	135.05994
2016Q1	378.34164	4422.0885	3.6730403	61.216959	154.06508	2319.1549	-57.638459	272.62846	-4.1749659	139.82496
2016Q2	641.38956	4509.0504	5.8556148	63.594382	212.83983	2377.9602	5.0918757	276.33812	8.074154	144.35584
2016Q3	-764.47283	4594.5229	0.12533059	65.704671	218.36233	2428.1277	-45.386006	279.76601	11.724539	148.65547
2016Q4	-678.30733	4679.3674	28.740043	67.549958	292.47224	2469.7577	102.49771	282.94229	12.818226	152.73178
2017Q1	359.63259	4763.9675	2.1275498	69.132452	182.72257	2503.0875	-69.068746	285.86875	0.09995991	156.60004
2017Q2	88.877282	4848.2829	-1.7523258	70.472327	239.35318	2528.5367	-7.5912286	288.61122	-3.3035245	160.28352

续表

	银行业		证券业		保险业		信托业		基金业	
	扰动项	趋势项	扰动项	趋势项	扰动项	趋势项	扰动项	趋势项	扰动项	趋势项
2017Q3	-25.408044	4932.4979	14.738918	71.591084	249.8906	2546.6394	-32.682366	291.19238	-0.58556356	163.80556
2017Q4	-35.592744	5016.8525	11.39087	72.509131	290.10067	2558.0793	140.72983	293.63015	-1.2374468	167.18744
2018Q1	-98.041033	5101.5708	-5.4660855	73.256086	-379.67596	2563.696	-52.562052	295.92205	4.1499419	170.45006
2018Q2	-179.87466	5186.8546	-2.778692	73.868688	-318.95066	2564.5107	-28.193545	298.15354	1.6364402	173.61356
2018Q3	-113.89435	5272.8445	-10.250262	74.380259	-289.98719	2561.3073	-66.037215	300.37721	-0.29065446	176.70066
2018Q4	14.621286	5359.5687	-2.8323855	74.822383	-206.23014	2554.6701	90.341935	302.62807	-7.2751025	179.73511
2019Q1	318.89596	5446.9839	-17.890238	75.22024	66.017618	2545.0024	-74.319814	304.89982	2.239514	182.74048
2019Q2	-52.416305	5535.0564	-5.5972384	75.597238	125.88141	2532.5786	-14.872642	307.24264	-12.765796	185.7358
2019Q3	-353.44184	5623.9516	-12.655603	75.965605	203.49584	2517.7141	-36.970256	309.66026	-13.641471	188.74148
2019Q4	-458.96221	5713.8021	8.1859284	76.334068	335.19662	2500.8034	92.332898	312.14711	-10.759969	191.76996
2020Q1	186.38037	5804.5195	-9.9734446	76.703448	-433.03769	2482.3678	-59.024534	314.67453	-5.445175	194.82517
2020Q2	141.83115	5895.7289	-0.89967905	77.079679	-339.96832	2463.1382	-22.401543	317.27154	-4.6542994	197.9043
2020Q3	170.68828	5987.1716	-7.7324609	77.462464	-259.23501	2443.5751	-28.84029	319.93029	1.1589371	201.00107
2020Q4	101.28241	6078.6775	9.1090567	77.850942	-137.27625	2423.9262	63.811087	322.62892	13.533707	204.10629

附表1-7　中国武夷资产管理行业发展指数及其增长率（简单平均法）

	总指数	二级指数			
		规模指数	产品指数	经营效益指数	人才资源指数
2013Q1	100.00	100.00	100.00	100.00	100.00
2013Q2	110.80	115.53	114.64	108.94	104.11
2013Q3	121.78	130.51	130.06	117.86	108.71
2013Q4	133.37	146.08	148.13	126.75	112.52
2014Q1	147.91 (47.91%)	167.74 (67.74%)	171.74 (71.74%)	135.58 (35.58%)	116.57 (16.57%)
2014Q2	164.04 (48.04%)	188.78 (63.41%)	199.02 (73.60%)	144.30 (32.47%)	124.05 (19.15%)
2014Q3	181.35 (48.91%)	208.64 (59.87%)	228.63 (75.79%)	152.88 (29.71%)	135.26 (24.42%)
2014Q4	201.13 (50.80%)	230.87 (58.04%)	263.05 (77.58%)	161.23 (27.20%)	149.36 (32.74%)
2015Q1	228.41 (54.43%)	261.06 (55.63%)	310.75 (80.94%)	169.29 (24.87%)	172.56 (48.04%)
2015Q2	264.88 (61.47%)	310.74 (64.60%)	366.76 (84.28%)	176.98 (22.64%)	205.03 (65.28%)
2015Q3	296.89 (63.71%)	343.08 (64.44%)	406.94 (77.99%)	184.22 (20.50%)	253.30 (87.28%)
2015Q4	328.04 (63.10%)	375.30 (62.56%)	437.82 (66.44%)	190.97 (18.44%)	308.06 (106.25%)
2016Q1	352.62 (54.38%)	426.48 (63.37%)	468.07 (50.63%)	197.17 (16.47%)	318.76 (84.73%)
2016Q2	368.94 (39.29%)	464.43 (49.46%)	508.67 (38.69%)	202.84 (14.61%)	299.81 (46.22%)
2016Q3	377.83 (27.26%)	495.46 (44.41%)	559.07 (37.38%)	207.98 (12.90%)	248.81 -(1.77%)
2016Q4	389.60 (18.77%)	526.61 (40.32%)	595.53 (36.02%)	212.60 (11.33%)	223.67 -(27.39%)

续表

	总指数	二级指数			
		规模指数	产品指数	经营效益指数	人才资源指数
2017Q1	401.98	547.80	610.84	216.71	232.58
	(14.00%)	(28.45%)	(30.50%)	(9.91%)	-(27.04%)
2017Q2	410.53	541.58	646.37	220.37	233.81
	(11.27%)	(16.61%)	(27.07%)	(8.64%)	-(22.01%)
2017Q3	423.81	548.20	684.00	223.60	239.46
	(12.17%)	(10.64%)	(22.35%)	(7.51%)	-(3.76%)
2017Q4	434.85	554.74	714.91	226.45	243.32
	(11.61%)	(5.34%)	(20.05%)	(6.52%)	(8.79%)
2018Q1	441.50	557.26	740.07	228.98	239.68
	(9.83%)	(1.73%)	(21.16%)	(5.66%)	(3.05%)
2018Q2	443.40	547.52	744.00	231.25	250.83
	(8.01%)	(1.10%)	(15.10%)	(4.94%)	(7.28%)
2018Q3	443.64	540.58	746.19	233.32	254.47
	(4.68%)	-(1.39%)	(9.09%)	(4.35%)	(6.27%)
2018Q4	445.18	537.30	752.87	235.26	255.29
	(2.37%)	-(3.14%)	(5.31%)	(3.89%)	(4.92%)
2019Q1	441.53	527.49	748.65	237.10	252.87
	(0.01%)	-(5.34%)	(1.16%)	(3.55%)	(5.51%)
2019Q2	441.53	511.46	760.77	238.87	255.01
	-(0.42%)	-(6.59%)	(2.25%)	(3.30%)	(1.67%)
2019Q3	443.38	502.11	773.18	240.61	257.61
	-(0.06%)	-(7.12%)	(3.62%)	(3.12%)	(1.23%)
2019Q4	448.28	503.88	785.69	242.33	261.20
	(0.70%)	-(6.22%)	(4.36%)	(3.01%)	(2.31%)
2020Q1	453.17	498.89	516.26	520.63	683.48
	(2.64%)	-(5.42%)	-(31.04%)	(119.58%)	(170.29%)
2020Q2	458.96	504.22	522.39	526.31	701.00
	(3.95%)	-(1.41%)	-(31.33%)	(120.33%)	(174.89%)

续表

	总指数	二级指数			
		规模指数	产品指数	经营效益指数	人才资源指数
2020Q3	474.90	510.84	529.37	542.22	738.78
	(7.11%)	(1.74%)	-(31.53%)	(125.35%)	(186.79%)
2020Q4	493.94	521.67	540.26	560.98	784.18
	(10.19%)	(3.53%)	-(31.24%)	(131.49%)	(200.23%)

附表1-8 中国武夷资产管理行业发展指数及其增长率（专家打分法）

	总指数	二级指数			
		规模指数	产品指数	经营效益指数	人才资源指数
2013Q1	100.00	100.00	100.00	100.00	100.00
2013Q2	111.66	115.53	114.64	108.94	104.11
2013Q3	123.48	130.51	130.06	117.86	108.71
2013Q4	136.12	146.08	148.13	126.75	112.52
2014Q1	152.27	167.74	171.74	135.58	116.57
	(52.27%)	(67.74%)	(71.74%)	(35.58%)	(16.57%)
2014Q2	170.01	188.78	199.02	144.30	124.05
	(52.26%)	(63.41%)	(73.60%)	(32.47%)	(19.15%)
2014Q3	188.81	208.64	228.63	152.88	135.26
	(52.90%)	(59.87%)	(75.79%)	(29.71%)	(24.42%)
2014Q4	210.29	230.87	263.05	161.23	149.36
	(54.50%)	(58.04%)	(77.58%)	(27.20%)	(32.74%)
2015Q1	239.91	261.06	310.75	169.29	172.56
	(57.55%)	(55.63%)	(80.94%)	(24.87%)	(48.04%)
2015Q2	279.65	310.74	366.76	176.98	205.03
	(64.49%)	(64.60%)	(84.28%)	(22.64%)	(65.28%)
2015Q3	312.51	343.08	406.94	184.22	253.30
	(65.52%)	(64.44%)	(77.99%)	(20.50%)	(87.28%)

续表

	总指数	二级指数			
		规模指数	产品指数	经营效益指数	人才资源指数
2015Q4	343.74	375.30	437.82	190.97	308.06
	(63.46%)	(62.56%)	(66.44%)	(18.44%)	(106.25%)
2016Q1	371.55	426.48	468.07	197.17	318.76
	(54.87%)	(63.37%)	(50.63%)	(16.47%)	(84.73%)
2016Q2	392.46	464.43	508.67	202.84	299.81
	(40.34%)	(49.46%)	(38.69%)	(14.61%)	(46.22%)
2016Q3	407.72	495.46	559.07	207.98	248.81
	(30.46%)	(44.41%)	(37.38%)	(12.90%)	-(1.77%)
2016Q4	423.90	526.61	595.53	212.60	223.67
	(23.32%)	(40.32%)	(36.02%)	(11.33%)	-(27.39%)
2017Q1	437.45	547.80	610.84	216.71	232.58
	(17.74%)	(28.45%)	(30.50%)	(9.91%)	-(27.04%)
2017Q2	447.22	541.58	646.37	220.37	233.81
	(13.95%)	(16.61%)	(27.07%)	(8.64%)	-(22.01%)
2017Q3	462.27	548.20	684.00	223.60	239.46
	(13.38%)	(10.64%)	(22.35%)	(7.51%)	-(3.76%)
2017Q4	474.85	554.74	714.91	226.45	243.32
	(12.02%)	(5.34%)	(20.05%)	(6.52%)	(8.79%)
2018Q1	482.93	557.26	740.07	228.98	239.68
	(10.40%)	(1.73%)	(21.16%)	(5.66%)	(3.05%)
2018Q2	483.87	547.52	744.00	231.25	250.83
	(8.19%)	(1.10%)	(15.10%)	(4.94%)	(7.28%)
2018Q3	483.59	540.58	746.19	233.32	254.47
	(4.61%)	-(1.39%)	(9.09%)	(4.35%)	(6.27%)
2018Q4	485.16	537.30	752.87	235.26	255.29
	(2.17%)	-(3.14%)	(5.31%)	(3.89%)	(4.92%)
2019Q1	480.84	527.49	748.65	237.10	252.87
	-(0.43%)	-(5.34%)	(1.16%)	(3.55%)	(5.51%)

续表

	总指数	二级指数			
		规模指数	产品指数	经营效益指数	人才资源指数
2019Q2	480.44	511.46	760.77	238.87	255.01
	-（0.71%）	-（6.59%）	（2.25%）	（3.30%）	（1.67%）
2019Q3	482.23	502.11	773.18	240.61	257.61
	-（0.28%）	-（7.12%）	（3.62%）	（3.12%）	（1.23%）
2019Q4	487.58	503.88	785.69	242.33	261.20
	（0.50%）	-（6.22%）	（4.36%）	（3.01%）	（2.31%）
2020Q1	493.01	498.89	516.26	520.63	683.48
	（2.53%）	-（5.42%）	-（31.04%）	（119.58%）	（170.29%）
2020Q2	500.12	504.22	522.39	526.31	701.00
	（4.09%）	-（1.41%）	-（31.33%）	（120.33%）	（174.89%）
2020Q3	518.63	510.84	529.37	542.22	738.78
	（7.55%）	（1.74%）	-（31.53%）	（125.35%）	（186.79%）
2020Q4	539.73	521.67	540.26	560.98	784.18
	（10.70%）	（3.53%）	-（31.24%）	（131.49%）	（200.23%）

第二章

银行理财：转型攻坚期的机遇与挑战并存

◇ 第一节 2019年银行理财业务发展情况

一 银行理财业务发展概述

2019年经济下行压力较大，逆周期调节加码。受到资管新规的影响，影子银行活动大幅收缩，企业和居民现金流出现紧张的局面，2018年宏观经济有较大下行压力。到了2019年，决策层对2018年各项政策进行纠偏，但受到中美经贸摩擦的影响，全年经济下行压力仍然较大，逆周期调节不断加码，具体来看：

1. 各项宏观经济指标震荡下行

2018年以来，GDP增速从7%的水平快速下降至6%，主要原因是出口以及固定资产投资同时承压，一方面，伴随着供给侧改革和去杠杆的推进，固定资产投资增速快速下行，工业增加值累计同比增速明显回落；另一方面，2019年中美经贸摩擦的影响逐步体现，出口迅速转变为负增长。从工业领域的价格水平看，PPI（Producer Price Index，生产价格指数）经历了2018年快速下行之后，在2019年转负，出现局部通缩现象。消费成为2019年经济增长的引擎之一，社会消费品零售总额增速在8%附近低位徘徊。

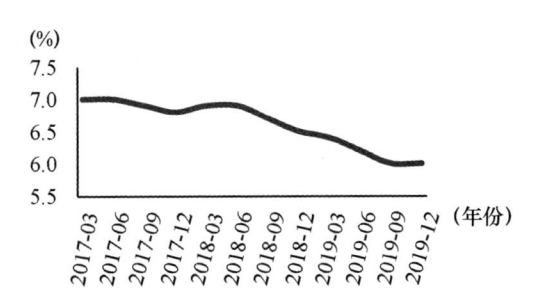

图2-1　GDP当季同比增速

资料来源：Wind。

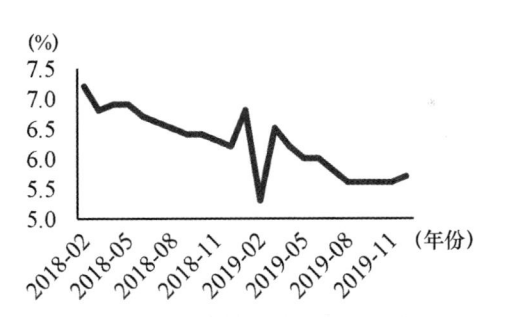

图2-2　工业增加值累计同比增速

资料来源：Wind。

（1）企业融资状况略有改善。在经济承压的环境下，央行通过逆周期调节手段，引导银行加大对实体经济放贷的力度，同时通过改革LPR（Loan Prime Rate，贷款市场报价率），降低企业贷款利率。政策效果略显成效，企业中长期贷款同比明显多增。

（2）信用利差缓慢回落。受到监管层严格监管影子银行活动的影

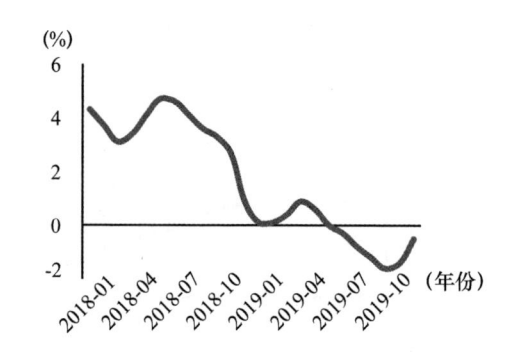

图 2-3　工业品出厂价格指数当月同比增速

资料来源：Wind。

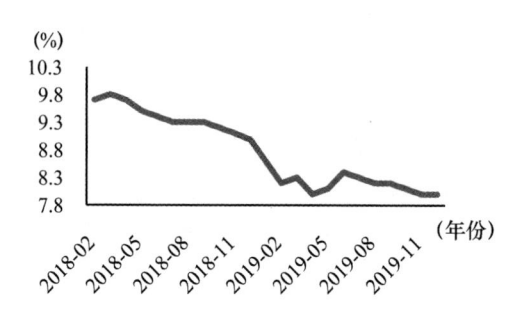

图 2-4　社会消费品零售总额累计同比增速

资料来源：Wind。

响,民企信用利差自2017年大幅上行,并在2018年加速上升,众多低评级债券发行失败,企业融资难矛盾更加突出,2019年,监管层对民企、小微展开定向政策支持,民企信用利差有所回落。

2. 2019年监管政策边际放松

相较于2018年对理财业务"一刀切"的严监管,2019年监管机构对银行理财的各项业务有明显放松,整体监管环境也更加温和。

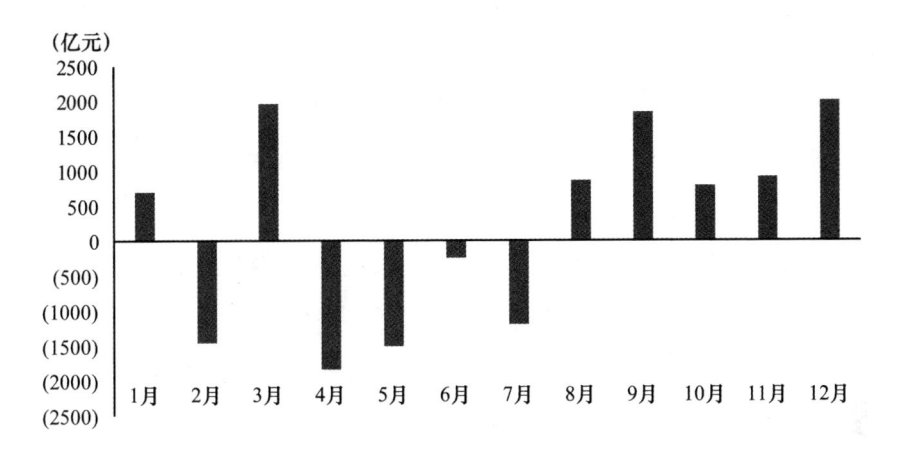

图 2-5 2019 年新增企业中长期贷款同比变化

资料来源：Wind。

图 2-6 民企信用利差

资料来源：Wind。

（1）非标投资政策略有松动。在资管新规颁布后的数月里，银行理财产品出现断崖式下跌，受到不确定性的影响，新老产品发行受阻，非标投资也开始萎缩。随后在 2018 年 7 月 21 日，央行出台资管新规补充通知：第一，不强制要求整改和老产品压降进度；第二，明确公募资管产品在满足期限匹配等监管条件下可以投资非标；第三，过渡期内，金融机构可以发行老产品投资新资产，但老产品必须在过渡期内到期完毕；第四，过渡期内，摊余成本计量的产品种类增加了封闭半年以上的定开产品和现金类产品。

在政策松动的背景下，2019年非标规模压降边际放缓，并且大多数银行通过非标加大了对实体经济的支持力度。

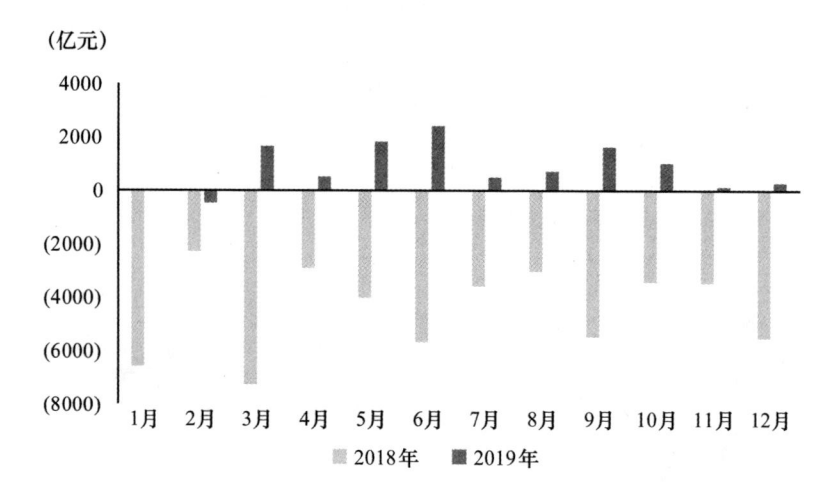

图2-7　2018年、2019年当月新增非标（信托+委托）同比变化

资料来源：Wind。

（2）补齐制度短板。2018年，随着《关于规范金融机构资产管理业务的指导意见》《商业银行理财业务监督管理办法》以及《商业银行理财子公司管理办法》等政策的相继出台，自上而下的行业监管体系已经构建。

2019年，《关于进一步规范商业银行结构性存款业务的通知》《标准化债权类资产认定规则（征求意见稿）》《商业银行理财子公司净资本管理办法（试行）》《关于规范现金管理类理财产品管理有关事项的通知（征求意见稿）》先后发布，银行理财真正步入实质性转型阶段。

表 2-1　　2019 年陆续出台的各项关于银行理财业务政策

	文件	核心要点
2019 年 10 月 12 日	《标准化债权类资产认定规则（征求意见稿）》	明确哪些资产属于标准化资产，其他则是非标
2019 年 10 月 18 日	《关于进一步规范商业银行结构性存款业务的通知》	强化对不合规结构性存款的整改
2019 年 12 月 2 日	《商业银行理财子公司净资本管理办法（试行）》	落实对理财子公司净资本监管标准、监督管理
2019 年 12 月 27 日	《关于规范现金管理类理财产品有关事项的通知（征求意见稿）》	对现金管理类理财产品完全参照货币基金的监管办法进行严监管

资料来源：中国人民银行、中国银行保险监督管理委员会。

（3）打破同业刚兑。2019 年以来，多家区域性银行出现延迟披露财报以及信用风险等情况，引发监管对中小银行风险的高度关注。

一直以来，金融领域刚兑现象的存在无形中给市场积聚了大量风险，资管新规打破了银行理财产品的刚性兑付，而 2019 年 5 月央行宣布接管包商银行，并提出"5000 万元以上的对公存款和同业负债，由接管组和债权人平等协商，依法保障"，正式打破同业刚兑。这有利于金融机构的"优胜劣汰"，进一步遏制高风险的同业负债和影子银行扩张，优化信用定价，引导资金回归服务实体经济的本源。

二 银行理财产品端情况

2019年非保本理财余额小幅上涨。2017年以来，银行理财业务进入转型调整期，理财产品余额增长陷入停滞阶段，基本稳定在22万亿元左右的水平，而进入2019年，各家银行在保证"老产品"规模平稳的情况下，加大"新产品"的发行力度，理财余额有较大幅度的增长。截至2019年年末，全国非保本理财余额23.4万亿元，较2018年末增加1.36万亿元，增幅6.15%。

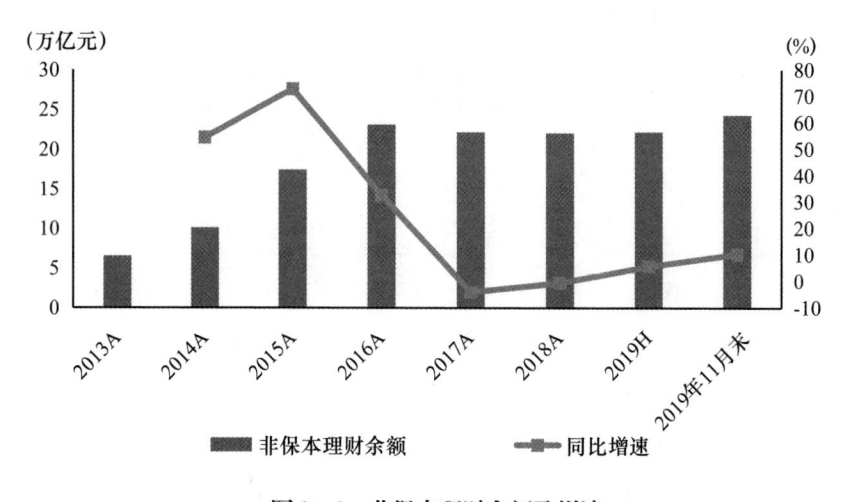

图2-8 非保本理财余额及增速

资料来源：中国银行保险监督管理委员会、银行业理财登记托管中心。

从产品类型来看，以固定收益为主。根据资管新规和理财新规的要求，理财产品按照投资性质的不同分为固定收益类、权益类、商品及衍生品类和混合类理财产品。

截至2019年年末，固定收益类理财产品存续余额为18.27万亿元，占全部非保本理财产品存续余额的78.06%；混合类理财产品存

第二章　银行理财：转型攻坚期的机遇与挑战并存

续余额为 5.05 万亿元，占比为 21.59%；权益类理财产品占比为 0.34%，商品及衍生品类理财产品占比较少。

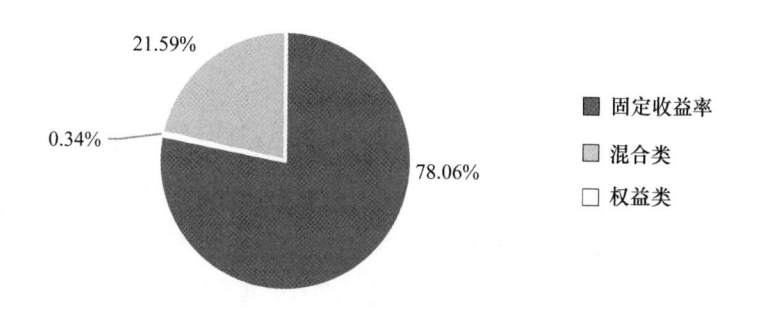

图 2-9　2019 年年末不同投资性质非保本理财产品余额占比

资料来源：银行业理财登记托管中心。

从运作模式来看，开放式产品占比较高。截至 2019 年年末，开放式非保本理财产品存续余额为 16.93 万亿元，占全部非保本理财产品存续余额的 72.36%；存续余额同比增长 0.76 万亿元，增幅为 4.72%。封闭式非保本理财产品存续余额为 6.47 万亿元，占全部非保本理财产品存续余额的 27.64%。

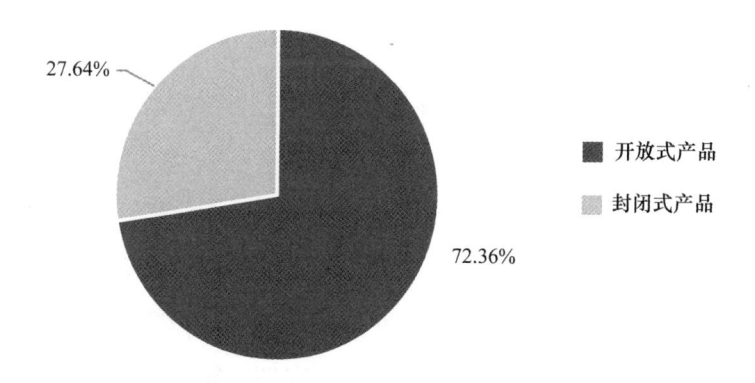

图 2-10　2019 年年末不同运作模式非保本理财产品存续余额占比

资料来源：银行业理财登记托管中心。

净值型转型持续推进，产品余额占比不断提升。资管新规和理财新规发布后，银行理财净值化转型有序推进，净值型产品存续余额及占比持续增长。

截至 2019 年年末，净值型非保本理财产品存续余额为 10.13 万亿元，同比增长 4.12 万亿元，增幅达 68.61%；净值型产品占全部非保本理财产品存续余额的 43.27%，同比提升 16.01 个百分点，其中，开放式净值型产品占全部净值型产品的比例为 81.13%。

从上市银行数据来看，截至 2019 年年末，大部分中小银行净值型产品余额占比已经超过 50%，转型进度快于行业平均水平；但部分国有大行以及理财规模较大的股份行净值型产品余额占比仍偏低。

从产品发行情况来看，封闭式理财产品平均期限增加。根据理财报告披露的数据，2019 年新发行封闭式非保本理财产品加权平均期限为 186 天，同比增加约 25 天。新发行 3 个月（含）以下封闭式产品累计募集资金 2.43 万亿元，同比减少 2.78 万亿元，降幅为 53.36%；占全部新发行封闭式非保本理财产品募集资金的 17.45%，占比同比下降 11.65 个百分点。

三 银行理财资产端情况

从理财产品资产端配置来看，主要以固定收益类标准化资产为主。根据理财报告披露的数据，截至 2019 年年末，存款、债券及货币市场工具的余额占非保本理财产品投资余额的 71.75%。债券是理财产品重点配置的资产之一，在非保本理财资金投资各类资产中占比最高，达到 59.72%。

非保本理财持有的债券资产中，国债、地方政府债券、中央银行

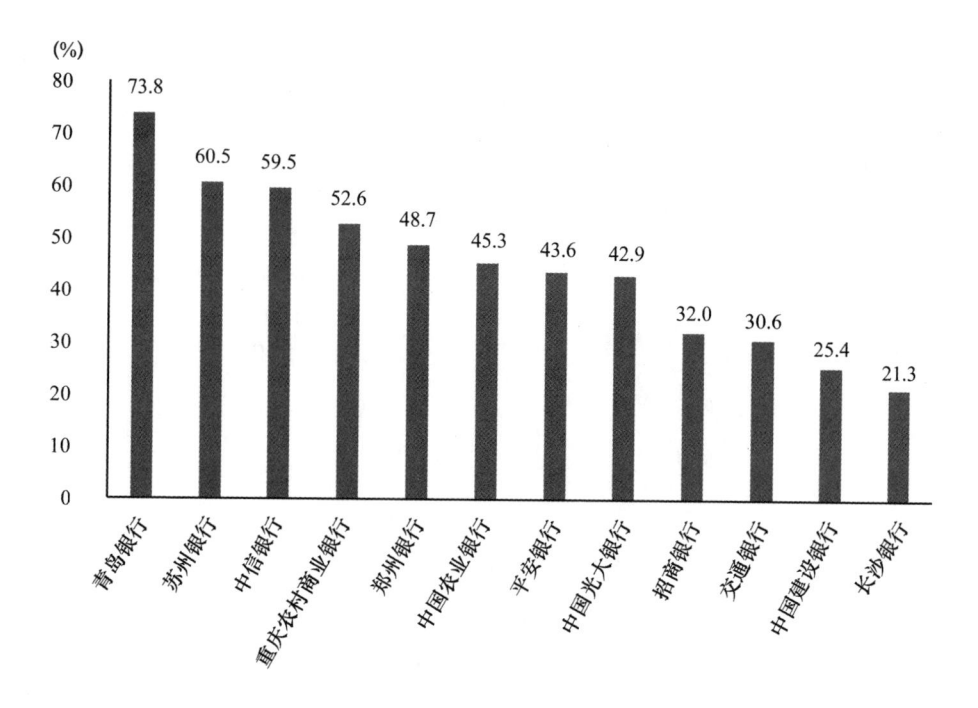

图 2-11　2019 年年末部分上市银行净值型产品余额占其非保本理财余额比例

资料来源：各个公司公告。

票据、政府机构债券和政策性金融债券等利率债占非保本理财投资资产余额的 8.05%；商业性金融债券、同业存单、企业债券、公司债券、企业债务融资工具、资产支持证券和外国债券等信用债占非保本理财投资资产余额的 51.67%。

不同类型银行理财资金资产配置情况有较大差异。中小行在标准化资产（譬如债券、现金、存款）投资的占比更高，而较少涉足非标资产领域。2019 年年末，股份行中招商银行非标资产占比仅为 8.71%，远低于行业平均水平，债券类资产占比为 67.95%；城商行中青岛银行固定收益类资产占比高达 85.44%，非标资产占比仅为 8.84%，同样低于行业平均水平。

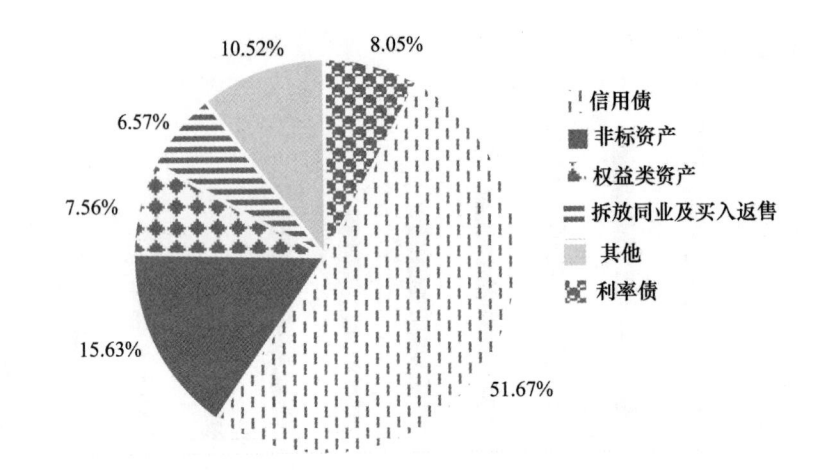

图 2-12　2019 年年末非保本理财资产配置情况

资料来源：银行业理财登记托管中心。

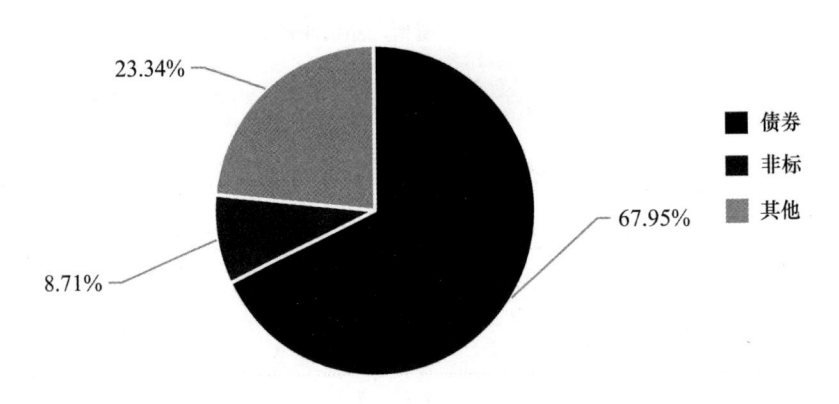

图 2-13　招商银行 2019 年理财资金配置情况

资料来源：公司公告。

根据调研，国有行大行理财资金在非标资产配置比例均较高，以中国建设银行为例，2019 年年末理财资金投资的非标资产占比高达 33.62%，远高于行业平均水平。大行与股份行理财资金配置的巨大

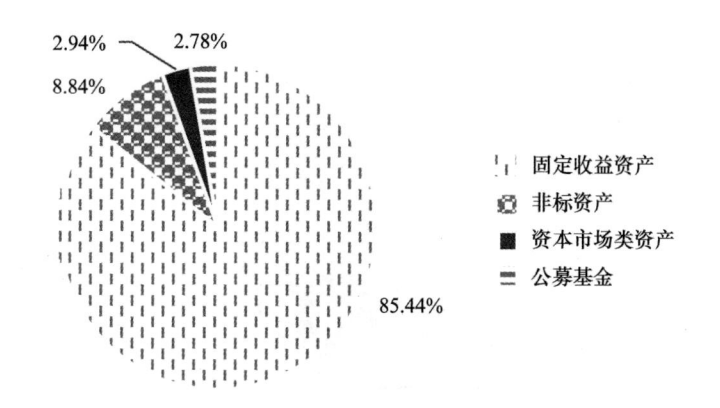

图 2-14　2019 年年末青岛银行理财资金配置情况

资料来源：公司公告。

差异，主要有以下原因。

首先，大行承担过多经济托底的责任。众多基建项目、地方政府、房地产均依赖非标融资，而 2018 年资管新规发布以来，几乎使这些领域的融资渠道全部被阻断，2018 年 7 月央行对资管新规进行边际放松，在政策的指导下，大行自然承担了更多为实体经济提供资金的任务，这在某种程度上也是监管层"允许"的。

其次，与之相反的是，股份行、城商行业务运作更加市场化，并且各地银保监局对理财业务基本采取较为严格的监管方式，对非标资产基本都要求压降或者不新增，并且计划设立理财子公司的银行必须向监管层提交存量理财整改计划，因此各股份行、城商行基本是按照 2020 年年末完成存量理财整改要求开展业务的，所以非标资产占比下降较快。

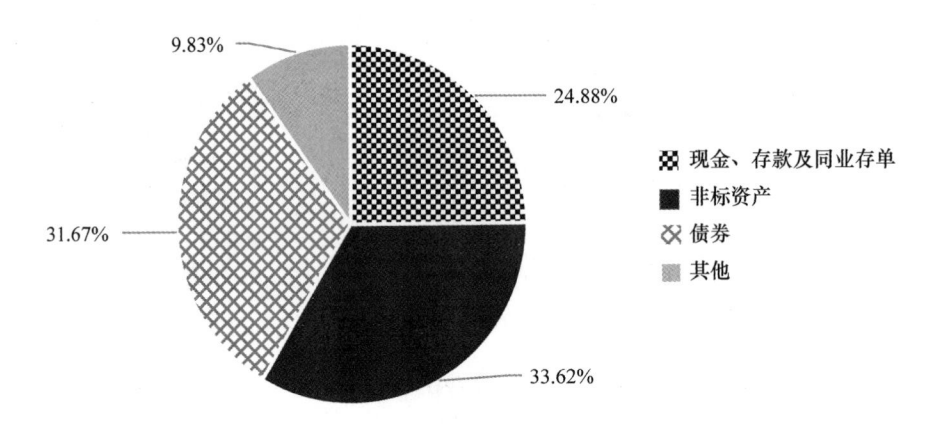

图 2–15　2019 年年末建设银行理财资金资产配置情况

资料来源：公司公告。

四　银行理财负债端情况

理财产品收益率不断下行。2018 年下半年以来，封闭式非保本理财产品加权平均兑付客户收益率出现明显下行趋势，目前在 4% 左右，较 2018 年高点下降约 100bp。银行理财收益率下行主要受到以下因素影响：

首先，在资管新规要求下，银行所有理财产品的非标资产余额不超过所有理财产品净资产的 35%，且理财产品的到期日或最近开放日都不能早于资产到期。非标准债券资产平均期限在 2—3 年，期限匹配条件下短期银行理财无法投向非标资产，短期理财产品收益率下降在所难免。

其次，在降低实体融资成本的要求下，货币政策的趋势放松引导市场利率下行，使得理财产品投资高息资产的难度提高，理财利率下行。

银行理财销售以母行分支行渠道为主。笔者向多家银行调研了解

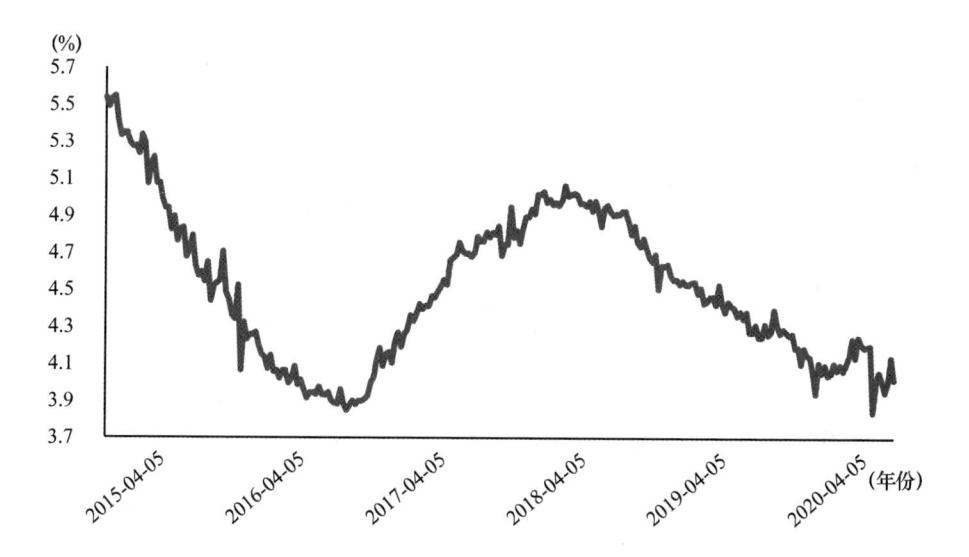

图 2-16　全市场1年期理财产品预期收益率

资料来源：Wind。

到，银行在内部设置资管部的情况下，主要是借助零售条线的资源，通过自身分支行销售理财产品，部分银行会借助其他银行或非银机构的APP及网点，但这部分代销的规模始终比较少。整体来看，各子银行理财业务的快速发展更应该归功于母行的信用背书以及分支行网点，在理财产品仍在总行资管部门运作的背景下，其主要的竞争对手可能更多是行内的金融市场部、同业部等，行外竞争压力较小；而一旦成立子公司独立之后，摆在眼前的难题就是自建渠道，以往的分行和支行部门现在成为需要去"尽力争取"的合作伙伴，其短期之内面临的压力可能会比较大。

未来理财产品销售能力与产品设计能力一样关键。银行资管较少设置直接营销部门，产品营销归属于公司部、个人部或者私行部，理财业务负债端和资产端分离，较难权衡多方利益关系。下一阶段，银行理财销售渠道将面临转型。

第一，实现理财产品销售渠道多元化，仅通过母行销售使得部分投资者潜意识认为理财产品有银行信誉兜底，不利于理财产品打破刚兑；

第二，提升营销人员的专业素质，不能采用"仅比较产品期限和收益率"的简单营销模式，未来复杂的产品体系迫使产品营销必须考虑多维度因素。

第三，通过客户分层，战略性地加强目标投资者的管理，例如率先切入在资金稳定性和风险识别能力上更优的私人银行客户。精细化销售有利于推进客户结构调整升级，打造符合新规要求的核心客户群。

第四，打造全覆盖化销售体系。银行理财产品销售过去主要依托本行的零售、私行和对公等自有渠道，以服务存量客户为主，兼顾增量客户。理财新规明确了银行理财产品可以通过其他商业银行、农村合作银行、村镇银行、农村信用合作社等吸收公众存款的银行业金融机构代理销售。未来银行理财业务一方面要加大零售、对公等传统渠道的理财产品销售力度，另一方面要积极拓展行外代销渠道，构建面向机构客户的直销团队，同时大力发展电子银行、手机银行、手机APP等线上渠道，形成覆盖行内行外、线上线下的产品销售渠道网络，有效提升银行理财的市场影响力和占有率。

第二节 2020年银行理财行业发展情况

一 银行理财业务发展概述

1. 国内经济从开局不利到超预期收官

2020年在全球新冠肺炎疫情冲击与局部反复背景之下，世界经济严重衰退,国内经济发展面临外部诸多不确定性。中央提出加快形成以国内大循环为主体、国内国际双循环相互促进的新发展格局,双循环经济格局的转型有助于中国发挥内需市场优势,优化产业结构和供应链结构。目前,中国经济呈现持续复苏态势。具体来看:

第一,各项宏观经济指标呈现"V"形修复反弹。2020年第一季度GDP在新冠肺炎疫情冲击之下出现大幅下滑,随着疫情得到有效控制,国内复工复产节奏有序推进,宏观经济在年内走出"V"形修复,2020年第四季度同比增速反超2019年同期,经济修复动能较强。2020年年初,停工停产导致工业品需求下滑幅度较大,PPI持续下行。新冠肺炎疫情得到有效控制后,工业生产持续向好,出口和投资逐渐恢复,与此同时,货币融资高增,国际大宗商品价格出现反弹,一系列因素推动PPI缓慢上行。新冠肺炎疫情及相关防控政策约束之下,居民消费场景受限,全年消费受到压制,年末累计增速尚未回正。

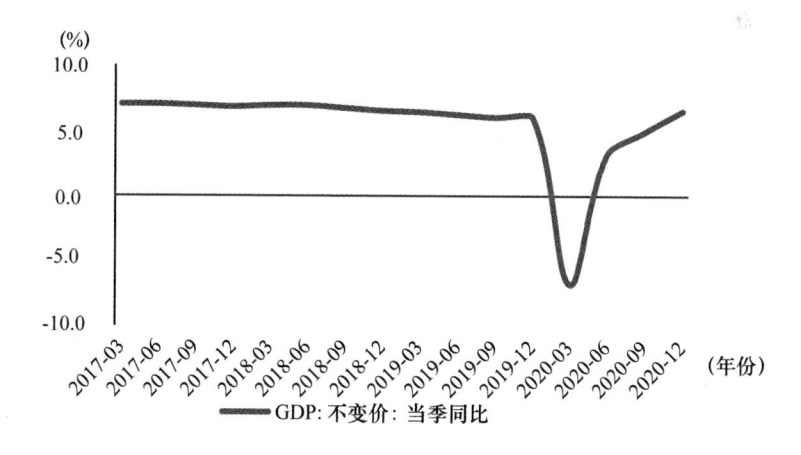

图 2-17　GDP 当季同比增速

资料来源:Wind。

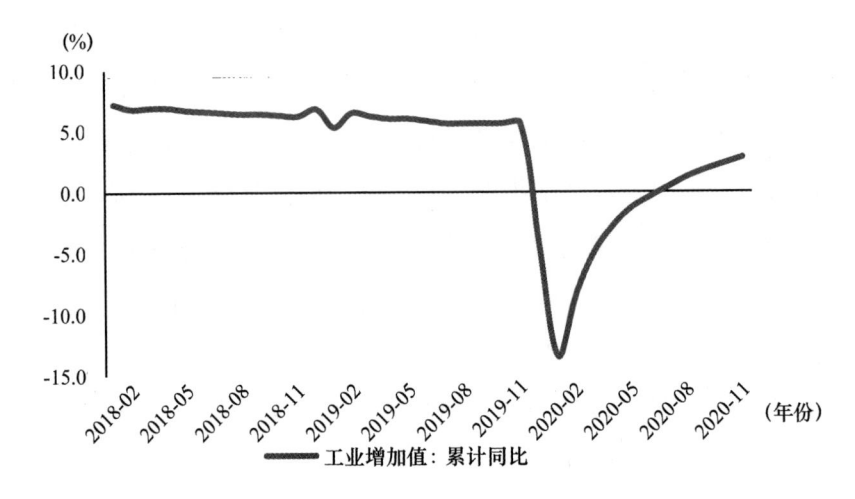

图 2-18 工业增加值累计同比增速

资料来源：Wind。

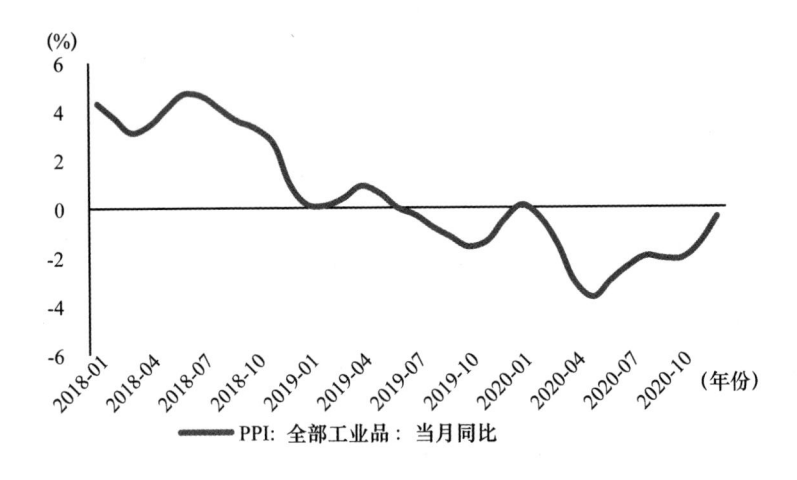

图 2-19 PPI：全部工业品：当月同比

资料来源：Wind。

第二，流动性充裕，加大对实体经济的支持力度。2020 年年

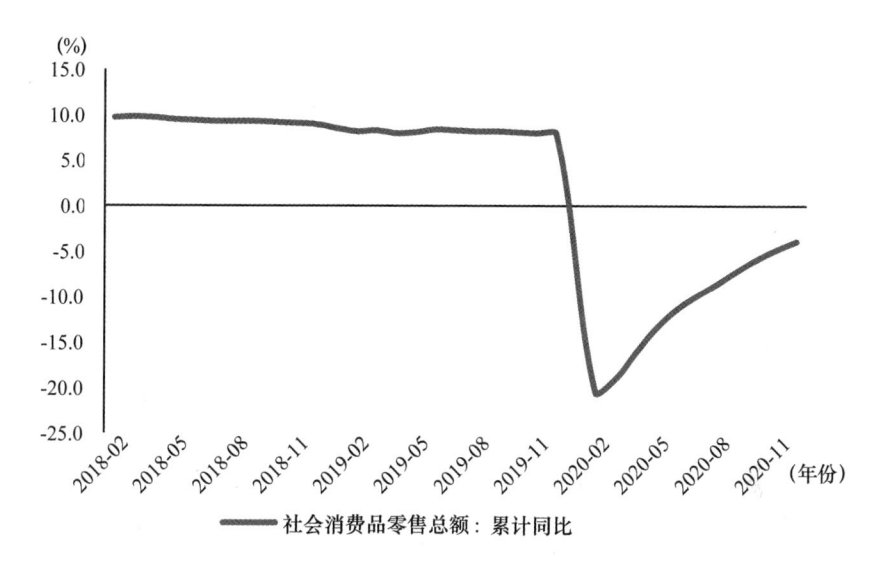

图 2–20　社会消费品零售总额累计同比增速

资料来源：Wind。

初，经济活动遭到重创，为防范流动性风险，央行推出价降量宽的政策组合拳，全年货币政策呈现前松后稳的态势，企业中长期贷款保持连续多月同比较大幅度多增势头，政策面加大对实体经济的支持力度。

第三，信用利差进一步回落。2020年新冠肺炎疫情暴发后，在一系列融资政策支持下，民企信用利差大幅下行。2020年4月开始，民企信用利差开始回到新冠肺炎疫情之前的水平，主要原因在于，民营企业大多是属于竞争比较激烈的行业，整体抵御外部冲击的能力较差，在经济下行背景下违约风险有边际上升的趋势。

新冠肺炎疫情干扰资管转型步伐，监管图谱不断完善。自2018年资管新规出台以来，资管行业整体沿着监管要求实现平稳有序转型，受新冠肺炎疫情影响，企业经营困难、经济波动性增加等多种不

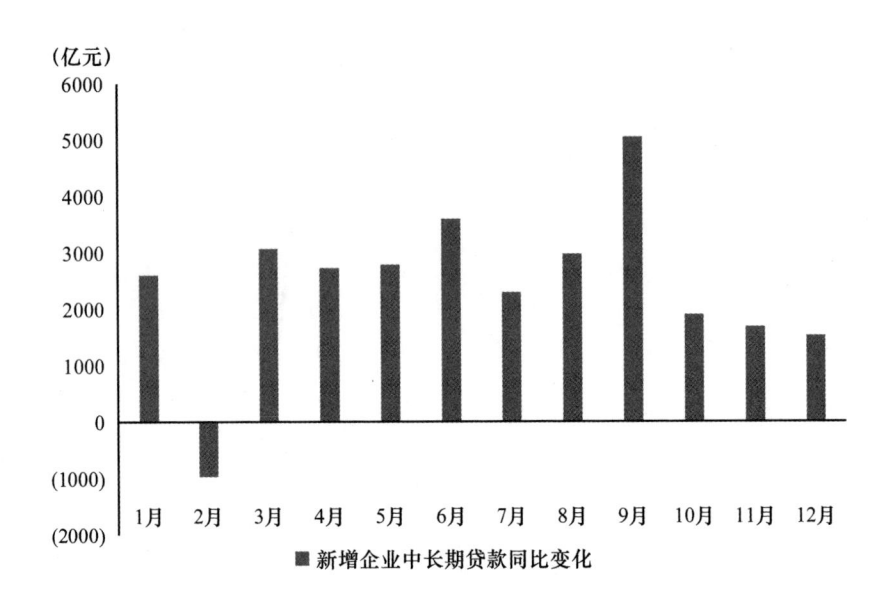

图 2-21 2020 年新增企业中长期贷款同比变化

资料来源：Wind。

利因素使得资管行业转型面临较大挑战。2020 年 7 月 31 日，央行发布通知，延长资管新规过渡期至 2021 年年末，为老产品整改和新产品发行争取更多时间。

2. 资管新规过渡期延长，提出存量资产处置措施

首先，过渡期适当延长＋个案处理。延长资管新规过渡期至 2021 年年末，在锁定 2019 年年末存量资产的基础上，由金融机构自主调整整改计划，过渡期内按季监测实施。对于 2021 年年末前仍难以完全整改到位的个别金融机构，金融机构说明原因并经金融管理部门同意后，进行个案处理，列明处置明细方案，逐月监测实施，并实施差异化监管措施。

其次，提出存量资产处置的配套支持措施。鼓励采取新产品承

图 2－22　民企信用利差

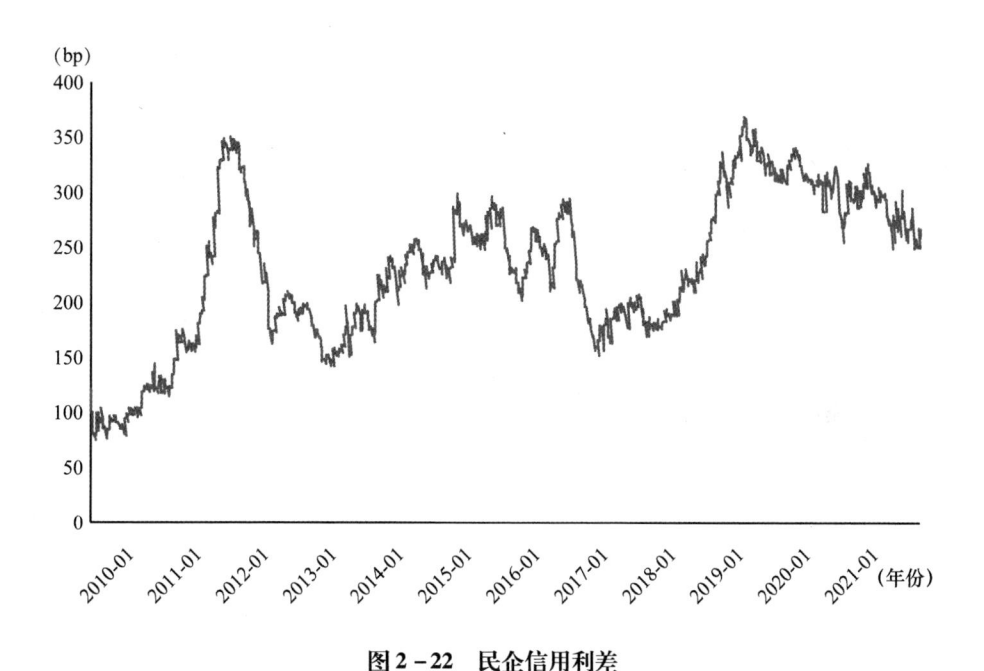

资料来源：Wind。

接、市场化转让、合同变更、回表等多种方式有序处置存量资产。允许类信贷资产在符合信贷条件的情况下回表，并适当提高监管容忍度。已违约的类信贷资产回表后，可通过核销、批量转让等方式进行处置。鼓励通过市场化转让等多种方式处置股权类资产。稳妥处置银行理财投资的存量股票资产，避免以单纯卖出的方式进行整改。

最后，建立健全激励惩罚机制。对于能提前完成整改任务的金融机构，在监管评级、宏观审慎评估、资本补充工具发行和开展创新业务等方面给予适当激励。对于未按计划如期在2021年年末前完成整改任务的金融机构，除在监管评级、宏观审慎评估、开展创新业务等方面采取惩罚措施外，视情况采取监管谈话、监管通报、下发监管函、暂停开展业务、提高存款保险费率等措施。

3. 配套细则落地，监管拼图日益完善

2018 年以来，以资管新规为核心的一系列监管配套细则相继落地，从行业细则、产品规范等多个方面不断完善监管拼图，为银行理财转型指明方向。2019 年陆续出台《商业银行理财子公司净资本管理办法（试行）》《关于规范现金管理类理财产品管理有关事项的通知（征求意见稿）》《标准化债权类资产认定规则（征求意见稿）》等配套监管制度细则。

2020 年延续了 2019 年的工作方向，对银行和理财子公司的监管细则进行补充和细化，陆续出台《中国银保监会行政处罚办法》《关于开展银行业保险业市场乱象整治"回头看"工作的通知》《标准化债权类资产认定规则》《商业银行理财子公司理财产品销售管理暂行办法（征求意见稿）》。

2020 年 7 月，中国人民银行会同中国银行保险监督管理委员会、中国证券监督管理委员会、国家外汇管理局发布《标准化债权类资产认定规则》，相较 2019 年 10 月发布的《标准化债权类资产认定规则（征求意见稿）》，整体变化不大，主要对过渡期安排、非标资产除外类别等细节进行补充，存款（含大额存单）、债券逆回购、同业拆借等形成的资产被认定为"不作非标认定的债权"（非标）。

2020 年 12 月，中国银行保险监督管理委员会发布《商业银行理财子公司理财产品销售管理暂行办法（征求意见稿）》，现阶段规定银行理财产品代理销售机构为银行理财子公司和吸收公众存款的银行业金融机构，并提出后续将根据银行理财产品的转型发展情况，适时将理财产品销售机构的范围扩展至其他金融机构和专业机构。2021 年 5 月 27 日，中国银行保险监督管理委员会发布《理财公司理财产品销售管理暂行办法》，自 2021 年 6 月 27 日起施行。

表 2-2　　2018 年陆续出台的各项关于银行理财业务政策

	时间	文件	主要内容
行业细则	2018 年 9 月 30 日	《商业银行理财业务监督管理办法》	银行开展理财业务需要遵循的监管要求
	2018 年 12 月 3 日	《商业银行理财子公司管理办法》	对理财子公司准入条件、业务规则、风险管理等做出具体规定
	2019 年 11 月 29 日	《商业银行理财子公司净资本管理办法（试行）》	落实对理财子公司净资本监管标准、监督管理
	2020 年 7 月 31 日	《优化资管新规过渡期安排引导资管业务平稳转型》	资管新规过渡期延长至 2021 年年末
	2020 年 12 月 25 日	《商业银行理财子公司理财产品销售管理暂行办法（征求意见稿）》	对理财产品销售机构、销售管理等作出要求
产品规范	2019 年 10 月 18 日	《关于进一步规范商业银行结构性存款业务》	强化对不合规结构性存款整改
	2019 年 12 月 27 日	《关于规范现金管理类理财产品管理有关事项的通知（征求意见稿）》	现金管理类理财产品参照货币基金的监管办法进行严监管
	2020 年 7 月 3 日	《标准化债权类资产认定规划》	明确哪些资产属于标准化资产，其他则是非标

资料来源：中国人民银行、中国银行保险监督管理委员会。

二　银行理财产品端情况

2020 年非保本理财余额实现平稳增长。虽受新冠肺炎疫情影响，部分理财子公司通过网络直播方式加大对理财产品的宣传及销售力度，且疫情影响之下市场财富配置需求旺盛，理财余额增速反超2019年。截至2020年年末，全国非保本理财余额25.86万亿元，较2019年年末增加2.46万亿元，增幅10.51%。受季度考核等因素影响，非保本理财产品余额在季度内呈现"前高后低"的变化趋势，往往在季度初上升、季度末下降。

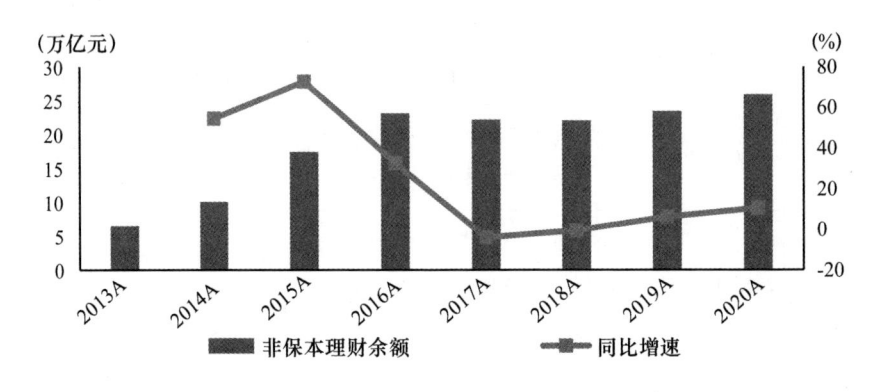

图 2-23 非保本理财余额及增速

资料来源：中国银行保险监督管理委员会、银行业理财登记托管中心。

第一，从产品类型来看，以固定收益为主。截至2020年年末，固定收益类理财产品存续余额为21.81万亿元，占全部非保本理财产品存续余额的84.34%；混合类理财产品存续余额为3.97万亿元，占比为15.35%；权益类理财产品占比为0.31%，商品及衍生品类理财产品占比较少。产品类型呈现出固定收益类理财产品占比逐步提升、混合类理财产品占比逐步下降、权益类产品占比相对较低且比较稳定等特征。

第二，从运作模式来看，开放式产品占比不断提升。截至2020年年末，开放式非保本理财产品存续余额为20.39万亿元，占全部非保本理财产品存续余额的78.85%。封闭式非保本理财产品存续余额

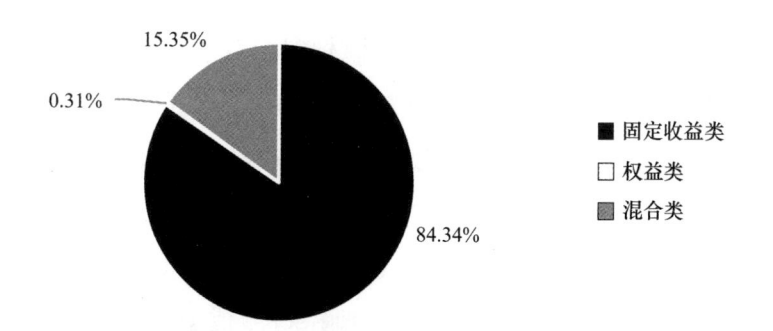

图 2-24 2020 年年末不同投资性质非保本理财产品余额占比

资料来源：银行业理财登记托管中心。

为 5.47 万亿元，占全部非保本理财产品存续余额的 21.15%。从募集情况来看，2020 年开放式产品募集金额达 113.56 万亿元，占理财产品募集总额的 91.17%，开放式产品规模及占比不断提升。

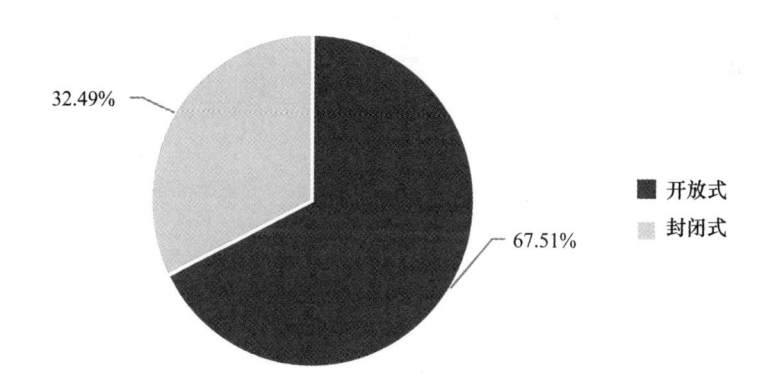

图 2-25 2020 年年末不同运作模式非保本理财产品存续余额占比

资料来源：银行业理财登记托管中心。

第三，净值型转型持续推进，产品余额占比不断提升。资管新规和理财新规发布后，银行理财净值化转型有序推进，净值型产品存续余额及占比持续增长。

截至2020年年末，净值型理财产品存续余额17.4万亿元，同比增长4.30万亿元，增幅达59.70%；净值型产品占全部理财产品存续余额的67.28%，其中，开放式净值型产品占全部净值型产品的比例为81%。从上市银行数据来看，截至2020年年末，大部分中小银行净值型产品余额占比已经超过60%，较2019年占比提升明显。但部分国有大行以及理财规模较大的股份行净值型产品余额占比仍偏低，根据普益标准的数据，股份行净值型产品发行占比最高，为64.44%，国有行净值型产品发行占比最低，为23.76%。

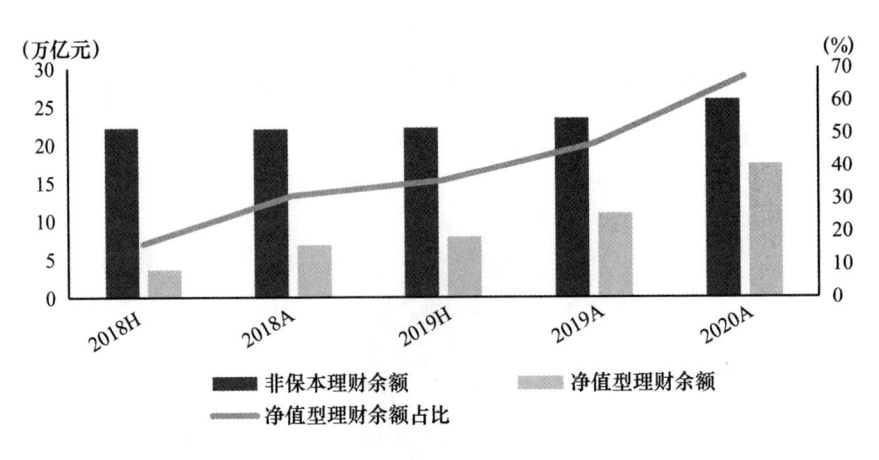

图2-26 2020年年末净值型非保本理财产品存续余额占比

资料来源：银行业理财登记托管中心。

2020年部分整改重点：同业理财、短期限产品与嵌套类产品规模明显压缩。

首先，关于同业理财：2017年以来，监管部门对同业理财的监管力度持续加强，同业理财产品存续余额已从2016年的高点压降5.84万亿元至2020年的0.39万亿元，同比减少53.86%，占全部理

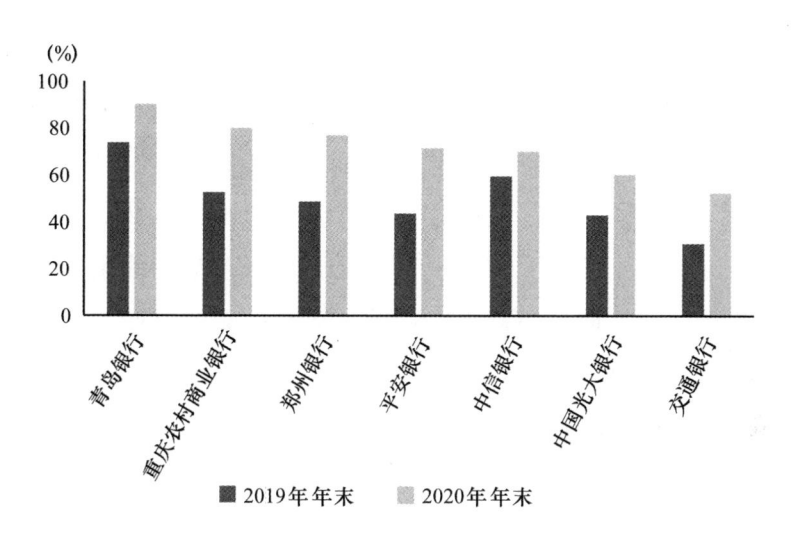

图 2-27 2020年年末部分上市银行净值型产品余额占比

资料来源：Wind。

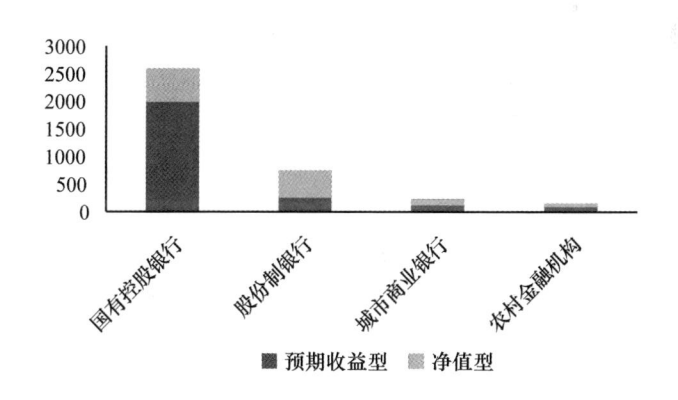

图 2-28 净值型产品发行数量占比

资料来源：Wind。

财产品的比例降至1.51%。

其次，关于短期限产品：资管新规与理财新规均鼓励延长理财产品期限，以匹配底层资产。封闭式产品的期限延长有助于理财产品净值的维护和打破刚兑，避免受金融市场大幅波动、客户频繁赎回带来的冲击。同时理财产品期限的延长还有助于理财公司配置非标资产和采取更加灵活多样的投资策略。2018年、2019年与2020年新发行封闭式理财产品的平均期限分别为173天、198天和228天，呈现出期限逐渐延长的特征。3个月（含）以下的封闭式产品存续余额在2020年降至1529亿元，同比下降63.67%，仅占全部理财产品存续余额的0.59%。

最后，关于通道投资：去通道亦是政策导向，2020年，理财产品通过各类资管产品嵌套的投资规模为8.93万亿，较2019年年末下降4.70%，与资管新规发布前的12.02万亿相比则减少25.71%。

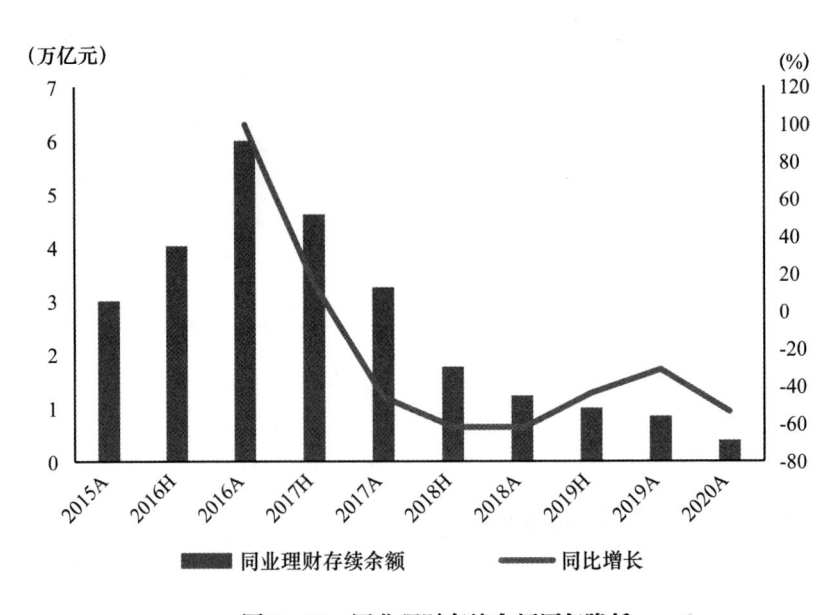

图2-29　同业理财存续余额逐年降低

资料来源：Wind。

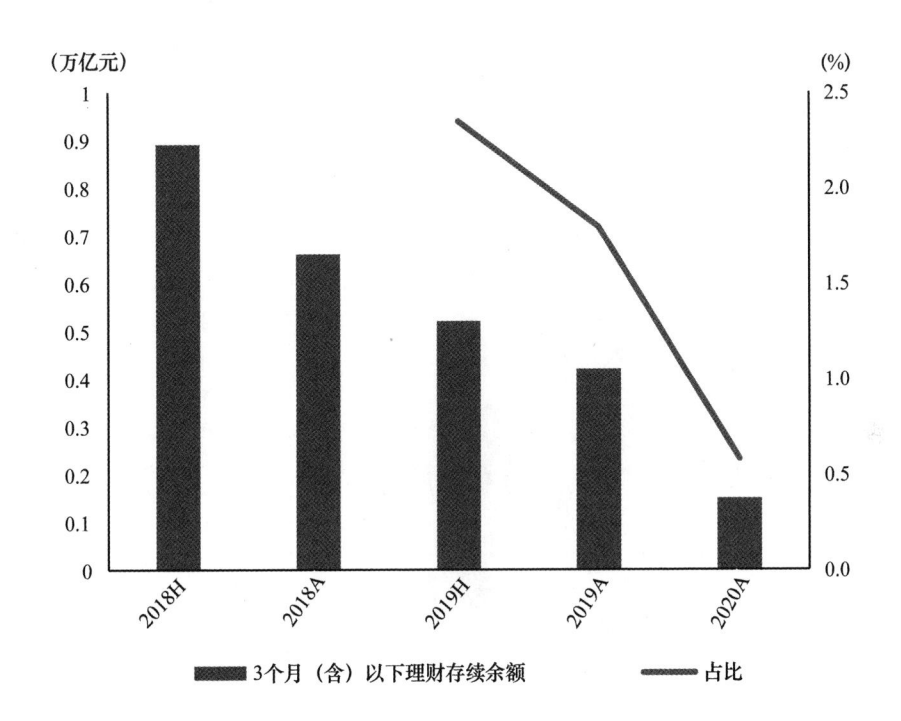

图2-30 3个月（含）以下理财存续余额占比变化趋势

资料来源：Wind。

三 银行理财资产端情况

从理财产品资产端配置来看，主要以固定收益类标准化资产为主。根据理财报告披露的数据，截至2020年年末，非保本理财共持有资产余额25.12万亿元。其中，存款、债券及货币市场工具的余额占非保本理财产品投资余额的70.88%。债券是理财产品重点配置的资产之一，在非保本理财资金投资各类资产中占比最高，达到64.26%。

非保本理财持有的债券资产中，国债、地方政府债券、中央银行票据、政府机构债券和政策性金融债券等利率债占非保本理财投资资产余额的7.77%；商业性金融债券、同业存单、企业债券、公司债券、企业债务融资工具、资产支持证券和外国债券等信用债占非保本理财投资资产余额的47.75%。

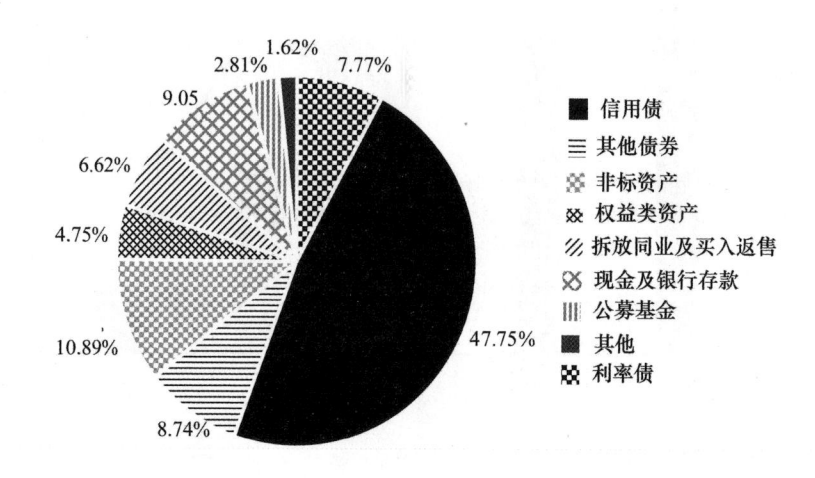

图2-31　2020年年末非保本理财资产配置情况

资料来源：银行业理财登记托管中心。

不同银行对资产风险的偏好不同，因此在债券与非标资产配置上相应有所权衡。以宁波银行为例，根据宁波银行最新披露的数据，宁波银行保本理财中债权类资产配置比重高达95.58%，而非保本理财中债券配置比例仅为65.59%，非标资产占比高达17.94%，而2020年年末，青岛银行固定收益类资产占比高达87.5%，非标资产占比仅为8.3%，相比之下，宁波银行表现出更高的风险偏好。同时，各地银保监局对农商行理财业务往往采取较为严格的监管方式，非标资产基本都要求压降或者不新增，以2020年常熟银行为例，常熟银行债权类资产配置比例高达89.92%，非标资产占比较2019年进一步下降至7.50%。

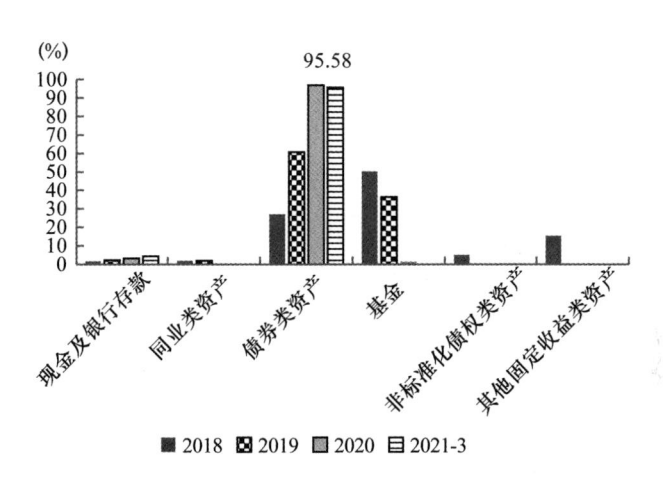

图2-32 宁波银行保本理财资产配置

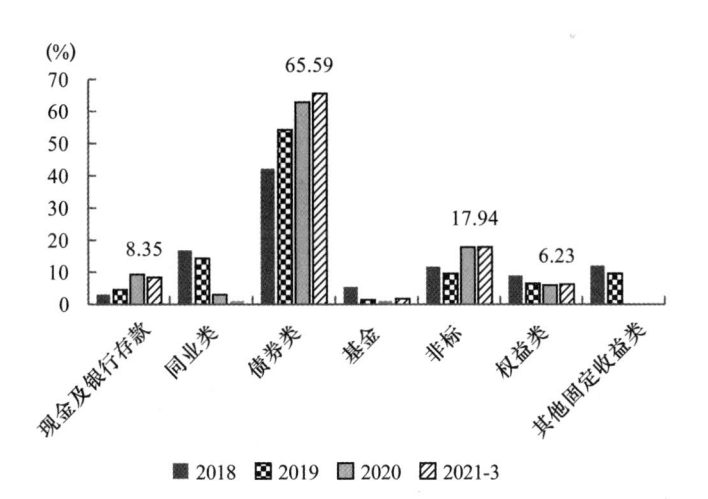

图2-33 宁波银行非保本理财资产配置

资料来源：宁波银行公告。

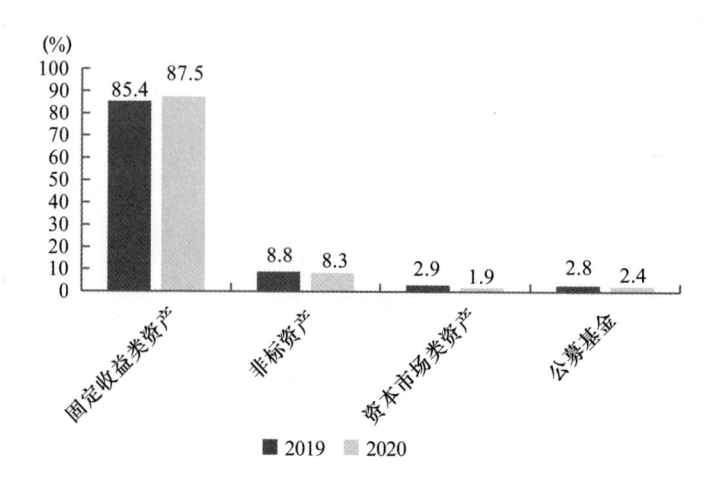

图 2-34 青岛银行理财资产配置

资料来源：青岛银行公告。

表 2-3　　　　　　　　　常熟银行理财资产配置　　　　　　　（单位：%）

常熟银行	2018年	2019年	2020年
现金	1.22	0.43	2.00
利率债	5.23	9.42	6.77
政策性银行金融债券	1.90	6.34	3.80
商业银行金融债券	3.06	3.08	2.97
企业债券	70.24	70.04	70.36
资产支持证券	1.26	2.06	1.57
同业存单	9.36	3.25	11.22
债券（包含同业存单）	86.09	84.77	89.92
基金	0.66	0.93	0.58
同业理财产品	3.07	4.43	
债权融资计划	0.99	2.17	0.32
信托贷款	7.97	7.27	7.18
非标（不包含同业理财）	8.96	9.44	7.50

资料来源：常熟银行公告。

四 银行理财负债端情况

2020年理财产品收益率震荡下行。2018年下半年以来,封闭式非保本理财产品加权平均兑付客户收益率出现明显下行趋势,2020年新发行产品加权收益率为3.93%,同比下降23个bp,较2018年的高点下降约110bp。银行理财收益率下行主要受到以下因素影响。

第一,非标资产快速压降。在资管新规要求下,银行所有理财产品非标资产余额不超过所有理财产品净资产的35%,且理财产品的到期日或最近开放日都不能早于资产到期。在非标限额及期限匹配双重约束之下,符合资管新规的新产品从规模上无法完全承接高收益的老资产,多数银行选择非标回表的方式寻求快速压降非标资产,理财产品整体收益率下降在所难免。

第二,利率处于下行通道。降低实体融资成本的要求和货币政策的趋势放松引导市场利率下行,近年来,由于理财产品加大对债权类资产的配置力度,理财产品加权收益率基本与10年期国债收益率同步变化,2020年10年期国债一度突破2016年的低点,自2018年年初的4.0%下滑至2020年3月最低点2.6%,利率下行幅度较大。

第三,债市调整,破净现象频发。2020年5月以来,债市调整幅度加大,以公允价值计价的净值型产品收益率波动较大,在1%—7%的区间内波动,其中,每日开放的现金管理类产品收益率保持在3%左右。2020年,部分银行和理财公司发行的净值型产品出现较大净值波动,甚至跌破初始净值。根据银行理财报告数据,2020年全年新发行产品中共有2164只产品曾发生过跌破初始净值现象,约占全部产品总数的3%;至2020年年末,仍有428只产品低于初始净值,

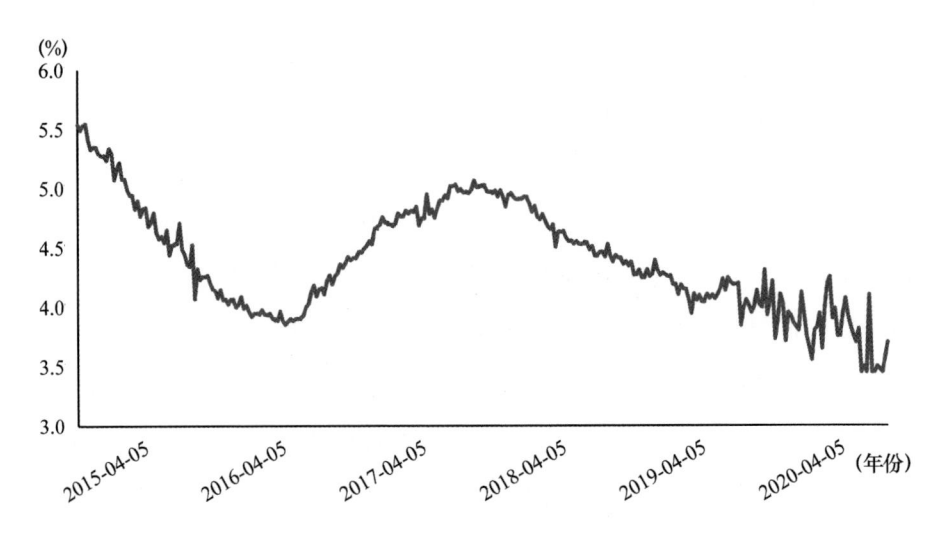

图 2-35 全市场1年期理财产品预期收益率

资料来源：Wind。

仅占当年发行产品总数的0.6%。

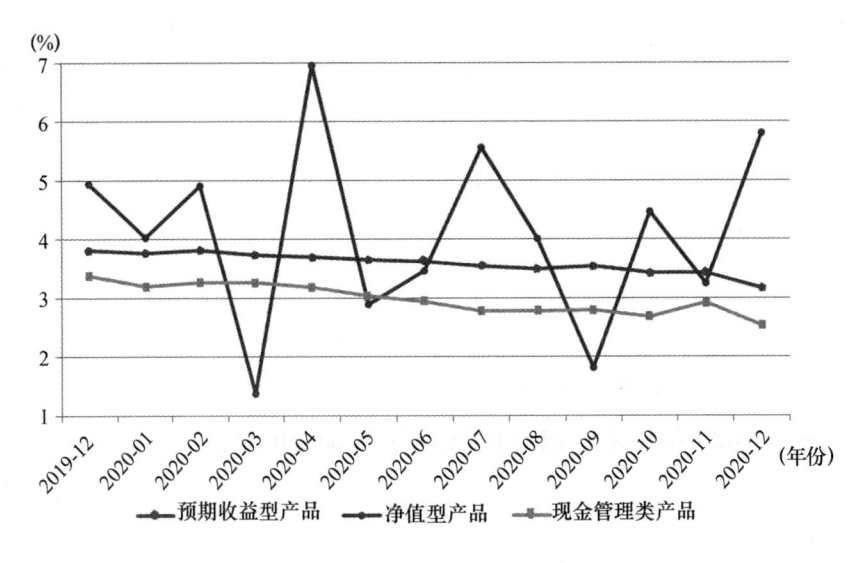

图 2-36 净值型产品收益率波动较大

资料来源：银行业理财登记托管中心。

第三节 2021年银行理财行业发展展望

一 2021年理财业务展望

1. 监管环境：收官之年政策从严

2020年资管新规过渡期延长1年基本符合市场预期，一方面是考虑到新冠肺炎疫情对国内经济造成确定性冲击，金融机构资管业务规范转型面临较大压力；另一方面针对部分银行存量资产期限较长且处置难度较大，需要更多时间处置的客观情况，提出多种存量资产压降手段，并提出对特定资产制定"个案处理"的政策安排。

2021年是资管新规过渡期的收官之年，考虑到监管层面已对实际情况做出"延期+个案"的处理，且特别出台政策配套与激励处罚机制督促资管机构完成转型，为打破市场"一再延期"的预期，本书预计2021年对银行理财业务的监管趋严。监管趋严更多是从存量产品的改造角度，政策层面鼓励新产品的设立与新竞争力的培育，银行理财若能尽快调整存量业务，积极布局新的业务形态，有效识别客户个性化需求，则能在转型中抓住机遇，凸显自身优势。

2. 规模预测：理财余额仍有较大增长空间

截至2020年年末，银行理财业务以25.86万亿元居大资管行业首位，占比达到28.04%。2018年资管新规发布以来，各类资管细分行业增速均有一定程度的下挫，其中仅有银行理财、公募基金、私募基金仍保持正增长。从需求端来看，居民的财富配置需求较为旺盛，银行理财的市场需求空间仍较大。

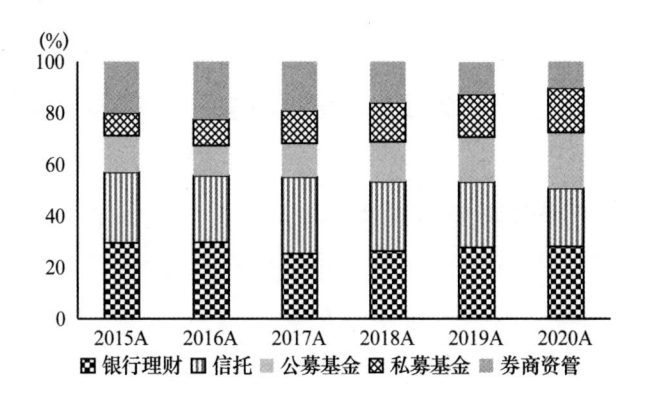

图 2-37 大资管主要细分行业占比

资料来源：银行业理财登记托管中心。

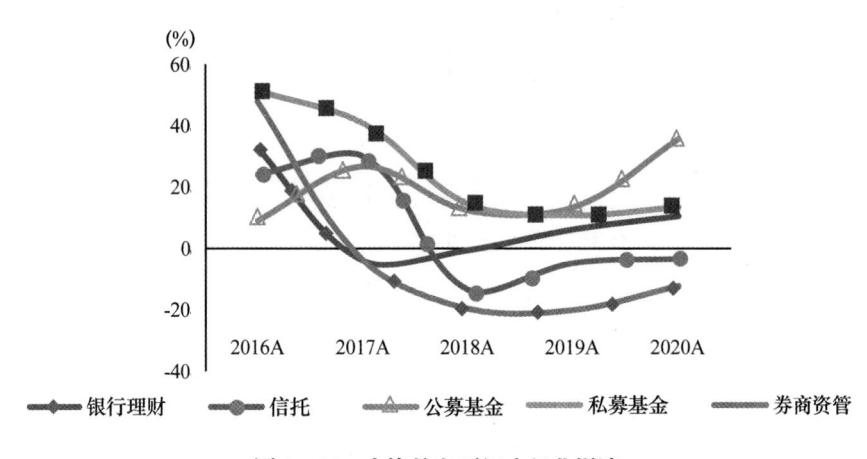

图 2-38 大资管主要细分行业增速

资料来源：银行业理财登记托管中心。

展望2021年银行理财规模，预计整体增速在10%左右。通过草根调研了解到，2021年银行理财仍会实现小幅增长，主要有以下两个原因。

一是理财子公司加大业务发展力度。截至2020年年末，已有24

家理财子公司获批筹建,其中20家已正式开业,理财子公司成立之后在新产品发行方面将会加快速度,且理财子公司结合自身资源优势和客户需求定位,在产品布局方面更有侧重性、资产端覆盖面更广,截至2020年年末,理财子公司理财产品存续余额占全市场的比重为25.79%,较2019年有较大突破。

二是监管层对存量理财产品并非采取"一刀切"的态度,改造难度较大的非标资产可采取个案处理,且银行自身为平衡客户流失与监管达标,短期内规模压降幅度仍相对乐观(存量理财产品整改目前并未有严格的限制,各家银行只需要确保余额不超过2018年4月27日)。

对于2021年各类型产品的预测,本书结合银行理财业务规划草根调研,作出如下假设:其一,预期收益率型产品进一步压降,理财余额主要依靠净值型产品增长;其二,开放式产品的发行力度较封闭式产品发行力度更大。

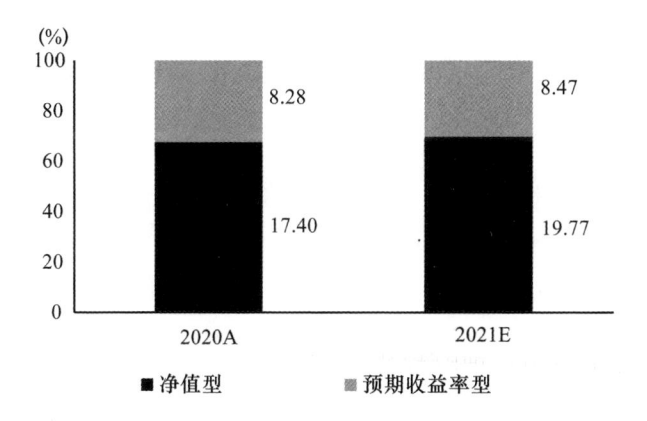

图2-39 2021年银行理财规模预测(分产品类型,万亿元)

资料来源:Wind。

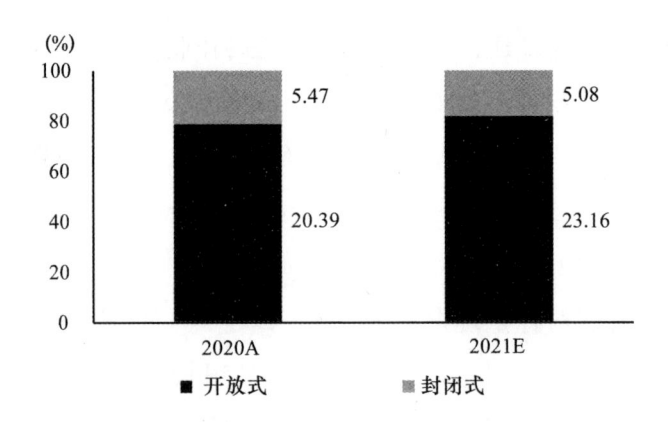

图 2-40　2021 年银行理财规模预测（分产品类型，万亿元）

资料来源：Wind。

中长期发展潜力巨大，马太效应凸显。长期来看，国内非保本理财余额仍有十倍左右增长空间。以国外主流的银行系资管公司为例，2020 年年末，表内资产与表外资管规模比例平均为 1∶1，基本上持平，部分银行表外资管规模远超过表内资产。以国外成熟资管行业作为对标，未来国内银行理财子公司成立之后，规模至少有十倍左右的增长空间。若表内外资产比例能达到 1∶1，国有大行的增长空间更大，并且以理财子公司开业的速度看，大行有明显的先发优势，能迅速抢占市场份额。

头部银行优势明显。根据益普标准的数据，在银行理财产品净值化转型背景下，大中型银行可以凭借其在客户基础、人才配置、系统支持等多方面的支持，快速完成业务转型，而部分中小银行在投研团队、系统支持等方面实力较弱，业务转型难度相对较大，因此预计未来大中型银行能够抢夺更多市场份额，而中小银行更多作为资管产品的代销平台[①]。2020 年理财规模排名靠前的 10 家银行所占市场份额

---

① 《益普标准·银行理财能力排名》。

持续保持在 60% 以上，规模排名靠前的 50 家银行的市场份额高达 90% 以上。

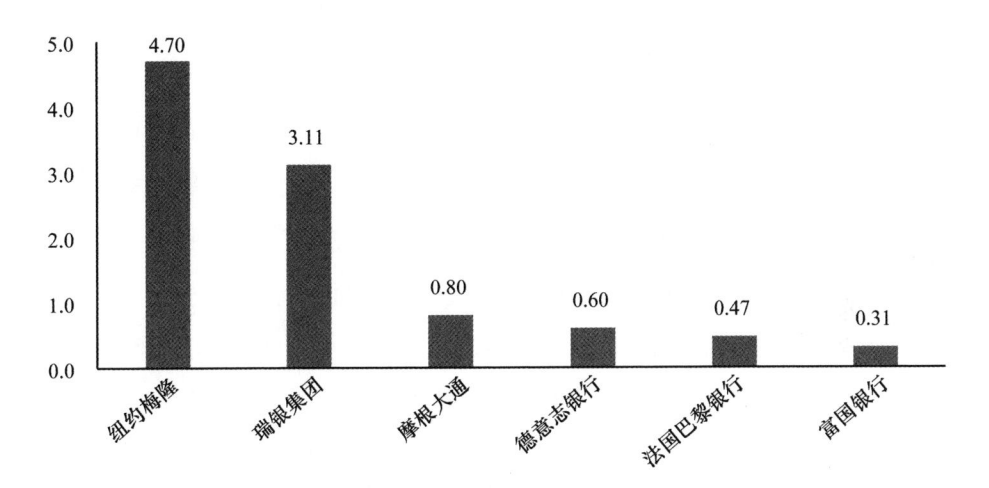

银行	比例
纽约梅隆	4.70
瑞银集团	3.11
摩根大通	0.80
德意志银行	0.60
法国巴黎银行	0.47
富国银行	0.31

图 2-41　2020 年年末国外银行表外资管与表内资产规模比例

资料来源：公司公告。

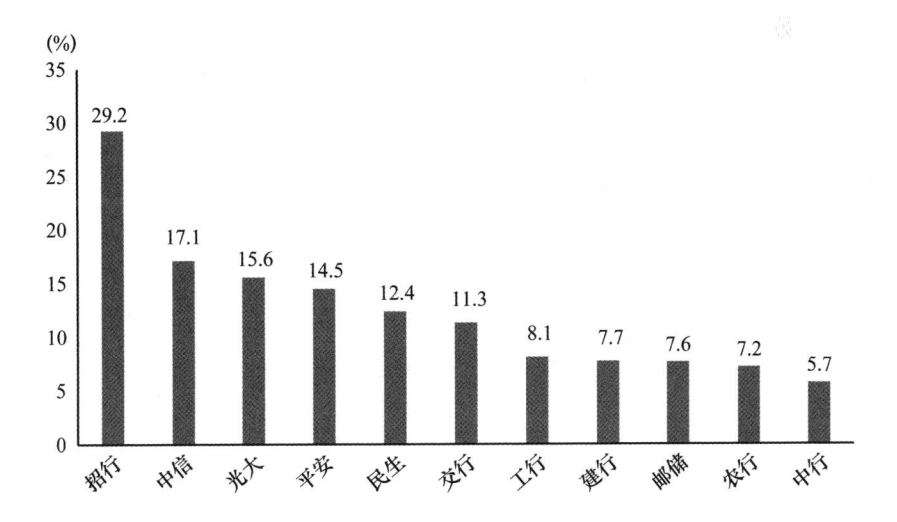

银行	比例（%）
招行	29.2
中信	17.1
光大	15.6
平安	14.5
民生	12.4
交行	11.3
工行	8.1
建行	7.7
邮储	7.6
农行	7.2
中行	5.7

图 2-42　2020 年年末部分上市银行表外理财余额占表内总资产比例

资料来源：公司公告。

二　新冠肺炎疫情冲击之下的低利率时代

（一）利率处于下行通道

自2018年以来中国人民银行多次降准，此外，通过深化LPR改革促进降低贷款利率、实施直达货币政策工具、减少收费等方式，推动金融部门向实体经济让利，利率处于下行通道。受新冠肺炎疫情及货币政策调控影响，10年期国债收益率屡创新低。得益于新冠肺炎疫情的有效防控及经济复苏，债券收益率震荡回升至2020年年初3.2%左右的水平，较2018年年初的4%低0.8个百分点。在中国经济"增速换挡"、地产城投等高收益率融资主体受到抑制的背景下，低利率环境成为新常态。

（二）资产端与负债端收益倒挂

2018年资管新规出台以前，保本理财产品收益率保持在5%，基本跑赢通胀，伴随市场利率下行，当前1年期理财产品预期收益率水平已跌破4%。本书用3年期AAA企业负债收益率近似代表理财资产端收益，自2011年以来，理财资产端收益和1年期理财产品预期收益率之间发生了三次倒挂，分别是2012年、2015—2016年、2018年上半年至2020年4月。而这三次倒挂中，2012年非标红利为理财产品提供8%以上的高息稳健回报，2015年牛市背景下的配资、打新策略带来高息稳健收益。[1]

2018年资管新规出台后，资金池业务被明令禁止，非标业务有

---

[1] 巴曙松等：《2020年中国资产管理行业发展报告》，北京联合出版公司2020年版，第63页。

严格的额度限制和期限错配管制,且在信用分层背景下,理财产品难以大规模下沉获取超额收益。加之负债端下调业绩比较基准较为困难,资管机构急需找寻新的资产以应对此轮收益倒挂。

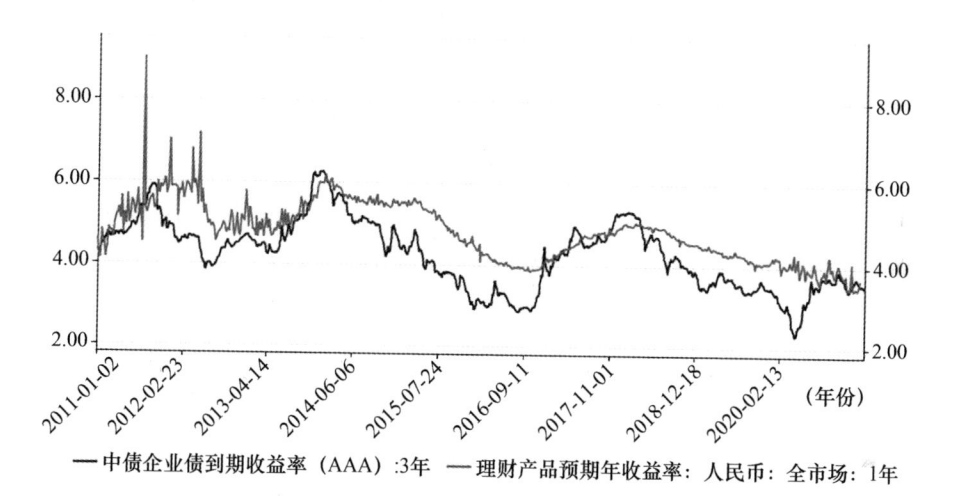

图 2-43　3 年期 AAA 企业债收益率及 1 年期理财预期收益率走势

资料来源：Wind。

(三) 资产价格波动率上升

近年来,中国宏观经济增长速度放缓,结构性调整持续。2020年新冠肺炎疫情冲击与中美经贸关系摩擦不断,国内经济面临的外部环境不确定性增加,债券违约事件频发甚至蔓延至国企,市场避险情绪上升。部分投资者为获取更高回报,主动加大杠杆、拉长久期、下沉资质,进一步放大资产价格波动幅度。资管新规下的刚性兑付预期被打破,以低回撤、低波动、收益稳定等诉求为特征的稳健投资者,寻求组合投资工具以平滑资产价格波动。

三 后疫情时代趋势研判

（一）"固收+"策略成为主流

受新冠肺炎疫情冲击及政策影响，利率中枢水平在中长期处于下行通道，国内流动性充裕，固收类资产收益率持续走低。2021年以来银行理财开始主动改变资产配置思路，"固收+"资产配置策略成为银行在资管新方向下对保本理财产品的替代方案。以策略保本代替刚性兑付，是将大部分资金投资于固定收益类资产，使其期末的本息和等于本金额度，然后将剩余资金投资于其他资产，常见的匹配标的资产包括股票指数期权、股票、可转（交）债、衍生品等。

"固收+"策略出现的现实背景在于：首先，理财净值化转型背景下，"固收+"填补投资者对低回撤、低波动、高于存款回报的产品需求，在满足投资者稳健性偏好之下，风险资产作为收益增强手段，保持一定程度的进攻性。其次，近两年来，中国股债市场表现出负相关性，根据资产组合理论，资产反向相关性越显著，对冲效果越好。"固收+"资产配置策略可以实现组合投资理论上的对冲效果，从而为"固收+"产品净值增加了稳定性，提升持有体验。

表2-4　　　　　　　　"固收+"产品的适配标的

	境内标的	境外标的
股票指数期权	沪深300、上证50、中证500等	道琼斯、标准普尔、纳斯达克等
股票和个股期权	兴业银行、贵州茅台、招商银行等	苹果、特斯拉、阿里巴巴等
带权益属性债券	可转债、可交换债	可转债、可交换债
大宗商品	SHFE黄金、白银、螺纹钢等	原油、COMEX/XAU黄金等
汇率衍生品	美元汇率、欧元汇率、日元汇率等	美元指数等

资料来源：相关公司公告。

（二）权益资产配置力度有望加强

资管新规体现了限制非标、鼓励标准化资产的政策导向，加之当前居民投资理财需求日益提升及无风险利率下行，银行理财加强权益类资产配置的客观因素有所加强。中国银行保险监督管理委员会主席郭树清也曾提到"要加大权益类资管产品发行力度；鼓励新设银行理财子公司加大证券投资"，银行理财拓展权益类投资的节奏有望进一步加快。结合银行理财子公司的产品布局来看，未来银行理财权益类资产的投资，可以预见有两个方向。

第一，选取明星基金公司旗下产品间接参与权益投资。现阶段银行理财的股票投资能力还相对较弱，银行发展理财作为表内业务的延续，更多还是信贷思维，且银行资管部或理财子公司人员储备也尚不足以支撑其开展行业研究，可通过设立FOF、MOM产品，从综合收益、风险管理、回撤表现等多个维度分析评价，母基金层面实现风险分散与投资回报的可持续，子基金层面发挥各种策略、各类型管理人的优势，保持子基金的能力专注、策略稳定与多样化。

第二，关注科创板、战略新兴、政策鼓励等领域的投资机会。例如工行设计了以科创企业股权为投资标的，为投资者开辟了分享企业成长红利的新途径。以工行"博股通利"产品为代表，选取具有发展潜力的科技创新企业，在企业成长过程中直接投资未上市的股权，后续将通过科创板上市来退出，其他银行也可以效仿，因为银行的客户资源会更丰富，前期挑选一些成熟的、拟在科创板上市的项目区投资。待试水成功后，将产品面向更多客户发行。

当前银行理财产品配置以股票为主的权益类资产占比较低，且从短期来看，预计占比提升将会保持缓慢增长的态势。按照2020年年

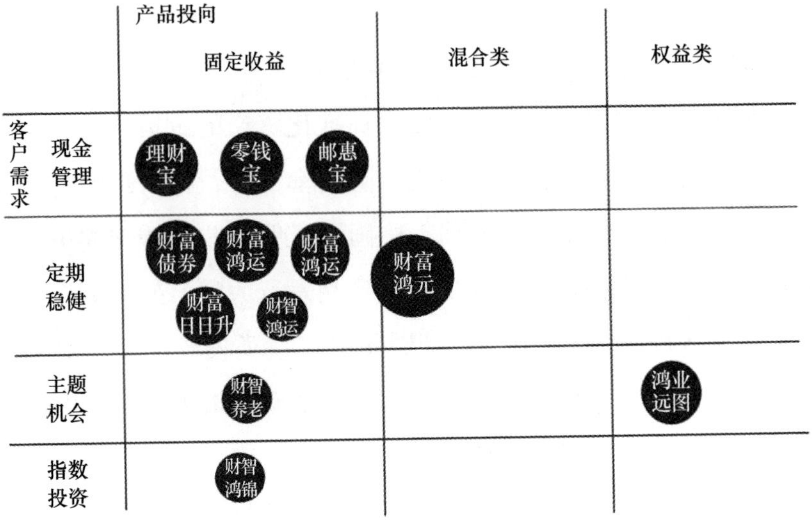

图 2-44　中邮理财产品布局

资料来源：益普标准。

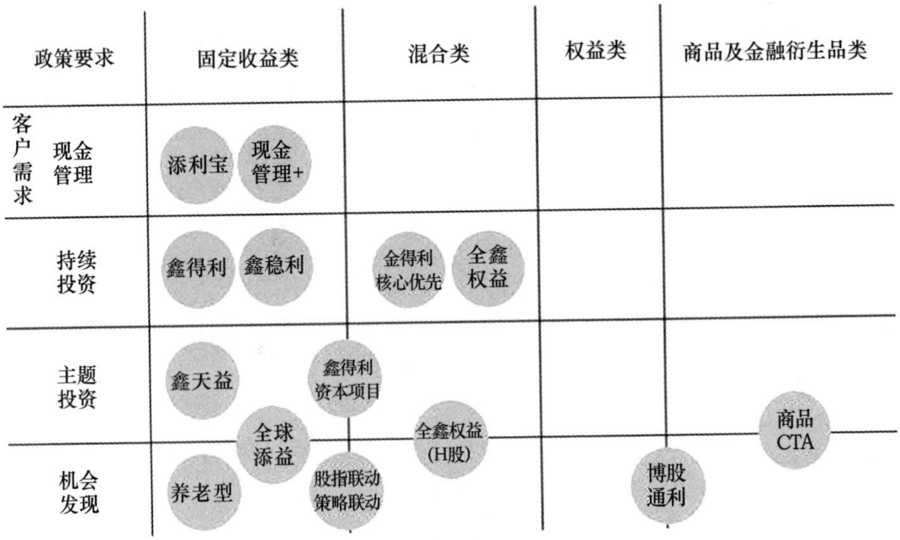

图 2-45　工银理财产品体系

资料来源：工银理财有限责任公司。

末银行理财余额 25.68 万亿元，若三年内股票配置比例自 2% 提升至 5%（当前全部权益类资产配置比例为 4.75%，本书假设股票类权益资产占比为 2%），则将带来近万亿级别的资金增量。

根据笔者的草根调研，当前股票类资产主要以高股息率的港股为主，也逐渐通过委外业务向 A 股高股息率品种延伸。业内人士普遍认为理财增配权益是大势所趋，一方面客户对产品高收益率有期待，另一方面也是资管机构竞争所致，同时近期股市的火热也在一定程度上也加快了股票类资产边际配置速度。但目前短期涨幅太快，可能会对市场造成冲击，且短期内银行理财子公司的权益投资能力难以快速提升，预计未来会根据市场情况综合判断投资权益类资产的节奏和规模。

（三）银行理财向财富管理化演变

2020 年，银行理财市场持有理财产品的投资者数量达 4162 万人，较 2019 年年末增长 86.85%，投资者数量的增长主要得益于新产品的不断发行与理财产品起售门槛降低后个人投资者的积极参与。具体来看，2020 年个人投资者数量占比已达到 99.65%，相应所持总金额占比达 87.5%。零售端理财正在逐步显示其重要性（零售端理财包括个人类、高净值客户类、私人银行类），银行理财也正在向财富管理化演变。

银行在私人财富管理领域具有绝对优势。高净值客户除了对私密性、专属性、专业性有比较高的要求，在其他方面如信用卡、支付结算、保险、家族信托、出国留学等金融服务也存在需求，而银行在服务高净值客户方面具备绝对优势。

银行理财子公司或与母行发挥协同效应。当前已经开业的理财子公司多为母行旗下子公司，部分为理财子公司与外资资管机构的合资企业，结合海外银行资管机构发展模式以及中国资管行业的实际情况来看，母行在负债端更加具备客群优势，但资产端的投研能力相对较弱。未来随着理财子公司的投研团队越加完善以及运作机制逐渐成熟，与母行业务可进一步发挥协同效应，预计有两个方向：其一，以母行财富管理业务带动子公司资管业务，理财子公司有望逐步打造覆盖固收、权益、量化、衍生品等完备的产品体系；其二，以母行财富管理业务为重点，旗下理财子公司专注打造细分领域的专业能力，母行有效整合各资管公司产品资源，满足客户多种资产配置需求。

表2-5　　　　　　　　2020年年末理财投资者类型分布

	投资者数量（万人）	投资者数量占比（%）	投资者持有总金额占比（%）
个人	4148.10	99.65	87.50
机构	14.38	0.35	12.50
合计	4162.48	100	100

资料来源：银行业理财登记托管中心。

◇◇ 第四节　2021年银行理财行业的机遇与挑战

一　存量资产整改压力犹存

尽管资管行业转型正在逐步推进，但当前银行理财的转型仍面临较大的压力，主要体现在对存量资产的消化与整改。当前消化难度较大的存量资产主要包括四类。

第一，不良资产，前期已经存在的不良资产，包括烂尾房地产项目、违约债券等。已违约的类信贷资产回表后，可通过核销、批量转让等方式进行处置，但回表后可能会占用母行资本、提升不良率水平、影响母行业绩表现。

处置路径有：其一，打包转让给四大资产管理公司，但是老资产转让面临亏损，可能会拉低原有理财产品收益率；其二，回表，需要母行加大拨备计提力度来覆盖，同样原有理财产品收益率可能会降低。这两种路径均有投资亏损缺口或者老产品预期收益率降低的问题，母行作为存量理财产品处置的第一责任人，可能需要承担化解过程中的亏损。

第二，非上市股权类资产或者产业基金，这类资产涉及国家基建项目较多，期限通常在10年以上，一方面难以匹配到期限足够长的理财资金，发行新产品受阻；另一方面股权类资产回表面临突破《商业银行法》，即使处置存量资产过程中银行被动持有的股权类资产，资本占用也较高，信用风险权重为400%或1250%，是普通对公债权的4或12.5倍，回表困难。

处置路径有：其一，引进外部机构协助消化，如将这类非上市股权类资产转让给四大资产管理公司，现行政策障碍最少；其二，回表，银行被动持股信用风险权重为400%，两年之后为1250%，回表只是权宜之计，两年的处置期后尚需寻找其他新路径；其三，转让给银行债转股子公司金融资产投资公司，目前债转股子公司的业务范围主要是债转股，能否承接这类资产，需要金融管理部门加以明确。

第三，信用债，许多债券期限长达3年、5年、7年甚至10年以上，资管新规之后，如果无法匹配长期限的理财资金，信用债需要以公允价值计量并且逐日盯市，不仅在系统、技术上要求更高，而且产品净值波动会加大，客户接受程度存疑。

处置路径有：其一，转让外部机构，比如保险公司、基金公司等，并且替代原来理财产品在信用债市场投资的主体地位；其二，回表或者发行新产品相结合，但是新会计准则实施需要逐日盯市，可委托基金公司、证券公司进行投资管理。

第四，商业银行资本补充工具，这类资产一方面期限较长，回表需要从母行资本里扣除相应金额，相当于占用资本极高；另一方面这类资产并非市场化方式购入，二次转让难度较大。

处置路径有：大力引入保险资管、社保基金、基金公司等机构，以市场化价格转让相关资产，当中亏损差价由商业银行弥补，未来需将这类机构发展为商业银行资本补充工具的重要投资者。

不良资产回表，银行面临诸多压力。银行整改存量资产的主要方式包括如下6种：老产品自然到期；发行符合新规的新产品承接老资产；提前赎回；合同变更；市场化处置；回表。市场化处置和回表是处理整改难度较大的存量资产的常见手段，股权类资产如永续债等商业银行资本补充工具、非上市股权类资产或者产业基金，此类资产回表会大幅占用母行资本金，以市场价格转让至适配的第三方是较优选择；对于不良资产的处置，回表可以快速降低表外不良资产规模，但采取回表方式将对母行报表及业绩表现带来一定的压力。一方面不良资产回表需要补提拨备，产品收益缺口需要总行弥补，对银行的利润存在一定的负面影响；另一方面，回表的不良会增加银行的不良资产比率，对银行资产负债表的健康程度造成一定损害，对于一些上市银行而言，估值会受此影响。

部分银行主动选择回表方式。如招商银行2020年共完成理财资产回表本金金额126.29亿元，并按照预期信用损失模型逐笔计提资产损失准备121.26亿元，金融投资信用减值损失同比增长137.11%。

2020年平安银行全力推进存量理财不良资产的回表工作，对理财回表等非信贷资产足额计提了减值损失，全年累计计提非信贷资产减值损失272.70亿元，同比增长237.09%，在理财回表和减值损失足额计提的基础上，全力推动理财回表等非信贷资产的核销处置工作，核销理财回表等非信贷不良资产315.76亿元，同比增加306.82亿元。2020年中信银行计提金融投资减值损失同比增长99.04%，主要是对回表的理财资产按照其风险情况计提了减值损失。

二 净值型改造面临客户流失压力

在资管新规的要求下，银行理财产品逐渐向净值化转型。在转型过程中，国内外经济金融环境越加复杂多变，加之诸如新冠肺炎疫情等不确定因素冲击之下，资产价格波动率持续拉升，在此背景下，净值产品波动幅度加大，破净现象频发。而当前投资者教育完成度仍较低，整体对净值型产品的接受度不高。同时在统一大资管行业监管规则之下，资管细分行业面临竞争加剧的压力。对于银行理财产品而言，在低利率、高波动的金融背景下客户风险偏好分化更为显著，客户真实风险的暴露也将带来资产的重新配置，具体来看：

第一，真实风险偏好度较低。此部分客群以往购买银行理财产品主要是出于"刚兑收益"的诉求，本书预计未来该部分有保本需求的资金会转向定期存款、结构性存款，回归银行表内，其他资金可能会投资一些短期限、低波动的现金管理类理财，银行方面的优势仍然较大。理财"类货币"与公募货基相比，在投资范围、流动性管理、久期等要求都更加宽松，背靠既有的客户基础，可以在规模上实现迅速赶超。此外为稳定投资者，商业银行仍有较强意愿保持一定规模的预期收益型产品，此产品预计也将成为风险偏好度较低人群的主要选择品种。

第二，能够忍受一定程度的净值波动。此部分客群对净值型产品的接受度相对较高，尽管理财产品净值化转型中出现一定程度的净值波动，但较长期限的封闭型产品能够有效降低投资者的担忧，同时与其他资管产品如基金、券商资管比较而言，银行理财产品的净值波动幅度仍较小，因此银行理财产品仍是原先大部分理财受众的选择。针对该部分客群，银行理财应发挥其在固收领域的经验优势，以"固收+"策略打造替代保本收益、同时加大权益类资产配置力度加强收益，加强投研和大类资产配置能力，增加客户黏性。

第三，真实风险偏好度较高。此部分客群在低利率趋势之下，对高收益的诉求有所加强，同时对风险容忍程度更高，因此本书预计该部分人群在未来预计会转向主动管理型的公募或私募产品、指数化投资等。对于银行理财而言，吸引该部分人群或可通过加大权益资产配置比例或推出个性化主题型产品，如工行推出的以科创企业股权为投资标的理财产品。

财富配置需求或可作为银行理财的差异化定位。在资管新规的统一监管趋势之下，资管产品标准化程度将进一步提高，银行理财产品与公募基金等资产产品的客群、产品重叠度也会越来越高。利用母行负债端的客群、品牌优势，继续与母行业务深度协同，银行理财可以发挥其财富管理优势，为高净值客群提供匹配其不同阶段需求的产品。

三 与资管同业的合作

委外将成为理财与基金公司、券商资管等同业合作的利器。2017

年、2018年，金融监管趋严叠加债券市场频繁爆发违约事件，银行大幅度赎回委外规模；2019年，随着监管环境缓和，银行理财委外略有增加，但仍未恢复往日水平，2020年受新冠肺炎疫情冲击，资产收益率普遍下行，促使银行理财产生新一轮的委外需求。展望未来，银行理财仍必须借助公募基金或者基金专户来开展部分固收、权益类的投资，具体来看：

第一，关于股票委外业务模式。资管新规以及公募基金流动性新规管理办法均对银行委外业务产生了一定的影响，本书梳理了未来理财资金委外给基金公司管理的一些模式。

其一，关于合作资格。一方面，银行理财的合作机构（包含委外、投顾）应为持牌金融机构或国务院银行业监督管理机构认可的其他机构，非上述机构下的私募基金暂被排除在合作范围之外，或将通过银行子公司入围。另一方面，根据中国证券监督管理委员会《证券期货经营机构私募资产管理业务管理办法》，旗下金融机构资产管理穿透识别较中国银行保险监督管理委员会略松，即仅在资金来源为私募产品时向上穿透最终投资者。因此，银行理财仍可通过券商定向或基金专户进行委外投资。

其二，关于理财委外投资资产范围。一方面，资管新规前后，理财资金均是可以投资债券等固定收益类产品（包括资本支持票据），资管新规之后，仍沿用之前的规定；另一方面，资管新规之前，仅私募理财可投资股票，资管新规之后，公募理财可通过公募基金间接投资股市，未来成立子公司之后可以直接投资。所以未来银行理财委外给公募基金，包括固定收益类以及二级市场股票等。

未来银行理财权益类资产的投资，可以预见有两个方向：一是银行资管部或子公司仍少量发行权益类产品，这部分募集资金通过公募基金来投资股市，可以减少股票研究员的配置，这样基金公司仍可享受专业化带来的优势。二是银行理财子公司决心培养股票主动投资能力，通过灵活的激励制度吸引投研人才，同时仿照公募基金与券商研究所建立联系，主动"拉近"与资本市场的距离，这样从长期来看，公募基金与理财子公司将处于同一市场，通过投研实力展开竞争。本书认为，第一种方式对银行来说更加务实，而第二种方式，将更具有战略眼光。

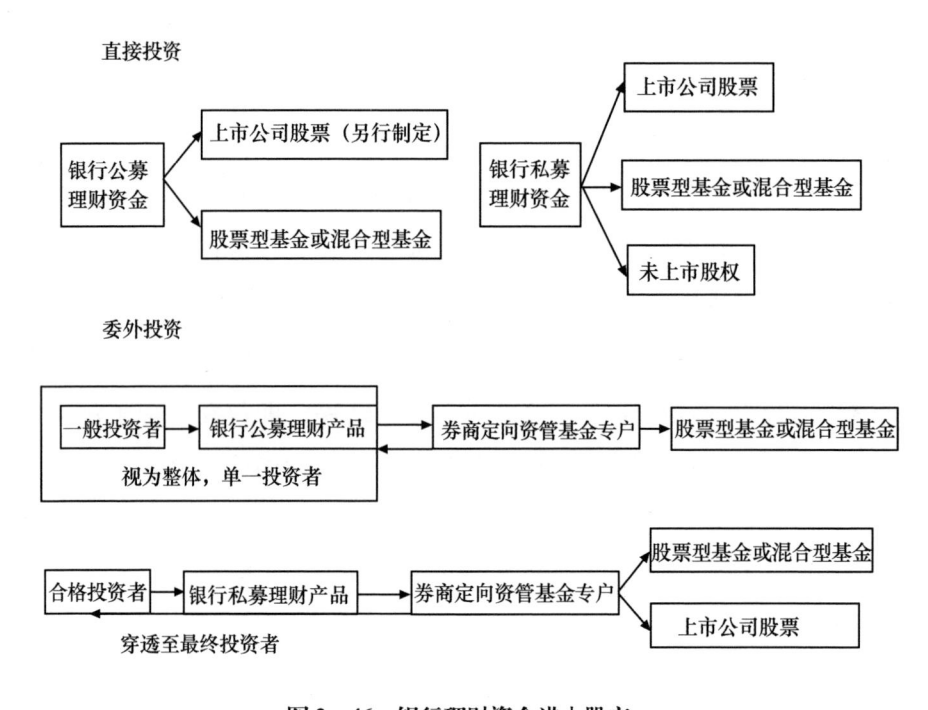

图 2-46　银行理财资金进入股市

资料来源：中国银行保险监督管理委员会。

第二，关于债券委外的投资。2014 年以来，债券委外投资已经发展的相当成熟了，银行理财、私行资金、自营资金均走向与外部机构合作增厚投资收益的模式。具体来看：

其一，关于委外机构的筛选。大行和股份行对委外机构的挑选会比较严格，对投后管理要求更多，一般会建立白名单+打分制度，同时委外机构的招标流程更加市场化。其中白名单主要是按照资产管理规模对机构进行排名，然后根据产品历史净值稳定程度、风控标准、绝对收益、最大回撤等指标进行打分。城商行和农商行更看重产品的收益率高低，对机构的选择标准更加模糊化。

其二，委外业务模式。一种是直接委外给基金专户或券商资管，这样能体现个性化投资需求，理财资金一般会采用这种方式；一种是定制公募基金模式，比如说某机构有 10 亿元信用债投资需求，可以找到合作的基金公司，创设一个债券型基金，只需要募集人数超过 200 人下限就可以，这样做的好处是可以免税。

其三，委外对个券和杠杆的偏好。银行自营投债风险偏好较低，倾向于利率债或者 AAA 评级信用债，理财风险偏好可能高一点，但均受制于银行内部风控以及加杠杆的限制，所以委外资金对个券的偏好可能会信用下沉、拉长久期、加大杠杆。

以平安银行资管部为例，从投资品种来看，主要是高等级信用债、存单，其中存单期限在 9 个月至 1 年；债券投资期限在 1—3 年；投资端也在加杠杆，净值型产品杠杆在 120%，组合类产品杠杆率要低一些。

浦发银行资管部债券投资能接受 AA+评级债券。

四 银行理财业务的创新方向

关于 2021 年银行理财创新方向，本书从以下四个维度展开：

第一，资产。银行理财子公司相较于公募基金最大的优势之一在于能投非标资产，这一块收益率相对较高，在母行资管部模式下，理财投资非标的上限受到"总资产4%"和"理财规模35%"的限制；在理财子公司模式下，部分银行非标投资上限将明显放开。根据中国理财网披露的2020年年末资产投向结构来看，非标资产占比10.89%，规模为2.80万亿元。虽然资管新规对理财资金投资非标做出了期限匹配的约束，本书认为一方面，银行在尝试发行新理财去对接非标；另一方面，可能银行也在压降非标投资的久期。

从微观调研情况来看，理财子公司成立之后，部分银行对于非标投资会有一些动作：一是按照新规做非标需要期限匹配，还有在一些私募理财产品里面，可以更多配置一些。这对银行的资产组织能力、主动投资管理能力是一个很大的考验。二是预计理财子公司落地后，头部化效应还是会有的，而且对于高净值客户占比更高的银行，私募理财销售将会更顺利。总的来说，对接非标的理财产品，一方面取决于客群、客户，这是银行经营最重要的；另一方面取决于产品的供应，只要这两方面渠道匹配起来，理财子公司未来的盈利空间将会更大。

第二，产品。银行理财子公司可能会在以下五个方面发力：

一是现金管理类产品。2019年12月27日，中国银行保险监督管理委员会联合央行发布《关于规范现金管理类理财产品管理有关事项的通知（征求意见稿）》，将现金类理财产品与货币基金完全放在同一框架下进行严监管，部分不合规产品面临整改。但考虑到居民流动性管理的需求，该类型产品仍将是未来的重点方向。

二是定开产品，主要配债和非标，此类产品针对高净值客户。部分银行已经开始试水发行1年期、3年期、5年期定开产品，主要用于对接重大项目类融资需求，从草根调研了解到，客户也有购买需求，只是目前尚处于客户培育期，发行规模偏小，一般单只产品发行规模在5000万元、1亿元左右。随着市场利率下行，高收益产品将越来越少，而这部分对接非标的定开型产品收益率将吸引部分高净值客户，或将成为银行的重点发力方向。

三是FOF/MOM权益类产品。主动管理是公募基金的核心竞争力，基金公司在股票投资方面积累了20多年的经验，可谓形成了一定的壁垒。券商研究所在转型对外做卖方服务之后，建立了齐全的宏观策略、金工固收以及行业研究体系，为公募基金源源不断地输送最新的研究成果。卖方的新财富排名以及买方的基金净值排名，迫使研究员和基金经理去挖掘潜在的投资机会，整个行业已经形成了充分的市场化竞争。

银行理财的股票投资能力还相对较弱。目前银行发展理财是表内业务延续，更多还是信贷思维或者固定收益的思维，资金安全是第一位；银行资管部或理财子公司人员储备不足以支撑其开展行业研究。因此，未来理财子公司可通过设立FOF、MOM产品，通过挑选优质公募基金或者管理人来间接投资股市，这样也相对更加安全。

四是指数型产品，公募的指数型产品收费较高，理财子公司如果能够开发一些低费率的指数型基金，就会比较有竞争力。

五是股权类产品。目前工商银行设计了以科创企业股权为投资标的，为投资者开辟了分享企业成长红利的新途径。以工商银行"博股通利"产品为代表，选取具有发展潜力的科技创新企业，在企业成长过程中直接投资未上市的股权，后续将通过科创板上市来退出，其他银行也可以效仿，因为银行的客户资源会更丰富，前期挑选一些成熟的、拟在科创板上市的项目区投资。待试水成功后，将产品面向更多客户发行。

第三，渠道。营销渠道的拓展将是理财子公司的一个很大的突破,一方面线上业务普及率提升,当前银行离柜率非常高,个别上市银行理财产品的销售中心也在往移动端迁移,2020年新冠肺炎疫情的爆发,在客观条件上进一步推动银行业务线上化;另一方面,在理财业务销售渠道管理办法要求之下,预计未来银行间交叉销售的现象越发普遍,银行与银行之间渠道的共享,可以充分发挥中小银行、城农商行的客户资源优势,譬如兴业银行可以充分利用"银银平台",引流中小银行的客群。

第四,金融科技。理财子公司业务依托银行母体,并且可以充分发挥金融科技的背景优势,提前布局,为理财业务赋能。

其一,在渠道方面,精准运用大数据、人工智能等技术进行客户画像,为客户构建全生命周期的资产与负债摆布策略,并匹配不同生命阶段的产品,做到批量化获客。其二,在风控方面,探索金融科技与资管业务的结合,对机构准入、产品筛选、尽职调查、后续管理进行全周期覆盖。其三,在投研方面,运用人工智能、量化投资、策略优化等手段,让投研实力更加强大。其四,在交易方面,运用算法交易、高频交易等手段,减少人工交易的失误。

附录 2-1 银行理财业务发展

一 上市银行理财规模及理财收入

从当前披露2020年年报的上市银行来看,多数上市银行非保本理财余额实现正增长,部分上市银行因基数较低,甚至出现超20%以上的增速,同时头部银行加快以财富管理业务为重点的轻型银行战略转型,非保本理财产品余额增速保持高位,集中度进一步提升。

表2-6　　　　　　　　上市银行非保本理财余额　　　　　（单位：亿元）

	非保本理财余额				非保本理财手续费及佣金净收入	
	2020年年末	市占率(%)	2019年年末	同比增速(%)	2020年	2019年
工商银行	27,084.27	10.55	26,420.57	2.5		
招商银行	24,456.44	9.52	21,429.44	14.1	101.62	73.30
建设银行	21,678.86	8.44	19,684.83	10.1		
农业银行	19,497.22	7.59	17,273.50	12.9	62.43	49.71
兴业银行	14,475.69	5.64	13,110.51	10.4		
中国银行	13,889.04	5.41	12,318.61	12.7		
浦发银行	13,455.00	5.24	14,470.50	-7.0		
中信银行	12,870.95	5.01	12,001.92	7.2	21.30	9.35
交通银行	12,119.59	4.72	10,032.26	20.8		
邮储银行	8,653.19	3.37	8,098.96	6.8	41.98	39.50
民生银行	8,611.32	3.35	8,940.98	-3.7		
光大银行	8,362.73	3.26	7,788.37	7.4		
平安银行	6,481.85	2.52	5,903.32	9.8		
浙商银行	2,889.08	1.13	3,304.80	-12.6	2.74	5.81
渝农商行	1,372.55	0.53	1,321.52	3.9	19.12	11.79
青岛银行	1,241.23	0.48	1,009.69	22.9	1.66	2.13
重庆银行	514.89	0.20	498.94	3.2	7.97	6.62
郑州银行	490.54	0.19	423.97	15.7	1.20	0.72
江阴银行	172.74	0.07	117.01	47.6		
无锡银行	170.74	0.07	138.78	23.0	1.43	0.51

注：市占率数据以2020年理财总市场余额25.68万亿元计算所得。

资料来源：相关银行公告。

二 理财子公司发展情况

目前共有 25 家理财子公司获批筹建,包括全部国有 6 大行、9 家股份行、6 家城商行、1 家农商行以及 3 家合资理财公司。其中股份行中仅剩浙商银行、恒丰银行、渤海银行 3 家股份行的理财子公司未获批。目前已有 20 家银行理财子公司获批开业,其中 2020 年以来获批开业的理财子公司有 9 家。

(一)理财子公司贡献了全部银行业理财 1/4 以上

在全部 25.86 万亿元的银行业理财中,理财子公司目前存续规模达到 6.67 万亿元,存续余额占比达到 25.79%,已达全部银行业理财的 1/4 以上。

(二)多承接母行划转产品

理财子公司共有 3627 只存续产品,其中有 2912 只为自主发行产品、715 只为母行划转产品,占比分别为 80.29% 和 19.71%。理财子公司 6.67 万亿元的存续规模中,自主发行产品占 39.31%、母行划转产品占 60.69%。

(三)开放式产品中以现金管理类产品为主

目前理财子公司共有 53 只现金管理类产品,存续余额达到 3.25 万亿元,占理财子公司全部存续余额的 48.70%,在理财子公司全部开放式产品中占比达 60.42%。

表 2-7 理财子公司设立情况

	母行	理财子公司	注册地点	注册资本（亿元）	批筹日期	开业日期
国有大行	中国银行	中银理财	北京	100	2018-12-26	2019-7
	建设银行	建信理财	深圳	150	2018-12-26	2019-6
	农业银行	农银理财	北京	120	2019-01-04	2019-8
	交通银行	交银理财	上海	80	2019-01-04	2019-6
	工商银行	工银理财	北京	160	2019-02-15	2019-6
	邮储银行	中邮理财	北京	80	2019-05-29	2019-12
股份行	光大银行	光大理财	青岛	50	2019-04-19	2019-9
	招商银行	招银理财	深圳	50	2019-04-19	2019-11
	兴业银行	兴银理财	福州	50	2019-06-13	2019-12
	平安银行	平安理财	深圳	50	2019-12-31	2020-8
	华夏银行	华夏理财	北京	30	2020-04-27	2020-9
	广发银行	广银理财	广州	50	2020-07-17	
	浦发银行	浦银理财	上海	50	2020-08-12	
	中信银行	信银理财	上海	50	2019-12-05	2020-7
	民生银行	民生理财	北京	50	2020-12-07	
城商行	杭州银行	杭银理财	杭州	10	2019-07-01	2020-1
	宁波银行	宁银理财	宁波	15	2019-07-02	2019-12
	徽商银行	徽银理财	合肥	20	2019-08-23	2020-4
	江苏银行	苏银理财	南京	20	2019-12-20	2020-8
	南京银行	南银理财	南京	20	2019-12-20	2020-8
	青岛银行	青银理财	青岛	10	2020-02-11	2020-2
农商行	渝农商行	渝农商理财	重庆	20	2020-02-19	2020-6
合资理财子公司	中银理财	汇华理财	上海	10	2019-12-20	2020-9
	建信理财	贝莱德建信理财	上海		2020-08-22	
	交银理财	施罗德交银理财	上海		2021-02-22	

资料来源：相关银行公告。

三 理财子公司的政策优势

据《商业银行理财子公司管理办法》（简称《办法》）第二条，《办法》所称银行理财子公司是指商业银行经国务院银行业监督管理机构批准，在中华人民共和国境内设立的主要从事理财业务的非银行金融机构。这是一块新的非银行金融机构牌照。银行理财子公司的牌照相比一般资管牌照更具价值，也相对比较灵活，相当于公募基金+信托之结合，其优势主要体现在：

首先，业务范围比较全面。从产品来看，"面向不特定社会公众公开发行理财产品"，可类比公募基金，"面向合格投资者非公开发行理财产品"，可类比私募基金，这个角度来看，理财子公司牌照可看作公募和私募的结合；从投资范围来看，既可以投资于标准化资产（股票债券等），也可以投资于非标债权。

其次，相比于公募基金有优势。一方面，以往存在的劣势与公募追平，比如，以前只能间接投股票，现在能直接开户投股票；以前受限于银行体制，而独立出去后在公司治理上可以有更多发挥空间，比如引进外部人才、创新激励机制等。另一方面，开始产生出相对于公募基金的优势：一是理财类"货币"与公募货基相比，在投资范围、流动性管理、久期等要求都更加宽松，背靠既有的客户基础，可以在规模上实现迅速赶超；二是渠道优势，理财子公司除了跟公募基金一样可以请外部机构代销之外，依然能得到母行强大的销售支持，继续享受母行的客户基础和良好声誉；三是继续与母行业务深度协同，银行理财素来可以与公司部、投行部合作，为大型企业客户提供一站式投融资解决方案，理财子公司成立后依然可以与母行业务深度协同。

再次，牌照具备稀缺性。按资管新规要求，具备托管业务资格的商业银行，应设立理财子公司来开展资管业务，截至 2018 年年末，仅有 27 家银行具备托管业务资格。《办法》虽已有诸多准入要求，监管也可能会对控股银行的资产规模或理财规模设立门槛，据悉，资产规模在 4000 亿—5000 亿元及以上，或理财规模在 400 亿—500 亿元及以上的商业银行，有 40—50 家，大多具备实力和有较强意愿设立理财子公司。据此推断，理财子公司牌照最终发放数目可能在 50—60 家。此外，参考银行系公募基金的牌照发放情况，从 2002 年至今，只成立了 15 家，其中 4 家由城商行控股的公募基金，直到 2013 年才成立，监管的审慎风格也可能体现在理财子公司牌照的发放中。

最后，轻资本运营。根据《办法》第四十五条，银行理财子公司应当遵守净资本监管要求。相比银行表内业务，银行理财业务具有轻资本特性，特别是标准资产投资。

四　理财子公司的业务优势

（一）理财业务可拓展至全国，更多利好地方法人银行

对城商行等地方法人银行而言，自 2011 年以来异地分行设立受到严格限制，2018 年年末的异地非持牌机构指导意见，也为地方银行未经行政许可到北京、上海、深圳展业的行为画上了句号。于是理财业务只能靠省内网点和有限几个省外分行（若有）来做，又不能请其他银行代销，而大部分理财产品仍需要在线下销售，最大的问题就是面签，因此网点限制了理财业务的发展。而理财子公司成立后，能够以相对不高的门槛，在全国范围内申请设立分支机构，也可以请其他网点密集的银行代销，理财业务范围可拓展至全国，规模上能实现

较快的增长，边际扩张空间也优于全国性银行。

（二）不设理财起点金额，能够抢先一步争取客户

2018年9月28日公布的《商业银行理财业务监督管理办法》中，公募理财的起点金额是1万元，而在2018年12月2日发布的《商业银行理财子公司管理办法》中，对公募理财产品，不再设销售起点。于是理财子公司能先资管部一步去兼容1万元以下的投资需求，提前占据相对优质的客户。

（三）可以有自营投资

理财子公司作为独立法人机构，可以使用账上的充裕现金用于自营投资，利用自身具备的投资管理技能，发挥更大的规模效应。因理财子公司的注册资本金底线就是10亿元，有的大行甚至出到了100亿元以上，规模几乎相当于小型的公募基金的体量，这部分资金至少可以用于自营投资，增厚盈利。

（四）可以投资股票，可捷足先登发展权益市场

理财子公司可以直接开户投股票，就可以先一步开拓权益投资研究领域，并建立相关设施。早一点入场参与权益市场的竞争，可以先于其他同业争取风险偏好较低的大量机构客户。

（五）非标投资规模没有总行资产规模4%限制

在资管部运作下，银行理财投资非标资产的规模需同时满足两个月约束，既不能超过全部理财规模的35%，也不能超过银行总资产的4%，对中小型银行来说，后者常常是发展理财规模的瓶颈。而理财子公司成立后，没有了总行资产规模4%这一条限制，非标投资上限只取决于理财总盘子大小，理论上可以得到更快的增长。

五 理财子公司的战略梳理

从当前已批发的理财子公司的战略定位来看，普遍定位于母行财富产品中心、与母行战略协同，服务好母行一般个人及高净值客户等理财需要，致力于做大做强。

（一）工银理财：大资管战略引领，打造战略深化核心平台与旗舰品牌

工银理财将在传承母行稳健合规的基础上加快创新，坚持大资管战略引领，强化整体联动，发挥战略协同效应，努力成为全球资管行业中的靓丽名片。同时，将依托集团资产管理、托管、养老金等业务优势，以新理念、新产品、新模式，致力于构建全市场配置资金、全业务链创造价值的大资管业务体系，成为推动工银集团大资管战略深化发展的核心平台和旗舰品牌。

（二）建信理财：立足大湾区，加强"三个协同"

落户深圳，深耕大湾，建信理财成为践行集团大湾区大资管业务的重要载体。不同于工行等将理财子公司落户北京，建信理财从集团总部"撤离"，选择落户深圳，这与其发展战略与定位密切相关。《粤港澳大湾区发展规划纲要》刚一出台，建行就召开会议作出部署，圈定服务大湾区建设十大重点领域，包括制造业绿色改造升级、战略新兴产业支持、住房租赁业务、区内大资管业务等。通过"三个协

同",建信理财立足于做大做优做强资管业务。一是母子协同,不断提升为客户提供综合金融服务的能力;二是全行资管板块内部协同,不断提高集约化水平,对外实施体系型协同发展;三是资管行业生态协同,依托金融科技、搭建共享平台,构建"资管生态圈"。

(三)中银理财:全球化视野,打造数字化理财平台

中银理财将充分发挥中银集团全球化、综合化、数字化的特色优势,坚持全球化视野,打造数字化中银理财平台。中银理财旨在积极响应客户需求和监管要求,更好地推动资产管理行业发展,助力金融供给侧结构性改革和金融对外开放。

(四)交银理财:深化集团业务协同,打造最佳财富管理银行

交银理财将是交银集团理财产品和资产管理服务的主要供应商,是交通银行实现最佳财富管理银行战略的头雁。同时,为加强集团财富管理业务统筹经营管理,交行2019年上半年成立了财富管理战略推进委员会,旨在通过统筹协调,在产品研发、渠道销售、客户拓展方面整合资源,一体化推动集团各类资管业务协同发展。

(五)农银理财:充当好"四大角色",打造最佳客户体验的一流资产管理机构

按照"风险可控、商业可持续、有效服务农业银行集团"的基本定位,农银理财将充当好"四大角色":一是做好实体经济的"助推器"。深化对金融本质和规律的认识,强化金融服务功能,找准金融服务重点,疏通实体经济"血脉",为经济高质量发展加油助力。二是做好合规发展的"排头兵"。严格落实资管新规的各项要求,为理

财行业转型讲好农行故事、贡献农行方案。三是做好广大客户的"理财师"。坚持以客户为中心，坚持稳健的经营理念，创造最佳客户体验，为客户提供安心、贴心、放心的产品与服务。四是做好集团发展的"增长极"。围绕全行数字化转型，打造数字化资管，在风险隔离的前提下加强行司协同发展，充分发挥理财业务对母行经营发展的战略支撑作用。

（六）中邮理财："资产管理+财富管理"产品架构组合拳

中邮理财在开业之初即确立了建设客户信赖、特色鲜明、稳健安全、创新驱动、价值卓越的一流银行系资产管理公司的愿景，力争未来3—5年综合实力进入行业第一梯队。中邮理财目前已搭建起"财富管理+资产管理"的双维度架构，在"财富管理"维度上，突出对理财客户的需求细分和精准定位；在"资产管理"维度上，侧重于资金投向与资产配置，凸显理财投资的投研驱动和价值挖掘，逐渐搭建"普惠+财富+养老"产品体系。

（七）光大理财：打造一流财富管理银行

光大理财秉持"打造全球一流资管机构及领先的资管科技公司"的战略愿景，进一步打造阳光财富品牌，按照产品要精致、获客要精准、服务要精细、管理要精益的理念，建立覆盖全业务线、全产品线的品牌体系，带动阳光品牌深入人心；进一步加强光大集团产业、产融和产品之间的融合，加快创新步伐，运用现代科技思维和手段，依托大数据、物联网、云计算，提高金融资本的覆盖率、使用率和渗透率，提高客户的获得感、幸福感和安全感。

（八）招银理财：全能型的资管业务经营模式

公司以"国内领先、国际一流的全能型资产管理机构"为愿景，作为以"受人之托、代客理财"为宗旨的独立法人平台，招银理财在招商银行"一体两翼"战略定位和"轻型银行"战略转型布局下，充分发挥招商银行在渠道、风控、科技、品牌等方面的资源优势，以固定收益类投资为重点，以权益类、另类资产投资为辅助，逐步建立起全能型的资管业务经营模式，为客户提供跨市场、多品类的理财产品组合及资管服务选择，满足客户多样化的资产管理需求。

（九）兴银理财：加强自主投研能力，深化与母行战略协同

兴银理财是兴业银行"1234"战略体系的重要一环，有助于加快兴业银行的"商行+投行"战略布局，提升结算型、投资型、交易型"三型银行"的建设能力，平稳推动理财业务转型。兴银理财一方面将搭建"投研生态圈"，整合买方与卖方投研资源，打造"自主投资+主动委外"双轮驱动模式，在大类资产配置以及利率、信用、FOF/MOM及指数化产品等具体投资领域形成核心竞争力，打造客户类型全覆盖，投资市场全覆盖、主流策略全覆盖的产品体系。另一方面将构建"销售生态圈"，紧密对接母行渠道，依托"银银平台"联结中小银行等金融机构，并加速拓展互联网代销渠道，形成内外融通、线上线下共享的销售体系。

（十）平安理财：打造科技型资产管理公司

平安理财将追求资产长期稳健增值，通过产品创新、专业投研、高效运营和科技引领，来实现"科技型资产管理机构"和"全品类

开放式理财平台"的发展目标。平安理财将推出以"多场景解决方案"为特点的全谱系理财产品体系,产品图谱呈"基础资产—投资工具—解决方案"三个层次结构。其中,基础资产产品包括现金管理、固定收益、混合、权益和商品及衍生品等主动管理系列,以及指数产品、ETF(Exchange Trade Fund)产品等指数跟踪系列;解决方案包括绝对收益、结构收益、全球资产配置、目标风险、客户陪伴养成计划、养老、教育等多场景下客户资产投资和财富管理组合方案,体现了平安理财在资管产品和财富管理上的服务能力和发展方向。

(十一)华夏理财:打造多元化产品体系

华夏理财将减持"需求导向、满意第一",创造"优质服务、卓越价值",产品规划概念可以概括为"1357",即:围绕一个中心——以客户为中心;提供三类产品服务——标准化理财产品、定制化理财产品以及理财顾问和咨询服务;满足客户五层投资需求——灵活便利、保值增值、财富积累、安心养老以及社会责任(Environment、Social Responsibility,ESG);打造七大系列产品——现金管理类、固定收益类、权益类、商品及金融衍生品类、混合类、养老系列以及 ESG 系列理财产品。

(十二)信银理财:建设精品资管定位

信银理财将充分发挥中信集团的综合金融优势以及与中信银行的协同联动效应,通过建设"机制领先、能力出众、品牌高端"的可托付精品资管定位,强化"中信理财"品牌,致力于成为"国际水准、国内一流"的理财子公司。信银理财按"3716"战略对新产品进行了布局——"3"指信银理财涵盖全投资市场的三大业务领域,包括固收与多资产投资事业部、股权与资本市场投资事业部与全权委托与解决方案事业部;"7"指将信银理财产品评级从传统银行理财的 5 个风险等级扩展至更加细化的内部管理 7 个风险等级,从而满足更多客户对不同风险偏好的需求;"16"指信银理财建立的 12 条基本产品线及 4 类理财顾问服务。

六 海外银行理财子公司的发展经验

(一)美国银行系资管公司是中流砥柱

在全球资管市场中,美国市场在规模上占据首位,是最大的资管市场。截至 2017 年年末,在全球 Top500 资管公司中,注册地在美国的有 193 家,占 38.6%,合计 AUM(Assets Under Management)为 49.9 万亿美元,占比 53%。截至 2017 年年末,美国资管公司按规模排的前十名中,有 4 家是银行系,按 AUM 排名分别为第一、第三、第五和第六,在前十名中占比高达 48%。这表明在美国这样的发达经济体,银行系资管公司是中流砥柱。截至 2020 年年末,中国银行理财在整体资管行业占比仅为 28.04%,仍然有较大的提升空间。

纵观海内外,银行资管业务经营模式可归为三类:第一类是业务条线以子公司制为主要形式的全能银行,如摩根大通银行、美国银行、富国银行等,以产品为中心;第二类是矩阵式管理的综合性银行,主要存在欧洲国家,如汇丰银行、渣打银行等,以客户为中心;第三类就是以托管和资管业务为主的银行,如纽约梅隆银行、道富集团等。

摩根大通从 2012 年开始分为消费者和社区银行、公司和投资银行、商业银行、资产管理(含全球投资管理、全球财富管理两个子板块）4个主要业务板块。2016年开始，资产管理板块改名为资产和财富管理板块（全球投资管理更名为资产管理，全球财富管理更名为财富管理）。摩根大通公司全资控股的资产管理子公司，JP摩根资产管理控股公司（JPMorgan Asset Management Holdings Inc），负责整个资产管理板块的业务管理。旗下还有众多子公司，在美国通过JP摩根投资管理公司（JPMorgan Investment Management Inc.），在英国通过JP摩根资产管理公司（英国）[JPMorgan Asset Management (UK) Limited] 等持牌公司开展业务。

2018年资管板块收入141亿美元（其中资产管理收入72亿美元，财富管理收入69亿美元），利润29亿美元，创历史新高。全行25.61万名员工，资管板块有2.39万人，其中客户投资顾问（Client Advisors）有2865人。资管板块有组合管理经理600多人，研究分析师250人，市场策略师30人，研究队伍十分强大。资管及财富管理具有轻资本之特征。2018年，JP Morgan资产及财富管理板块显性资本回报率高达31%，居四大行板块之首，较零售银行板块都高出一截。

AWM的客户细分包括：私人银行客户包括全球的高净值和超高净值个人、家庭、资金经理、企业主和小型企业。机构客户包括公司和公共机构、捐赠、基金会、非营利组织和各国政府。零售客户包括个人投资者。AM提供全面的全球投资服务，包括资产管理、养老金分析、资产负债管理和积极的风险预算策略。WM提供投资建议和财富管理，包括投资管理、资本市场和风险管理、税务和房地产规划、银行、贷款和专业财富咨询服务。

AWM板块，客户资产达2.7万亿美元，AUM1.98万亿美元，客户包含机构、高净值客户、个人投资者。提供包括股票、固定收益、另类投资及货币市场基金产品，并提供多资产投资管理产品，以满足客户多样化的需求。对于财富管理客户，AWM 提供退休产品及服务、经纪及银行服务（信托、地产、贷款、按揭、存款等）。

（二）海外资管公司经验

第一，管理端：独立运营，协调合作。通过独立运营、协调合作的机制，资管业务可与集团的其他业务，如信托、不动产等进行全方位的深度合作。美国银行系资管巨头大多是银行控股集团下的子公司，良好的管理机制使其兼具运营独立性与协调性。以摩根大通为例，其资管业务由摩根大通集团独立子公司运营，摩根大通作为金融控股集团，其下设的很多业务板块均为独立的公司或部门，使得各业务板块既保持了自身经营的独立性，又可以相互协调运作。

第二，风控端：风险隔离，加强风控体系建设。通过层层严密的风险防范与完备的风险控制体系，可实现总部与子公司间高效的风险隔离。美国资管行业具有先进的风险管理理念与强烈的风险意识，各资管机构均建立了完善的风险防范体系。以摩根大通为例，摩根大通注重风险控制顶层设计，其在每个业务板块都设有子风控体系，与此同时总部还设有总风控体系，重大风险事件发生便会触发子风控体系，并及时传递到总风控体系，形成严密的风险隔离与完备的风险防范体系。

第三，投资端：策略鲜明，专注被动型权益投资。把握被动投资趋势，通过各类指数投资加大权益投资比重，补齐自身主动投资能力短板。被动型产品具有费率低、交易便利等优点，国际资管行业被动投资趋势明显。全球被动型产品资产规模占比由 2003 年的 9% 上升至

2017年的20%，预计到2022年，被动型产品占比将进一步上升至23%[①]。美国银行系资管巨头普遍注重被动型权益投资，以道富银行为例，其投资策略非常鲜明，专注于被动型权益投资，其权益投资占全部资管规模50%以上。

第四，科技端：注重科技投入，构建高科技平台。综合利用金融、技术等手段，注重科技投入，助力资管业务高效化、精准化发展。以道富银行为例，其始终把保持行业领先的科技优势作为一大战略目标，公司每年将营业收入的10%用于信息科技开发建设，实现金融与科技的有效融合，利用大数据为客户提供更加高效、便捷与精准的服务。

第五，品牌端：扩大规模，打造专业品牌效应。资产管理行业具有明显的规模化优势，通过并购的方式，可迅速拓展市场、扩大规模、并能增强自身薄弱板块业务能力。以摩根大通为例，其通过并购其他银行或公司，迅速地提升了自身规模，打通了资管链条。同时，注重提高产品和业务的多样化和专业化水平，满足不同客户的需求，形成了良好的口碑，提升了品牌效应。

---

① 资料来源：波士顿咨询公司。

第三章

证券公司资管：加速主动化管理提升竞争实力

◈ 第一节 2019年证券公司资产管理业务发展情况

一 证券公司资产管理业务总体规模

（一）证券公司资产管理业务发展的宏观市场环境

中国经济增长和人民收入的提高推动资管行业发展。自2000年以来，中国实际GDP保持了高速的增长，平均增速达到9.03%。2019年，中国的名义GDP已突破99万亿元人民币。伴随着经济增长，中国总财富增长瞩目，根据瑞士信贷银行报告，2019年中国总财富达到64万亿美元，在全球财富中的比重已由2000年的3.2%提升至17.7%。快速发展的经济和不断增长的财富催生居民投资理财与资产保值需求，也为中国资产管理行业带来了广阔的发展空间。根据中国证券投资基金协会数据，截至2019年年末，中国证券投资基金业资产管理业务的整体规模已达52.23万亿元。其中，公募基金规模14.77万亿元，证券公司及其子公司私募资产管理业务规模10.83万亿元，基金管理公司及其子公司私募资产管理业务规模8.53万亿元，基金公司管理的养老金规模2.41万亿元，期货公司及其子公司私募资产管理业务规模约1429亿元，私募基金规模14.08万亿元，资产支持专项计划规模1.65万亿元。

金融市场改革继续深化，"防风险、严监管"力度不断加强。2019年，国际环境深刻变化，经济全球化遭遇波折，国际金融市场震荡，特别是中美经贸摩擦给市场预期带来不利影响；国内经济转型阵痛凸显，周期性、结构性问题叠加，经济出现新的下行压力；宏观杠杆率水平不断上升，实体经济部门杠杆率在2019年年末已达到245.4%，处于历史高位。在错综复杂的国际及国内环境下，金融领域改革深化；2018年，"去杠杆、去刚兑、去通道"强监管及资管新规出台，2019年，资管新规过渡期进入第二年，各领域实施细则继续加快落地，券商资产管理业务迎来重大变局和转型。

金融对外开放提速，行业竞争加剧。2019年，国务院金融稳定发展委员会发布金融业对外开放11条措施，将于2020年取消证券公司、证券投资基金管理公司、期货公司和寿险公司外资持股比例不超过51%的限制。外资全资公募基金将参与到中国资管市场中来，外资私募的准入放开也加快了外资在国内的布局。2019年，随着摩根资管成功竞拍股权，上投摩根成为国内首家外资绝对控股的公募基金公司。另外，2017—2019年共有22家外资证券类私募登记成功。金融对外开放的持续深化使得外资对中国资管市场的影响力进一步增强，为中国券商资管业务带来竞争与挑战。

（二）2019年证券公司资产管理业务的发展

从横向看，券商资管资金托管规模位于大资管行业中间水平。截至 2019 年年末，中国证券公司资产管理业务总规模为 10.83 万亿元，在 52.23 万亿元的资管市场总规模中占比达 20.74%，位列第三位，较 2018 年年末业务规模下降了 18.94%。资管业务规模最大的为公募基金，规模达 14.77 万亿元，占比为 28%，私募基金、基金专户（含子公司）规模分别为 14.08 万亿元和 8.53 万亿元，分别占总规模的 27% 和 16%。

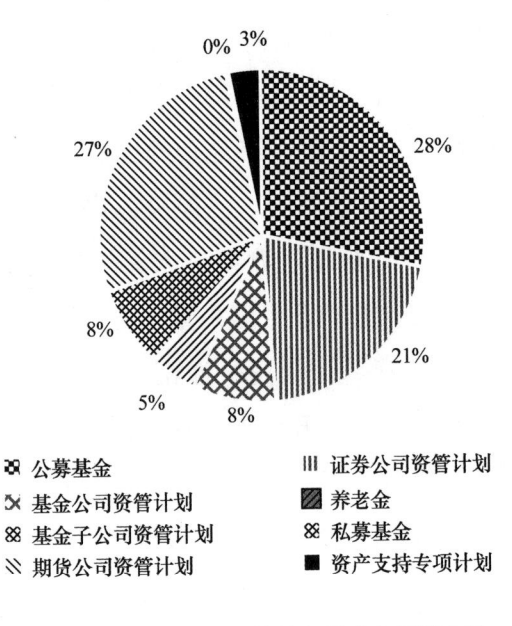

图 3-1　2019 年年末中国各资管机构业务规模占比

资料来源：Wind。

从纵向看，证券公司资管业务规模经历了先扩张后收缩的过程。2016 年年末，券商资管规模达到 17.6 万亿元，自 2017 年之后，由于券商资管去通道周期的开始以及资管新规征求意见稿的发布，券商资管规模开始连续下行，至 2019 年第四季度末回落至 10.8 万亿元。而同期的公募基金及私募基金的资管规模依然攀升，则是由于公募基金和部分私募基金具备较强的主动管理能力，产品数量及体量并没有进入明显的下行周期。

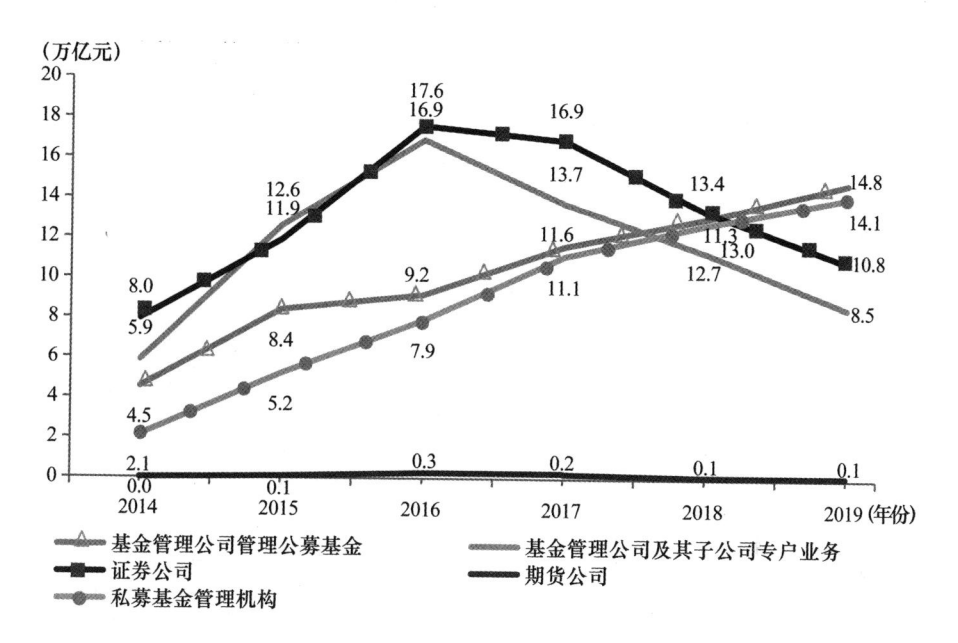

图 3-2　2014—2019 年年末中国各主体资管业务规模

资料来源：Wind。

从具体构成看，以定向管理计划为主，但其规模收缩明显。根据中基协 2019 年年末的数据，中国券商资管存续产品中，占比最大的为定向资管计划，规模为 8.38 万亿元，占比为 77.38%，产品数量为 11688 只；集合计划规模为 1.96 万亿元，占比为 18.1%，产品数量为 4358 只；证券公司私募子公司私募基金规模为 0.49 万亿元，仅占 4.52%，产品数量为 932 只。其中，定向资管计划规模较 2018 年同比下降了 23.75%，产品数量较 2018 年同期减少了 3541 只；集合计划规模较2018年同比上升了2.62%,产品数量上升了671只。从中可看出,定向资管计划规模的收缩,是近年中国券商资管业务总规模减少的原因,而定向计划收缩主要是一系列去通道政策实施后通道业务不断收紧的结果。

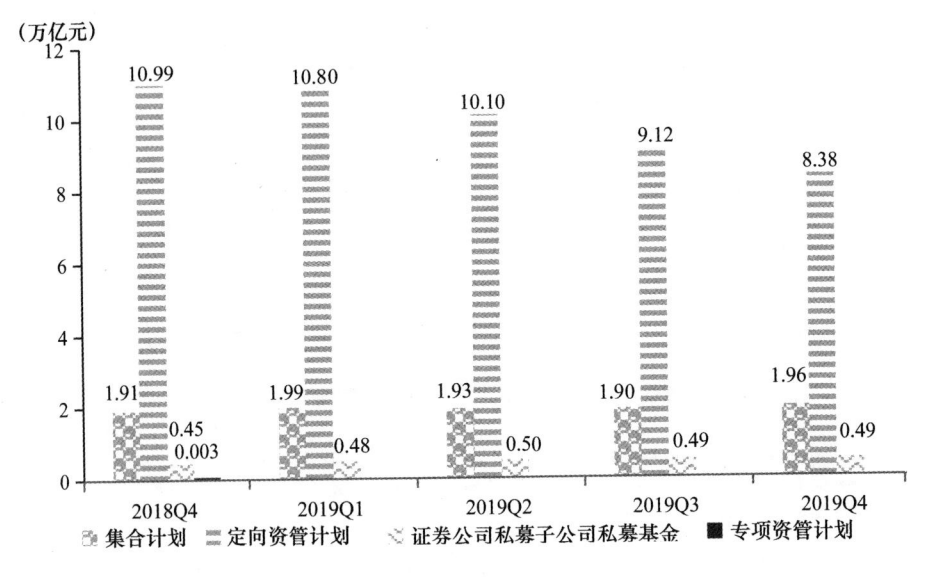

(万亿元)

季度	集合计划	定向资管计划	证券公司私募子公司私募基金	专项资管计划
2018Q4	1.91	10.99	0.45	0.003
2019Q1	1.99	10.80	0.48	
2019Q2	1.93	10.10	0.50	
2019Q3	1.90	9.12	0.49	
2019Q4	1.96	8.38	0.49	

图3-3 证券行业资管业务产品规模构成(2018Q4—2019Q4)

资料来源:中国证券投资基金业协会、Wind。

从收入看,2019年度券商资产管理业务实现净收入275.16亿元,较2018年微增0.06%,在整体营收中占比7.63%,较2018年相比下降了2.69%。其中,在公募基金管理业务(含大集合)、集合、定向、专项资产管理业务四大收入构成中,公募基金管理业务(含大集合)收入首次超越定向资产管理业务收入,成为资产管理业务中最大的部分,占比37.26%,意味着券商在去通道、转型主动管理上取得了实质性突破。具体看,2019年,券商资产管理业务中,公募基金

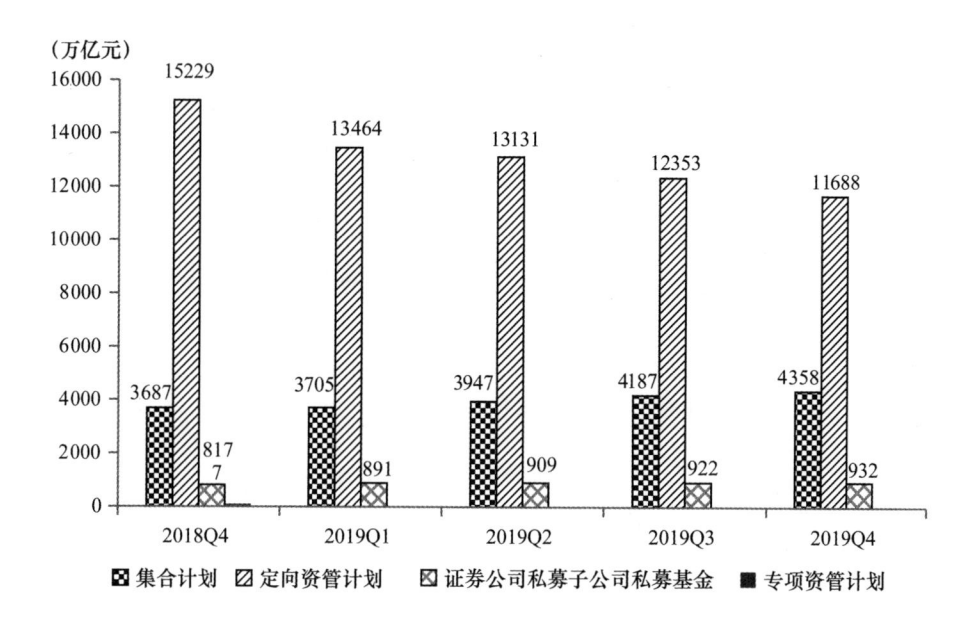

第三章 证券公司资管：加速主动化管理提升竞争实力

（万亿元）

	2018Q4	2019Q1	2019Q2	2019Q3	2019Q4
集合计划	3687	3705	3947	4187	4358
定向资管计划	15229	13464	13131	12353	11688
证券公司私募子公司私募基金	817	891	909	922	932
专项资管计划	7				

图3-4 2018Q4—2019Q4证券行业资管业务产品数量构成

资料来源：中国证券投资基金业协会、Wind。

管理业务（含大集合）和定向资管业务2019年净收入均超100亿元，其中公募基金管理业务（含大集合）实现净收入102.51亿元，同比微增0.73%，占比达37.26%，在四大业务中收入占比最高。而定向资管业务实现净收入为100.34亿元，同比下降5.81%，收入占比首次不敌公募基金管理业务（含大集合），为36.47%。

此外，在四大业务中，仅定向和专项资管业务净收入同比出现下滑，而集合资管业务和公募基金管理业务（含大集合）同比均出现上升，其中，集合资管业务增幅最大，同比上升14.83%，反映出券商资管业务的发力主动管理能力重点和方向，资管机构的生态正在慢慢重塑。

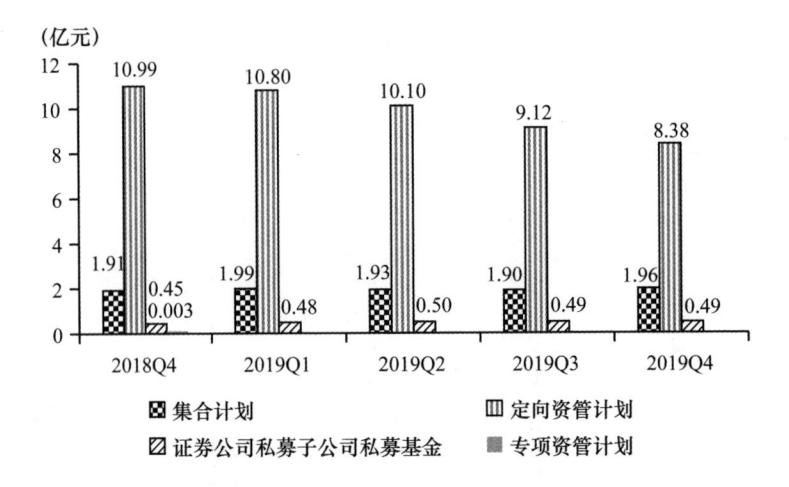

图3-5　2018Q4—2019Q4券商资管业务净收入明细

资料来源：中国证券投资基金业协会、Wind。

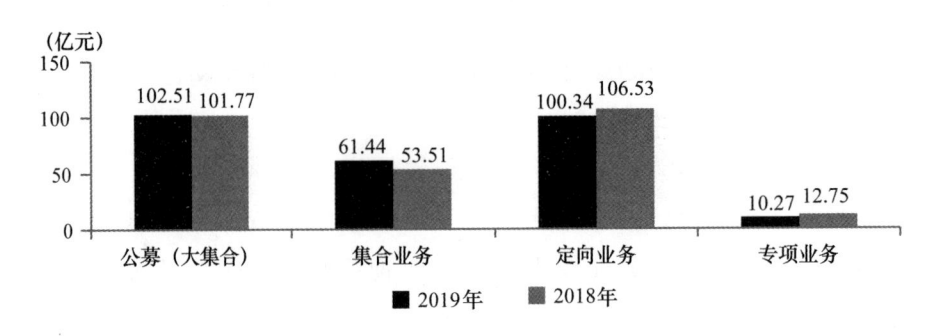

图3-6　2018—2019年券商资管业务净收入明细

资料来源：中国证券业协会《证券公司2019年度经营情况分析》。

（三）资管行业的内部格局对比

从资管行业内部格局来看，随着资管新规的落地，行业格局出现重大变化。其一，统一监管加剧了大资管行业的市场竞争；其二，各类金融机构差异化的定位逐渐明确，将形成银行理财子公司、公募基金、券商资管、保险资管、信托、私募基金为主导的分层次资管格局；其三，中国金融市场进一步开放，资管行业竞争再次升级。本书以银行理财、保险资管、信托、券商资管、基金为代表，简述一下资管行业内的格局。

表3-1　　　　2019年中国各主体资管业务规模占比　　（单位：万亿元）

资管产品种类	2017-12	2019-12	变动幅度（%）
银行理财非保本	29.54	23.40	-20.79
信托	26.25	21.60	-17.71
公募基金	11.60	14.77	18.88
私募基金	11.10	14.08	22.79
证券公司	16.88	10.83	-31.81
基金及其子公司专户	13.74	8.53	-36.39
期货公司	0.25	0.14	-45.40
保险资管	2.08	2.70	29.81
合计	111.44	96.05	-13.81

资料来源：Wind。

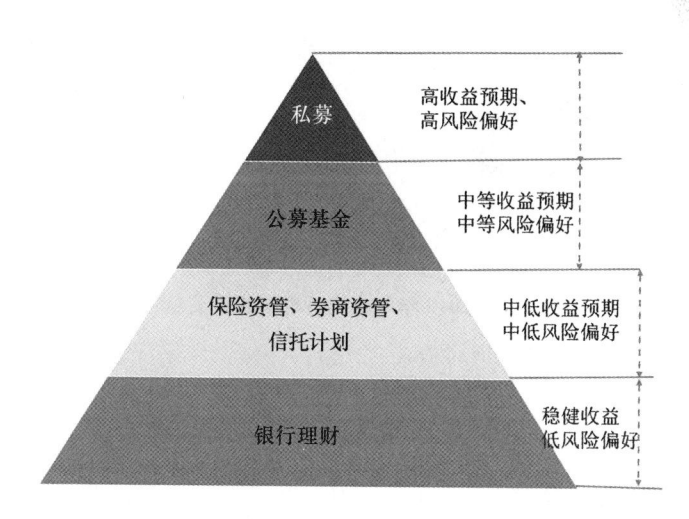

图3-7　中国不同资管主体风险收益定位

资料来源：笔者根据公开资料整理。

稳定收益预期、风险低偏好的资金管理者：银行理财业务定位于零售财富管理。资管新规下，银行理财非保本规模变化基本平稳，以23.40亿元的规模位列资管行业第一。银行是零售财富管理的客户入口，银行理财的业务主要资金来源于个人，顺应银行零售转型大势，升级为零售财富管理是大势所趋。针对个人投资者偏爱短期产品的习惯与资管新规有效期限匹配的要求相矛盾，银行着力培养个人投资者的长期投资习惯。2019年银行理财子公司的诞生代表着银行理财专业化升级，理财子公司优势明显，包括不设销售起点、可发行分级产品、直接投资股票等。但理财子公司的经营并不是孤立的，一方面可以继续与各类资管机构开展合作，借助外界提升决策能力和效率；另一方面不仅承担理财业务，也包含各类资管产品的代销业务。

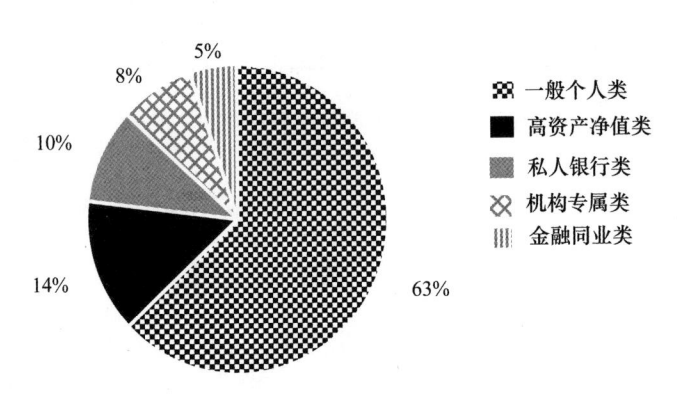

图3-8　2018年年末银行理财投资者结构

资料来源：中国银行业理财市场报告。

中低收益预期、中低风险偏好的资金管理者：保险资管、信托与券商资管。信托规模仅次于银行理财，近期在规模压缩、风险暴露两方面承压。从规模上看，信托受托资金规模接近22万亿元，仅次于银行理财，在非标通道业务的受限的影响下，过去两年托管规模下降

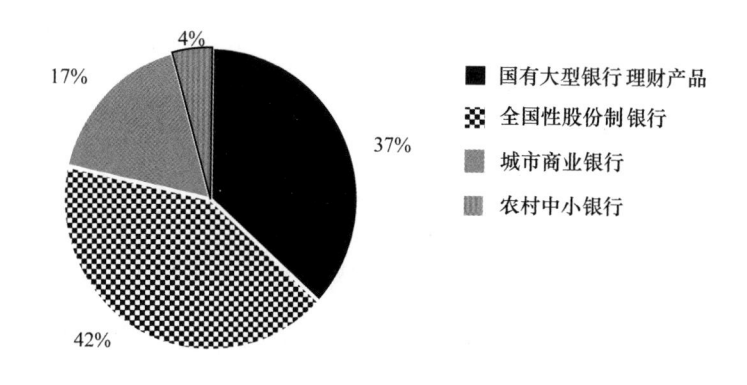

图 3-9　2019 年年末银行理财存续规模结构

资料来源：中国银行业理财市场报告。

17.71%，2020 年将持续落实去通道理念，规模将进一步压缩。从风险来看，信用紧缩的环境下，信托风险项目的数量值得关注。银行表外资金加速回表，平台公司举债受限、企业现金流相对紧张，部分信托公司信用下沉较大，导致逾期违约事件频发。在资管新规下，信托正提升主动管理能力，回归资管与信托的主业，探索慈善信托、家族信托、消费信托等创新业务。在资管新规下，信托业务还需找准定位，转型发展。保险资管作为长期资金的主要提供者，杠杆率低、基本不存在多层嵌套、资金池的问题，整体投资运作稳健审慎，受资管新规影响有限。保险资管体量相对较小，2019 年年末余额为 2.70 万亿元。

中等收益预期、中等风险偏好的资金管理者：公募基金。公募基金受严格规范的监管约束，是运作最为规范的资管产品，受资管新规的影响相对较小，与信托、券商资管规模缩水相反，2017—2019 年规模增长近 20%。整体来看，公募整体规模净值增速趋稳，但 2019 年

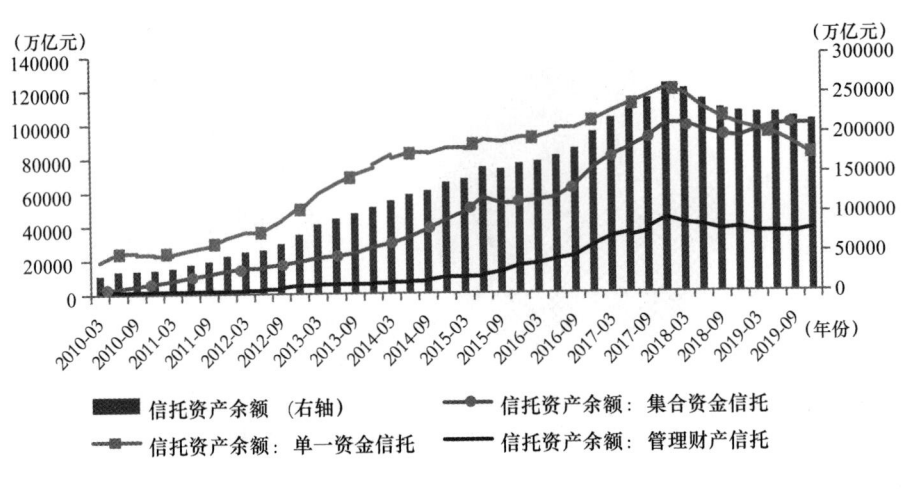

图 3-10　2010 年 3 月—2019 年 9 月信托资产规模变化

资料来源：Wind。

银行理财子公司的成立，依托银行庞大的销售网点与资金优势，将成为公募基金的直接竞争者。从公募资产端部分来看，资金机构化不足，缺少长周期资金来源。货币基金规模远高于股票资产，产品结构失衡，导致公募基金长期价值投资能力和专业定价能力未得到充分体现。

高收益预期、高风险偏好的资金管理者：私募基金。私募基金是服务高净值客户的投资机构，将从更清晰的产品边界、提高投资者门槛等多维度，适应监管与市场需求的转型。私募基金的未来成长空间主要体现为两点，一是加强长周期投研与投后管理能力，在成熟市场中，私募基金的出资主体主要是长线机构交易者，为私募股权投资者的长期运作提供了坚实基础。在中国，未来养老金、基金会、家族信托有望为私募基金注入长期资金。二是科创板的设立优化渠道退出，引导私募基金回归价值投资。注册制的推进与退市制

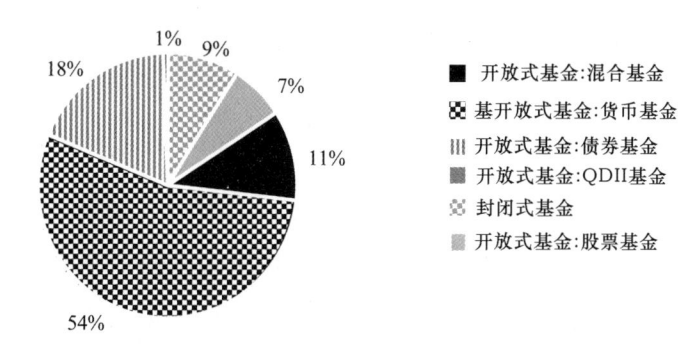

图 3-11 公募基金产品结构

资料来源：Wind。

度的执行，将缩小一、二级市场之间的估值价差，引导私募股权投资回归价值判断。

再看券商资管，2020年券商资管将继续延续结构性调整的情况。自资管新规以来托管规模下降32%，2020年券商资管去通道业务持续进行，定向资管计划转型压力大。从产品端来看，随着2020年年末资管新规过渡期的结束，各定向资管计划预计将持续收缩；大集合公募化改造继续，对接非标、流动性差的大集合产品将是未来监管的重点，同时借助公募产品的优势，有利于集合资管业务规模的回升；ABS作为非标转标的重要推手，借助券商全产业链优势将成为下一个业务发力点。从资金方面来看，过去券商资管业务存量资金以机构为主，而伴随银行业务的转型会给券商资管资金端带来压力，未来资金增量将来自企业客户与个人；券商资管自身需加强获客能力，持续提升对养老、机构及零售客户的服务水平，借助多渠道开发客户资源。

二　证券公司资产管理细分市场发展回顾

（一）证券公司通道型资产管理计划

第一，信托通道。信托通道业务，又称银证信通道，是指券商接受银行的委托成立定向资管计划，利用资金认购相应信托产品。在这一银证信合作模式之中，作为委托人的银行一般会将资金投向和项目拟定好，证券公司作为管理人仅需承担被动管理责任，并从中赚取通道费用（费率约万分之二到万分之五之间）。

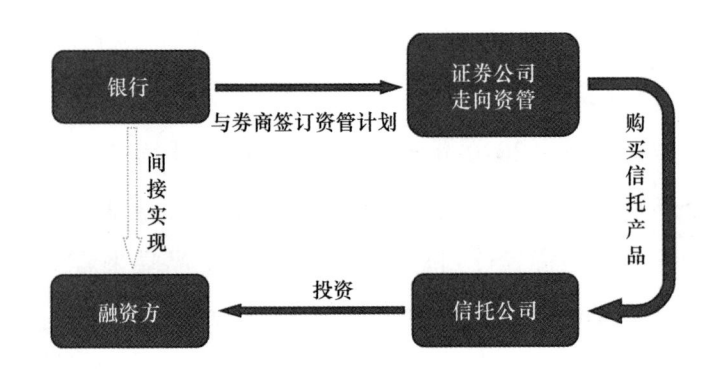

图 3-12　原有银信证合作模式

资料来源：笔者根据公开资料整理。

信托通道型业务，帮助银行实现低风险高收益投资，完成表内资产向表外转移。中国银监会的各种风险指标约束使得银行无法将资金投入相对高利率低风险的企业，例如行业集中度的限制，银行要确保每笔贷款占净资本的比例不能超过10%，同时该客户所在集团的整体授信也不能超过银行净资本的15%。银行出于低风险高收益的目标，首先建立了银信合作的通道模式，以信托计划为通道将资金投向低等级的信用债，银行也完成了表内资产向表外转移，腾出信贷额度以实现更大收益。随后，银证信合作模式"浮出水面"。2010年，《中国银监会关于规范银信合作理财合作业务有关事项的通知》对银行和信托公司直接合作的通道业务进行了限制，银行开始与券商定向资管合作借以打开被监管限制的"通道"。2012年，随着《证券公司定向资产管理业务实施细则》出台，银证合作有了具体的管理措施规定，银行借道券商定向产品通道，转入信托投放贷款的业务，既优化银行报表结构，又增加贷款收入。

在降杠杆、去通道的背景下，通道业务全面叫停，券商定向资管业务大幅缩水。证券公司通道型资管业务规模在2012—2018年迅速扩大。银行通过通道型业务实现贷款，可以避免占用银行贷款额度、减小风险资产，实现表内向表外转移。当然，这样避开监管的行为必将增加银行系统的风险，因此监管层对相应的绕监管业务开始了持续的监管改革。2017年5月，证券会例会首次提出全面禁止通道业务，由此券商资管通道业务备受影响。银证信通道业务是券商资管定向计划的重要组成部分，而其中70%—80%的定向资产管理计划都是通道型业务。受通道型业务的负面影响，定向资管计划在资管新规出台后规模下滑显著，2019年第三季度定向资管规模为91189亿元，仅为资管新规出台前2017年第一季度的56.77%。

第二，资产证券化。资产证券化，指以基础资产未来所产生的现金流为偿付支持，通过结构化设计进行信用增级，在此基础上发行资产支持证券（Asset-backed Securities，ABS）的过程。在这一过程中，需要资产管理人对基础资产进行管理，并将资产收益有效分配至投资者，证券公司就在资管计划中扮演着管理人的角色。

从政策导向来看，受益于资管新规，ABS将成为券商资管非标转

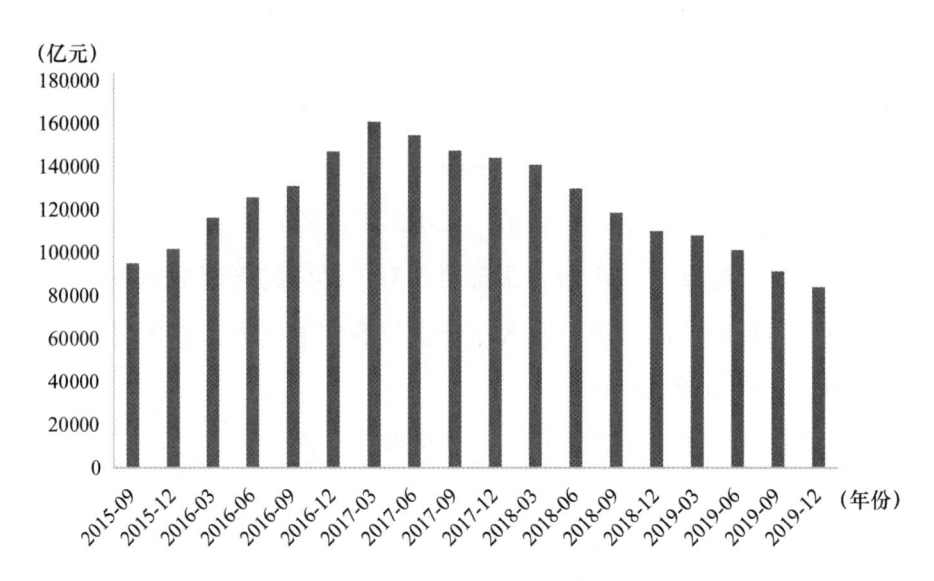

图3-13　2015年9月—2019年12月证券公司定向资管规模

资料来源：Wind。

标的重要选择。资管行业对于变相套利、系统性风险高的ABS产品进行了清理整顿，在银行间市场、交易所发行的ABS属于标准化资产，在非标业务受到严格监管的背景下具有融资替代功能，机构仍可以通过ABS业务进行资产出表。

从市场需求来看，ABS业务进入稳定增长的成长阶段。ABS业务有盘活信贷存量资产、提高资金使用率的优势，随着部分企业通过非标和信贷融资的方式融资难度增大，在这种背景下，抵押贷款ABS成为这些企业的融资新渠道。近年来ABS市场已经渡过萌芽阶段进入稳步增长阶段，截至2019年年末，上市ABS产品资产总规模为15331.21亿元，同比增长31.85%；其中证券公司ABS产品管理规模为8928.70亿元，同比增长11.87%。

从行业特征来看，龙头券商资管优势明显，产品结构多样化。

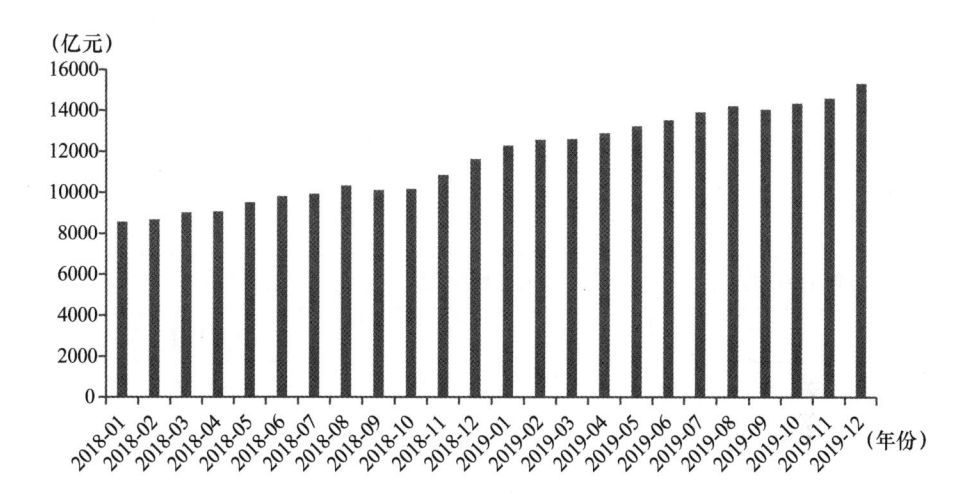

图 3-14　2018 年 1 月—2019 年 12 月上市 ABS 资产规模

资料来源：Wind。

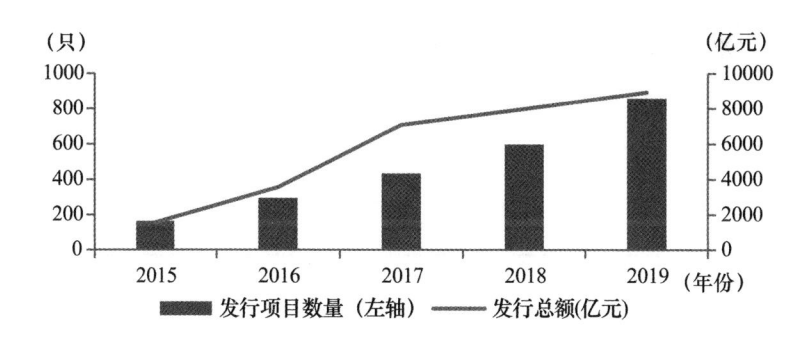

图 3-15　2015—2019 年券商资管计划下 ABS 产品规模

资料来源：Wind。

2019 年度 ABS 业务呈现出两个鲜明特点，一是行业集中度高。实力较强的证券公司吸收了大量的资源，ABS 产品管理规模排名前十的证券公司管理资产占总规模的 64.11%；二是产品结构多样化。与银行资产证券化产品住房抵押贷款占四分之三不同的是,由证券公司管理的 ABS 产品结构分散且多样化,产品包括应收账款、租赁租金、企业债券、信托收益权、小额贷款等。

表 3-2　　　　2019 年度 ABS 管理规模排名前十的券商

资管计划管理人	发行项目总数（只）	发行总额（亿元）
中信证券	113	1143.21
华泰证券	73	908.91
平安证券	109	800.30
信达证券	8	675.74
中信建投	45	547.46
国泰君安	29	386.57
天风证券	43	346.91
德邦证券	24	324.19
长城证券	43	297.53
招商证券	27	293.75
排名前十券商合计	514	5724.58
所有券商合计	858	8928.70

资料来源：Wind。

第三,银行理财。银行理财型通道业务,是指银行理财通过券商资管的定向通道,来实现对意向标的的投资的业务。

银行理财型通道业务主要分为定向票据通道、债券类通道、同业存款通道、信用证划款通道等。定向票据通道业务是指委托银行将理财资金定向委托给券商管理,券商以此资金购买指定票据的业务。银证债券类业务是指银行理财资金通过券商的定向计划参与本银行债券的分销,为客户提供较高的固定收益产品。银证债券类业务,除了获得更高收益率外,还可以突破每笔贷款不超过10%的集中度限制。现金类同业存款业务是指委托银行在月末用资金参与为期一天的定向计划,借助券商资管的通道存入受托银行,双方银行约定同业存款利息。以此实现同业资金往来,缓解银行流动性压力,达到同业存款考核标准。信用证划款业务,银行开具信用证不对表内信贷额度造成挤压,借助券商资管的通道进行银行间信用证划款业务。

通道型的合作模式契合了银行和券商双方的利益。对于商业银行来说,通过银证合作,一方面有效规避了对理财资金运用的监管限制;另一方面为信贷由表内转移至表外提供了可能。对券商来说,仅提供通道就可以赚取不菲的通道费用。

第四,其他通道型业务。股票质押式回购,是指通过专项资管计划形成资金,输送至质押股票的相应上市公司,并对质押的股票进行管理的业务。

股票质押业务在经历2018年的多次暴雷后,整个业务进入了比较谨慎的风险防范阶段,2019年股票质押业务开始逐渐复苏,股票质押回报也开始逐渐回暖,2019年股票质押指数第一交易日开盘价为1053.51,最后一个交易日为1288.91,增长达22.34%(股票质押指数概念主要涉及截至当前日期,质押市值降序排列,累积占比居于前70%的公司)。

(二)证券公司资产管理与基金业、信托业的对比

新的监管格局旨在"去通道,破嵌套",使各资产管理部门可以按其职能清晰地进行划分,从而令证券公司资产管理、基金业和信托

业各自形成了鲜明的自我特点。

表3-3　　　　　　　　　　券商资管、基金、信托特征

	证券公司资管计划	基金业	信托业
投资门槛	固定收益资管计划为30万元，混合类资管计划为40万元，改造后的公募基金为0.1万元，其他为100万元	公募基金无明确要求，私募基金要求投资金额不低于100万元	集合信托的起点较低（20万—100万元不等）单一信托的起点一般都是1000万元
发行要求	资管产品不得公开宣传，只能向特定投资者发布。集合产品设立门槛1000万元，募集期为60天	公募基金可以面向社会公众公开发售基金份额和宣传推广，封闭式基金总额达到核准规模的80%以上，开放式基金募集资金不少于2亿元，基金份额持有人达到200人以上	单个信托计划的自然人人数不得超过50人，单笔委托金额在300万元以上的自然人投资者及合格的机构投资者，数量不受限制
投资范围	集合产品投单一标的（关联非标准化资产按照同一资产合并计算）不得超过产品净值的25%，管理人所有集合产品投资于同一标的不超过该标的25%（有另外要求的除外）	公募基金分为股票型基金、混合型基金、债券型基金和货币市场基金，投资范围广泛，囊括证券市场上大部分可交易标的；而私募基金投资则限制更少	以信托贷款为主，还包括各类股权、债权、收益权类的金融资产，以及高档酒、艺术品、房地产等实物资产
披露要求	中等	公募强；私募弱	弱

资料来源：笔者根据公开资料整理。

证券公司资管计划，具有全业务链的优势，串联整合券商各业务板块：其一，券商资管具有独特的专项计划，包括 ABS 产品资管计划、股权回购资管计划等。受益于资管新规，资产证券化业务成为"非标"转"标"的重要转型方向之一。证券公司可利用投行在资产端的优势，发掘自身已有的优质资产，将其打包为 ABS 产品，再通过专项资管计划对接资金端。其二，具备优秀的主动管理潜力。券商资管可根据自身研究禀赋优势，提升主动管理能力，在权益类投资、固定收益、量化投资、衍生品等方面形成各自的产品优势。其三，具有客户资源渠道优势。相比于信托和基金业，证券公司布局有广泛的营业部以及多样化的结构业务。证券公司可通过业务协同和综合实力，通过优选产品资源为活跃的客户提供大类资产配置服务。

基金业，受严格规范的监管约束，整体规模增速稳定：其一，公募基金具有宣发优势。公募基金可以面向社会公众公开发售基金份额和宣传推广，结合其费率低、投资门槛低的特点，故广泛获取融资的能力是其他资管产品无法比拟的。其二，私募基金投资灵活度高。私募基金对投资标的的选择具有相对高的自由度，可以灵活地配置组合，以满足不同偏好投资者的需要。其三，基金存量大、影响力大。根据 2019 年第四季度数据，基金业管理资产总规模达 37.38 万亿元，占市场总规模的 33.54%。基金市场具有较大存量，并且对市场具有较大的影响力。

信托业，受托资金规模仅次于银行理财，平台资源优势明显：其一，信托公司在非标产品，包括政府平台融资，企业借款融资，地产融资等方面具有平台资源优势。其二，信托公司投资更加多样化，包括权利重构（重组资产收益权）、信托贷款（多用于地方建设）、杠杆投资（可借助高额杠杆）和股权信托（以信托资产充当公司股权投资）等独有的产品结构。

第二节 2020年证券公司资产管理业务发展情况

一 证券公司资产管理业务总体规模

（一）证券公司资产管理业务发展的宏观市场环境

2020年，新冠肺炎疫情防控形势逐步向好，经济指标逐季改善。2020年第三季度以来，中国经济复苏态势持续向好，前三季度中国GDP同比增长0.7%，2020年第二季度经济实现由负转正，2020年GDP首超100万亿元，同比增长2.3%，成为2020年全球唯一实现经济正增长的主要经济体。经济增长的同时伴随着居民收入的改善，2020年居民可支配收入实际同比增长2.1%，据瑞信《2020全球财富报告》，中国资产超过10万美元的人数已达到1.5亿人，且家庭财富资产构成中金融资产比例持续上涨，中产阶级及高净值人群对财富管理的需求日益增长，意味着未来资产管理行业有着较大的扩容空间。

中国居民储蓄率偏高，目前已进入人口老龄化的加速通道，居民理财需求稳步上升。据央行统计，2020年中国居民储蓄总额达93万亿元，相对单一的银行存储在居民资产配置中占比很高，居民储蓄率远高于全球平均水平。2020年公募基金市场热潮呈现出居民储蓄向权益市场迁移的趋势，表现出中国居民风险偏好的调整以及对财富增长的追求。至2019年年末，中国65岁以上老年人口的占比已达

12.6%，预计"十四五"时期这一比重将超过14%，中国将进入中度老龄化社会，在当前养老金制度市场化不足的背景下，中国居民通过增加金融资产配置来满足养老理财需求的偏好增强。未来，居民理财需求的增长及居民储蓄的转化能够为资管行业提供重要的资金来源，推动资管业务规模的壮大。

资管行业转型取得积极进展，资管产品风险整体收敛。据2020年上半年金融统计数据新闻发布会发布的数据，资管业务良性转型取得一定进展，一是同业交叉持有的占比持续下降，2020年5月末资管产品的同业资金来源占其全部资金来源的比重为49.8%，比2020年年初下降了1.2个百分点。同业互持、代持易存在交易对手方选择及授信管理不审慎、资金多层嵌套投向限制性领域、投资者难以穿透识别底层资产和实际风险情况等问题，同业交叉持有占比下降意味着去通道取得一定成效；二是净值型产品占比持续上升，2020年5月末净值型产品募集资金占全部资管产品募集资金余额的60.3%，较2020年年初增长4.9%。产品净值化转型能够打破以往保本保收益的刚兑预期，充分地反映资产的价值波动，帮助投资者实现明晰风险、享受超额收益；三是非标债权规模在持续减少，2020年5月末资管产品投资的非标准化的债权类资产规模同比下降7.6%，较2020年年初下降1.2%。非标业务的壮大是因为其能规避表内信贷规模的限制及资金投放领域的限制，可减少风险权重的计提，实现监管套利。然而非标业务涉及的风险隐患较多，包括资金期限错配，易产生流动性风险；资金多层嵌套、拉长链条、杠杆放大，风险承担主体不明确，易诱发系统性风险。压降非标债权规模能够引导资金流向标准化债权资产，优化底层信贷资产结构，达到降杠杆、控风险的监管意图。整体来看，各资管机构正在有序厘清风险，资管业务结构进一步优化，现资管新规过渡期延长至2021年年末，能够给予各金融机构时间与空间以实现平稳整改存量产品，积极创设产品转型，培育主动管理及风险控制的投研能力。

（二）证券公司资产管理业务的政策梳理

中国证券公司资产管理业务的监管政策体系可划分为四个阶段：第一阶段为20世纪90年代"代客理财"的混乱资管时代；第二阶段从2001年6月20日《证券公司管理办法（征求意见稿）》颁布起，资产管理被明确定义为综合性券商的经营范围，自此资产管理被纳入监管条例中，集合资管计划规模得到稳定较快的提升；第三阶段从2012年中国证券监督管理委员会修订《证券公司客户资产管理业务管理办法》开始，此后券商能够承接银行、信托等资金的委外资金的通道业务，券商资管通道业务蓬勃发展；第四阶段自2016年6月开始，中国证券监督管理委员会发布《证券公司风险控制指标管理办法》，券商进入去通道周期，其中2018年4月27日资管新规的发布，更标志着资管行业开启统一监管的新时代。自2018年资管新规发布以来，相关配套细则陆续推出，在大框架下进一步完善各细分行业资管业务的发展。2020年7月31日，人民银行发文称，决定将资管新规过渡期延长至2021年年末，为金融机构有序整改存量资产，培育规范的资管产品提供更长的缓冲期。

表3-4　　资管新规发布以来证券公司资管业务相关政策梳理

	监管层	文件	要点
2018年4月27日	中国人民银行	《关于规范金融机构资产管理业务的指导意见》	（1）过渡期延长至2020年①；（2）破刚兑；（3）放松个人合格投资者认定门槛；（4）定义标准化债权；（5）封闭式持有至到期及非标资产明确摊余成本法计量；（6）公募产品主要投资于标准化债权类资产以及上市交易股票，除非另有规定，不得投资未上市企业股权。符合规定的情况下可以投资商品及金融衍生品；（7）私募基金适用于其他相关规定，可以作为受托管理人
2018年7月20日	中国人民银行	《关于进一步明确规范金融机构资产管理业务指导意见有关事项的通知》	（1）公募资管产品可以非标；（2）可以发行老产品投资新资产；（3）过渡期内，放宽资管产品估值方法；（4）非标回表压力有所缓和
2018年7月20日	中国银行保险监督管理委员会	《商业银行理财业务监督管理办法（征求意见稿）》	（1）降低销售起点：5万降至1万；（2）投资范围：公募理财可以投资非标，投资股票还需另行规定；（3）非标投资：增加10%的集中度限制；（4）委外与投顾：提出理财投资合作机构概念；（5）适用范围：仅适用商业银行理财业务

① 2020年7月31日，经多部委审慎研究决定，《关于规范金融机构资产管理业务的指导意见》（"资管新规"）过渡期延长至2021年年末，http://www.pbc.gov.cn/goutongjiaoliu/113456/113469/4066284/index.html。

续表

	监管层	文件	要点
2018年7月20日	中国证券监督管理委员会	《证券期货经营机构私募资产管理业务管理办法（征求意见稿）》	（1）强调券商资管主动管理职责，不得多层嵌套，禁止通道业务；（2）MOM或将开闸；（3）若具备可实施性，券商集合新增非标资产投资范围；（4）降低客户门槛；（5）变更代销签约模式；（6）ABS不适用
2018年9月28日	中国银行保险监督管理委员会	《商业银行理财业务监督管理办法》	（1）降低销售起点：5万降至1万；（2）销售渠道允许"直销+代销"模式；（3）公募理财可以投资非标，可以通过公募基金间接进入股市；（4）不得发行分级理财产品；（5）集中度限制
2018年10月22日	中国证券监督管理委员会	《证券期货经营机构私募资产管理业务管理办法》《证券期货经营机构私募资产管理计划运作管理规定》	（1）放宽展业限制：投资经理+研究员从5人降到3人；（2）销售：可委托具有牌照的机构销售或推介资管计划；（3）备案前投资：可在备案前从事以现金管理为目的的投资活动；（4）穿透：委托资金来源于公募产品，无须向上识别最终投资者；（5）集中度：双"25%"的规定；（6）投顾：新增商业银行资管机构、保险资管机构等为资管计划的投顾
2018年12月2日	中国银行保险监督管理委员会	《商业银行理财子公司管理办法》	（1）销售降至1万以下，代销渠道扩展；（2）可以发行分级理财产品；（3）非标取消4%和10%的限制，仅留35%的要求；（4）公私募理财产品均可直接投资股票；（5）私募基金纳入合作机构范围

续表

	监管层	文件	要点
2019年6月3日	中国证券投资基金业协会	《证券期货经营机构私募资产管理计划备案管理办法（试行）》	（1）资产管理人应向中国证券投资基金业协会报送资产管理计划的设立、变更、展期、终止、清算备案，完成备案前，不得开展投资活动；（2）加强自律管理
2019年12月6日	中国证券监督管理委员会	《证券期货经营机构管理人中管理人（MOM）产品指引（试行）》	（1）明确MOM产品定义及运作模式；（2）界定参与主体职责，管理人履行法定管理人的受托管理职责，投资顾问依法提供投资建议等服务；（3）管理人及投资顾问应具备相应胜任能力；（4）规范产品投资运作
2020年7月3日	中国人民银行、中国银行保险监督管理委员会、中国证券监督管理委员会、国家外汇管理局	《标准化债权类资产认定规则》	（1）明确界定属于标准化债权的资产种类，提出五项认定标准化债券类资产的细则
2020年7月31日	中国人民银行	《优化资管新规过渡期安排引导资管业务平稳转型》	（1）鼓励采取新产品承接、市场化转让、合同变更、回表等多种方式有序处置存量资产。允许类信贷资产在符合信贷条件的情况下回表，并适当提高监管容忍度；（2）建立健全激励约束机制
2020年7月31日	中国证券监督管理委员会	《公开募集证券投资基金管理人监督管理办法（征求意见稿）》	（1）一参一控一牌：同一主体或者受同一主体控制的不同主体控制的其他公募基金管理人数量不得超过1家，参股基金管理公司的数量不得超过2家，其中控制基金管理公司的数量不得超过1家

资料来源：中国人民银行、中国银行保险监督管理委员会、中国证券监督管理委员会、中国证券投资基金业协会。

表 3-5　　　　　　　　　　　　资管新规相关政策梳理

	文件	要点
2016年6月16日	《证券公司风险控制指标管理办法》	(1) 券商风险覆盖率不得低于100%，(风险覆盖率 = 净资本/各项风险资本准备之和 × 100%)。(2) 风险资本准备将大幅增加，风险覆盖率指标成最大实际约束
2016年7月18日	《证券期货经营机构私募资产管理业务运作管理暂行规定》	(1) 打破刚性兑付承诺：强调规范实质保本，不可宣传预期收益率； (2) 大集合业务：要求单一项目不得超过200人，投资同一资产项目的多个计划合计投资人不能超过200人； (3) 资金池业务：严格控制资金端和资产端的久期错配程度，组合久期和杠杆倍数不得上升； (4) 结构化产品方面：严格控制产品规模，产品规模应逐月下降；不得继续提高产品杠杆倍数。要求优先级和次级要同赚亏，但具体比例可以进行约定； (5) 第三方投顾方面对资格进行了严格要求
2017年5月19日	中国证券监督管理委员会例行发布会	首次提及将全面禁止通道业务，并强调不得让渡管理责任
2018年4月	《关于规范金融机构资产管理业务的指导意见》（简称"资管新规"）	(1) 打破刚性兑付，从"求稳"改为加强责任认定，推进资管产品加速向净值型转型； (2) 规范资金池，单独管理、单独建账、单独核算，不得滚动发行、集合运作、分离定价； (3) 明确负债杠杆和分级杠杆要求，消除多层嵌套和通道； (4) 强化资本和准备金计提要求，金融机构应当按照资管产品管理费收入的10%计提风险准备金，或者按照规定计提操作风险资本或相应风险资本准备； (5) 第三方独立托管，过渡期条款的设计留出适度灵活空间，确保平稳过渡； (6) 规范和引导智能投顾发展； (7) 整顿非金融机构开展资管业务

续表

文件	要点
2019年10月12日 《标准化债权类资产认定规则（征求意见稿）》	2019年的《标准化债权类资产认定规则（征求意见稿）》对标准化债权类资产"的认定规则进行了系统性的阐述，介绍了"非标转标"的方式和渠道，未来将规范金融机构资产管理产品投资，强化投资者保护，促进直接融资健康发展，有效防控金融风险

资料来源：笔者根据公开资料管理。

（一）2020年证券公司资产管理业务的发展

从各个机构对比来看，券商资管业务规模在大资管行业中占比份额偏低，近年来业务量有所收缩。2020年各机构资产管理业务规模总计115.03万亿元，相较于2019年同比增长3.2%。其中证券公司资管规模为8.55万亿元，在总规模中占比为7.0%，在各机构中位列第六，较2019年同比下降21.0%。资管业务规模较大的机构是银行理财，其业务量总计25.86万亿元，占比23.0%，同比增长10.5%，其次为信托与公募基金，规模分别为20.49万亿元、19.89万亿元，同比增长-5.14%、34.67%。

从纵向对比来看，自2016年起证券公司资管规模进入下行周期，业务量逐年收缩。2016年年末，券商资管规模达到峰值17.6万亿元，而自2016年《证券公司风险控制指标管理办法》及2017年资管新规征求意见稿的发布后，以通道业务为主的券商资管规模开始逐年下行，至2020年年末回落至8.55万亿元。同时期，公募基金及私募基金的资管规模持续攀升，一方面是由于公募基金和部分私募基金具备较强的主动管理能力，另一方面2020年新冠肺炎疫情冲击下的流动性宽松、市场结构性牛市和公募基金"抱团"行为等进一步推升了基金热潮。

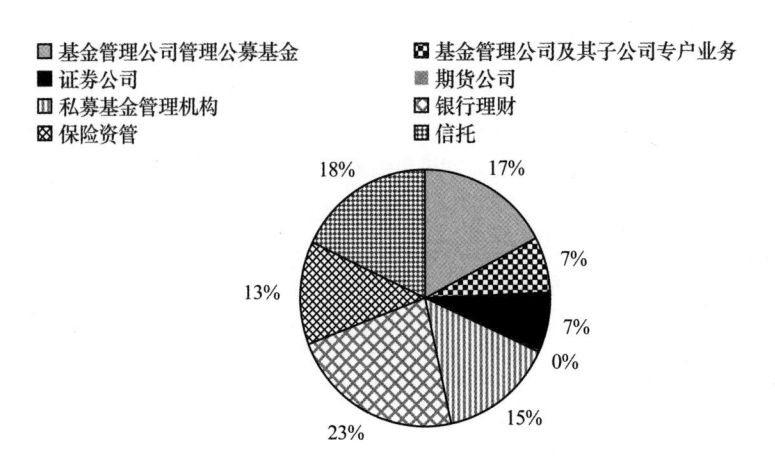

图 3-16 2020年中国各资管机构业务规模占比

资料来源：Wind。

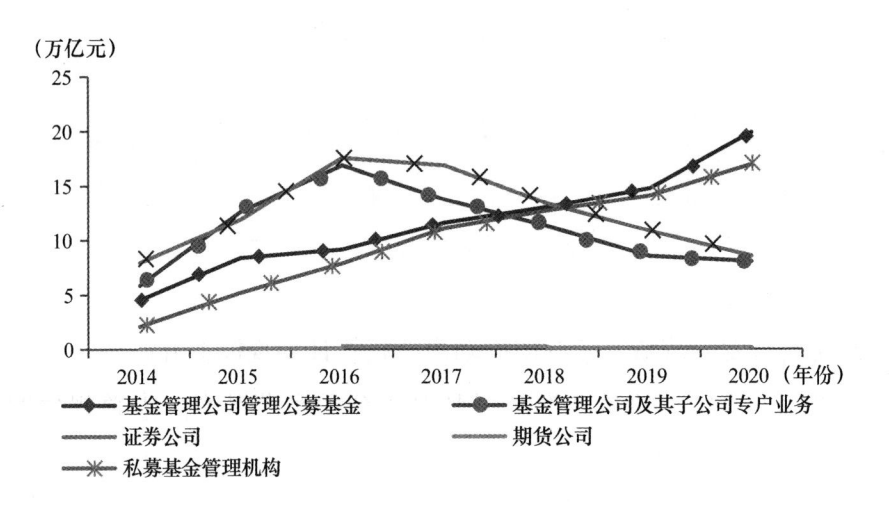

图 3-17 2014—2020年中国各资管机构业务规模构成

资料来源：Wind。

从券商资管产品具体构成来看，定向资管计划是主力，但去通道约束下规模逐年下降。至2020年年末，中国证券公司存续资管产品总计 1.78 万只，同比增长 5.1%，产品规模总计 8.55 万亿元，同比下降 21.0%。其中定向资管计划占比最大，占总规模的 69.2%，数量 1.14 万只，规模 5.92 万亿元，同比分别下降 2.4%、29.4%。定向资产管理计划是指向单一客户募集，投资范围由证券公司与客户通过合同约定，定位于服务特定客户的定制化产品，由于投资范围较为灵活，实践中多为其他资产管理产品的投资通道。在强监管、去通道背景下，2017 年至 2020 年年末中国券商定向集合资产管理计划规模与数量一直处于收缩周期，相较于 2017 年第一季度的峰值 16.06 万亿元，至 2020 年年末定向资管计划规模已压降 10.43 万亿元，占比 63.1%。2020 年定向资管计划规模同比下降 29.4%，2019 年同比下降 23.7%，从压降速率来看定向资管去通道进程有增未减，预计 2021 年过渡期内压降态势将继续保持，争取在过渡期结束前完成整改任务。

其次是集合资管计划，占总规模的 24.4%，截至 2020 年年末，产品数量为 5448 只，产品规模为 2.09 万亿元，同比分别上升 25.0%、6.7%。当前集合资管计划在券商资管业务中整体占比并不高，在券商转向主动管理的过程中，大集合产品公募化改造、集合资管产品新研发等革新方案有望推动集合资管计划规模上升。

份额占比最小的是证券公司私募子公司私募基金，占总规模的 6.3%，至 2020 年年末，数量 989 只，规模 0.54 万亿元，同比分别上升 6.1%、11.1%。2016 年 12 月 30 日，中国证券业协会发布《证券公司私募投资基金子公司管理规范》及《证券公司另类投资子公司管理规范》，同时废止原证券公司直投子公司的指导文件《证券公司直接投资业务规范》。新规要求券商必须在一年内对直投业务完成整改，券商直投子公司向转型为私募基金子公司或者另类投资管理子公司转型，监管从而更加清晰地界定了私募业务及另类投资业务的要求与开展范围，强调业务的独立性、规范性。规范中要求证券公司对集合资产管理业务和私募证券投资基金业务实施统一管理，限制自有资金投资比例及标的范围，可见政策旨在推动私募子公司回归"代客理财"的业务本源，鼓励私募子公司对外募集资金进行投资，加强主动管理能力。

整体来看，定向资管计划的持续收缩反映出券商资管通道业务的有序压降，严监管环境下未来无生存空间。券商资管面临主动管理转型，因此需要依靠集合资管计划和私募子公司私募基金扩容，这两大业务的市场规模有望持续增长。

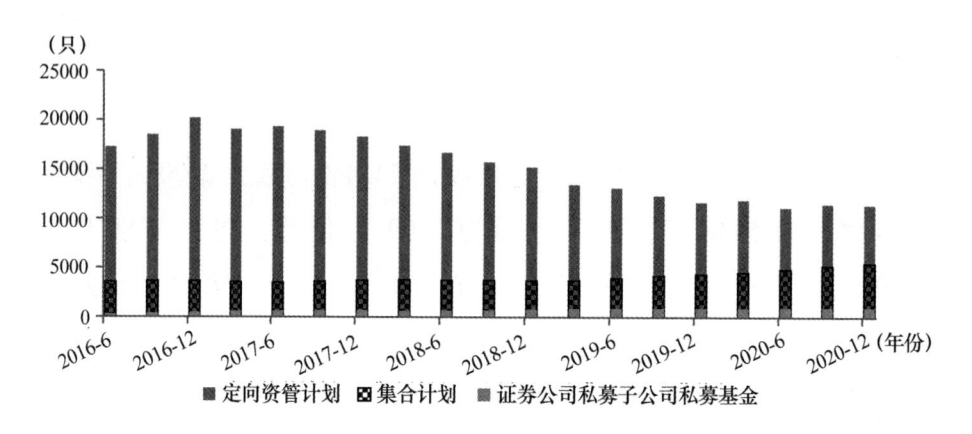

图3-18 2016年6月—2020年12月中国券商资管产品数量

注：2018年前私募子公司私募基金数据代指直投子公司的直投基金。
资料来源：Wind。

从券商资管产品的投资类型来看，以债券型及货币市场型产品为主，股票型产品较少。从新发产品来看，2020年券商新成立资管产品总计5615只，其中货币型2123只，占比37.8%，同比下降

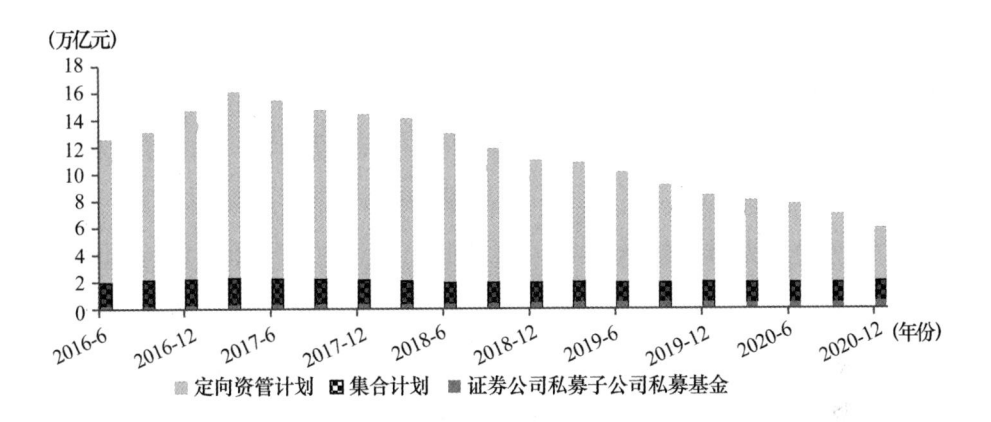

图 3-19 2016 年 6 月—2020 年 12 月中国券商资管产品规模

注：2018 年前私募子公司私募基金数据代指直投子公司的直投基金。

资料来源：Wind。

16.3%；债券型 1972 只，占比 35.1%，同比下降 27.1%；份额较低的混合型产品 307 只，占比 5.5%，同比上升 3.7%；股票型 119 只，占比 2.1%，同比上升 108.8%。从存续产品来看，截至 2021 年第一季度，存续的券商资管产品中债券型规模占比最大，规模总计 7642.32 亿元，占比 47.0%，同比增长 13.8%；次之为货币市场型，规模总计 4375.2 亿元，占比 27.0%，同比下降 11.6%；股票型产品规模较低，规模仅 452.2 亿元，占比 3.0%，同比增长 99.4%。从新发及存续产品的类型分布可见，券商资管产品更加偏好高流动性、较低风险水平的固收类及货币市场类产品，主要原因在于在客户构成及风险偏好方面，券商资管客户多为经纪业务客户，认购券商资管产品的主要目的为盘活股票账户闲置资金，不追求超额收益，但对风险控制及流动性有较高要求，导致券商资管产品出现重固收、轻权益的结构失衡。未来有待进一步挖掘养老金、社保、银行委外等的投资需求，从而提高资金多元性、驱动资产配置对收益率的追求。从新发产品的同比变动率来看，2020年股票型资管产品同比增长率虽有所下降，但仍超过了一倍，这主要得益于2020年中国股票市场的繁荣，以中国三大股指为例，2020年沪深300增长25.7%，上证综指增长12.6%，深证综指增长32.29%，A股新增机构资金超过2.85万亿元。货币型产品数量较2019年由升转降，债券型产品降幅基本维持，主要原因在于2020年债市表现不佳，由于2020年5月以来货币政策转为谨慎中性，通胀预期升温，市场风险偏好维持偏强，利率债进入震荡走熊阶段，而信用债方面，2020年10月底以来弱国企信用风险暴露对市场冲击较大，尤其是永煤违约重挫市场信心。

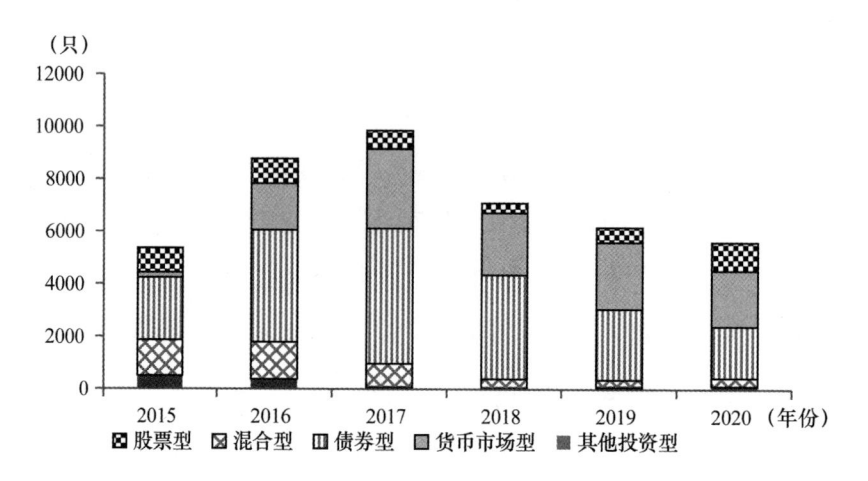

图3-20　2015—2020年券商新成立资管产品投资类型构成

资料来源：Wind。

从券商收入来看，2018年以来券商资管业务净收入逐年上升，但净利润贡献率逐年下降。2020年证券公司受托客户资产管理业务净收入299.60亿元，同比上升8.9%，占净利润比重19.0%，同比下

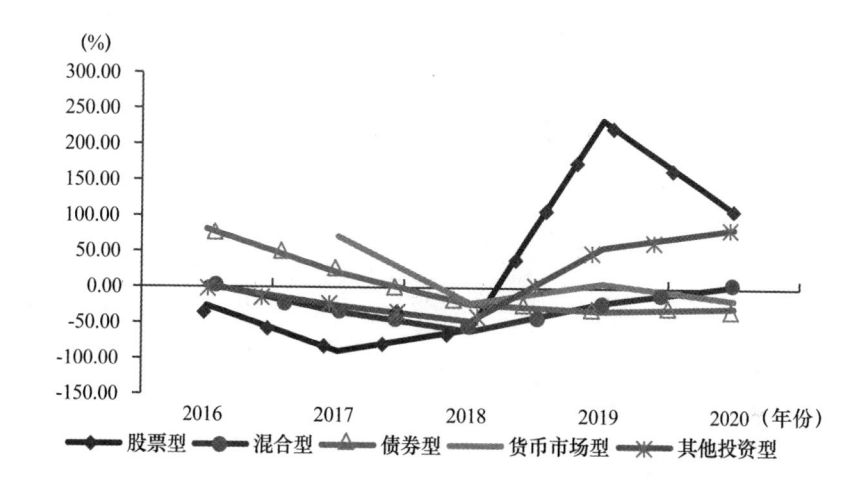

图 3-21 2016—2020 存续券商资管产品同比变化率—按数量

资料来源：Wind。

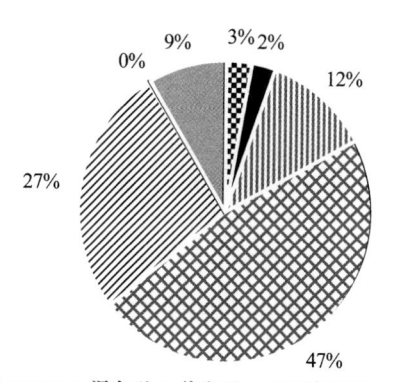

图 3-22 截至 2021Q1 存续券商资管产品投资类型构成—按规模

资料来源：Wind。

降 3.4%。据中国证券业协会公布，2020 年前三季度，证券行业资管业务平均费率 0.19%，同比增加 0.04 个百分点；其中，公募基金、集合及定向资管业务平均费率分别为 0.83%、0.43%、0.09%，同比分别增加 0.08、0.06、0.02 个百分点，资管业务收入质量显著提升。

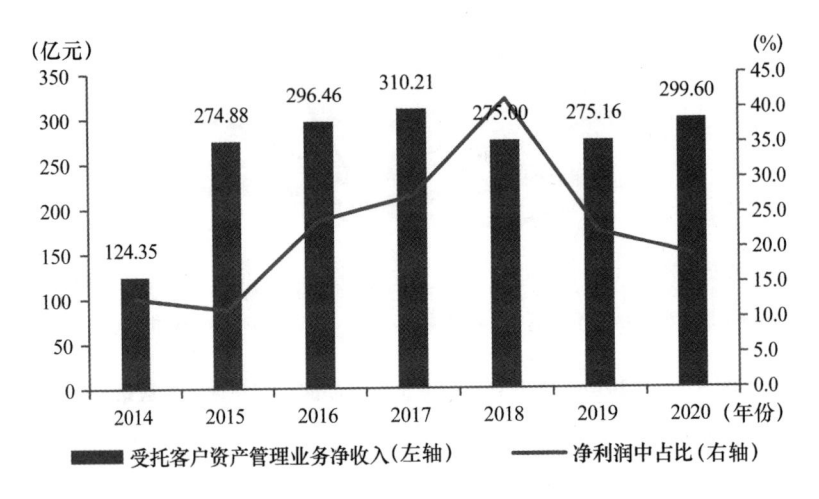

图 3-23　2014—2020 年证券公司受托客户资产管理业务净收入及净利润占比

资料来源：Wind。

二　证券公司资产管理细分市场发展回顾

（一）证券公司集合资产管理计划

从发展历程来看，大集合滚动发行、期限错配，资管新规将大集合纳入监管框架。2013 年前，券商集合资管依据投资者人数和募资规模分为大集合产品和小集合产品；2013 年后，根据新《证券投资基金法》的修订及《证券公司客户资产管理业务管理办法》《证券公司集合资产管理业务实施细则》的发布，不再存在大、小集合的划分，集合资管计划定义为私募性业务，2013 年 6 月 1 日以后，证券公司不得再发起设立新的投资者超过 200 人的集合资产管理计划。对于已设立的大集合资管计划根据新《证券投资基金法》纳入公募基金监管体系，可采取转为公募基金、维持集合计划的形式，继续存续运作、终止集合计划或转为私募基金等方式进行后续处理。2018年11月30日，中国证券监督管理委员会发布《证券公司大集合资产管理业务适用〈关于规范金融机构资产管理业务的指导意见〉操作指引》，要求存量大集合资产管理业务对标公募基金规范管理，逐步变更注册为公募基金产品，过渡期安排至2020年12月31日。2020年鉴于新冠肺炎疫情对经济金融带来的冲击，经监管部门审慎研究决定，资管新规过渡期延长至2021年年末。

一系列监管政策要求整改证券公司大集合资管计划，主要目的在于处置大集合计划的"资金池"问题。根据资管新规的定义，资金池业务具有"滚动发行、集合运作、分离定价"的特征：券商资管资金端通过定期或不定期产品的滚动发行，聚集形成资金池，可投向存续期较长的资产，实现期限错配；在资金池内，不同来源与期限的资金集合运作，用新募集资金为到期资管产品提供刚性兑付；资金池产品多采用"预期收益型"估值的报价型产品，以自有资金或资金池资金确保预期收益，引导投资者产生刚兑预期，从而抬升无风险收益率的预期，扭曲投资者对风险的认知。2017年5月，中国证券监督管理委员会明确提出叫停资金池业务，窗口指导内容包括"规模逐月递减""严控投资范围""严控久期错配程度"等要求。因此，受监管政策的影响，券商集合资管计划在2017年第一季度达到阶段性高点2.29万亿元后，资管规模持续收缩，至2018年年末达到最低点1.91万亿元，2019年以来规模略有回升，至2020年年末集合资管规模为2.09万亿元。

从行业特征来看，龙头券商集合资管优势突出，规模集中度较高。集合资管规模排名前十的券商总计管理资产8400亿元，占统计

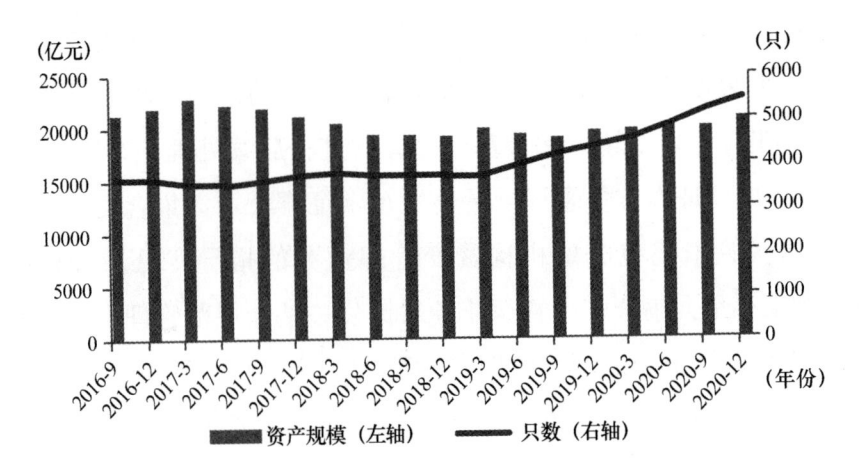

图 3-24 2016—2020 年证券公司集合资管计划规模及数量

资料来源：Wind。

的 96 家券商管理总规模的 51.8%，其中排名前三的中信证券、广发资管及华泰证券资管的集合资管净值规模均超千亿元。

表 3-6 截至 2021 年第一季度集合资管净值规模排名前十的券商

	管理人	产品数量（只）	份额合计（亿份）	资产净值合计（亿元）
1	中信证券	281	1296.38	1364.40
2	广发资管	165	990.42	1240.43
3	华泰证券资管	272	1055.79	1067.85
4	招商资管	169	1016.08	992.95
5	国泰君安资管	303	641.79	734.48
6	财通证券资管	282	694.74	703.62
7	中银证券	217	627.55	630.38
8	光证资管	135	626.52	624.93
9	浙商资管	222	531.11	532.11
10	中泰资管	113	501.78	509.79

资料来源：Wind。

从资产配置来看，债券及现金类资产为投资主力，但规模逐年下降，股票投资规模有所上升。2020年集合资管计划的资产配置中持有债券3375亿元，同比下降23.3%，2016年债券投资达峰值9066.5亿元后，逐年递减；持有现金666亿元，同比下降28.6%；持有股票585亿元，同比增长34.5%。由此可见，券商资管产品整体风险偏好较低，偏好高流动性、低风险的固收类及货币类资产，投资风格以重固收、轻权益为主。与此同时，权益投资规模的提升反映出券商资管正在向主动管理模式转型，对收益率的追求有所提升，未来随着集合产品完成净值化转型，为满足养老金、银行等机构投资者及高净值个人投资者不同的投资需求，券商资管业务需要努力提升自身主动投资的投研实力，实现多元化配置，有针对性地推出可满足不同风险偏好和收益期望的产品类型，固收、货币及权益类资产的配置将更加均衡。

从业绩来看，各类集合理财产品整体业绩表现较好，体现出主动管理的能力。截至2021年3月25日，筛选出成立时间一年以上且公布收益率的券商集合资管计划2560只，其算数平均收益率为10.6%，其中收益率为负的产品366只，占比为14.3%；收益率为正的产品2194只，占比为85.7%。按投资类型分类，股票型收益率最佳，近一年平均收益率为39.7%，略高于沪深300指数近一年36.23%的回报率；另类投资型及混合型同样表现不俗，平均年收益率分别为31.6%、26.0%；债券型产品平均年收益率为3.5%，但或是受2020年信用债市场暴雷的冲击，年收益率为负的债券型产品286只，占比为17.1%。

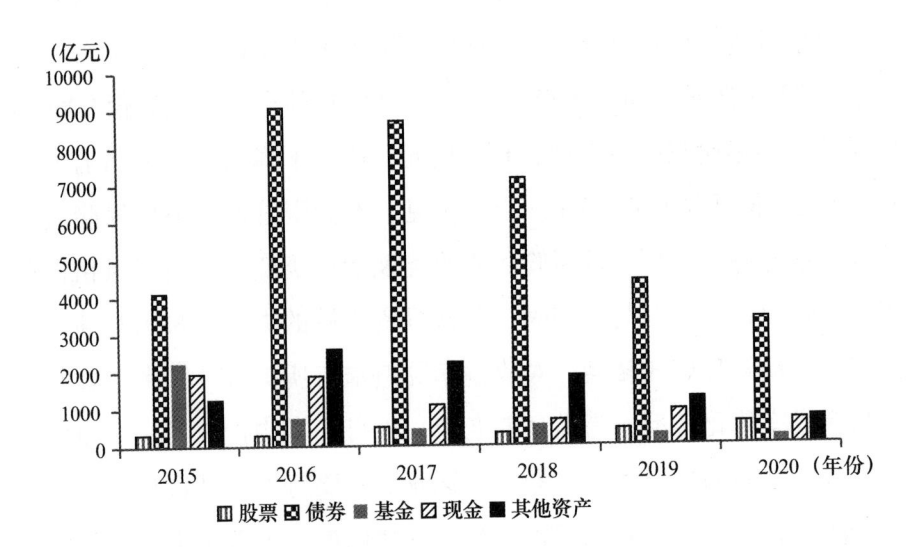

图 3-25　2015—2020 年集合资管产品资产配置市值构成

资料来源：Wind。

表 3-7　　　　　　　　　2020 年集合理财产品业绩分类统计

	近一年平均收益率（%）	统计数量（只）
债券型	3.50	1676
混合型	26.02	534
股票型	39.70	76
FOF	24.83	184
货币市场型	2.33	52
FOT	9.77	28
QDII	15.54	8
另类投资型	31.64	2

资料来源：Wind。

（二）证券公司公募基金业务

证券公司资管产品公募化转型始于2013年6月1日《证券投资基金法》正式实施。《证券投资基金法》规定不允许新设投资者超过200人的大集合产品，已成立大集合产品可在存续期内继续运作，大集合产品归入公募基金监管体系。同时，2013年6月1日起，中国证券监督管理委员会发布的《资产管理机构开展公募证券投资基金管理业务暂行规定》开始实施，券商、保险等机构获得申请公募基金牌照的资格。2018年4月27日，《关于规范金融机构资产管理业务的指导意见》的发布正式拉开了券商集合资管向公募基金转变的序幕；2018年11月30日，中国证券监督管理委员会发布《证券公司大集合资产管理业务适用〈关于规范金融机构资产管理业务的指导意见〉操作指引》，要求存量大集合资产管理业务对标公募基金规范管理，逐步变更注册为公募基金产品，为顺应资管新规过渡期延期一年，本操作指引过渡期同步延长至2021年年末，据不完全统计，至2020年年末，已有93只券商大集合产品完成公募化改造，资产净值总计1500亿元，全市场仍剩余7000亿元产品尚待改造。

2020年，资管新规放宽公募牌照"一参一控"限制，券商资管公募化加速。2020年7月31日，中国证券监督管理委员会发布《公开募集证券投资基金管理人监督管理办法（征求意见稿）》，办法中优化了公募牌照制度，适当放宽了"一参一控"限制，允许同一主体同时控制一家基金公司和一家公募持牌机构，这意味着券商资管公募牌照申请放开，对于已控股一家基金公司的券商，其资管子公司仍能申请公募牌照，有助于券商实现大资管布局，加速经纪业务向资产管理的转型。截至2021年3月末，已获得公募牌照的证券公司有14

家，包括6家证券公司及8家券商资管子公司。在基金投资顾问业务试点、积极布局财富管理业务的大环境下，公募牌照的放开意味着，证券公司可以依托成熟的研究团队、经纪业务积累的客户资源等优势更好地扩大其公募资管业务的发展，探寻大资管时代下的新的业务增长点。2020年公募基金市场的异常火爆，表现出居民储蓄以公募基金为入口向资本市场迁移的趋势，也激发了居民对财富管理的需求，因此券商资管应顺势而为，充分发挥主动投资的管理能力，积极把握开展公募基金业务的机遇。

表3–8 截至2021年3月末持公募牌照的券商管理公募基金情况

	基金资产净值合计（亿元）	基金数量合计（只）	获得公募牌照时间
上海东方证券资产管理有限公司	2096.66	63	2013年8月
中银国际证券股份有限公司	1193.69	30	2015年8月
财通证券资产管理有限公司	525.73	25	2015年12月
华泰证券（上海）资产管理有限公司	240.71	17	2016年7月
长江证券（上海）资产管理有限公司	182.17	14	2016年1月
浙江浙商证券资产管理有限公司	140.41	18	2014年8月
渤海汇金证券资产管理有限公司	115.94	7	2014年11月
中泰证券（上海）资产管理有限公司	112.80	10	2017年12月
山西证券股份有限公司	88.70	10	2014年3月
东兴证券股份有限公司	67.75	16	2015年1月
国都证券股份有限公司	0.61	3	2014年8月
华融证券股份有限公司	—	—	2013年12月
北京高华证券有限责任公司	—	—	2015年8月
国泰君安证券资产管理有限公司	—	—	2021年1月

资料来源：Wind，中国证券监督管理委员会。

表3-9　　截至2021年3月末券商公募基金类型及规模

	基金资产净值合计（亿元）	基金数量合计（只）
货币市场型	590.87	9
股票型	48.81	16
混合型	1853.32	105
债券型	2272.17	83

资料来源：Wind。

（三）证券公司通道型资产管理计划

证券公司通道型资管业务经历了两个发展阶段：第一阶段是2012—2017年的生长期，2012年10月中国证券监督管理委员会发布《证券公司定向资产管理业务实施细则》以来，券商定向资管投资范围扩大，2013年7月中国证券业协会发布《关于规范证券公司与银行合作开展定向资产管理业务有关事项的通知》，明确了证券公司可以与银行合作开展定向资产管理业务，2014年5月中国证券监督管理委员会发布《关于进一步推进证券经营机构创新发展的意见》，鼓励约定购回、股权质押回购等融资担保型业务创新，进一步推动定向通道类股票质押业务的繁荣，直至2017年第一季度，以通道业务为主的券商定向资管计划存续规模达到历史峰值，总计16.06万亿元，产品数量1.9万只；第二阶段是2017年以来的严监管期，2017年5月中国证券监督管理委员会新闻发布会上提出证券基金经营机构从事资管业务应坚持资管业务本源，不得从事让渡管理责任的"通道业务"，2017年11月证券基金机构监管部发布的《机构监管情况通报》提到"通道有风险、通道不免责"，至此通道业务的风险引起监管部门重视，券商通道业务规模面临拐点，2018年4月资管新规及其配套细则出台以来，以通道业务为主的券商定向资管计划规模持续收缩，在降杠杆、去通道的监管高压下，证券公司开始清本溯源，积极整改通道业务，回归资管业务的投资本质，至2020年年末券商定向资管计划存续规模5.92亿元，已缩减至2017年第一季度的36.9%。

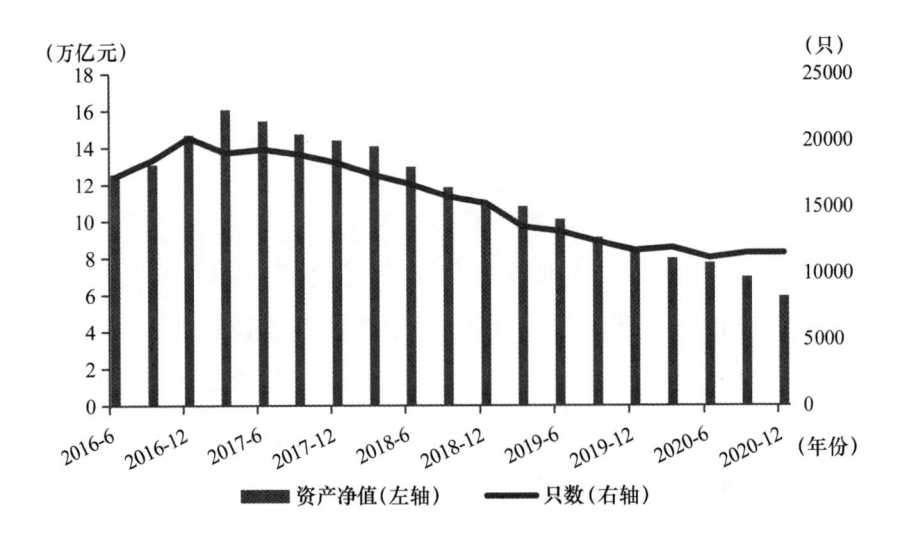

图3-26 2016年6月—2020年12月券商定向资管计划存续规模及数量

资料来源：Wind。

传统通道业务以监管套利为主要目的，通道方风控意识薄弱，易导致风险累计，严监管环境下已无发展空间。通道业务在法律上没有统一定义，但据证券基金机构监管部总结，通常表现出四大特征：一是资金资产两头均在外；二是通道方按照委托方的投资指令开展业务，不承担主动管理责任，三是投资风险由委托人承担，四是通道方赚取较低的管理费。这一业务模式起源于银信合作，即银行借助信托计划的通道规避监管，实现表外放贷，随后券商资管参与到通道业务中通过银证合作，为银行提供出表新渠道。在银证合作中，银行首先委托证券公司设立定向资管计划，然后将资金投向特定领域，包括票据资产、委托贷款、信托计划、保险资管计划等，此类业务能够帮助银行规避投资范围、信贷额度、资本充足率等监管约束，信贷资产转移出表，有效实现监管套利，而证券公司在无须承担风险责任的同时赚取可观的通道管理费。

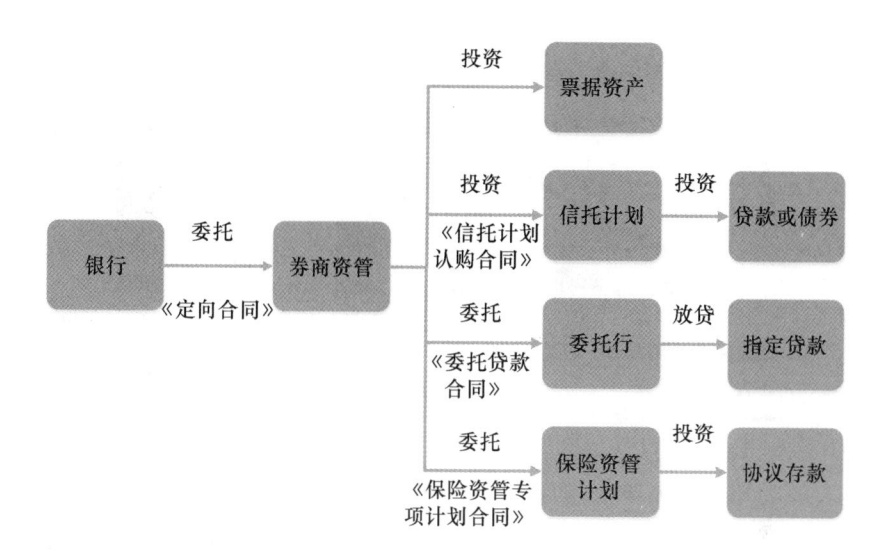

图 3-27　银证合作下券商资管通道业务模式

资料来源：笔者根据公开资料整理。

去通道大格局掣肘监管套利的传统通道业务，兼具投行和资管双重属性的 ABS 产品有望成为券商通道型资管业务新的着力点。从 ABS 发行来看，2020 年企业合计发行 ABS 产品 1475 只，总额 1.57 万亿元，共覆盖 21 个品种，资产来源多元化。横向看，2020 年发行规模排名前六的 ABS 产品依次为供应链账款、个人消费贷款、租赁资产、应收账款、企业债权、商业房地产抵押贷款，累计 1.14 万亿元，占比为 72.4%；纵向看，2015 年以来 ABS 发行量持续攀升，2020 年企业 ABS 发行数量及总额分别同比增长 42.5%、41.8%，且由于中国

ABS产品的发展创新、企业对于盘活资产获取流动性的需求日益增长，供应链账款、应收账款、商业房地产抵押贷款等多个品种的ABS产品发行量都逐年增长。

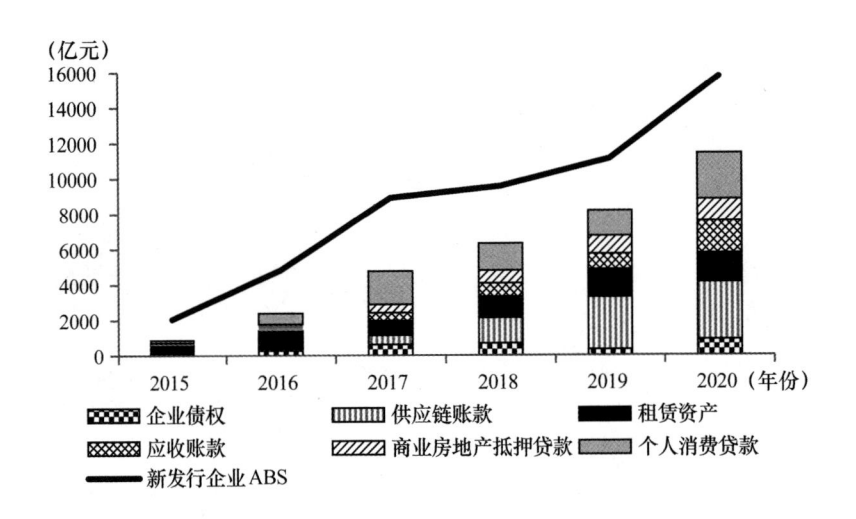

图3-28　2015—2020年企业ABS总发行量及各品种发行量

资料来源：Wind。

从产品供给端来看，一方面ABS作为偏向事务管理及投行特性的资管计划，有利于管理人加强前期尽调、内部风控及存续期管理，保障资产安全性；另一方面，资管新规指出"依据金融监督管理部门颁布规则开展的资产证券化业务，不适用本意见"，ABS产品受杠杆率、嵌套层级、期限错配、信息披露等约束较少，是金融机构实现盘活资产、做大规模的重要合规工具。从产品需求端来看，由于资管新规对ABS产品进行了豁免，因此投资者可以通过银行间市场、交易所发行的标准化ABS资产满足非标转标，配置高收益资产，通过ABS业务进行资产出表的需求。

◇ 第三节 2021年证券公司资产管理业务发展展望

一 监管环境展望

在新冠肺炎疫情冲击下，完成资管新规整改难度较大，过渡期延长给券商资管业务整改提供空间。2020年7月31日，中国人民银行决定将资管新规的过渡期延长至2021年年末。对于2021年年末之前仍难以完全整改到位的个别金融机构，可进行个案处理，列明处置明细方案，逐月监测实施，并实施差异化监管措施。中国证券监督管理委员会表示，为落实有关政策安排，《证券期货经营机构私募资产管理业务管理办法》及其配套规范性文件、《证券公司大集合资产管理业务适用〈关于规范金融机构资产管理业务的指导意见〉操作指引》过渡期同步延长至2021年年末。据估算，至2020年年末存量整改资管规模在40万亿元左右，其中社会融资中委托贷款（扣除住房公积金委托贷款）和信托贷款合计约为12万亿元，证券公司定向资管计划5.92万亿元，单一资金信托6.13万亿元，市场上其他资管产品规模约为15万亿—20万亿元，可见当前金融机构仍面临较大规模的整改压力，需要时间保障改革平稳运行。

过渡期延长具有稳定实体经济、防范风险滋生的作用。从服务实体经济的角度来看，2020年以来，中国正处在经济下行周期的尾部，经济主体资产负债表尚未修复，叠加新冠肺炎疫情的停工停产冲击，企业面临现金流断裂的风险，金融去杠杆政策大力收缩非标的同时，也收窄了中小企业的融资渠道，2020年下半年信用债市场违约冲击又进一步恶化融资环境，因此有必要通过延长过渡期来缓解资产端实体企业的还款压力，稳定对实体经济的融资供给，提高金融对实体经济的支持力度。从风险防控的角度来看，40万亿元左右的资管产品的转型涉及金融资源和金融风险承担者的重新调整和分配，新老产品的转型路径牵动着资金端的广大投资者和投资端的融资项目，关系到实体经济的发展和社会财富的保值增值。为规避处置过程中局部风险事件演化为系统性风险，采用过渡期延长的方案可缓解老产品强制清退的压力，防范非标再融资困境叠加带来的信用风险集中暴露，预防风险事件在金融与实体经济之间蔓延传染。

一年过渡期的延长意味着改革空间难以再度放松，鼓励金融机构积极整改、早日完成任务。资管新规过渡期延长表现出监管层面的宽严相济，既为金融机构转型提供时间，又在强约束下给金融机构施加压力，释放出无进一步放松空间的信号，因此要求各金融机构在剩余时间内明确进度安排，早日整改、早日达标。2020年，已有十余家券商审议通过相关资管产品整改方案，整改方案的内容主要包括对大集合产品的公募化改造，对非标资产及低流动性资产的有序压降，对定向通道类产品采取主动管理改造、到期清算、提前变现等方式规范整改。2021年剩余的过渡期能够为券商资管争取更多与投资者协调存量资产处置方案的时间，也能够为券商资管集合资管公募化转型、研发新产品、承接存量资产提供更长的缓冲期，为摸索如何开展主动管理业务提供空间，未来券商资管业务将朝着规范化、精细化方向稳步转型。

二 证券公司资产管理业务发展展望

(一) 券商全产业链布局的展望

资管业务依托经纪、投行及卖方研究业务优势，打造券商全产业链布局。资产管理在券商所有板块中的业务综合性最强，对客户营销能力、市场交易能力、投资管理能力、风险控制能力和产品设计能力均有所要求。相较于商业银行以其庞大的客户群体在资管业务规模上占优，公募基金以其深耕的投研团队在主动投资能力上占优，证券公司主要的优势在于拥有投行、经纪、自营、资管业务共同构筑的综合金融服务平台。从客户群体端看，券商依托其经纪业务及线下营业网点能够获取稳定的客户资金，且客户黏性较大；从资产端看，资管业务可投资于上游投资银行部门开发的各类资产，实现一、二级投融资联动；从投研实力看，券商研究所已培育了一批资深的行业分析师，能够帮助券商资管扩容权益市场的主动投资。因此，未来随着券商资管业务日益成熟、规模壮大，券商资管将成为衔接券商上下游业务的枢纽环节，以经纪业务为流量入口，通过专业的投研服务和精准的用户肖像刻画将客户引流至资管业务，充分发挥券商的业务协同和综合实力优势，依靠经纪、投行、托管业务现有优势及研究所的研究实力，扩大资管实力，从而充分发挥全产品链的优势。

(二) 券商公募基金业务的展望

公募业务的开展挑战与机遇并存。一方面，券商开展公募基金业务面临的挑战表现在三大方面：一是公募基金标准化程度很高，券商资管与之差距明显，短期内改造压力较大；二是券商资管开展公募业务需要受到双重监管，且会纳入母公司分级评价体系，合规压力较大；三是券商资管相较于公募基金的净资本要求较高，受制于券商自营及代客理财两条业务线的监管规则，约束较多。另一方面，入场公募业务将帮助券商资管实现私募、公募全方位布局，扩大资管规模，实现主动投资转型。截至2020年年末，仅有14家券商拥有公募牌照，2家券商正在排队审批中，同时多家券商有意向或正在筹备公募牌照的申请，从战略层面来看，券商争取公募牌照是明智之举，也是大势所趋。首先，大部分券商资管业务目前仍局限于固收类产品，在打破刚兑的环境下，监管层鼓励券商资管业务向权益产品倾斜，但受募集方式等因素的限制，目前券商资管在权益投资方面表现平平，公募基金牌照的发放将促使券商资管摆脱以往对资金池及通道类业务的依赖，积极打造净值化的主动管理产品。其次，获得公募基金牌照后，将有更多银行、社保、保险领域的资金进入券商资管，为券商资管规模的提升打开了大门。其三，2020年呈现出居民储蓄向资本市场大转移的趋势，公募基金的发行规模节节攀升，至2020年年末市场公募基金规模超2万亿元，发行数量达7402只，券商拥有公募基金管理牌照后，能够受益于居民储蓄向资本市场的转移实现业务扩容，针对不同的客户群体提供差异化产品。

（三）券商资管"固收+"业务的展望

加大布局"固收+"产品，长期发展前景良好。"固收+"产品以债券投资作为主要配置，在此基础上增加对其他高收益资产的配置，包括股票、可转债、打新等，在后资管新规时代，由于市场无风险利率下行、刚兑预期打破，风险偏好较低的投资者希望能够在保证产品波动率的前提下追求一定的收益率，"固收+"产品顺势推出。目前各家券商资管均在打造"固收+"类产品，不同的券商基于自身投研优势的差异选择配置不同的投资组合，包括可转债、股票、FOF及衍生品等，产品线已覆盖偏债混合、二级债基、一级债基、纯债等多种产品类型。从需求端来看，在利率下行周期中，纯债型理财产品难以满足投资者对收益率的期望，权益型产品又波动较大，因此"固收+"产品能够满足风险偏好中低、有长期理财需求的、强调绝对收益的这部分群体的理财需求。从供给端来看，"固收+"产品的竞争优势取决于管理人的股债资产动态配置能力，也取决于配置主力——固收端的投研能力，券商资管既可以发挥固收板块累积的投资经验，又能够通过打造专业化的量化平台及账户管理系统增强其股债混合账户比例轮动调整的执行能力，未来券商资管在"固收+"业务板块仍有较大的发展空间。

（四）券商FOF及另类投资业务的展望

FOF及另类投资业务有望成为券商资管业务的蓝海。由于公募基金、保险、银行理财及券商资管等金融机构纷纷入场传统公募基金，市场同质化较严重，因此券商资管需要打造创新型产品，FOF基金或另类投资业务有望为券商资管发挥比较优势。

从FOF基金来看，2020年284只券商系FOF产品的平均收益率高达18%，其中年内收益率在30%以上的FOF型产品共有93只，收益率在40%以上的产品共有37只，在券商各大类集合理财产品中，平均收益率表现突出。券商开展FOF业务的优势表现为三大方面：一是研究实力方面，相较于银行理财以固收投资为主，公募基金深耕权益投资，券商资管在大类资产配置，量化策略等方向优势较突出；二是投资标的方面，券商资管可投方向灵活，投资范围广泛，包括公募、私募基金，策略包含多头、对冲、商品、高频、股票 T+0，这些投资范围并非公募、保险等资管机构都能投资的；三是托管业务方面，券商对私募基金的托管量非常大，有天然的数据研究的基础，有助于券商资管开展基础资产挖掘、产品设计及风险监控。

从另类投资来看，ABS 具有非标转标的融资替代功能，由证券公司主导的企业 ABS 是最能发挥券商"投行资管"优势的业务，将成为未来券商资管发展的重要方向和利润增长点。一方面券商可以收取承销发行和转让交易的费用，另一方面随着资产支持证券基础资产规模的增加，券商可以基于此发展衍生业务。近年来在企业 ABS 领域，部分券商在基础资产、交易结构、增信方式、兑付方式、定价方式及市场层面的持续创新，形成其独特的竞争优势，市场规模也稳步增长，2020 年券商资管计划发行的 ABS 产品总规模为1.37 万亿元，同比增长 53.4%，较 2019 年同比增长 11.9%，增速显著。目前，ABS 底层资产覆盖类型繁多，主要的资产类型包括租赁资产、商业不动产抵押贷款、个人消费贷款等。2020 年 4 月 30 日，中国证券监督管理委员会及国家发展和改革委员会联合发布《关于推进基础设施领域不动产投资信托基金 REISs 试点相关工作的通知》，境内基础设施领域公募 REITs 采用"公募 ABS"的产品形态正式试点起步，为 ABS 业务开辟新的产品线，更加利好获得公募牌照的券商机构。

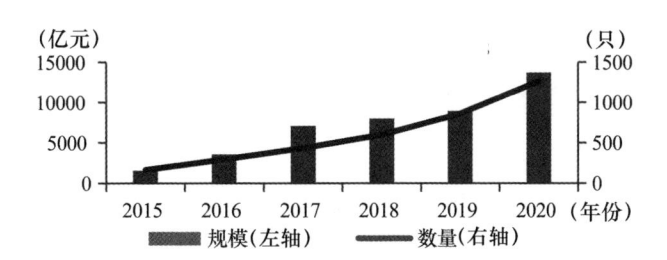

第三章 证券公司资管：加速主动化管理提升竞争实力 | **213**

图 3-29　2015—2020 年券商资管计划 ABS 产品发行规模

资料来源：Wind。

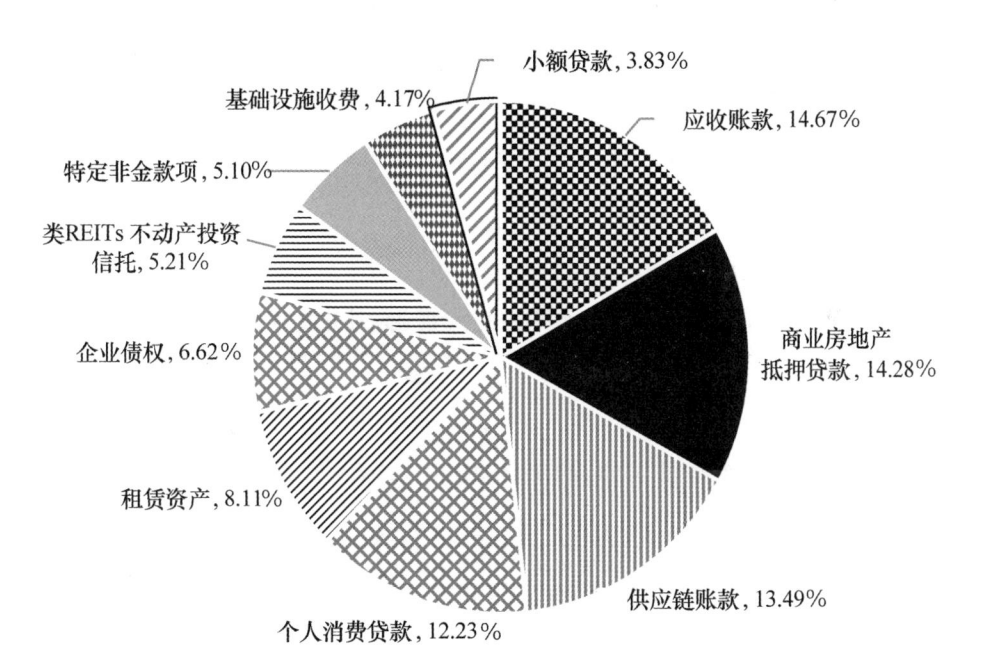

**图 3-30　截至 2021 第一季度存量中国证券监督管理委员会
主管 ABS 中规模前十的各类型比重**

资料来源：Wind。

第四节 2021年证券公司资产管理业务的机遇与挑战

一 加大开放背景下，资产管理业务的全球竞争格局

中国金融市场开放的进程进一步加速。自2018年以来，中国已集中出台多项扩大金融开放政策，开放领域涉及银行、保险、券商、债市等多个领域。2019年7月20日，国务院金融稳定委员会出台《关于进一步扩大金融业对外开放的有关举措》，发布11条金融业对外开放措施，成为中国金融行业加大对外开放力度的一大里程碑，并对银行理财、保险、券商等主体的资产管理业务产生重大影响。

表3-10 国务院金融稳定委员会出台金融业对外开放11条

	举措
银行理财	鼓励境外金融机构参与设立、投资入股商业银行理财子公司
	允许境外资产管理机构与中资银行或保险公司的子公司合资设立由外方控股的理财公司
保险	允许境外金融机构投资设立、参股养老金管理公司
	人身险外资股比例限制从51%提高至100%的过渡期，由原定2021年提前到2020年
	取消境内保险公司合计持有保险资产管理公司的股份不得低于75%的规定，允许境外投资者持有股份超过25%
	放宽外资保险公司准入条件，取消30年经营年限要求

续表

	举措
券商	支持外资全资设立或参股货币经纪公司
	将原定于2021年取消证券公司、基金管理公司和期货公司外资股比限制的时点提前到2020年
债券市场	允许外资机构获得银行间债券市场A类主承销牌照
	进一步便利境外机构投资者投资银行间债券市场
	允许外资机构在华开展信用评级业务时，可以对银行间债券市场和交易所债券市场的所有种类债权评级

数据来源：中国人民银行，中国银行保险监督管理委员会，中国证券监督管理委员会。

在银行理财方面，金融开放政策鼓励外资金融机构、外资资产管理机构在子公司层面以及孙公司层面进行股权合作，并且理财公司层面可以由外资控股。中资银行理财机构与外资资管的互补性明显，银行理财子公司在渠道、品牌、客户、资产获取等领域具备优势，而海外头部资管机构在产品设计、管理、运行上有更丰富的经验。在政策鼓励引导下，外资金融机构入股理财子公司迎来"黄金窗口期"。

2019年12月20日，中国银行保险监督管理委员会批准东方汇理资产管理有限公司与中国银行财务管理有限公司在上海共同设立财务管理公司，东方汇理是2010年由法国农业信贷银行和法国兴业银行的资管业务合并而成的金融机构。该财务管理公司由东方汇理出资55%，中国银行财务管理出资45%，是第一家在中国设立的外资金融管理公司。此外，2019年12月，中国建设银行与世界顶尖资管机构贝莱德集团和淡马锡控股公司讨论成立一家外资控股的资产管理合资企业，贝莱德和淡马锡计划持有合资企业的控股权。该合资企业的业务范围包括投资管理和咨询,将为国内投资者开发在岸投资产品,并将贝莱德和淡马锡在其他市场的成熟做法带到中国。

在私募方面,外资私募布局中国市场的步伐明显加快。2020年3月20日,罗素投资管理(上海)有限公司、景顺瑞和(上海)股权投资管理有限公司以及绿光环球(上海)资产管理有限公司在上海举行开业仪式。2019年,陆续有联博汇智、安联寰通、德劭、野村、霸菱、腾胜、东亚联丰7家机构完成外资私募备案登记,备案数超过2018年全年,截至2020年3月,在中国已备案外资私募数量达到25家。同时,外资私募发行产品的节奏也异常紧凑。2020年3月以来,瑞银资产管理(上海)有限公司连续备案4只产品,路博迈投资管理(上海)有限公司在2020年完成了银河资本—路博迈信淮1号集合资产管理计划的产品备案,腾胜投资管理(上海)有限公司于3月10日完成旗下首只私募基金备案。外资私募备案的中国私募基金数量达到71只之多。此外,外资私募在获取投顾资质上也有新的进展。中国证券投资基金业协会数据显示,对冲基金桥水基金旗下的桥水(中国)投资管理有限公司已于2020年1月获得私募投顾资质,成为继富敦、路博迈、贝莱德、毕盛、安本标准、元胜之后,第8家可在中国提供投资顾问服务的私募机构。

在公募基金方面,中国证券监督管理委员会于2020年3月13日表示,基金管理公司外资股比限制将于2020年4月1日起在全国范围内取消。外资进入公募基金行业,将带来风险控制、投资理念和投资流程的借鉴经验,并为公募行业带来多层次和多元结构发展的空间。截至2019年10月,141家公募基金公司中,中外合资企业有53家。其中,外资机构持股49%的达14家,距外资控股只差两个百分点,包括国联安基金、华宝基金、汇丰晋信基金等。据报道,2020年以来,贝莱德、富达、施罗德、路博迈等多家国际排名领先资管机构正在积极筹备,在政策放开后立即申设独资公募基金管理公司。

在保险方面,中国银行保险监督管理委员会发布的对外开放措施中,2020年涉及保险业对外开放的发力点主要有三方面:一是外资人寿险公司外资股比的限制从51%提高至100%的过渡期至2020年;二是取消境内保险公司合计持有保险资产管理公司的股份不得低于75%的规定,允许境外投资者持有股份超过25%;三是放宽外资保险公司准入条件,取消30年经营年限要求。在此背景下,外资进入中国保险行业加速。2020年3月,大韩再保险上海分公司在上海开业,作为大韩再保险公司在华首家业务实体,大韩再保险上海分公司的设立是上海市第一批金融对外开放项目清单中的重点项目。

在券商资管方面,中国证券监督管理委员会2020年3月13日表示,自2020年4月1日起取消证券公司外资股比限制。目前,已有摩根大通、野村东方国际、瑞银证券等实现外资控股。作为全国首批新设外资控股合资券商,野村东方国际证券有限公司于2019年12月在上海正式开业,初期重点发展资产管理业务;2020年3月,摩根大通证券(中国)有限公司在上海开业。此外,星展银行已正式申请在上海设立控股合资券商,摩根士丹利拟将其在摩根士丹利华鑫证券中的持股比例从49%提高至51%。在资产管理领域,外资券商机构正逐步增大对中国市场的参与度和影响力。

二 监管新规给证券公司资产管理业务带来的挑战

在资管新规的风暴中,券商资管资金池与通道业务是此次整改的重点，为此带来的冲击主要表现在资金端与资产端两个方面。

资金端：通道资金退场，募集难度增加，投资者门槛提升。第一，通道业务与集合计划机构资金下降的压力。一方面，在2020年资管新规过渡期结束前，去通道工作仍将持续，原银行委外资金用于投资非标债权的通道即将关闭，通道资金退场，并一去不复返。另一方面，根据监管部门窗口意见，大集合资金池的清理工作使得券商集合资管规模同样面临下行压力，非标债权产品给予一定期限整改，其余流动性较好的存量资金池需严控产品投资范围、规模逐月递减。第二，打破刚兑，资金池操作模式被否定，净值化产品募集难度增加。过去大集合资金池滚动发行募集低价、短期资金投放到长期的债券股权项目，寻求收益最大化。五大行股份制银行的资金是券商资管主动管理资金中最主要的来源，如今打破刚兑、产品收益率走低以及银行体系内监管力量的增强，会给银行理财规模增长带来一定压力，这种压力也势必会向券商资管资金端传递。第三，大集合公募化改造，摸着石头过河。券商资管公募牌照的申请更多的是为了对接大集合，而公募业务操作规范，对投研能力和产品设计均要求较高，此前大部分券商并未在公募业务上进行重点投入，整体处于"摸着石头过河"的探索阶段。过去近5年券商公募整体发展较为缓慢，截至2019年年末共有13家券商获得公募基金牌照，有无牌照直接决定了改造难易程度，未持牌券商公募改造后仍面临挑战。对于未持有公募牌照的券商，仅采取合同变更的方式将其管理人变更为其控股、参股的基金公司，不能完全享受公募基金分红免税、保险资金投资等政策利好。

资产端：被动管理被封堵，主动管理规模将加强。第一，被动管理业务被堵。在资管新规中，券商资管在被动管理业务资产端的影响主要来自非标业务的投资受限，监管对于非标通道业务的约束已经形成多条路共同封堵的局面。2018年1月，监管机构已经暂停券商资管对委托贷款、信托贷款等投资，同时股权质押已经受到了严格监管。监管机构通过窗口指导要求定向计划不得参与银行委托贷款、信托贷款等贷款类业务。定向资管业务中股票质押也受到了投资上限的制约，客户作为融出方接受单只股票质押的数量不得超过该股票股本的15%，股票质押回购的规模也将降低。第二，回归资管业务本源，主动管理产品同质化严重，收益率低。在资管新规中，主动管理业务的资产端也受资管新规中多层嵌套规则的影响，整体规模呈现下降趋势。券商资管需加强主动管理，回归资管业务的本源是当下最为迫切的转型方向。然而当前券商产品设计与公募基金趋同化，与中高端客户的需求不匹配，且收益率较低，产品不具备吸引力，自身投研优势并未得到充分发挥。

三 金融科技的发展对大集合证券公司资产管理业务带来的机遇与挑战

近年来资管机构正大手笔注入金融科技，纷纷布局以人工智能、云平台和区块链为主的产品，逐步应用于投研、营销和风控等环节。应用一是在资产投资环节，将影响基础资产的构成和投资决策的方式。人工智能等新技术的发展及应用，丰富了风险管理手段，同时也引入了全新的资产识别方式，使得过去一些分散的、小规模的资产可以被准确识别和管理，有效扩充了资产管理体系的基础资产池范围。应用二是在市场分销环节，将改变产品营销体验和客户服务方式。在金融科技的驱动下，将大力驱动普惠金融的发展，智能投顾覆盖长尾投资者。金融科技将作为资管的补充与延伸，将营销业务以低成本方式向传统金融不发达的地区延伸，这有助于券商资管公募基金布局财富管理，借助投研优势，向普惠金融领域延伸。应用三是在风险控制环节，将提升风险识别的范围和准确率，提高风险监控的能力，提升风险预警的效率。借助于大数据挖掘分析、人工智能算法等技术，可以提高数据采集的范围、提升数据处理的效率，将覆盖更为广泛的风险事件来源，有效地识别市场情况的变化，更好对金融风险进行预测和感知。借助区块链技术，可以更高效地解决大集合资金池问题，对资管计划单独建账、单独核算、分离定价，加快净值化管理的推进。

任何技术在发展应用中都伴随着收益与风险的双面性，不能忽略金融科技的快速应用带来的风险隐患。隐患之一是信息泄露与模型风险。黑客对于金融机构的攻击日益增多，存在客户信息外泄等风险；金融科技使用过程中可能面临信息系统中断等风险；金融科技本身涉及复杂的技术、算法等，可能存在模型风险。基于此，必须结合金融科技的应用，建立有效的风险防控体系，评估金融科技的风险因素；加强客户信息保密、严格限制授权；加强算法与模型的验证，确定清晰的工作流程；预防黑客攻击。隐患之二是资管业务与技术产品化的匹配程度。金融科技在与资管业务不断交叉融合的过程中，会产生大量新业务、新模式。随着金融科技带来的交易量的增长、业务复杂度的增加，在技术创新提升效率的同时，如何避免因技术问题造成的金融市场波动和负面影响，这在行业规划和监管措施中还存在一定空白。金融科技的发展明显快于规章制度的建立，行业还缺少有效的治理模式与监管政策，对于风险清单、经营范围的规范均有待进一步完善。

四 资本市场大发展为证券公司资产管理业务带来的机遇与挑战

资管新规落地后，监管政策着重于对持牌的各金融机构统一监管，各金融机构资管业务的趋同性更加明显。从公募业务来看，银行理财、公募基金和券商资管对投资者的认购门槛均放低至1元，产品可以公开宣传，因此各机构将一起分割个人投资者的市场份额。从金融开放来看，中国证券监督管理委员会发布2020年4月1日起取消券商外资股比限制，至今中国大陆已有8家外资控股券商，相较于内资券商，外资券商在全球跨市场、跨资产交易与投资上有着更资深的研究，财富管理类业务经验更加丰富，投资理念上更加追求长期价值投资，因此将会对内资券商的资产管理及财富管理业务产生一定的冲击。未来中国资管行业将迎来清本溯源、各类机构共同规范发展的局面，市场竞争必将愈发激烈。

在资管新规席卷的风暴下，券商资管也迎来重塑"大资管"业务的重要契机。在去通道的背景下，寻求业务模式上的突破，加快打造主动管理能力。面对来自银行理财、公募、私募、信托、保险的竞争，券商资管需发挥母公司作为综合业务平台的优势，串联各业务版块，探索与研究、经纪、投行、资本中介、衍生品等业务链上的协同。

资金端与经纪业务协同：大集合产品公募化改造提速有助于集合资管业务回升，与经济业务结合拓宽资金渠道。在券商资管大集合受限，通道业务压缩的背景下，公募牌照将券商资金端由机构客户拓展到零售客户，大大拓宽了券商的资金来源。在完成大集合公募化改造后，投资者参与门槛降至1元，极大地拓宽了投资者范围。券商经纪业务的渠道为资管业务提供了零售客户的资金渠道，产品门槛不高且品类丰富、能够覆盖的潜在客户较多，结合客户的风险画像，为其提供符合风险特征和综合投资需求的产品线，增强客户黏性。

产品端与投研体系协同：券商资管在产品端的机遇在于"做别人所不能"，催生与券商研究体系的合作。在培育自身产品优势方面，券商资管应最大化主动管理能力，根据自身在投研上的禀赋优势，培育优质产品，在权益、固收、量化、衍生品等方面建立比较优势，协同资本中介业务合理配置杠杆，提供有竞争力的产品。在引入外部优质产品方面，充分发挥业务协同与综合实力的优势，对接外部资源为客户提供一站式的大类资产配置。

资产端与投行业务、信用业务的协同：ABS 是资管新规下非标转标的重要选择，也是最能发挥券商"投行资管"的优势业务，将成为未来券商资管发展的重要方向和利润增长点。ABS 业务离不开投行业务在资产端的项目储备与客户挖掘，券商资管与投行业务紧密结合，主动挖掘优质资产，并对接实体企业融资需求，既解决了券商资管资产荒的难题，又缓解了实体企业资金紧张的窘境。随着非标转标渐入佳境，ABS 扩容带来的资管产品设立需求也会逐步升温，随着 ABS 发行规模逐年上升、在债券中占比逐年增大，ABS 业务的发展将为券商资管行业带来长期的业务增量。

五 资管新规过渡期延长对券商资管行业的影响

2020 年 7 月 31 日，经多部委审慎研究决定，《关于规范金融机构资产管理业务的指导意见》过渡期延长至 2021 年年末。2020 年以来，新冠肺炎疫情对全球经济造成严重冲击，部分企业生产经营困难增多，适当延长资管新规过渡期，是从新冠肺炎疫情常态化防控出发，做好"六稳"和"六保"工作的具体举措。资管新规延期对资管行业的影响主要有两方面，一是推动资管存量业务整改平稳进行。新冠肺炎疫情从资金端和资产端，对资管业务产生了双向冲击，尤其是在资产端，部分行业、企业经营困难加大，一些投资项目原有还款安排面临调整。适当延长过渡期，能够缓解新冠肺炎疫情对资管业务的冲击，有利于缓解金融机构的整改压力。二是为金融机构培育规范的资管产品提供宽松环境。过渡期适当延长，能够为资管机构进一步提升新产品投研和创新能力，加强投资者教育和长期资金培育，提供更好的环境和条件，有利于支持资管产品加大对各类合规资产的配置力度。

资管新规延期有利于保持金融市场稳定，防止资产集中抛售。延期1年可使部分资产自然到期，避免因处置风险而产生新的风险，提升对实体经济的支持力度。健全存量资产处置措施，为金融机构化解处置资产提供更多渠道，利于推动平稳转型，具体包括新产品承接、市场化转让、合同变更、回表等多种方式。健全激励约束机制，提升金融机构推进资管转型的动力。对于某些个案可实施差异化监管，体现政策的灵活性，避免"一刀切"，有利于风险平稳化解。

资管新规过渡期延长，为券商资管转型提供了空间与时间。资管新规过渡期，一方面给予通道类资管规模较高或处置难度较大的券商更多的时间完成过渡转型，另一方面对提前完成整改的券商给予评级、资本发行和创新业务等方面的激励政策。在资管新规的过渡期内，已经取得了明显的整改与处置效果，券商通道类业务规模快速压降，但考虑到新冠肺炎疫情对实体经济造成较大的冲击，过渡期的延长有助于稳定融资的供给水平，保障对实体经济的支持力度。在各券商大集合资管产品的改造持续推进中，头部券商包括中信、国君、中金等纷纷对旗下大集合产品完成公募化改造，不断强化自身资管业务的主动管理能力。尽管短期预计资管新规整改仍将对存量产品带来压力，券商资管规模仍然承压，但长期来看，主动管理能力的提升将带来资管费率提升，从而促进券商资管业务良性发展与利润率的提升。

资管新规过渡期延长，有利于缓解新冠肺炎疫情对券商资管业务资产端方面的短期压力，但长期改革大方向没有改变。资管新规的延期有助于延迟当期风险隐患，突出资本市场正能量，利好短期风险偏好提升，维持券商行业整体高景气局面和保险行业资产端的良好状态。从短期来看，一方面避免了存量资产集中处置带来的共债风险等压力，另一方面此举有助于缓解市场对于券商机构估值方面的悲观预期。从中长期来看，延期主要考虑到新冠肺炎疫情对经济金融带来的冲击，但不涉及资管新规相关监管标准的变动和调整，延期有助于缓解存量资产集中处置对金融机构带来的压力，但并不意味着资管业务改革方向出现变化，净值化和打破刚兑仍是政策的大方向。监管部门仍将致力于引导资管行业持续转型升级，为资本市场贡献稳步长期的资金支持。

总结来看，资管新规延期并不代表资管业务改革方向变化，只是在应对新冠肺炎疫情冲击和尊重客观事实的基础上，坚持了平稳过渡的原则。未来监管将继续推动压降存量资产和老产品规模，不太可能存在"拖而不决"的情况。

六 后疫情时代资管行业发展的机遇与挑战

从资产端来看，新冠肺炎疫情的出现冲击到了企业经营，资管产品底层资产风险暴露或有上升。为了有效地控制疫情的蔓延,居民出行限制抑制了居民消费,延迟复工对制造业生产造成了较大影响,其中对可选消费、交通运输、传媒、轻工制造和商业贸易等行业短期冲击最为明显。当前企业部门杠杆水平又处于近年高位,新冠肺炎疫情可能会加速金融市场信用风险的释放,避险情绪导致企业再融资出现问题。

新冠肺炎疫情暴发以来,中国资本市场股票市场波动性加大,信用市场违约事件增多,货币超发下金融资产泡沫积累,这些不稳定因素给中国资管行业的发展提出挑战。2021年中国股票市场的风险点有可能存在于流动性泛滥下的牛市难以持续,高估值行业短期回调、机构"抱团"转向、监管阶段性收紧海外资金流入等问题。在资管产品净值化转型的阶段,由于投资者理性教育尚且不足,股市波动较大会带动投资者追涨杀跌,不利于维护资本市场的资金及价格稳定。从信用债市场来看,债务率和债务结构方面仍存在薄弱环节,蕴藏风险:一是债务率高企,宏观政策转向去杠杆可能造成违约压力上升;二是2021年信用债券到期规模近11万亿元,房地产企业、城投债、过剩产能国企到期再融资规模均高企,违约风险较大;三是信用债券市场庞氏融资积重难返,结构化发行等违规行为造成风险积聚。因此资管行业的专业人员需要更加注重风险管理,提高研判市场的能力,动态优化资产配置,设计低回撤的资管产品,以组合投资熨平风险,提高净值化资管产品在长周期中的韧性与弹性。

从资金端来看,券商资管开启自有资金购买旗下产品,以配合中国人民银行和中国证券监督管理委员会稳定市场。2020年2月初,东方红资管斥资1亿元申购旗下10只偏股基金和集合资管计划,广发证券决定投资不低于5000万元于旗下混合集合资管计划,国君资管出资3亿元自购权益类产品,兴证资管出资2000万元认购旗下权益类产品，海通资管新增1亿元自由资金投资旗下资管计划。券商资管的自购行为被视为价值投资，展现出对A股市场中长期看好的决心，对提振市场情绪起到了重要作用。

从券商2020年的业绩来看，资管业务显现出一定的韧性。在已公布的11家券商资管2020年年报中，5家券商营收同比增速均超过10%，排名前三的东方红资管、国君资管、海通资管营业收入分别为28.62、22.49、18.26亿元，同比增长47.15%、9.26%、32.32%；华泰资管营收9.64亿元，同比增长60.55%，在券商中增幅最大；另外广发资管、银河金汇和兴证资管2020年营收负增长，分别为-2.70%、-12.05%、-15.10%。6家券商资管净利润同比增速超过10%，东方红资管、国君资管、海通资管净利润同比增速分别为34.83%、-2.21%和1.24%。

表3-11　　　　　　　　券商资管2020年年报业绩情况

	营收（亿元）	同比增速（%）	净利润（亿元）	同比增速（%）
东方红资管	28.62	47.15	8.10	34.83
国君资管	22.49	9.26	7.18	-2.21
海通资管	18.26	32.32	7.05	1.24
广发资管	17.31	-2.70	9.24	-2.02
光证资管	15.11	19.04	7.40	36.85
招商资管	12.80	7.33	7.61	1.56
财通资管	12.35	14.06	2.37	17.68
华泰资管	9.64	60.55	3.72	57.83
银河金汇	6.04	-12.05	0.98	73.88
长江资管	5.00	1.00	2.47	14.06
兴证资管	2.26	-15.10	0.76	-15.73

资料来源：公开数据。

从宏观角度看，随着新冠肺炎疫情的有效防控及新冠肺炎疫苗落地，中国经济增长企稳，为资管行业的发展提供机遇。首先，在全球进入低利率甚至负利率的环境下，虽然中国货币市场利率有所下滑，但中国的货币政策强调稳字当头，灵活适度，金融环境整体比较健康，相较而言仍表现出一定的投资价值；其次，由于中国新冠肺炎疫情控制情况良好，经济率先实现复苏，成为2020年全球唯一一个经济增长为正的主要经济体，在中国政府保就业保民生政策的扶持下，企业与居民收入处于正增长态势，因此推升高净值客户及中小投资者对投资理财的需求；最后，中国政策推动资本市场进一步改革开放将逐步释放制度红利，吸引外资流入，推升人民币金融资产估值，为中国资管行业的发展提供了广阔的空间和巨大的机会。

七 财富管理业务发展给券商资管计划带来的机遇

2020年中国人均GDP突破1万美元，人均可支配收入增长，居民的财务配置处于从不动产和银行储蓄向金融资产配置的拐点。从公募基金市场来看，2020年中国出现了权益型基金热潮，散户纷纷入局基金市场，截至2020年年末股票型基金资产净值达1.8万亿元。然而在明星基金业绩表现吸睛的同时，绝大多数散户投资者难以盈利，支付宝平台统计数据显示，截至2021年第一季度，某明星基金净值在过去一年中上涨120%，其间最大回撤在20%—30%之间，而同期在该基金上盈利的基民不到20%、盈利5%以上的基民不到10%，亏损5%以上的基民高达65%。由此可见，当前中国居民财富管理需求显露，却因缺乏专业的投资能力，易掉入追涨杀跌的陷阱中，难以实现资产端的盈利，因此能够为广大投资者提供专业化投顾服务的财富管理业务有望迎来广大的发展空间。证券公司以财富管理业务为纽带，利用自身强大的投研实力和资管优势，能够从渠道端、产品端及投资端开展全链条业务。其中财富管理从客户出发，以客户的账户回报为最终目标，资产管理则从产品出发，以产品业绩为最终目标，两者目标协同，因此未来券商财富管理与资产管理业务可以做到相辅相成、共同发展。

在财富管理转型的背景下，券商资管要想做好"代客理财"，就要真正做到"卖者尽责"。首先，要在充分了解客户理财需求及风险偏好的前提下，明确投资周期，做好资产负债端的管理，在投资端设定合理的年化收益目标，有效管控产品净值的回撤与波动；或在可承受的回撤范围内，力争实现与投资目标相匹配的年化收益，帮助投资者享受低回撤和持续复利的收益，而非在产品波动造成的巨大扰动中追涨杀跌、蒙受损失。其次，在产品设计上，券商资管通过提供公募产品满足大众财富管理客户的日常投资需求，小集合、单一资管计划的产品设计则可满足高净值客户及机构投资者的个性化、定制化投资需求，实现零售、高净值及机构客户的全方位财富管理布局。但是，相较于国外投行提供的财富管理产品，中国券商的资管产品还存在品种较单一，投资资产范围较窄，定制化程度不足等问题，目前难以满足部分高净值客户财富传承、全球资产布局等需求，因此还需要券商资管团队打磨功力，通过构建智能的量化模型、多策略的研发平台及低相关性的投资组合助力高净值客户的财富增长，共享投资收益的回报。

表 3-12　　　　　　　国内外投行财富管理产品对比

	国外投行产品	国内券商产品
传统型	股票型、债券型、货币市场型基金、另类投资基金及 QDII 基金	少数开展私募基金
高端型	IPO 锚定投资、私募股权基金、非金融资产投资、多资产配置的定制化产品、全球范围的机会投资	
定制型	家族理财计划，遗产信托计划、影响力投资、财务避税计划、艺术品投资	

资料来源：笔者根据公开资料整理。

第四章

保险资管：有望迎来规范大发展时代

随着政策的完善和保险资金运用的拓展，中国保险资管行业正处于快速发展的黄金年代。保险资管行业孕育于保险资金应用，跟随保险业发展而壮大，成为大资管的重要组成部分。

从2002年修订《保险法》开始，监管政策适当放松，保险资产管理投资范围逐步放宽至债券、债券回购、证券投资基金、股票、资产支持计划、境外投资、股权、不动产、基础设施投资计划、衍生品交易、创业投资基金、私募基金等，并在2014年加强和改进了保险资金运用比例监管。2015—2017年多项规范境外投资、资产支持计划业务等政策落地，2018年资管新规正式将保险资管列入资管行业，2020年3月保险资管新规落地并将保险资管产品定位为私募性质，保险资管政策进一步完善。

第一节 2019年保险资金应用情况及保险资管行业发展情况

一 保费收入增速改善，保险资产规模首超20万亿元

截至2019年年末，保险行业资产总额达20.56万亿元，首次突破20万亿元，同比增长12.18%。保险业成为继银行、信托业后又一资产规模突破20万亿元的金融子行业。国内保险业自1979年复业以来，近年来发展明显加快。历时25年（1979—2004年）总资产突破1万亿元，历时10年（2004—2014年）总资产突破10万亿元，如今仅用5年（2014—2019年）从10万亿元发展到20万亿元。伴随着保险资金运用专业化、集中化，中国保险资管资产规模快速增长，成为"大资管"的重要组成部分。

2019年保费收入增速有所改善。2019年中国保费收入4.26万亿元，同比增长12.17%，增速较2018年有所上升。其中，财产险保费收入1.16万亿元，同比增长8.2%；人身险保费收入3.01万亿元，同比增长13.8%。

二 保险资金运用情况及特征

保险资金运用余额持续较快增长。截至2019年年末，保险资金运用余额达18.53万亿元，同比增长12.9%；保险资产和保险资金运用余额同步较快增长，同比增速均超过12%。其中，保险资金投向银

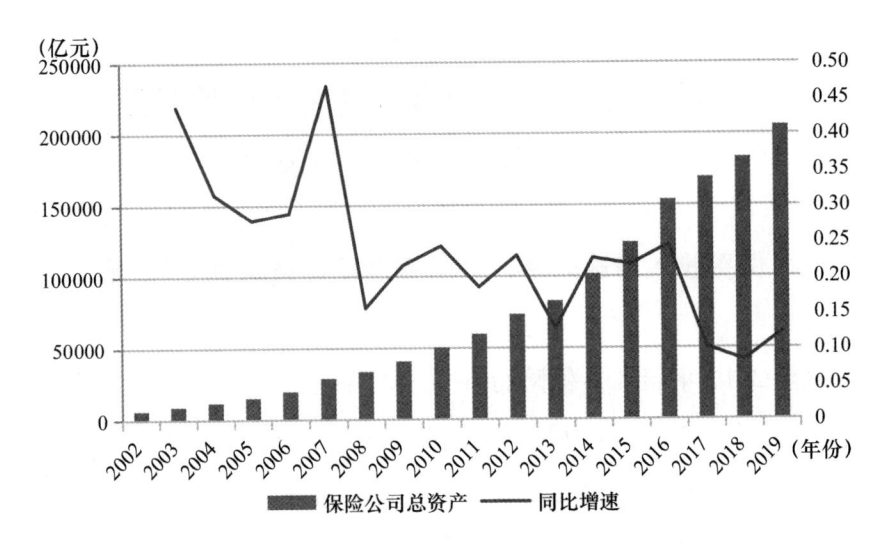

图 4-1 2002—2019 年中国保险业资产规模及增长率

资料来源：Wind。

行存款 2.52 万亿元、债券 6.40 万亿元、股票和证券投资基金 2.44 万亿元，其他投资 7.16 万亿元。其他投资主要包括债权投资计划、股权投资计划等投向基础设施建设、企业资产项目的保险资管产品，以及长期股权投资、投资性房地产等。

其他投资占比提升。从资产配置趋势来看，存款和债券投资占比持续下降，其他投资占比不断升高，股票投资占比保持稳定。截至 2019 年年末，银行存款占保险资金运用余额比重为 13.62%，债券投资占比 34.56%。银行存款和债券在保险资金运用余额占比接近一半，为保险机构配置重点。随着债券利率下行，收益相对较高的其他投资越发成为配置重点，2019 年年末的其他投资占比达 38.67%。

保险资金运用余额突破 18 万亿元。截至 2019 年年末，保险资金运用余额达 18.5 万亿元。2019 年受益于股票市场表现较好，保资资

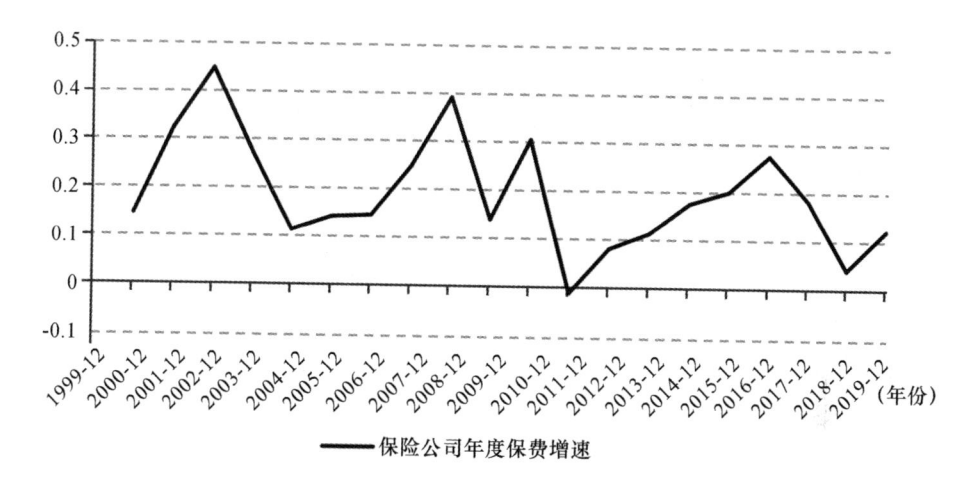

第四章 保险资管：有望迎来规范大发展时代 **233**

图 4－2 1999—2019 年中国保费收入增速

资料来源：Wind。

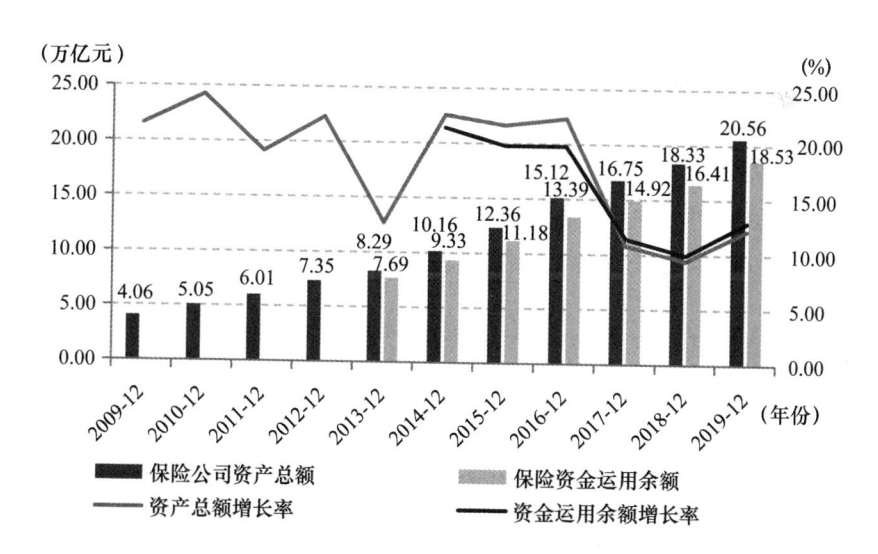

图 4－3 2009—2019 年中国保险公司资产总额和资金运用余额及同比增速

资料来源：Wind。

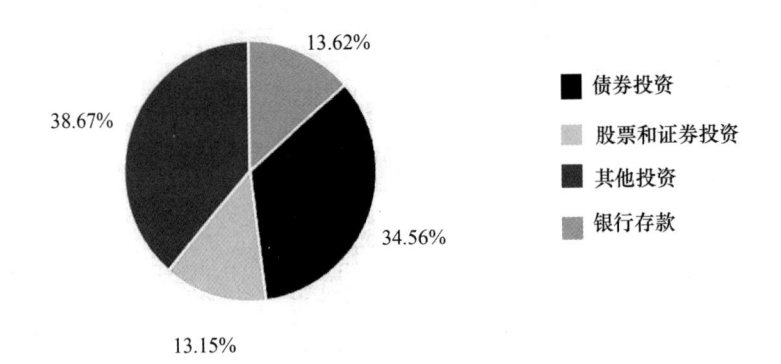

图 4-4　2019 年年末中国保险资金运用余额结构

资料来源：Wind。

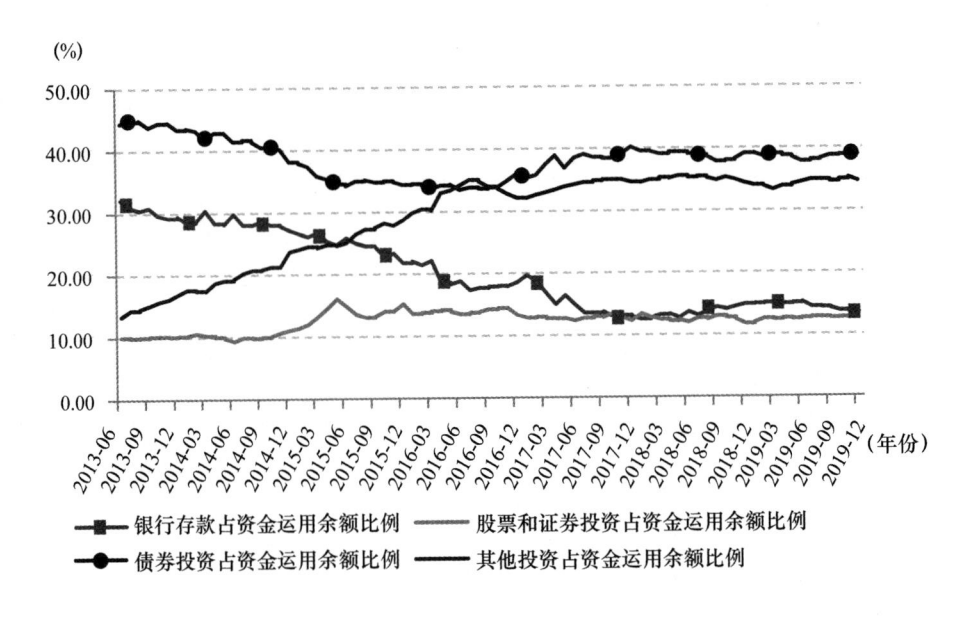

图 4-5　2013—2019 年中国保险资金运用结构

资料来源：Wind。

金运用实现投资收益8824亿元，资金运用平均收益率达4.94%，较2018年高出0.61个百分点。

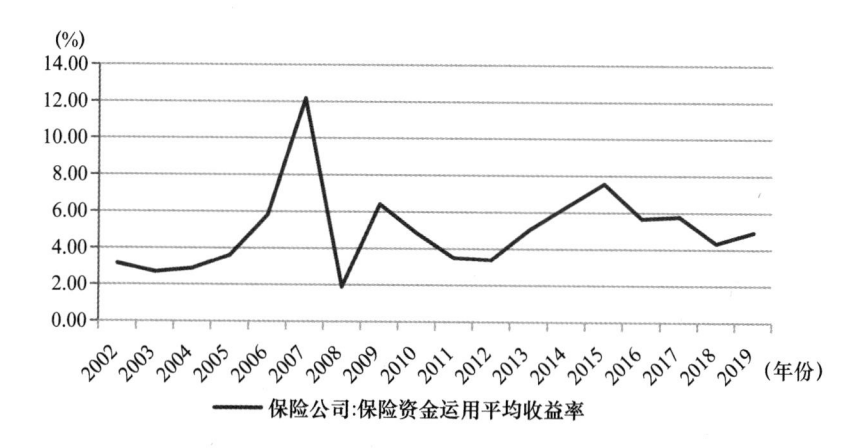

图4-6 2002—2019年中国保险资金运用平均收益率

资料来源：Wind。

2019年年末，保险资金运用余额中，银行存款25227亿元，占比13.62%，投资收益率3.68%；债券64032亿元，占比34.56%，投资收益率4.35%。

公募基金和股票是2019年投资收益率最高的两类资产。其中，证券投资基金规模为9423亿元，占比5.09%，投资收益率6.08%；股票规模为14942亿元，占比8.06%，由于2019年股市较好，投资收益率达9.16%。

由于新金融工具准则等影响，近年来，长期股权投资成为保险资金运用的重要方向。截至2019年年末，保险资金运用于长期股权投资的规模为19739亿元，占保险资金运用余额的10.65%，仅次于银行存款、债券的占比。2019年的长期股权投资收益率为5.51%。

此外，2019年保险资金配置于投资性房地产的规模为1894亿元，占比1.02%，收益率为2.77%，拖累整体投资收益率。

整体来看，2019年保险资金运用呈现以下特征：第一，减少收益率较低的银行存款类、投资性房地产等配置；第二，增加股票配置，把握股市行情；第三，加大长期股权投资力度，减少利润波动的同时获取不错的投资收益。

表4-1　　　　　　　　2019年保险资金运用情况

	余额（亿元）	占比（%）	投资收益率（%）
银行存款	25227	13.62	3.68
债券	64032	34.56	4.35
证券投资基金	9423	5.09	6.08
股票	14942	8.06	9.16
长期股权投资	19739	10.65	5.51
投资性房地产	1894	1.02	2.77
保险资金运用	185271	100	4.94

资料来源：中国银行保险监督管理委员会。

三　保险资管公司和产品情况

截至2019年年末，保险资管行业已有27家综合性保险资产管理公司、14家专业保险资产管理公司、11家香港子公司、16家私募股权管理公司、9家养老金管理公司、1家财富管理公司和8家保险系证券基金管理公司。最早的保险资产管理公司成立于2003年，即人保资产管理和国寿资产。随后在2003—2006年设立了9家，分别为华泰资产、中再资产、平安资产、泰康资产、太平洋资产、新华资产以及太平资产。

据中国保险资产管理业协会数据统计，2019 年保险资产管理业参与主体有所增加，共有 35 家保险资管机构。而 2015 年为 27 家，2016 年为 29 家，2017 年、2018 年皆为 31 家。

近年来，保险资管机构从业人数稳步增长。据中国保险资产管理业协会调研数据，近年来，保险资管机构从业人数从 2015 年年末的 4379 人稳步增长至 2019 年年末的 7782 人，保险资管人才队伍不断壮大。

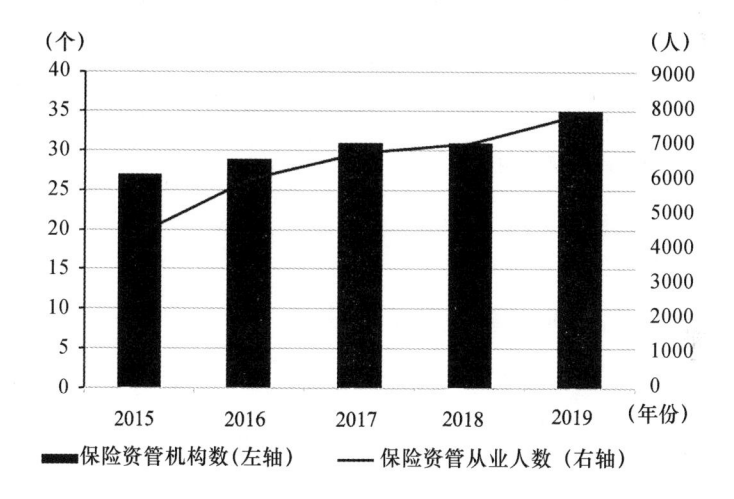

图 4-7　2015—2019 年中国保险资管机构数量及从业人数

资料来源：中国保险资产管理业协会。

管理费收入主要由资产管理规模和管理费率两大因素决定，近年来管理费率有下滑趋势，影响了保险资管机构管理费收入。2019 年，保险资管机构管理费收入达 253 亿元，同比增长 37%，而 2016 年、2017 年和 2018 年保险资管行业管理费收入均 180 亿元左右。

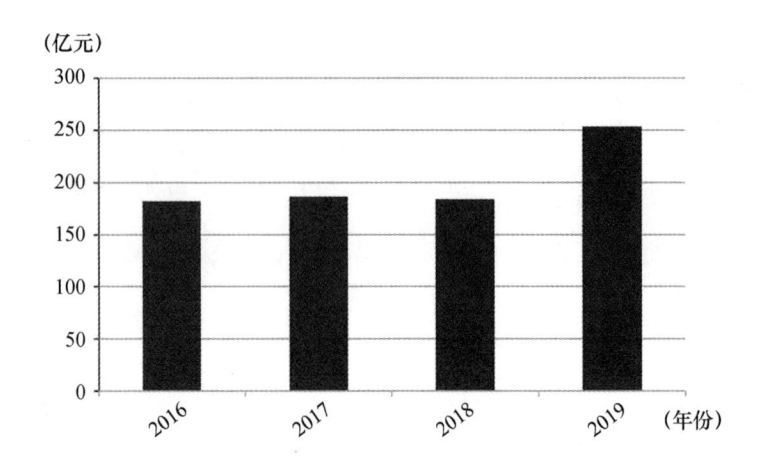

图4-8 2016—2019年中国保险资管机构管理费收入

资料来源：中国保险资产管理业协会。

四 保险资管机构管理规模及投资

保险资管机构的管理资金主要来源三方面：关联保险资金、第三方保险资金和业外资金。截至2019年年末，保险资管机构管理规模超18万亿元，其中，关联保险资金是大头，约14万亿元；来自第三方保险资金约1.17万亿元；业外资金达3.76万亿元，较2018年年末增加1万亿元。而业外资金又可以细分为：银行资金、基本养老金、企业年金、职业年金、养老保障产品、其他资金等。

近年来，保险资管机构管理规模稳步增长。过去5年中，保险资管机构管理规模持续增长，由2015年年末的11.65万亿元增至2019年年末的18.11万亿元，首次突破18万亿元。保险资管机构已经成为国内资本市场的重要机构投资者。

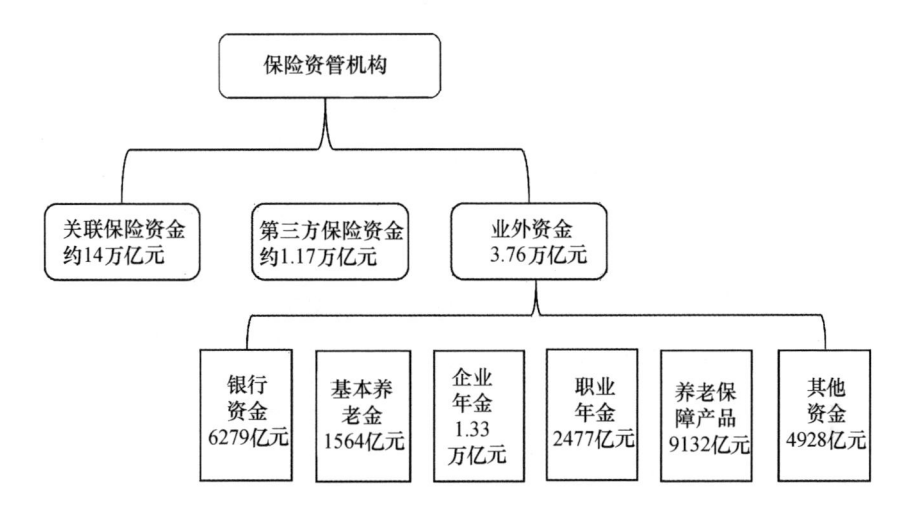

第四章　保险资管：有望迎来规范大发展时代 **239**

图4-9　2019年年末中国保险资管机构管理规模结构

资料来源：中国保险资产管理业协会。

从业务构成的角度来看，据中国保险资产管理业协会数据，截至2019年年末，专户业务管理规模超八成，组合类产品和另类产品的管理规模占比分别为7.10%、7.98%，投顾、财顾占比为2.47%，公募事业占比为0.45%，其他业务占比为1%。

不同资金的业务模式偏好有所差异，第三方保险资金业务模式以另类产品、组合类产品和专户业务为主；银行资金业务模式以组合类产品、专户业务和另类产品为主；基本养老金业务模式以专户业务、另类产品为主；企业年金、职业年金、养老保障产品以专户业务为主。

从投资资产角度来看，截至2019年年末，保险资管管理资金的投资以债券（38%）、银行存款（13%）和金融产品（19%）为主，三者占比超过70%。金融产品投资包括债权投资计划、集合资金信托计划、商业银行理财产品、信贷资产支持证券、证券公司专项资产管

(万亿元)

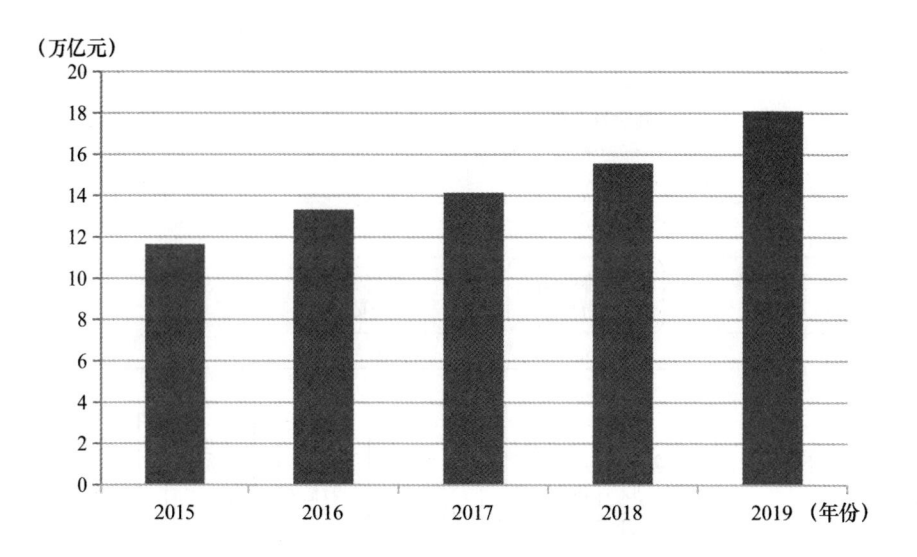

图 4-10　2015—2019 年中国保险资管机构管理规模

资料来源：中国保险资产管理业协会。

理计划和项目资产支持计划等。

保险资管产品主要包括债权投资计划、股权投资计划、组合类产品。

截至 2019 年年末，保险资管产品余额 2.76 万亿元，其中债权投资计划 1.27 万亿元、股权投资计划 0.12 万亿元、组合类保险资管产品 1.37 万亿元。据统计，目前市场上股票型保险资管产品 95 只，混合型 115 只，债券型 159 只，其他投资型 73 只，货币市场型 30 只。从近 1 年平均回报率来看，债券型和混合型回报率较高，分别为 15.44% 和 14.3%。

保险资管产品投资范围方面，根据保险资管新规，保险资管产品的投资范围与银行理财产品、私募资管计划的投资范围总体一致。包括国债、地方政府债券、中央银行票据、政府机构债券、金融债券、银行存款、大额存单、同业存单、公司信用类债券、证券化产品、公

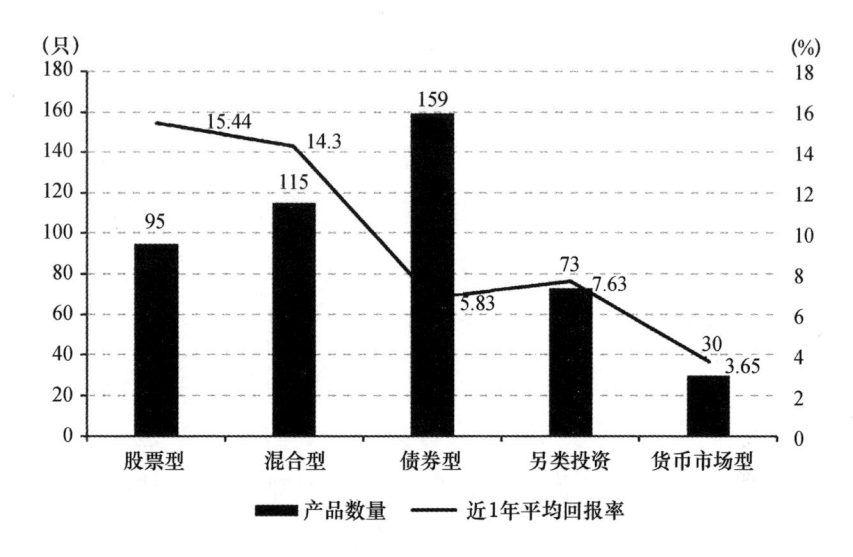

第四章 保险资管：有望迎来规范大发展时代 | **241**

图4-11 2019年年末中国保险资管产品数量及近1年平均回报率

资料来源：Wind。

募基金、其他债权类资产、权益类资产和中国银行保险监督管理委员会认可的其他资产。

五 投行业务板块占比提升，成为保险资管业务重点发力方向

保险资管业务模式主要有投资管理、投行业务、金融同业、财富管理四大类，其中，投资管理和投行业务是业务重心。投资管理板块主要指二级市场投资，较注重投资能力和产品设计能力，包括投资研究、资产配置、固定收益投资、量化投资和权益投资等。投行业务板块主要指保险资管的各类债权计划。金融同业板块由协议存款通道业务演变而来，保险资管机构与银行、信托、券商等同业开展的财务顾问、资产证券化业务等。财富管理板块主要是针对高净值客户的资产管理服务和公众理财市场，产品形式包括养老保险公司的养老保障产

品、专项或定制化产品以及私募产品。

保险资管投行业务主要指其他投资。截至2019年年末，险资其他投资占比达38.7%。该业务模式连接项目端和资金端，为企业相关项目提供资金支持等，可发挥保险资金体量大及期限长等优势。投行业务板块包括以保险资管机构名义发起设立的基础设施债权投资计划、不动产投资计划、股权投资计划、资产支持计划等。保险债权投资计划指保险资产管理公司发起设立的投资产品，通过发行投资计划受益凭证，向保险公司等委托人募集资金，投资主要包括交通、通信、能源、市政、环境保护等国家级重点基础设施或其他不动产项目，并按照约定支付本金和预期收益的金融工具。

据中国保险资产管理业协会数据，2019年12月，17家保险资产管理机构注册债权投资计划共47只，合计注册规模828.87亿元。其中，基础设施债权投资计划33只，注册规模645.32亿元；不动产债权投资计划14只，注册规模183.55亿元。

2019年1—12月，29家保险资产管理机构注册债权投资计划和股权投资计划共255只，合计注册规模4636.65亿元。其中，基础设施债权投资计划154只，注册规模3358.44亿元；不动产债权投资计划97只，注册规模1225.81亿元；股权投资计划4只，注册规模52.40亿元。同期，5家保险私募基金管理机构共注册5只保险私募基金，合计注册规模1050.00亿元。

截至2019年年末，累计发起设立各类债权、股权投资计划1311只，合计备案（注册）规模29938.04亿元；累计注册保险私募基金22只，合计规模1863.10亿元。

以中国平安为例，截至2019年年末，中国平安债权计划及债权型理财产品投资规模为4300.93亿元，在总投资资产中占比13.4%。

债权投资计划的信用评级相对较高,集中在 AA + 以上,以 AAA 为主,绝大部分项目都有担保或抵质押;从行业及地域分布看,目标资产分散于非银金融、不动产、高速公路等行业,主要集中于北京、上海、广东等经济发达和沿海地区。

行业	投资占比(%)	名义投资收益率(%)	期限(年)	剩余到期期限(年)
基建	33.5	5.75	8.69	5.19
高速公路	12.5	5.85	9.87	5.74
电力	2.9	5.34	7.93	3.91
基建设施及园区开发	8.7	5.85	8.16	5.90
其他(水务、环保、铁路投资等)	9.4	5.65	7.85	4.21
非银金融[2]	36.3	5.74	5.46	2.71
不动产	18.3	5.90	4.69	2.05
煤炭开采	1.5	5.90	8.13	3.07
其他	10.4	5.48	6.56	5.11
合计	100.0	5.75	6.56	3.68

图 4 - 12　2019 年中国平安债权计划及债权型理财产品结构

注:(1)债权计划及债权型理财产品行业分类按照申万行业分类标准划分;(2)非银金融行业是指剔除银行后的金融企业,包括保险公司、资产管理公司和融资租赁公司等;(3)部分行业占比小,合并归类至其他项下。

资料来源:中国平安年报。

第二节　2020 年保险资金应用情况及保险资管行业发展情况

一　保费收入增速回落,保险资产规模达到 23 万亿元

截至 2020 年年末,保险行业资产总额达 23.30 万亿元,同比增

长 13.30%。保险业成为继银行、信托业后又一资产规模突破 20 万亿元的金融子行业。中国保险业自 1979 年复业以来，近年来发展明显加快。历时 25 年（1979—2004 年）总资产突破 1 万亿元，历时 10 年（2004—2014 年）总资产突破 10 万亿元，如今仅用 5 年从 10 万亿元发展到 20 万亿元规模。伴随着保险资金运用专业化、集中化，中国保险资管业资产规模快速增长，成为大资管的重要组成部分。

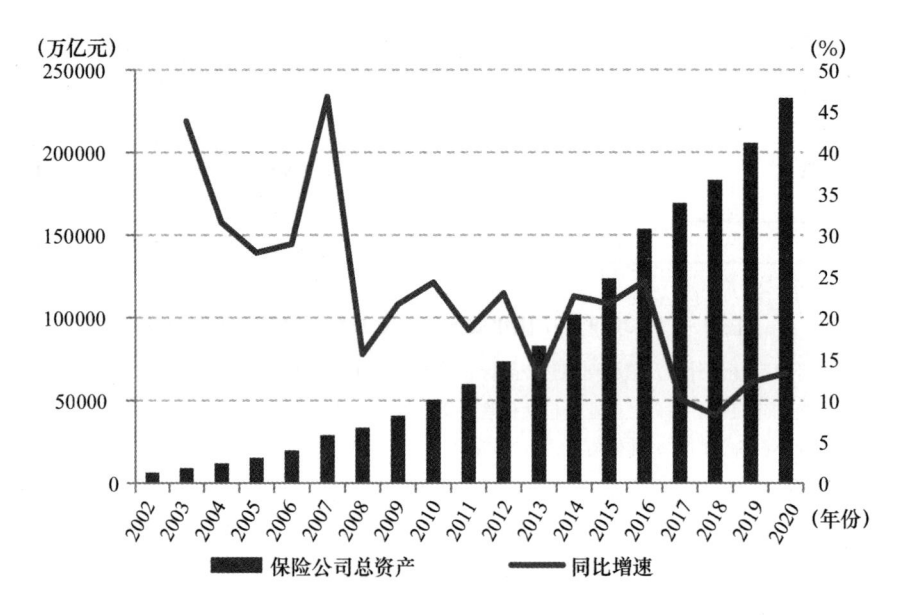

图 4-13 2002—2020 年中国保险业资产规模变化趋势

资料来源：Wind。

2020 年保费收入增速小幅回落。受新冠肺炎疫情影响，2020 年中国保费收入 4.53 万亿元，同比增长 6.13%，增速较 2019 年有所下降。其中，寿险保费收入 2.40 万亿元，同比增长 5.40%；健康险保费收入 0.82 万亿元，同比增长 15.66%。

图 4-14　2000—2020 年保费收入变化趋势

资料来源：Wind。

二　保险资金运用情况及特征

保险资金运用余额持续较快增长。截至 2020 年年末，保险资金运用余额达 21.68 万亿元，同比增长 17.02%；保险资产和保险资金运用余额同步较快增长，同比增速均超过 13%。其中，保险资金投向银行存款 2.60 万亿元、债券 7.93 万亿元、股票和证券投资基金 2.98 万亿元，其他投资 8.17 万亿元。其他投资主要包括债权投资计划、股权投资计划等投向基础设施、企业资产项目的保险资管产品，以及长期股权投资、投资性房地产等。

其他投资占比提升。从资产配置趋势来看，存款和债券投资占比持续下降，其他投资占比不断升高，股票投资占比保持稳定。截

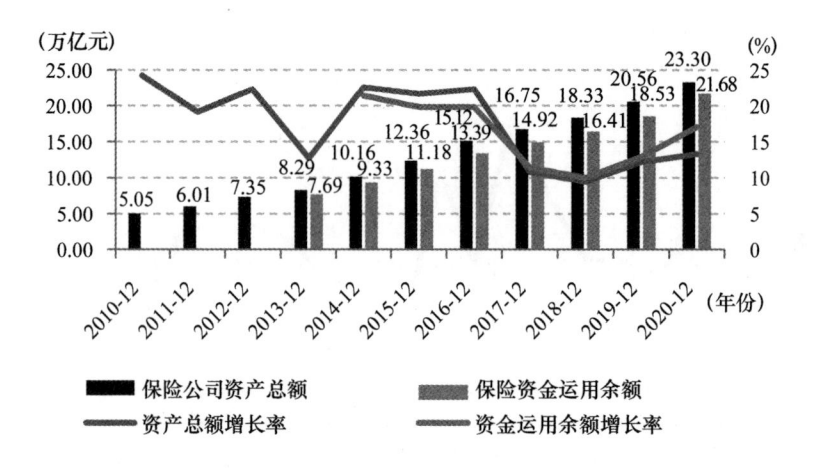

图 4-15 2020 年中国保险公司资产总额和资金运用余额同比增速

资料来源：Wind。

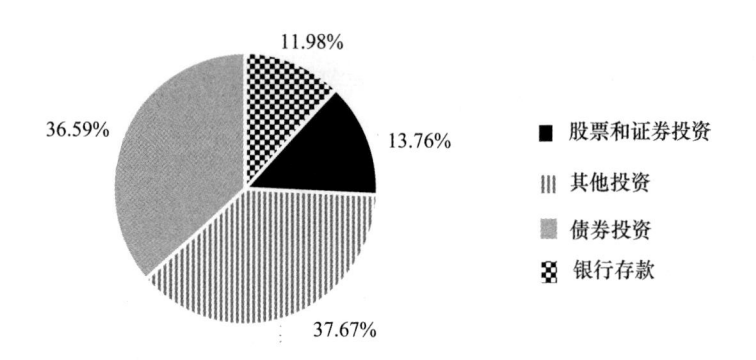

图 4-16 截至 2020 年年末，中国保险资金运用余额结构

资料来源：Wind。

至 2020 年年末，银行存款占保险资金运用余额比重为 11.98%，债券投资占比 36.59%。银行存款和债券在保险资金运用余额占比接近一半，为保险机构配置重点。随着债券利率下行，收益相对较高的其他投资越发成为配置重点，2020年年末的其他投资占比达37.67%。

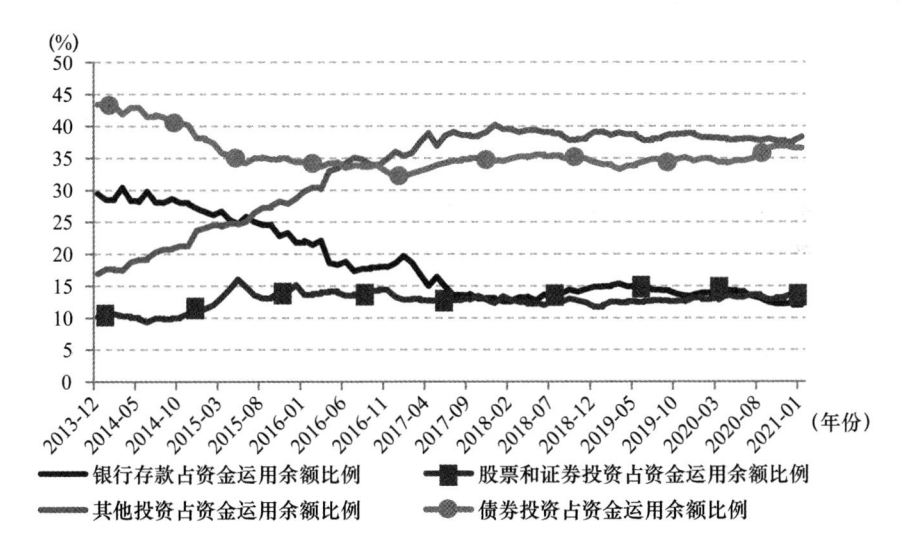

图4-17　2013年12月—2021年1月资产配置变化趋势

资料来源：Wind。

保险资金运用余额突破21万亿元。截至2020年年末，保险资金运用余额达21.7万亿元。2019年受益于股票市场表现较好，保险资金运用实现投资收益8824亿元，资金运用平均收益率达4.94%，较2018年高出0.61个百分点。2020年保险资金投资收益率为5.41%，累计实现收益1.1万亿元。

具体来看：2020年年末保险资金运用余额为21.68万亿元，同比增长17.02%。2020年年末，保险资金运用余额中，银行存款配置规模25973万亿元，占比为11.98%，投资收益率3.88%；债券79329亿元，占比36.59%，投资收益率3.71%，较2019年有所下降。

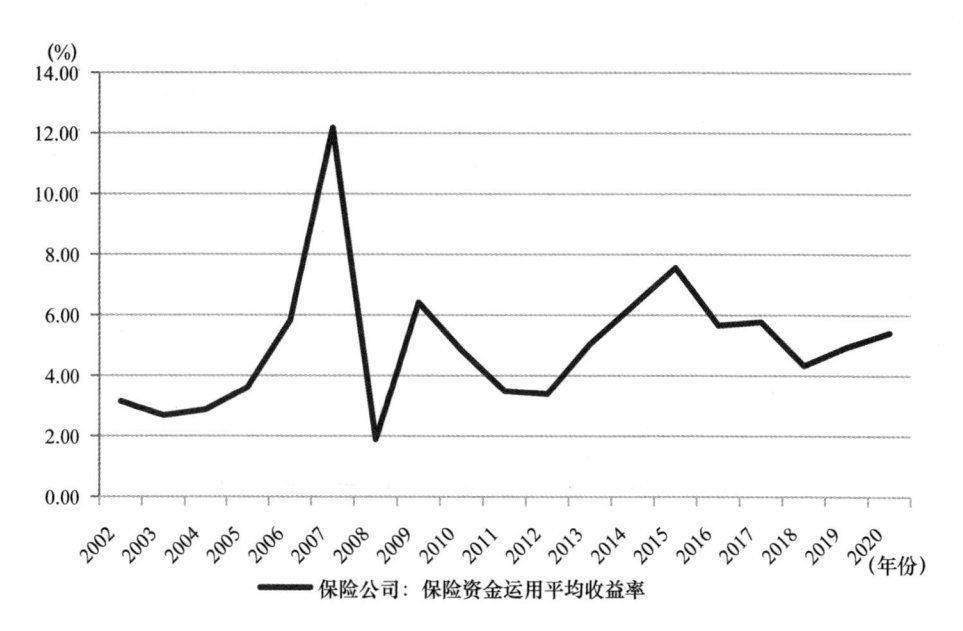

图 4-18 2000—2020 年中国保险资金运用平均收益率变化趋势

资料来源：Wind。

公募基金和股票是 2020 年投资收益率最高的两类资产。截至 2020 年年末，证券投资基金规模 11040 亿元，占比 5.09%，投资收益率 12.19%；股票规模 18781 亿元，占比 8.66%，由于 2020 年股市表现较好，投资收益率达 10.87%。

受新金融工具准则等影响，近年来，长期股权投资成为保险资金运用的重要方向。截至 2020 年年末，保险资金运用于长期股权投资的规模为 22697 亿元，占保险资金运用余额的 10.47%，仅次于银行存款、债券占比。2020 年长期股权投资收益率为 6.72%，明显高于 2019 年。

此外，2020 年年末保险资金配置于投资性房地产的规模为 2101 亿元，占比 0.97%，当年投资收益率为 1.89%，拖累整体投资收益率。

整体看，2020年保险资金运用呈现以下特征：第一，减少了收益率较低的银行存款类、投资性房地产等配置；第二，增加了股票及证券投资基金配置，把握股市行情；第三，加大长期股权投资力度，减少利润波动的同时获取不错的投资收益。

表4-2　　　　　　　2020年保险资金运用情况

	余额（亿元）	占比（%）	投资收益率（%）
银行存款	25973	11.98	3.88
债券	79329	36.59	3.71
证券投资基金	11040	5.09	12.19
股票	18781	8.66	10.87
长期股权投资	22697	10.47	6.72
投资性房地产	2101	0.97	1.89
保险资金运用	216801	100	5.41

资料来源：中国银行保险监督管理委员会。

三　保险资管机构管理规模及投资

保险资管机构管理规模稳步增长，首次突破20万亿元。过去5年中，保险资管机构管理规模持续增长，由2015年年末的11.65万亿元增至2020年年末的21万亿元，首次突破20万亿元。保险资管机构已经成为国内资本市场的重要机构投资者。

不同资金的业务模式偏好有所差异，第三方保险资金业务模式以另类产品、组合类产品和专户业务为主；银行资金业务模式以组合类

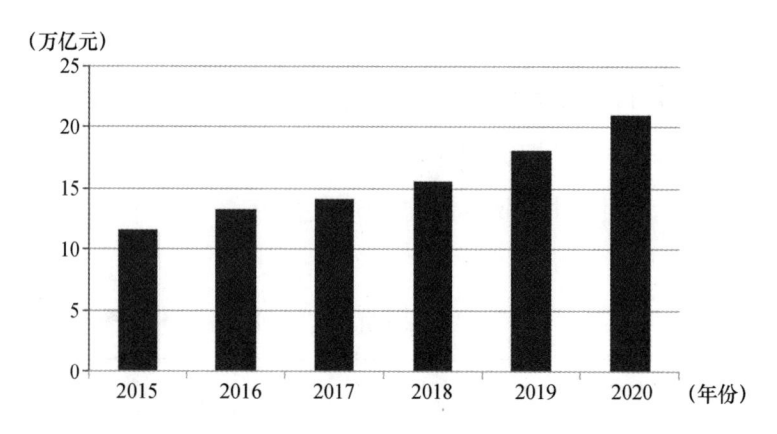

图 4-19　2015—2020 年保险资管机构管理规模

资料来源：中国保险资产管理业协会。

产品、专户业务和另类产品为主；基本养老金业务模式以专户业务、另类产品为主；企业年金、职业年金、养老保障产品以专户业务为主。

从投资资产角度来看，截至 2020 年年末，保险资管管理资金的投资以债券（38%）、银行存款（13%）和金融产品（18%）为主，三者占比超过 70%。金融产品投资包括债权投资计划、集合资金信托计划、商业银行理财产品、信贷资产支持证券、证券公司专项资产管理计划和项目资产支持计划等。

保险资管产品主要包括债权投资计划、股权投资计划、组合类产品。截至 2020 年年末，组合类产品存续数量 1649 只、存续余额 22226 亿元，规模同比增长 65%，整体增长明显；债权投资计划存续余额 14456 亿元，同比增加 1754 亿元；股权投资计划存续余额 1558 亿元。据统计，截至 2020 年年末，市场上有股票型保险资管产品 86 只，混合型 73 只，债券型 159 只，其他投资型 30 只，货币市场型 25

只。近1年平均回报率来看，股票型和混合型的回报率较高，分别为39.72%和35.19%。

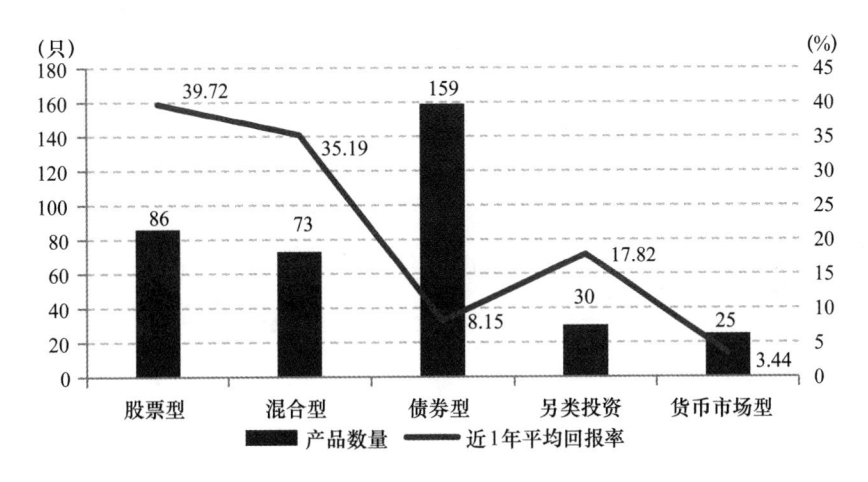

图4-20 保险资管市场产品数量和近1年平均回报率（截至2020年年末）

资料来源：Wind。

根据保险资管新规，保险资管产品的投资范围与银行理财产品、私募资管计划的投资范围总体一致。包括国债、地方政府债券、中央银行票据、政府机构债券、金融债券、银行存款、大额存单、同业存单、公司信用类债券、证券化产品、公募基金、其他债权类资产、权益类资产和中国银行保险监督管理委员会认可的其他资产。

据保险资管业协会数据，2020年1—12月，31家保险资产管理机构共注册债权投资计划、股权投资计划和保险私募基金446只，同比增加74.9%；合计注册规模8419.29亿元，同比增加81.58%。其中，债权投资计划434只，注册规模8193.18亿元，同比分别增加72.91%、78.72%；股权投资计划12只，注册规模226.11亿元，同比分别增加200%、331.51%；保险私募基金15只，注册规模

1339.15亿元，同比分别增加200%、27.54%。保险资管新增注册规模大幅提升，受到政策利好不断释放、保险资管产品收益率表现不错、新冠肺炎疫情影响，以及2020年政府扩大基建支出等多方面因素。

截至2020年年末，保险资产管理机构及保险私募基金管理人累计注册债权投资计划、股权投资计划和保险私募基金1794只，注册规模41559.58亿元，有效支持实体经济发展。

以中国平安为例，截至2020年年末，中国平安债权计划及债权型理财产品投资规模为4126.85亿元，在总投资资产中占比11.0%。债权投资计划的信用评级相对较高，集中在AA+以上，以AAA为主，绝大部分项目都有担保或抵质押；从行业及地域分布看，目标资产分散于非银金融、不动产、高速公路等行业，主要集中于北京、上海、广东等经济发达和沿海地区。

表4–3　　2020年中国平安债权计划及债权型理财产品结构

行业	投资占比(%)	名义投资收益率(%)	期限(年)
基建	38.1	5.46	8.32
高速公路	11.8	5.58	8.81
电力	6.0	4.89	8.74
基建设施及园区开发	9.0	5.87	7.96
其他（水务、环保、铁路投资等）	11.3	5.32	7.86
非银金融	26.9	5.69	5.79
不动产	17.5	5.62	4.42
煤炭开采	0.9	5.74	9.01
其他	16.6	5.10	6.87
合计	100.0	5.49	6.72

资料来源：中国平安年报。

保险资金支持实体经济是债权投资计划的大方向。2020年新冠肺炎疫情期间保险资管债券投资计划发挥了自身服务实体经济的作用。如2020年2月，作为保险业首批抗疫保险债权投资计划之一，光大永明资产注册"光大永明—汉江国投襄阳基础设施债权投资计划"，拟投资20亿元用于湖北襄阳汉江新集水电站项目建设。中国保险资产管理业协会发布的公告显示，仅2020年1月，由19家保险资产管理机构注册债权投资计划共28只，合计注册规模508.30亿元。

四 保险资管公司和产品情况

（一）保险资管业务政策梳理

原中国银监会在2013—2017年陆续出台了多项监管政策，全面规范保险资金运用比例、境外投资、保险私募基金、股票投资、债权投资计划等事项。保险资管进入规范发展阶段。

保险资管新规将保险资管产品定位为私募性质，打开了保险资管市场化发展的新时代。2019年11月22日，中国银行保险监督管理委员会发布了《保险资产管理产品管理暂行办法（征求意见稿）》（简称"保险资管新规"），正式文件已于2020年5月1日施行。保险资管新规在打破刚兑、消除多层嵌套、去通道、禁止资金池、过渡期等方面与资管新规一脉相承。保险资管新规将保险资管产品定位为私募产品，可面向合格投资者以及满足要求的自然人非公开发行。同时在资产配置方面，保险资管产品由于是私募产品，投资范围很广，除标准化资产外，还包括交易所ABS、银行间CLO与ABN、公募基金、其他债权类资产（不能直接投资商业银行信贷资产）、权益类资产等。保险资管新规对投资非标准化债权类资产有限额要求：在同一机构管理的全部组合类保险资管产品中，投资于非标债权资产的余额，不得超过其全部净资产的35%。扩大了"合格投资者"范围，将最低起投金额划定为30万元；调整产品分类标准，将权益类产品资产配置比例由60%提高到80%；取消组合类保险资管产品首单核准要求；明确允许保险资管产品的代销模式。

保险资管新规对风险管理能力提出了较高要求。保险资管新规要求风险资产管理机构应当建立全面覆盖、全程监控、全员参与的风险管理组织体系和运行机制，通过管理系统和稽核审计等手段，分类、识别、量化和评估保险资管产品的流动性风险、市场风险和信用风险等，有效管控和应对风险。

资管新规首次正式把保险资管列入资管行业，提高了保险资管的地位。由于通道业务和嵌套业务受到限制，针对非标资产明确禁止期限错配，并大幅度压缩此前很多机构采用的非标资产类资金池操作，保险资金投资非标资产的增速出现下滑。

在2020年5月保险资管新规实施之后，2020年9月，中国银行保险监督管理委员会印发了《组合类保险资产管理产品实施细则》《债权投资计划实施细则》和《股权投资计划实施细则》。自此，保险资管行业"1+3"监管制度框架全面落地。保险资管新规将保险资管产品类型划分为债权投资计划、股权投资计划与组合类产品，明确了三类产品的登记机制、投资范围、风险管理和监督管理等要求。

表4-4　　　　　　　　　保险资金运用相关监管政策梳理

	监管文件	主要内容
2020年11月12日	《关于保险资金财务性股权投资有关事项的通知》	明确财务性股权投资的概念，保险资金可依法依规自主选择投资企业的行业范围。明确财务性股权投资的基本原则及十条禁令

续表

	监管文件	主要内容
2020年9月7日	《股权投资计划实施细则》	完善产品定义，明确管理人资质，规范产品投资范围及比例，产品估值等
2020年9月7日	《债权投资计划实施细则》	债权投资计划可以投资基础设施、非基础设施类不动产等符合国家政策的项目
2020年9月7日	《组合类保险资产管理产品实施细则》	从产品定义、资质条件、投资范围、投资集中度、产品估值、销售规范、产品登记、日常信息报送、年度信息报送、信息披露、内部控制、中保登职责、禁止行为、监管措施方面对组合类资产管理产品、保险资产管理机构和监管机构进行了专门性规定
2020年5月1日	《保险资产管理产品管理暂行办法》	明确了保险资管产品的定位和形式。保险资管产品定位为私募产品，面向合格投资者非公开发行。办法严格规范产品运作，在打破刚性兑付、消除多层嵌套、去通道、禁止资金池业务、限制期限错配等方面与资管新规保持一致
2018年4月28日	《关于规范金融机构资产管理业务的指导意见》	统一监管要求，打破刚兑、破除多层嵌套与禁止资金池模式，让资管业务回归代客理财本源，防范金融风险，强化金融对实体的支持力度
2018年1月18日	《关于加强保险资金运用管理支持防范化解地方政府债务风险的指导意见》	规范保险机构更加安全高效服务实体经济，防范化解地方债务风险，包括妥善配合存量债务风险处置、切实规范投资融资平台公司行为、审慎合规开展创新业务、着力强化行业风险管理和严格落实市场主体责任

续表

	监管文件	主要内容
2017年5月22日	《关于债权投资计划投资重大工程有关事项的通知》	债权投资计划投资经国务院或国务院投资主管部门核准的重大工程，且偿债主体具有AAA级长期信用级别的，可免于信用增级；债权投资计划投资"一带一路"、京津冀协同发展、长江经济带等国家发展战略重大工程的，注册机构建立专门的业务受理及注册绿色通道，优先受理
2017年5月5日	《关于保险资金投资政府和社会资本合作项目有关事项的通知》	确立保险资金投资PPP项目有关条件等，投资计划可以采取债权、股权、股债结合等可行方式，投资一个或一组合格的PPP项目
2017年1月24日	《中国保监会关于进一步加强保险资金股票投资监管有关事项的通知》	保险机构或投资上市公司股票，对一般股票投资、重大股票投资和上市公司收购三种情形，中国保监会根据不同情形实施差别监管
2016年6月22日	《关于加强组合类保险资产管理产品业务监管的通知》	对组合类保险资产管理产品的管理人、基础资产范围、发行登记以及其他监管要求作出规范；禁止"嵌套"和具有"资金池"性质的产品
2015年12月11日	《关于加强保险公司资产配置审慎性监管有关事项的通知》	中国保监会对保险公司资产配置行为的监管；分析资产负债匹配状况，进行资产配置压力测试，评估对资产收益率、现金流和偿付能力的影响，需向提交压力测试报告
2015年9月11日	《关于设立保险私募基金有关事项的通知》	明确保险资金设立私募基金的范围、投资方向和发起人等；保险资金可以设立私募基金，范围包括成长基金、并购基金、新兴战略产业基金、夹层基金、不动产基金、创业投资基金和以上述基金为主要投资对象的母基金

续表

	监管文件	主要内容
2015年9月11日	《关于印发资产支持计划业务管理暂行办法的通知》	明确资产支持计划的基础资产、交易结构、发行登记和运作管理；支持计划业务应当建立托管机制
2015年7月8日	《关于提高保险资金投资蓝筹股票监管比例有关事项的通知》	对满足条件的保险公司，投资单一蓝筹股票的余额占上季度末总资产的监管比例上限由5%调整为10%；投资权益类资产的余额占上季度末总资产比例达到30%的，可进一步增持蓝筹股票，增持后权益类资产余额不高于上季度末总资产的40%
2015年3月31日	《关于调整保险资金境外投资有关政策的通知》	规范保险资金境外投资监管，保险机构开展境外投资应当配备至少2名境外投资风险责任人，发行人和债项调整为"债项获得国际公认评级机构BBB-级或者相当于BBB-级以上的评级"，相对之前BBB级要求有所宽松
2014年2月19日	《关于加强和改进保险资金运用比例监管的通知》	对保险公司配置大类资产制定保险资金运用上限比例：投资权益类资产的账面余额，合计不高于本公司上季末总资产的30%；投资不动产类资产的账面余额，合计不高于本公司上季末总资产的30%；投资其他金融资产的账面余额，合计不高于本公司上季末总资产的25%；境外投资余额，合计不高于本公司上季末总资产的15%
2013年2月17日	《关于保险资产管理公司开展资产管理产品业务试点有关问题》	规定保险资产管理公司开展产品业务所需资质、申报流程、投资范围等；规定向单一投资人发行的定向产品，投资人初始认购资金不得低于3000万元人民币；向多个投资人发行的集合产品，投资人总数不得超过200人，单一投资人初始认购资金不得低于100万元

资料来源：中国银行保险监督管理委员会、中国证券监督管理委员会。

（二）保险资管公司概览

截至 2020 年年末，保险资管行业共有 27 家综合性保险资产管理公司、14 家专业保险资产管理公司、11 家香港子公司、16 家私募股权管理公司、9 家养老金管理公司、1 家财富管理公司和 8 家保险系证券基金管理公司，还有 170 多家资产管理中心或资产管理部门，拥有专业投资人员近万人。最早的保险资产管理公司成立于 2003 年，即人保资产管理和国寿资产管理。随后在 2003—2006 年设立了 9 家，分别为华泰资管、中再资管、平安资管、泰康资管、太平洋资管、新华资管以及太平资管。

表 4-5　　　　　　　　27 家综合性保险资产管理公司概况

	成立日期	股东	注册资本（万元）
中国人保资管	2003 年 7 月 16 日	中国人民保险集团 100%	129800
中国人寿资管	2003 年 11 月 23 日	中国人寿保险（集团）40%，中国人寿保险 60%	400000
华泰资管	2005 年 1 月 18 日	华泰保险集团 81.82%	60060
中再资管	2005 年 2 月 18 日	中国再保险（集团）70%	150000
平安资管	2005 年 5 月 27 日	中国平安保险（集团）98.67%	150000
泰康资管	2006 年 2 月 21 日	泰康保险集团 99.4117%	100000
太平洋资管	2006 年 6 月 9 日	中国太平洋保险（集团）80%	210000
新华资管	2006 年 7 月 3 日	新华人寿保险 99.4%	50000
太平资管	2006 年 9 月 1 日	中国太平保险 80%	100000
平安道远投资	2011 年 3 月 15 日	深圳市平安远欣投资发展控股有限公司 100%	20000
大家资管	2011 年 5 月 20 日	安邦保险集团 47.5%，安邦人寿保险 52.5%	60000

续表

	成立日期	股东	注册资本（万元）
生命保险资管	2011年7月15日	富德保险控股60%，富德生命人寿保险39.6%	50000
光大永明资管	2012年3月2日	光大永明人寿保险99%	50000
合众资管	2012年5月14日	合众人寿保险95%	10000
民生通惠资管	2012年11月15日	民生人寿保险100%	10000
阳光资管	2012年12月4日	阳光人寿保险36%，阳光财产保险24%，阳光保险集团20%	12500
中英益利资管	2013年4月12日	中英人寿保险41%，弘康人寿保险34%	10000
中意资管	2013年5月23日	中意人寿保险80%	20000
华安财保资管	2013年9月5日	华安财产保险90%	20000
长城财富保险资管	2015年3月18日	长城人寿保险75%	10000
英大保险资管	2015年4月3日	英大泰和财产保险40%，英大泰和人寿保险50%	20000
华夏久盈资管	2015年5月12日	华夏人寿保险99%	50000
建信保险资管	2016年4月7日	建信人寿保险80.1%	30000
永诚保险资管	2016年8月1日	永诚财产保险100%	30000
百年保险资管	2016年8月1日	百年人寿保险80%	10000
工银安盛资管	2019年5月13日	工银安盛人寿保险100%	10000
交银康联资管	2019年5月16日	交银康联人寿100%	10000

资料来源：Wind。

据中国保险资产管理业协会数据统计，2020年保险资产管理业参与主体与2019年持平，共有35家保险资管机构。而2015年为27家，2016年为29家，2017年、2018年皆为31家。

近年来，保险资管机构从业人数稳步增长。据中国保险资产管理业协会调研数据，近年来，保险资管机构从业人数从 2015 年年末的 4379 人稳步增长至 2020 年年末的 8254 人，保险资管人才队伍不断壮大。

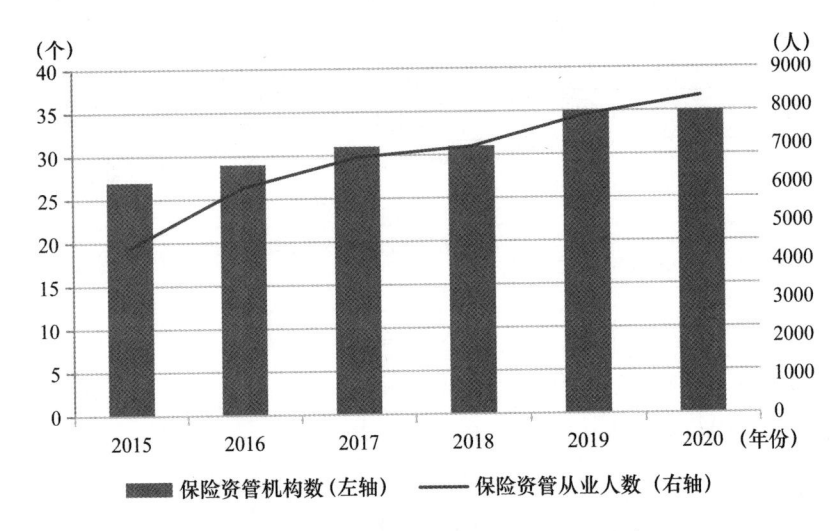

图 4-21 2015—2020 年中国保险资管机构数和从业人数变化趋势

资料来源：中国保险资产管理业协会。

2020 年，保险资管机构管理费收入达 321 亿元，同比增长 27%。2016 年、2017 年和 2018 年保险资管行业管理费收入均 180 亿元左右，2019 年则为 253 亿元。

2020 年，24 家保险资管公司营业收入合计 317.68 亿元，净利润合计 149.66 亿元，净资产合计 591.94 亿元。其中，泰康资产管理有限责任公司、平安资产管理有限责任公司、中国人寿资产管理有限公司的营业收入和净利润位居前三名。2020 年泰康资产管理有限责任实现净利润 43.84 亿元，位居保险资管行业首位。

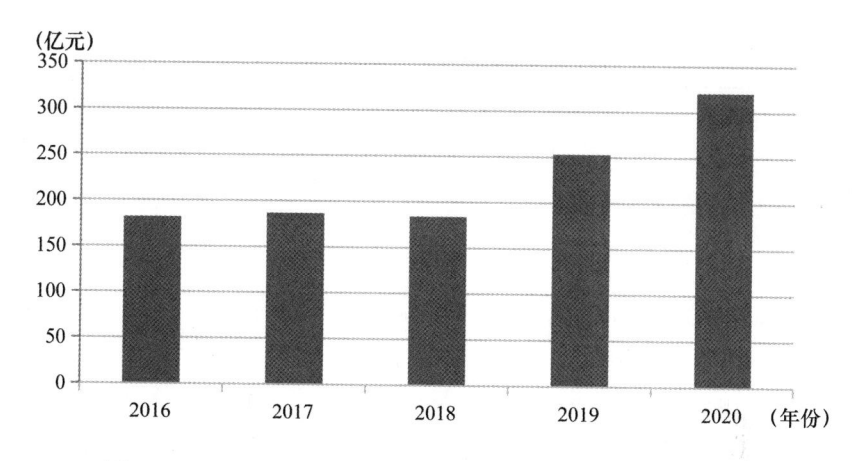

图 4-22 2016—2020 年中国保险资管机构管理费收入规模

资料来源：中国保险资产管理业协会。

表 4-6　　　　2020 年 24 家保险资产管理公司经营情况　　（单位：亿元）

	营业收入	净利润	净资产
泰康资产管理有限责任公司	83.93	43.84	104.25
平安资产管理有限责任公司	53.24	31.54	89.16
中国人寿资产管理有限公司	42.70	20.58	122.43
太平资产管理有限公司	15.47	4.68	23.04
太平洋资产管理有限责任公司	15.09	5.33	41.61
中再资产管理股份有限公司	14.58	7.93	42.71
阳光资产管理股份有限公司	14.50	9.15	18.99
新华资产管理股份有限公司	12.06	3.67	22.17
中国人保资产管理有限公司	11.09	2.85	26.09
华泰资产管理有限公司	9.64	3.72	23.16
民生通惠资产管理有限公司	7.82	4.62	12.28
建信保险资产管理有限公司	7.40	2.59	11.99
中意资产管理有限责任公司	5.16	1.67	8.13
合众资产管理股份有限公司	5.03	2.86	4.00
光大永明资产管理股份有限公司	4.80	1.51	11.28
百年保险资产管理有限责任公司	2.67	0.45	2.19

续表

	营业收入	净利润	净资产
生命保险资产管理有限公司	2.54	0.23	7.47
英大保险资产管理有限公司	2.05	0.79	7.33
华安财保资产管理有限责任公司	2.00	0.34	3.30
中英益利资产管理股份有限公司	1.88	0.65	3.65
工银安盛资产管理有限公司	1.50	0.51	1.62
长城财富保险资产管理股份有限公司	1.15	0.04	1.43
交银康联资产管理有限公司	0.90	0.11	1.22
永诚保险资产管理有限公司	0.46	0.01	2.41
总计	317.68	149.66	591.94

资料来源：Wind。

五　金融科技赋能保险资管投研

金融科技正在变革金融业，几何级提升业务效率，改善客户体验。而在保险资管领域，以人工智能为核心的金融科技在投研的应运也在逐步增多，提升投研的智慧水平。

平安资管、泰康资管打造投研平台，提升投研效率。2018年平安资管启动打造投资研究领域垂直搜索引擎项目，2019年已在平安资管公司内部落地。该项目是为了帮助买方机构在海量研报和数据中快速找到所需信息，提升投研效率。据《中国保险资产管理业金融科技发展报告（2018—2020）》，平安资管现已实现对10万份内外部研报、100万个图表、50余个微信群、200余个微信公众号的智能搜索、图表解析、表格解析，同时提供APP和Web端服务。2017年12月，由泰康资管金融工程部和移动互联部共同研发的泰康资管智能投研深度学习分析平台上线，实现研报年报阅读、主题投资分析、公司财务分析、新词热词发现等功能，致力于投资研究效率和质量的同步提升。目前，平台的情感分析准确率达88%，新词识别准确率达到90%。

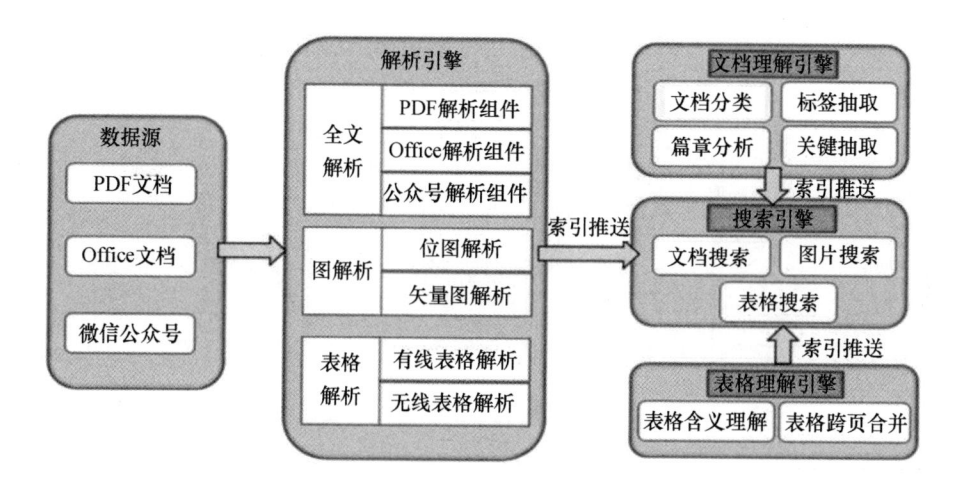

图4-23 平安资管新投研系统整体框架

资料来源：平安资产管理有限责任公司。

智能投研、智能投资、智能投顾赋能保险资管。通过人工智能，挖掘历史数据，跟踪市场，帮助分析师进行价值评估和风险判断，捕捉市场变化。根据《中国保险资产管理业金融科技发展报告（2018—2020）》，近年来国内大型保险资管机构开始相关建设，并将核心定位为通过人工智能技术进行数据处理和再利用。例如，国寿资管研发了以提升投研效率、传承投研智慧为目标的智能投研平台；平安资管研发了投资研究领域垂直搜索引擎，帮助投资经理、研究员在海量数据中找到所需信息；泰康资管研发了智能投研深度学习分析平台，实现研报年报阅读、主题投资分析、公司财务分析、新词热词发现等功能；太平资管将人工智能技术应用于FOF的构建与管理，建成FOF业务全流程管理平台。

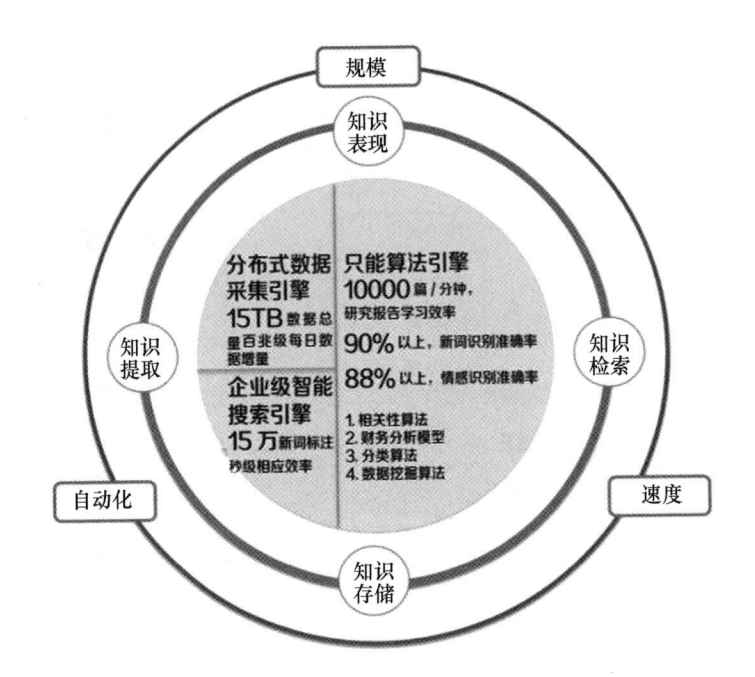

图 4－24　泰康资管智能投研深度学习平台

资料来源：泰康资产管理有限责任公司。

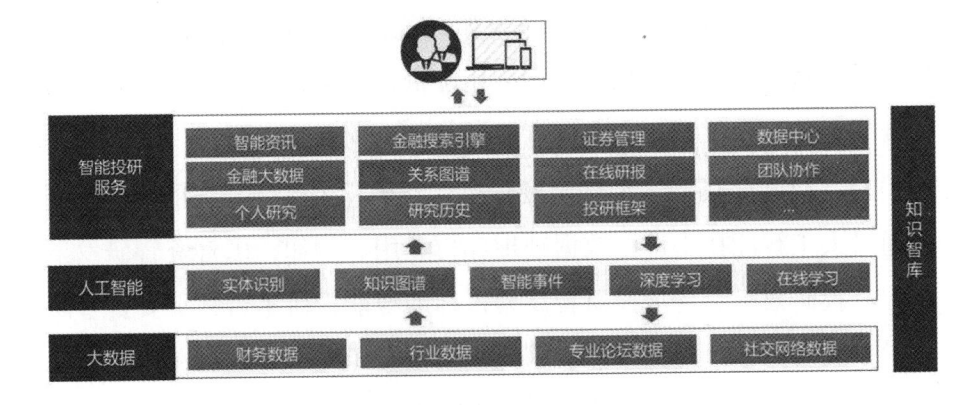

图 4－25　智能投研平台整体架构

资料来源：中国人寿资产管理有限公司、中国保险资产管理业协会。

第三节 2021年保险资管行业发展展望

一 保险资管机构类型进一步丰富

行业进一步开放,保险资管机构类型进一步丰富。2021年1月,首家外资独资保险资管公司安联保险资产管理有限公司获批成立,意味着保险资管行业进一步对外开放。此前,已有4家中外合资保险资管公司陆续成立,分别是工银安盛资产管理有限公司、交银康联资产管理有限公司、中信保诚资产管理有限公司和招商信诺资产管理有限公司。外资保险资管公司陆续进入中国市场,一方面由于中国金融市场对外开放程度不断提升,另一方面由于中国保险资管行业规模持续保持高增速。

外资保险资管公司进入中国市场,助推行业高质量发展。中资保险公司在投资理念上与外资保险公司有一定的差异,随着外资保险资管公司不断进入中国保险资管市场,其审慎的经营理念将影响国内保险资管公司,助推中国保险资管市场高质量发展。

保险资管公募事业部或将独立成为基金公司,保险资管公司或将专注于私募业务。2013年,中国保险监督管理委员会和中国证券监督管理委员会联合下发《资产管理机构开展公募证券投资基金管理业务暂行规定》及《保险机构投资设立基金管理公司试点办法》,允许符合条件的保险资管公司直接开展公募基金管理业务,并启动保险系基金公司试点,2013年,国寿资管与安保资本共同发起设立国寿安保基金,开启了保险机构开展公募业务的序幕。经过8年发展,目前已有8家保险系公募基金公司。保险机构开展公募基金的方式有三种：一是直接发起或通过子公司发起的基金公司，二是收购现有基金公司，三是保险资产管理公司直接申请公募基金牌照，在其项下设立公募事业部。其中，人保资产和泰康资产是以公募事业部形式发展公募业务的保险资管公司。2020年10月人保资管申请设立人保基金，12月泰康资管申请设立泰康基金，若方案落地，保险资管公募事业部将独立成为基金公司，保险资管公司将专注于私募业务。

二 保险资管行业规模有望快速增长

资金来源进一步丰富，保险资管行业规模有望稳健增长。2020年5月，保险资管新规落地实施，首次明确保险资管公司可面向高净值个人客户发行保险资管产品，赋予了保险资管市场化地位。保险资管新规对于个人合格投资者的认定与资管新规和理财新规一致，即具有两年以上投资经历，且满足以下条件之一：家庭金融净资产不低于300万元、家庭金融资产不低于500万元或近3年本人年均收入不低于40万元。同时，高净值个人客户投资保险资管产品起投金额的限制也与私募银行理财和各类资产管理计划基本一致，即投资于单只固定收益类产品的金额不低于30万元，投资于单只混合类产品的金额不低于40万元，投资于单只权益类、单只商品及金融衍生品类产品的金额不低于100万元。此前，保险资管机构主要面向保险等机构投资者发行保险资管计划，随着保险资管新规的实施，保险资管机构可面向高净值个人客户发行保险资管产品，保险资管资金来源进一步丰富。考虑到中国财富管理市场加速发展，保险资管机构进入财富管理市场，有助于拓展保险资管第三方业务规模，提升第三方资金占比。

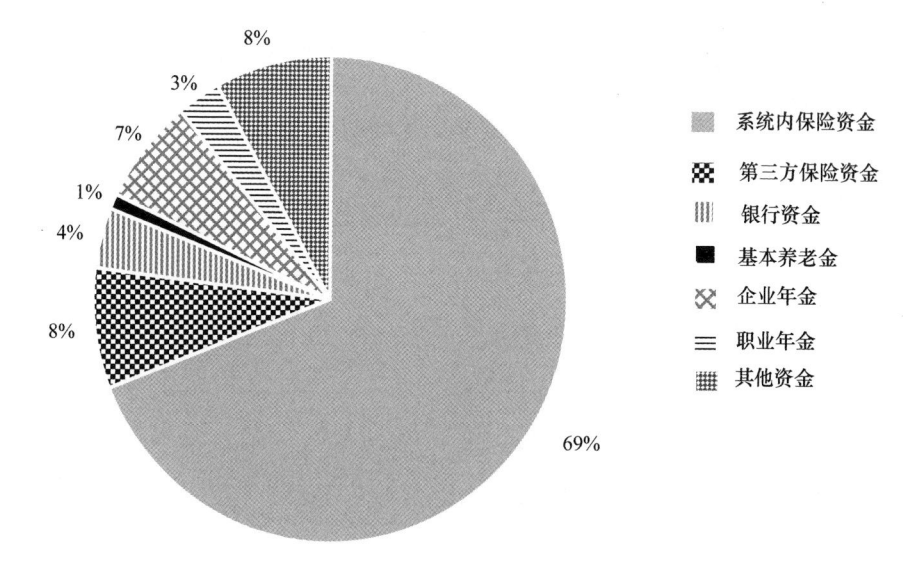

图4-26　2020年年末保险资管行业各资金来源占比情况

资料来源：《2020—2021年保险资产管理业综合调研数据（保险资产管理专题）》

此外，保险资管新规还将养老金纳入合格投资者范围。养老金跟保险资金在规模较大、期限较长、追求长期稳健收益等方面具有相似的特点，保险资管机构承接保险资金经验丰富，为承接养老金奠定了基础。高净值个人客户与养老金纳入保险资管合格投资者范围，有助于拓展保险资管第三方业务规模，带动保险资管行业规模快速提升。2020年年末保险资管行业资金中系统内保险资金占比69%，第三方保险资金占比仅31%，随着投资者范围的扩充，预计未来第三方资金占比将会提升。

三　保险资管公司资产配置向多元化发展

中国银行保险监督管理委员会发布保险资管产品的管理办法及配套细则，扩充了保险资产的投资范围，推动了保险资管公司资产配置向多元化发展。2020年9月，中国银行保险监督管理委员会发布

《组合类产品实施细则》《债权投资计划实施细则》和《股权投资计划实施细则》，对保险资管产品投资范围进行了进一步扩充。其中，《债权投资计划实施细则》拓宽了债权投资计划资金用途，明确在还款保障措施完善的前提下，基础设施债权投资计划可以使用不超过40%的募集资金用于补充融资主体营运资金；《股权投资计划实施细则》拓展了投资范围，增加了上市公司定向增发、大宗交易、协议转让的股票、优先股和可转债，引导长期资金更好支持资本市场发展。资产配置已从传统的公开市场投资拓展到基础设施、股权、不动产、集合信托计划、金融衍生品等其他投资以及境外投资，伴随政策放开，预计配置品种将进一步丰富。

保险资管公司以绝对收益为目标，追求长期稳定可持续收益，在资产配置上较为稳健，目前管理资金的投向以债券、存款为主，2020年年末两者占比超过50%。展望未来，在获取稳定投资收益的驱动下，预计保险资管公司资产配置将进一步多元化，以分散投资组合风险，提升资产收益。

四 IFRS 9 对保险公司资金运用的影响

2018—2021 年保险业全面实施新金融工具准则。2017 年财政部参照《国际财务报告准则第 9 号—金融工具》（简称 IFRS 9）对中国《企业会计准则第 22 号—金融工具确认和计量》（简称 CAS 22）进行了修订。文件要求，"在境内外同时上市的企业以及在境外上市并采用国际财务报告准则或企业会计准则编制财务报告的企业，自 2018 年 1 月 1 日起实施；其他境内上市企业自 2019 年 1 月 1 日起实施；执行企业会计准则的非上市企业自 2021 年 1 月 1 日起实施"。

金融资产由"四分类"变"三分类"。在原先的金融资产分类中,按照持有金融资产的目的和能力,并考虑资产本身合同性质和所处市场活跃程度,将金融资产分为四个科目:以公允价值计量且其变动计入当期损益的金融资产(FVTPL)、可供出售金融资产、持有至到期投资、贷款和应收款项。修订后的 CAS 22 中,根据企业管理金融资产的业务模式和金融资产的合同现金流特征,金融资产分为三类:以摊余成本计量的金融资产(AC)、以公允价值计量且其变动计入其他综合收益的金融资产(FVTOCI)和以公允价值计量且其变动计入当期损益的金融资产(FVTPL)。

CAS 22(2006年)

- 分类依据:
  主要因素:持有资产的意图和能力
  其他因素:资产本身合同性质,所处市场活跃程度

- 四分类:
  (1) 以公允价值计量且其变动计入当期损益的金融资产
  (2) 持有至到期投资
  (3) 贷款和应收款项
  (4) 可供出售金融资产

CAS 22(2017年)

- 分类依据:
  (1) 企业管理金融资产的业务模式
  (2) 金融资产的合同现金流量特征

- 三分类:
  (1) 以摊余成本计量的金融资产
  (2) 以公允价值计量且其变动计入其他综合收益的金融资产
  (3) 以公允价值计量且其变动计入当期损益的金融资产

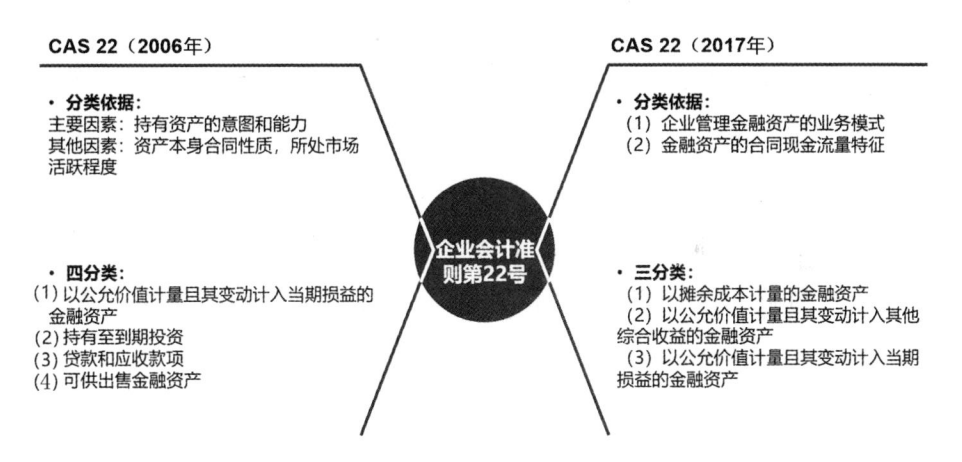

图 4-27　CAS 22 中金融资产分类方式对比情况

资料来源:财政部《企业会计准则第 22 号—金融工具确认和计量》。

表 4-7　根据合同现金流测试与业务模式测试的结果进行重分类

以摊余成本计量的金融资产	以公允价值计量且其变动计入其他综合收益的金融资产	以公允价值计量且其变动计入当期损益的金融资产
债务工具	债务工具	债务工具;股票类资产(大部分,除非指定);基金投资等

资料来源:新金融工具会计准则。

计提减值准备，由"实际损失法"转向预期信用损失。原准则下，只有存在减值迹象的情况下才计提减值准备。而新准则要求保险公司根据金融资产未来的预期信用损失情况，采用预期信用损失减值模型，用三阶段模型计提信用损失。这种模型更具有前瞻性，计量基础和减值范围都发生了变化。如果该金融工具的信用风险自初始确认后并未显著增加，则企业应当按照相当于该金融工具未来12个月内预期信用损失的金额计量其损失准备。如果该金融工具的信用风险自初始确认后已显著增加或者有证据表明已经发生了信用损失，企业应当按照该金融工具整个存续期内预期信用损失的金额计量其损失准备。

计提减值的金融资产范围扩大，确认时点提前。由于IFRS 9对会计科目的影响，以摊余成本计量的金融资产（AC）和以公允价值计量且其变动计入其他综合收益的金融资产（FVTOCI）需要进行减值会计处理。这两类金融资产在新准则下所涵盖的金融资产范围扩大，所以计提减值的金融资产范围也会扩大。由于预期信用损失模型的前瞻性，计提减值的时间也将提前。

表4-8　　　　　　　　　　预期信用损失减值模型

	判断标准	减值准备计提
第一阶段	信用风险无显著增加	12个月内预期信用损失
第二阶段	信用风险显著增加	整个存续期内预期信用损失
第三阶段	有实际证据表明已发生信用减值	整个存续期内预期信用损失

资料来源：《国际财务报告准则第9号金融工具》。

以中国平安为例——新金融工具准则促使保险投资更趋稳健

IFRS 9 准则实施后，保险公司无论是在"权益"还是"固收"投资方面避险意识都有增强，较为激进的资产驱动负债的经营模式一定程度上会受到抑制，有利于促进保险业回归"保险姓保"、扎实做好保险负债端的经营。

"可供出售金融资产"受新准则影响较大。从分类方式来看，"贷款和应收款项"与"持有到期投资"将会进入以摊余成本计量的金融资产。以中国平安为例，2017 年年末"贷款和应收款项"和"持有到期投资"分别占比 30.2%、36.0%，2018 年重新分类后以摊余成本计量的金融资产占比 61.6%。原准则下的交易性金融资产保持不变；而"可供出售金融资产"受新准则影响较大，被分拆进入 FVTOCI 和 FVTPL。可供出售金融资产中主要是债务工具、股票和以成本计量的股权资产。

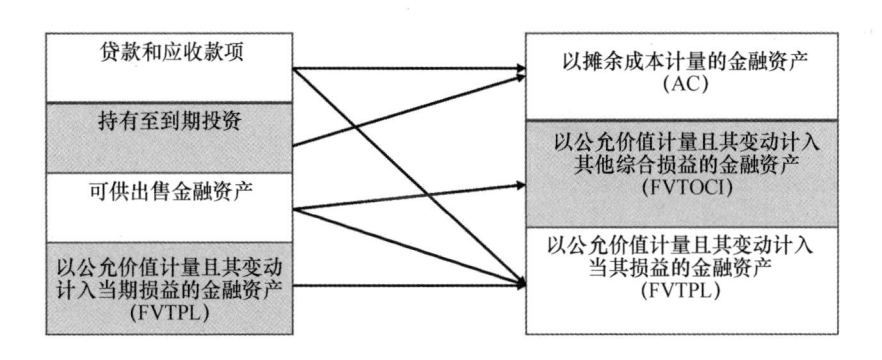

图 4-28 新准则下重分类主要的归类方式（不包含指定分类情况）

资料来源：《国际财务报告准则第 9 号金融工具》。

新准则下部分资产公允价值变动直接计入损益，利润波动性增大。在新准则下，原先可放入可供出售的股票等权益类资产如选择分类为以公允价值计量且其变动计入其他综合收益（FVOCI），处置出售时其累积的浮盈（亏）不能进入损益，即不计入利润。分类为"交易性金融资产"，则须承受当期市价波动对利润的影响。

新准则下，交易性金融资产占比显著提升，促使保险股票投资更加稳健。中国平安在2017年旧准则下交易性金融资产占比仅1.9%，公允价值变动对利润的影响较小。2018年适用新准则后，交易性金融资产占比提升至18.5%，使得利润波动加大。在这种情况下保险公司更倾向于投资稳健资产，如蓝筹股票、长期股权投资等，以减少市价波动的利润的影响。

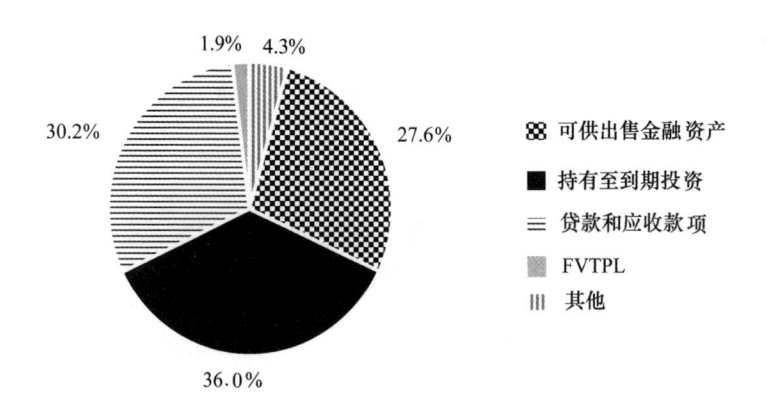

图4-29 中国平安2017年年末，在原先的IAS39分类下投资组合的"四分类"情况

注：其他——长期股权投资、投资性物业等。

资料来源：中国平安年报。

2018年执行新准则后，投资收益率波动加大。新准则下，保险公司利润波动增大。中国平安2018年保险资金投资组合净投资收益率5.2%，同比下降0.6个百分点；总投资收益率3.7%，同比下降2.3个百分点。投资收益率的显著下降除了市场波动原因，还在于执

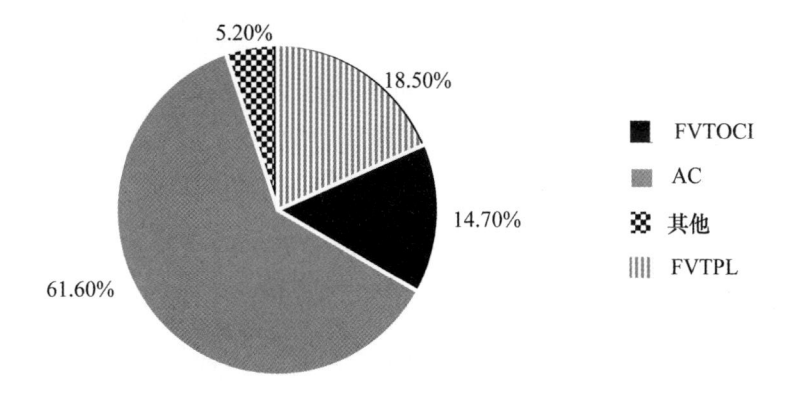

第四章 保险资管：有望迎来规范大发展时代 | **273**

图4-30 新准则下，2018年年末中国平安金融资产分类情况

注：AC——以摊余成本计量的资产；FVTOCI——以公允价值计量且变动计入其他综合收益的资产；FVTPL——以公允价值计量且变动计入当期损益的金融资产。

资料来源：中国平安年报。

行新金融工具会计准则后分类为交易性资产的资产大幅增加、公允价值变动损益波动加大。2019年中国平安总投资收益6.9%，较2018年上升3.2个百分点，主要是资本市场回暖带动投资收益同比上升。2019年年末，中国平安长期股权投资达2041亿元，同比大幅增长。

表4-9　　　　　　　　2017—2020年中国平安投资收益

	2017年	2018年	2019年	2020年
净投资收益（亿元）	1213.40	1267.07	1440.50	1634.62
总投资收益（亿元）	1261.50	895.01	1912.63	1996.36
净投资收益率（%）	5.8	5.2	5.2	5.1
总投资收益率（%）	6	3.7	6.9	6.2

资料来源：中国平安年报。

新金融工具准则之下，中国平安资产配置的应对策略：第一，股票投资向低估值高股息率且股价波动小的大票倾斜；第二，提升长期股权投资占比，采用权益法核算；第三，加大政府债券投资力度。

股票投资向低估值高股息率且股价波动小的大票倾斜。2018年实行新准则后股票投资占比明显下降，从2017年的11.12%下降到8.29%，2019年小幅回升到9.21%，2020年又降为8.42%。低估值高股息率的盘蓝筹股股价波动较小，配置这类蓝筹股可以减少盈利波动。2017年12月以来，中国平安在港股市场大量买入工商银行、汇丰控股等低估值高股息率银行股，股票投资集中度有所上升。

图4-31 2014—2020年中国平安股票投资规模情况

资料来源：Wind。

提高长期股权投资比重，采用权益法核算避开新准则影响。长期股权投资采用权益法核算，可以减少利润波动。险企可通过加大对个别股票的投资比例、达到按权益法核算的长期股权投资标准,规避新准则影响。新准则落地后,中国平安长期股权投资占总投资资产比例持续上升,从 2014 年年末的 0.87% 到 2020 年年末的 7.16%。在新旧准则交替的 2018 年,中国平安长期股权投资占总投资的比重上升了 2 个百分点,预计未来该趋势仍会延续。

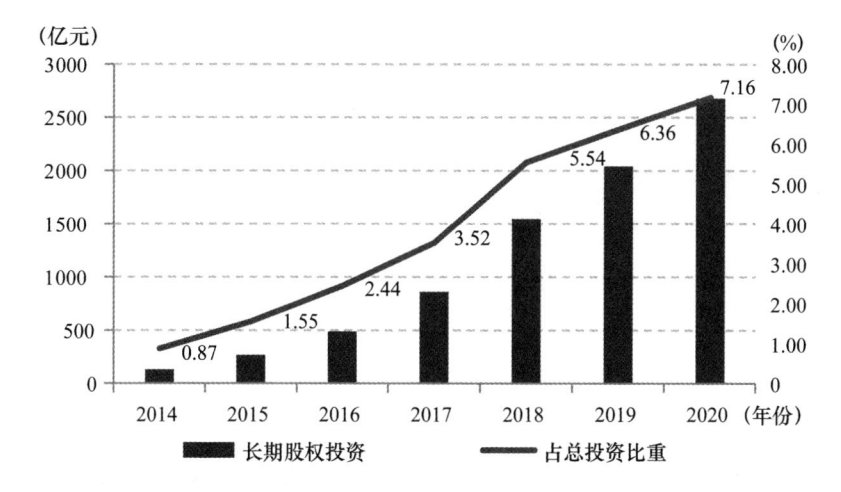

图 4-32 2014—2020 年中国平安长期股权投资占总投资资产比重变化趋势

资料来源:Wind。

投资券种分化明显,倾向于投资政府债。债券投资一直是险资投资的重点,新准则之下,受"预期信用损失"减值模式影响,投资人会倾向选择信用等级更高、违约风险更低的券种。中国平安近年来债券投资占比在 43%—50%。受新准则及税收因素影响,中国平安债券投资中政府债券占比持续上升,从 2016 年年末的 35.7% 上升至 2020 年年末的 77.5%。

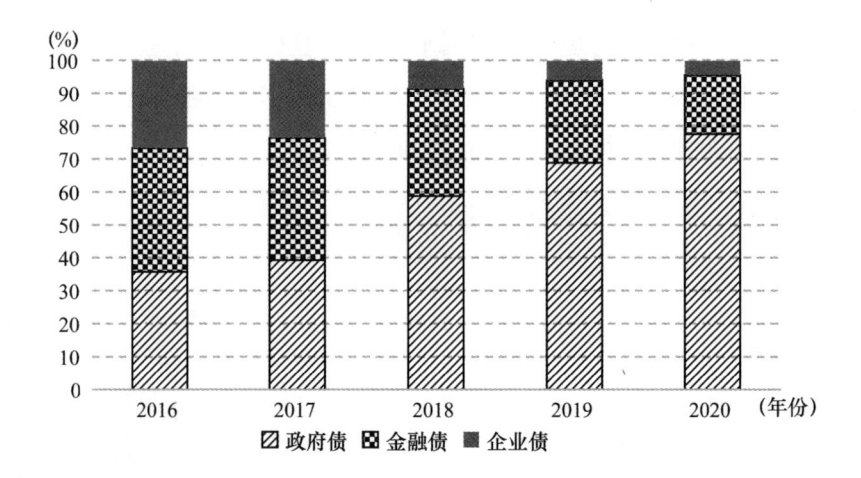

图 4-33　2016—2020 年中国平安债券投资中政府债券占比情况

资料来源：中国平安年报。

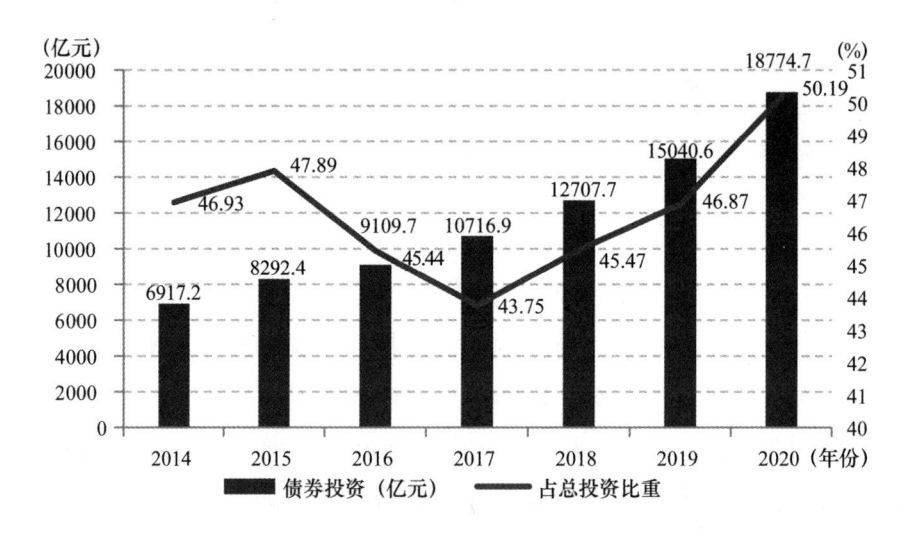

图 4-34　中国平安债券投资规模变化趋势

资料来源：Wind。

第四节 2021年保险资管行业的机遇与挑战

2020年3月25日，中国银行保险监督管理委员会正式发布了《保险资产管理产品管理暂行办法》，并自2021年5月1日施行。此后2020年9月，中国银行保险监督管理委员会印发了《组合类保险资产管理产品实施细则》《债权投资计划实施细则》和《股权投资计划实施细则》。自此，保险资管行业"1+3"监管制度框架全面落地。保险资管新规的发布，是保险资管行业里程碑式的事件，意味着保险资管作为最后发布实施细则的大资管子行业，正式纳入资管新规的范畴。

资管新规统一各资管子行业监管要求，缩小监管差异，保险资管新规赋予保险资管市场化地位，在监管要求上向银行理财看齐，有利于保险资管行业长期健康发展。保险资管新规将保险资管明确定位为私募资管产品，将开启保险资管市场化发展的新篇章，发展前景广阔。

保险资管新规要求，同一保险资产管理机构管理的全部组合类产品投资于非标准化债权类资产的余额，在任何时点不得超过其管理的全部组合类产品净资产的35%。随着保险资管新规正式落地，部分产品面临非标整改压力，稳妥推进整改及转型。

2020年第一季度，由于新冠肺炎疫情全球蔓延，民众暂时性闭门不出，影响线下代理人展业，导致保费收入增速下降，进而影响保险资管运用资金的增速。随着新冠肺炎疫苗接种推进以及中国较快地控制住了疫情，保险业展业基本恢复，保费增速有所回升。

随着金融业对外开放明显加快，外资控股的保险资管公司登上舞台,保险资管行业竞争也将更加激烈,保险资管机构应顺势而为,提升实力,积极应对竞争。而科技也在对保险资管行业产生很大的影响,金融科技也在逐步变革保险资管行业,须跟上时代的步伐。

一 新冠肺炎疫情影响消退,保费增速回升

新冠肺炎疫情从负债来源以及投资两端影响保险资管行业。负债端:新冠肺炎疫情使得保险代理人线下展业困难,从而影响保费收入,进而影响保险资管的资金来源。投资端:新冠肺炎疫情之下,全球货币政策更加宽松,债券收益率明显下滑,股市动荡,投资压力显著上升。

保险代理人依靠提高活动量、拜访客户等帮助保险公司获得高额保费收入,由于新冠肺炎疫情蔓延,复工复产延迟,民众深居简出,对代理人活动量、产能产生直接影响。此外,新冠肺炎疫情导致部分人群收入下降,也会影响保险消费需求。新冠肺炎疫情之下,2020年第一季度中国保险公司保险收入1.67万亿元,同比仅增长2.3%,增速较2019年的12.2%大幅下降。2021年1月,保费收入增速回升至11.2%。可以说,新冠肺炎疫情对保险业的影响基本消退。

从主要类型保险品种来看,2020年财产险保费收入2962亿元,同比增加0.3%;健康险保费收入2641亿元,同比增长21.6%;寿险保费收入1.08万亿元,同比增长-0.6%。新冠肺炎疫情之下,2020年主要类型保险品种保费收入增速均较2019年有所下滑。2021年1月财产险保费收入增速下降至-4.35%,健康险、寿险保费收入增速分别回升至28.17%和11.88%。

保险资管公司是保险资金的主要管理者,新冠肺炎疫情影响消退,也缓解了保险资管公司债券投资压力。

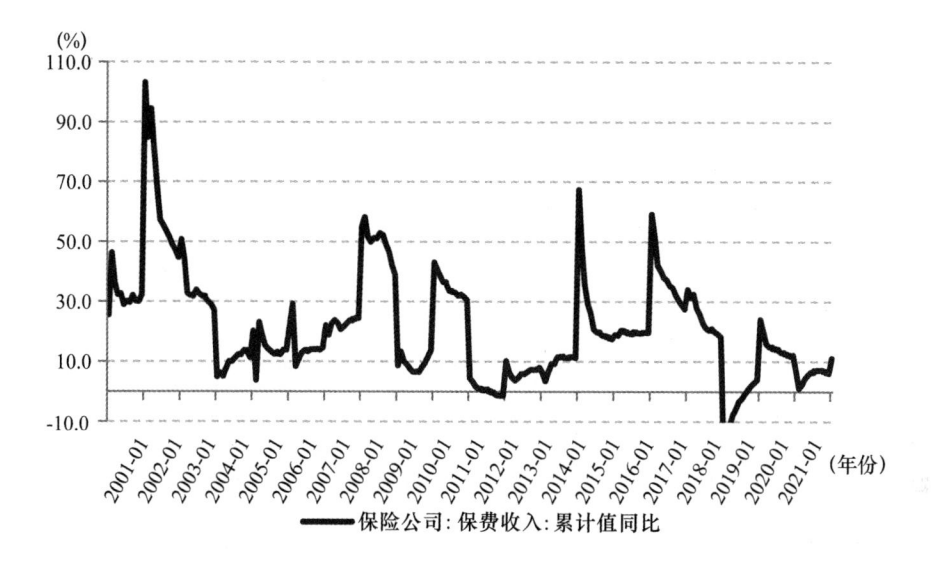

第四章 保险资管：有望迎来规范大发展时代 | **279**

图 4-35 2001 年 1 月—2021 年 1 月保费收入变化趋势

资料来源：Wind。

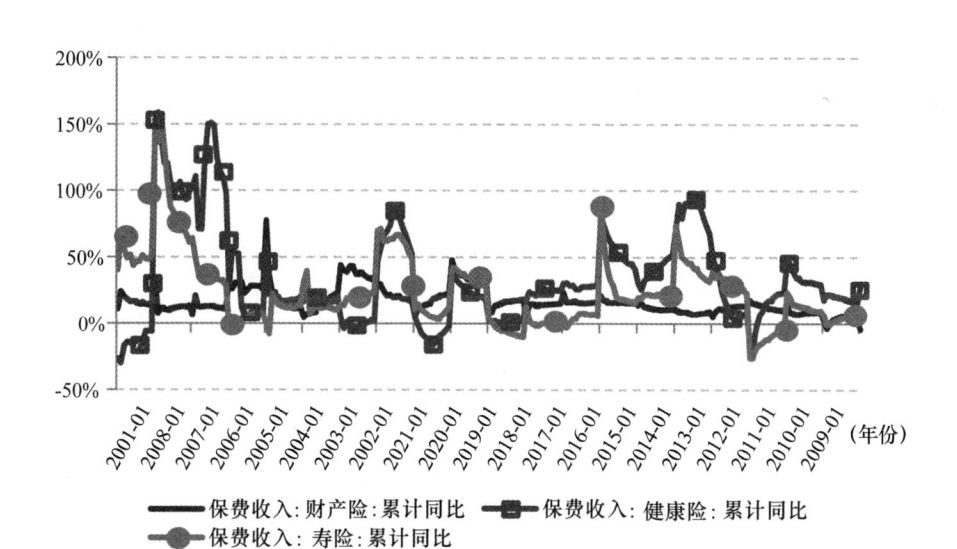

图 4-36 2001 年 1 月—2021 年 1 月财产险、健康险、寿险保费收入变化趋势

资料来源：Wind。

（一）新冠肺炎疫情对险资投资的影响减弱

2020年上半年保险资管债券投资压力较大。随着新冠肺炎疫情全球蔓延，海外疫情不断恶化，海外经济面临严重衰退，国际贸易受到严重冲击，国内经济在2月停摆的基础上，面临新压力。面对百年一遇的疫情，主要国家纷纷出台规模与2008年金融危机相近或超过的经济刺激方案。2020上半年，货币政策宽松的背景下，主要债券收益率大幅走低，保险债券投资面临"收益倒挂"之风险。

新冠肺炎疫情之下，货币政策越加宽松，2020年3月，美联储连续降息150BP，2020年年初以来国内主要类型债券收益率亦大幅下行。保险资金投资压力明显加大。

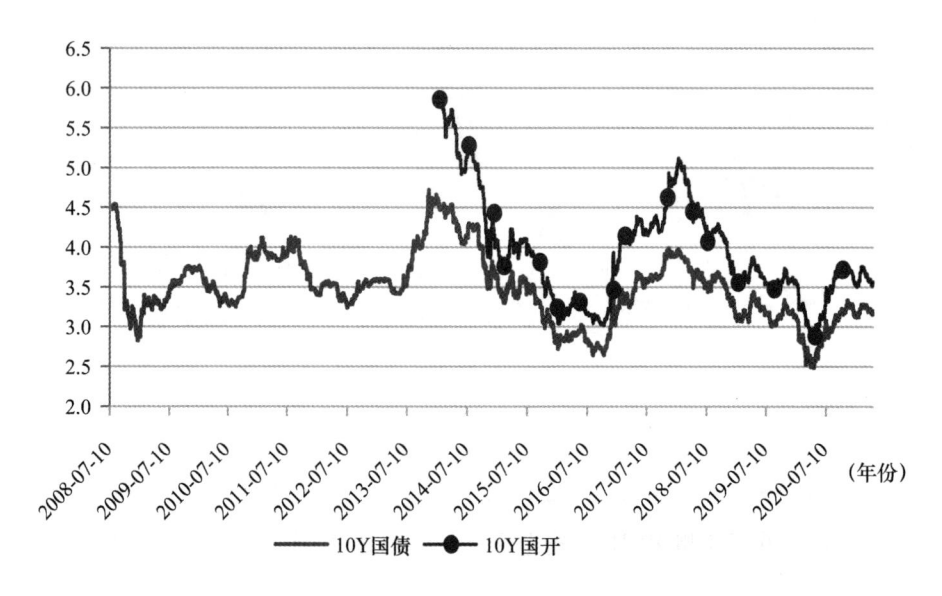

图4-37 2008年7月—2020年7月国内主要债券收益率变化趋势

资料来源：Wind。

截至2020年年末，债券投资占保险资金运用余额的36.59%，与公募基金投资债券不同，保险资管公司投资债券重在票息收益。随着国内新冠肺炎疫情得到很好的控制，国内经济明显复苏，2020年下半年以来主要债券收益率明显回升，缓解了保险资金债券投资压力。

二 金融业对外开放提速，提升能力应对外资入局的竞争

金融业加快对外开放，保险资管竞争越加激烈。金融业对外开放是大趋势。2019年7月国务院金融稳定发展委员会发布11条金融业对外开放措施，进一步放宽外资金融机构设立限制，扩大外资金融机构在中国的业务范围，加快保险行业开放进程，拓宽中外金融市场合作领域等，这体现了国家对金融业对外开放的倾向性。随着金融业开放步伐加快，拥有外资背景的资管机构不断进入，资管新规推动各类型资产管理机构同场竞技，竞争加剧。

2019年共有3家外资保险资管公司开业，分别是工银安盛资产管理有限公司、交银康联资产管理有限公司、中信保诚资产管理有限公司，2020年招商信诺资产管理有限公司成立。保险资管业在持续推进对外开放进程中不断迈出新步伐。

金融业对外开放力度加大，保险资管行业竞争加剧。在对外开放上，中国金融开放的大门越开越大。以日本为例，日本保险市场饱和，对外投资不断提升。截至2019年年末，日本对中国金融保险业直接投资1.35万亿日元。预计未来几年，会有更多的外资保险资管公司进入国内市场，竞争加剧。

随着外资保险资管公司的不断加入，保险资管业竞争也将更加激

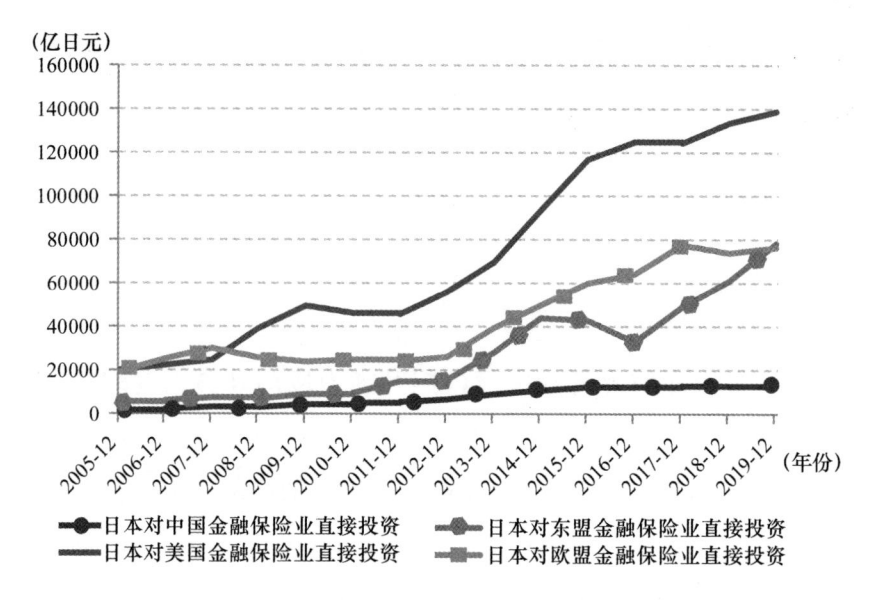

图 4-38 2005 年 12 月—2019 年 12 月日本保险资金对外投资变化趋势

资料来源：Wind。

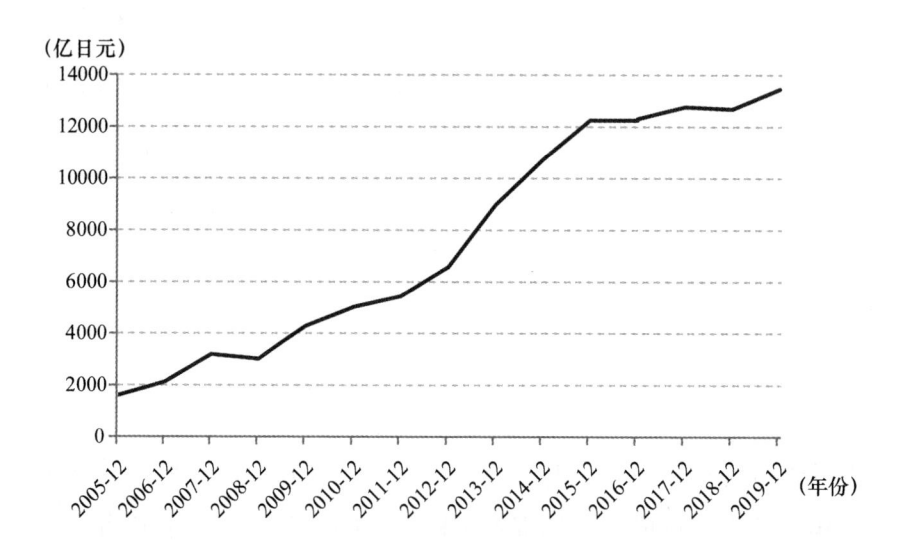

图 4-39 2005 年 12 月—2019 年 12 月日本对中国金融业直接投资变化趋势

资料来源：Wind。

烈。保险资管机构应提早准备，提升实力，积极应对金融业全面开放背景下的外资机构入局。

三　丰富资金来源，提升多元化投资能力

保险资管新规的发布，是保险资管行业里程碑式的事件。保险资管新规赋予保险资管市场化地位，在监管要求上向银行理财看齐，有利于保险资管行业长期健康发展。特别是，私募资管产品定位，为保险资管发展带来新机遇。保险资管新规使得保险资管机构可合规地募集高净值客户资金，与其他类型资管机构同台竞技，参与大资管的竞争，迎来市场化发展机会。

保险资管公司受托业务的竞争压力加大。受托关联保险机构保险资金业务、非关联保险机构的保险资金业务、第三方非保险资金的业务，是目前保险资管公司主要受托业务。2012年《保险资金委托投资管理暂行办法》实施以来，券商、基金公司等资管机构可作为受托人受托保险资金投资，保险资管的竞争压力加大。

一方面，保险资管公司的品牌认可度、市场影响力有待提高。保险资管受托非保险资金较少，从业人员和机构数量、公开市场的评比排名、品牌认可、市场影响力等与银行、信托、基金等其他资管机构存在差距。另一方面，大资管行业将面临更严峻的竞争新格局。一是各类资管机构对保险资金的争夺将加大。保险资金受打破刚兑等新规冲击相对较小，将成为各类资管机构争抢的对象。二是委托资金总量收缩和各类资管机构竞争加剧的背景下，保险资管公司获取业内外委托资金的难度加大。

新冠肺炎疫情使短期内保费收入增速下降，扩大第三方资管业务

是关键。保险资管资金的来源主要有三方面：第一是管理母公司的保费收入；第二是是主动发起设立保险资管计划；第三是是承接以银行等第三方金融机构的委托管理资金。其中保险资金是主要来源，截至2018年年末，保险资管行业保险资金占比77.14%。2020年由于新冠肺炎疫情影响，保险公司业务受到负面影响，自主投资承压的情况下，委外投资可以突破路径依赖，第三方资金的管理费率要高于关联方资金，提升第三方资管业务是发展趋势。

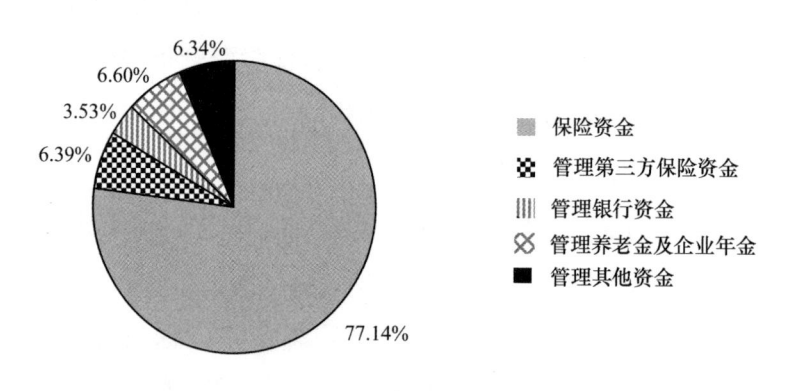

图4-40 2018年保险资管资金来源构成

资料来源：《2018—2019保险资管业调研报告》。

提升其他投资是趋势。保险行业竞争激烈，保险资金有刚性负债，保险资管负债端成本短期内难以下降，目标投资收益率压力较大，保险资管资产配置难度不断上升。在债券收益率长期走低的环境下，其他投资优势显现。其他投资具有长期性、收益性、稳定性等特征，符合保险资金运用的目标选择。低流动性另类资产所获得的流动性溢价，将成为无风险利率下降后，弥补保险资金运用绝对收益的重要途径。

配置多元化资产，分散投资组合风险。伴随政策放开，目前资产配置从传统的公开市场投资拓展到基础设施建设、股权、不动产、集合信托计划、金融衍生品等其他投资以及境外投资。伴随着风险分散要求，需降低资产相关性，由于底层基础资产与大类资产类别的风险特征存在差异，对大类资产的资产类别细分提出更高要求。

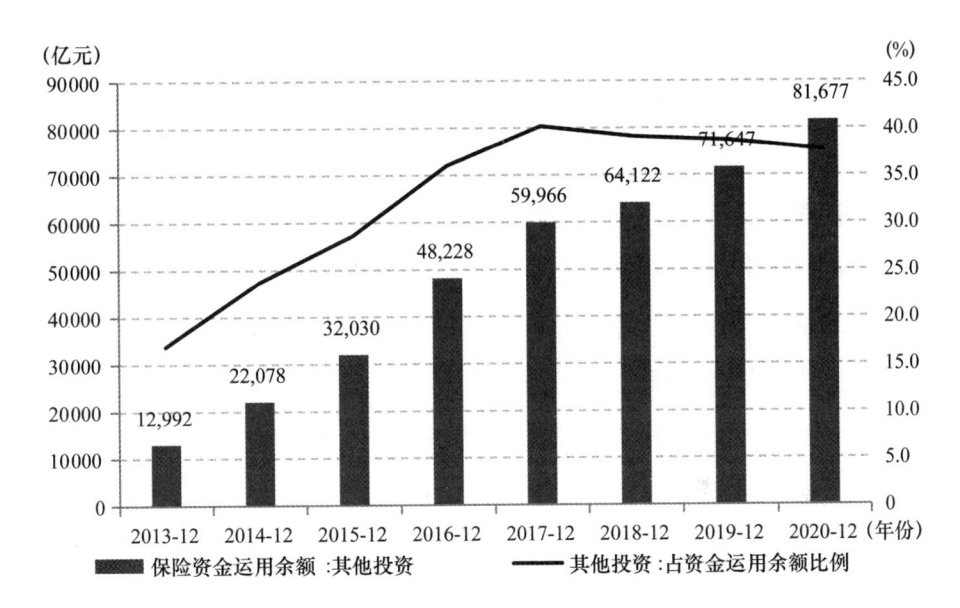

图4-41　2013年12月—2020年12月保险公司其他投资占比变化趋势

注：其他投资主要包括债权投资计划、股权投资计划等投向基础设施建设、企业资产项目等的保险资管产品，以及长期股权投资、投资性房地产等。

资料来源：Wind。

四　依靠科技赋能，抓住保险资管行业发展机遇

资管新规及保险资管新规等相关政策陆续出台，在打破刚兑、规范保险资金运用、改善保险机构竞争格局上赋予保险资管市场发展机

遇。资管新规首次把保险资管列入资管行业，使得保险资管机构在资管产品发行和销售上与其他金融机构获得了同等待遇。随着刚性兑付的破除，银行理财等资管产品的收益不确定性增大，吸引力会有所减弱，保险产品预定利率优势将凸显，在居民资产配置中的竞争力将提升。资管新规提出禁止资金池和加强产品久期管理，对银行、信托和非标业务的冲击较大，已有保险资金监管政策和资管新规要求一脉相承，甚至更为严格，保险资管能够更好地适应。而保险资管新规明确保险资管产品的私募定位，为保险资管行业市场化发展带来新机遇。

科技赋能，为资管业务提供新机遇。资管机构将金融科技重点应用于客户服务和运营管理等方面，包括客户画像、智能客服、智能投顾、自动估值、风险预警、销售渠道延伸等。未来，金融科技在投资研究、投资交易等方面的应用潜力较大；运用大数据和人工智能技术强化数据挖掘，跟踪股票基本面的动态变化，寻求最佳的投资机会。据安永2019年发布的《2019年全球资产管理行业报告》，在过去10年，14只运用AI和机器学习技术的对冲基金表现较传统对冲基金表现高出100%。

科创板为保险资管增添新机遇。2019年5月召开的保险行业内部座谈会上，监管部门支持保险资金参与科创板投资，保险资金可按现行规则参与科创板市场交易，给予了保险资金进入科创板的肯定答复。保险资金投资科创板股票，有利于保险资金加大对新兴技术方向的领头企业的投资，切实服务实体经济，也有望获取可观的投资收益。保险资金通过积极参与科创板投资支持实体经济发展；满足传统行业升级、新技术及中小微企业的融资需求，有助于改善经济结构；保险资金规模大、期限长、来源稳定，为实体经济健康长期发展提供有力支撑。

未来保险资金的运用和发展还有很大空间。发达国家融资结构中国直接融资占比较高,其中大部分的直接融资资金来自保险资金。截至2020年年末,中国银行业资产规模达313万亿元,而保险资产只有23.3万亿元。但是从资产增速可以看出,2010年后保险资产增速一直高于银行业,处于稳步提升阶段,未来保险资金的运用和发展将会有极大空间。保险资管行业在直接融资替代间接融资的大趋势中,大有可为。

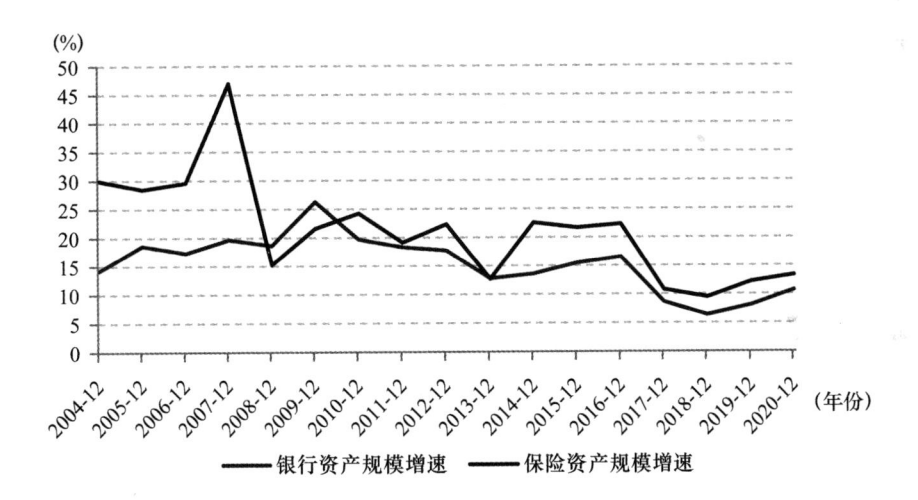

图4-42 2004年12月—2020年12月银行资产规模和保险资产规模变化趋势

资料来源:Wind。

第五章

信托业：严监管下转型趋势加快

◈ 第一节 2019年信托业发展情况

2019年，金融供给侧结构性改革持续推进，在推动金融机构提升服务实体经济、防控金融风险、深化金融改革、扩大对外开放中，均取得了一定成效。信托行业直面转型，回归本源，稳健经营，创新发展，服务实体经济的效率和风险管理能力持续提升。

一 产品端：行业内产品存续、发行、运作情况

（一）信托业务规模下降放缓

信托行业在2018年经历了大幅调整后，2019年资产规模呈现平稳下降。截至2019年年末，全国68家信托公司受托资产规模为21.6万亿元，同比下降4.85%，但降幅小于2018年同期的13.50%。

第五章 信托业：严监管下转型趋势加快 **289**

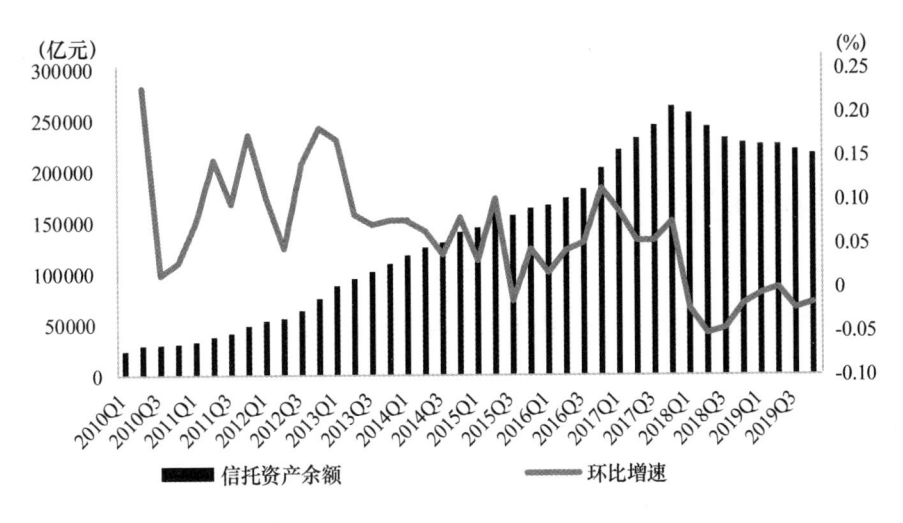

图 5-1 2010—2019 年中国信托资产规模及环比增速

资料来源：Wind。

（二）集合信托占比上升，单一资金信托占比下降，管理财产信托占比稳定

2018 年以来，随着资管新规出台，受到监管政策的影响，以单一信托为主的通道业务受限。2019 年，信托公司开始注重加强建设财富管理渠道，提升主动管理能力，集合资金信托占比进一步提升，财产权信托尤其是资产证券化等事务管理类信托业务发展获得较快发展。

2019 年，信托行业转型步伐加快，信托业务资金来源结构逐步优化。集合信托的委托人通常为两个及以上，而单一信托只有一个委托人。在资金的运用方面，单一资金信托计划的运用方式比较单一，贷款运用型资金占比较高，投资和交易性资金占比较小。在交易结构上，集合资金信托的产品是经常借助于受益权分层分级，把受益权分成劣后、优先等级别，增强信用等级，并保障社会投资者的相关权益。而单一资金信托的产品层级简单，资金基本运用于同一对象或项目。此前，信托资金来源中，单一资金信托一直是最主要的资金来源。但自2019年第二季度起，集合资金信托占比开始超过单一资金信托。2019年第四季度末，集合资金信托规模9.9万亿元，占比为45.93%，同比上升1.19个百分点，较2018年年末增加8000亿元，占比上升5.81个百分点。截至2019年第四季度末，单一资金信托规模约8万亿元，占比为37.1%，占比下降2.4个百分点，较2018年年末减少1.82万亿元，占比下降6.23个百分点。

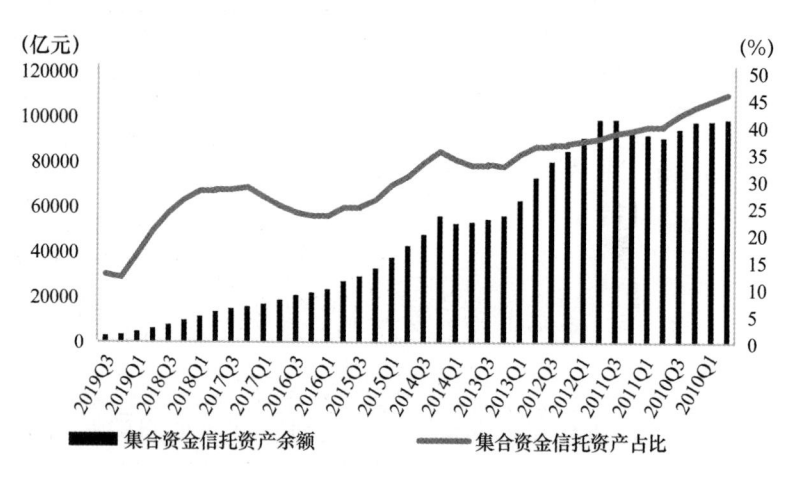

图5-2 2010—2019年中国集合资金信托资产规模及占比变化趋势

资料来源：Wind。

管理财产信托占比一直较为稳定。从2017年到2019年，其占比分别为16.53%、16.55%和16.98%。2019年第四季度末，管理财产信托规模为3.67万亿元，占比为16.98%，与2018年年末相比，规模减小约884亿元。

（三）融资类信托占比上升，事务管理类信托占比下降，投资类信托占比持平

"去通道"倒逼信托行业优化业务结构，实现转型升级。2019年

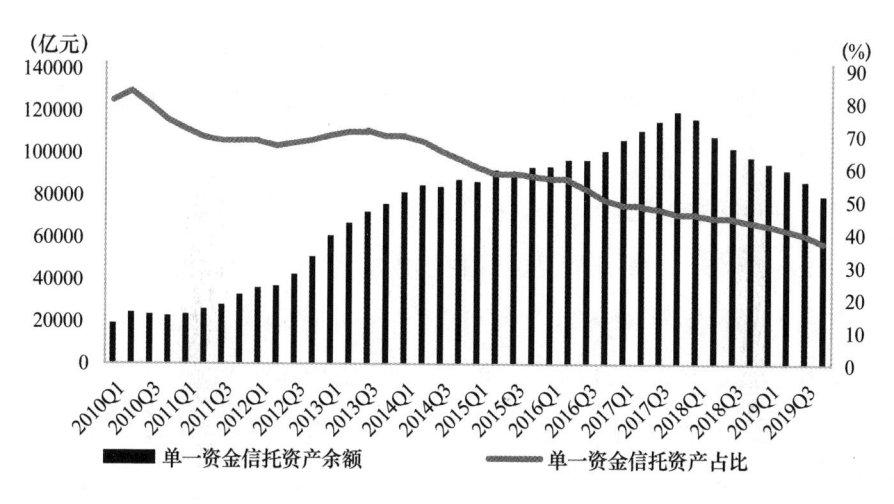

第五章　信托业：严监管下转型趋势加快 | **291**

图 5-3　2010—2019 年中国单一资金信托资产规模及占比

资料来源：Wind。

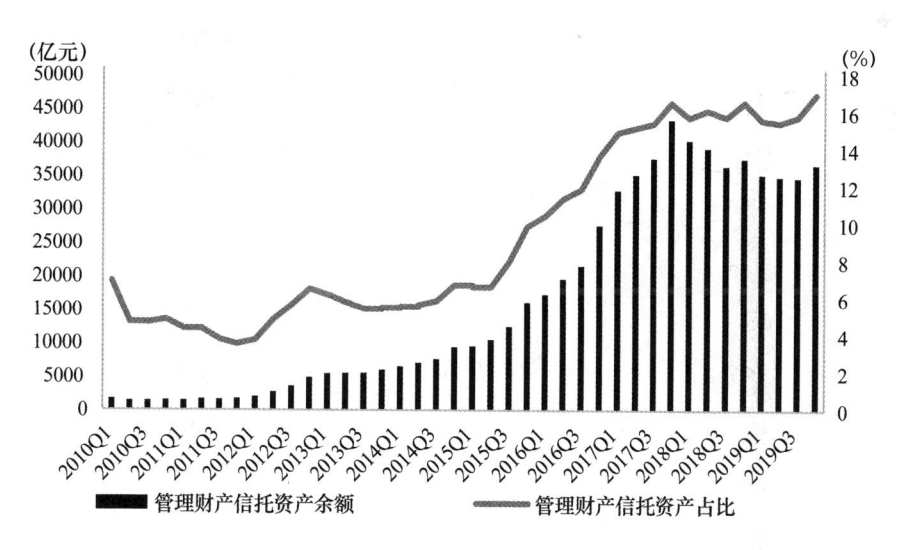

图 5-4　2010—2019 年中国管理财产信托资产规模及占比

资料来源：Wind。

信托业务结构出现了明显的变化，通道类业务占比明显下降，主要表现为：事务管理类信托占比下降，融资类信托占比上升，投资类信托保持稳定。

作为一种被动管理的资金信托，事务管理类信托近年来大幅缩水。2019年年末，事务管理类信托规模为10.65万亿元，占比为49.30%。2018年年末、2017年年末，事务管理类信托规模分别为13.25万亿元、15.65万亿元，降幅分别为19.6%和31.95%。事务管理类信托规模的下降，符合行业"去通道"、回归本源的趋势。

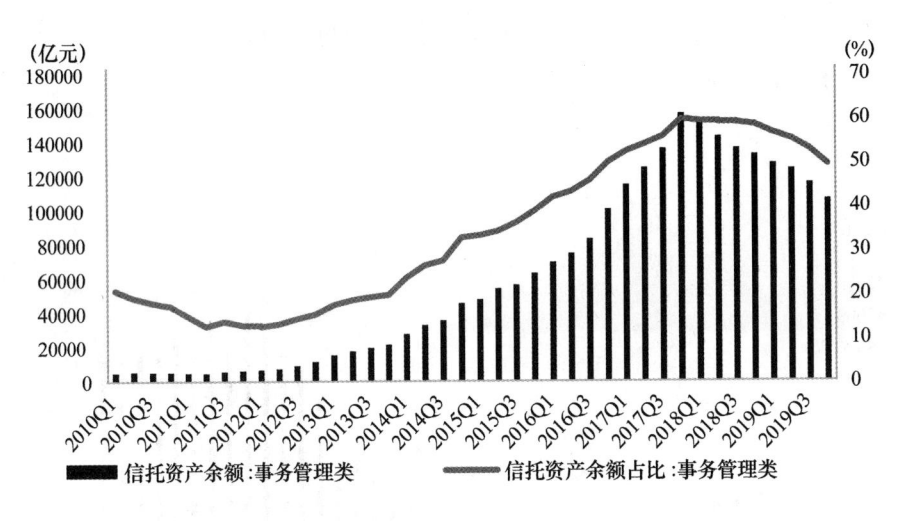

图 5-5 2010—2019年中国事务管理类信托资产规模及占比

资料来源：Wind。

融资类信托占比上升，投资类信托占比持平。2019年年末，融资类信托规模为5.83万亿元，较2018年年末同比增长34.17%；占比为26.99%，同比增加7.85个百分点。2019年年末，投资类信托规模为5.12万亿元，与2018年年末相比无明显变化，占比为23.71%，同比增加1.21个百分点。从投资类信托规模占比的变化趋势来看，其在2015年第二季度前稳步上行，2015年第二季度末达到39.33%的高位之后，便趋于下行，近年来基本稳定。

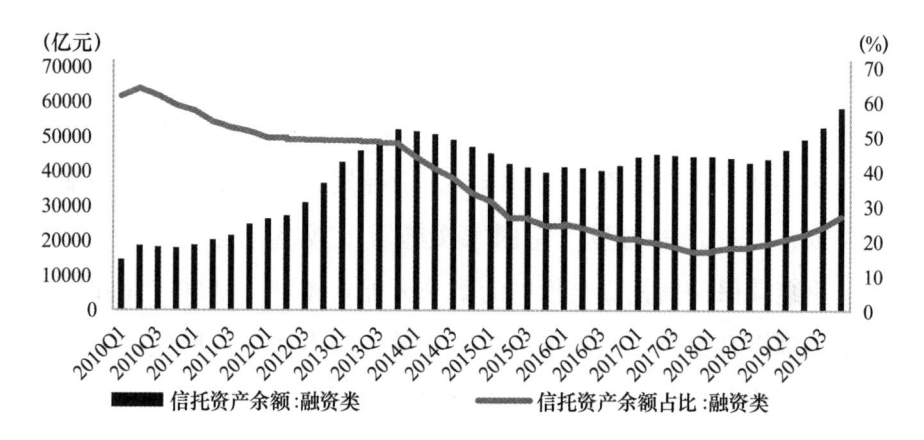

图5-6 2010—2019年中国融资类信托资产规模及占比

资料来源：Wind。

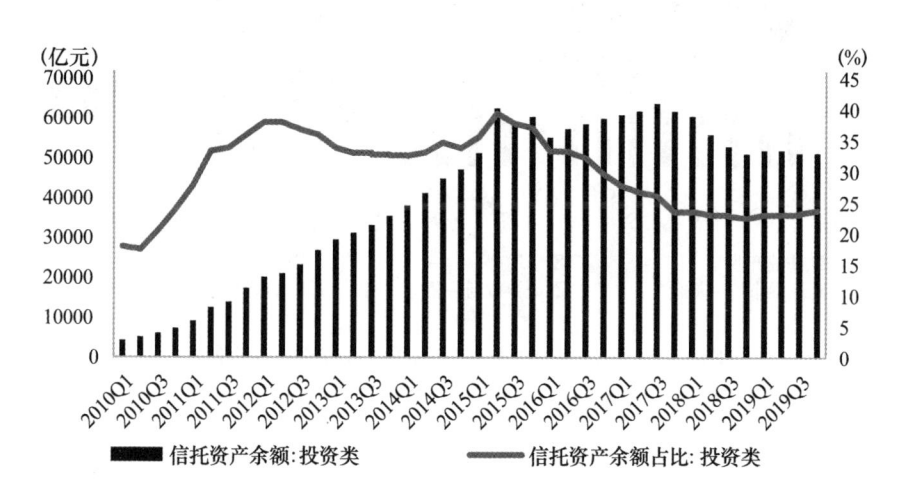

图5-7 2010—2019年中国投资类信托资产规模及占比

资料来源：Wind。

二 投资端：资金的主要投向情况

信托行业转型是基于金融供给侧结构性改革这一大背景，核心是服务支持实体经济转型。2019 年，信托业继续增加对实体经济的资金投入，尤其重视优化资金运用结构，引导资金进入工商企业和基础设施领域，以更强的力量支持国家实施重大战略。与 2018 年相比，工商企业继续保持信托资金投向的第一大配置领域，基础产业和房地产占比分别提升到第二位和第三位，金融机构占比则从原先的第二位下降到第四位。

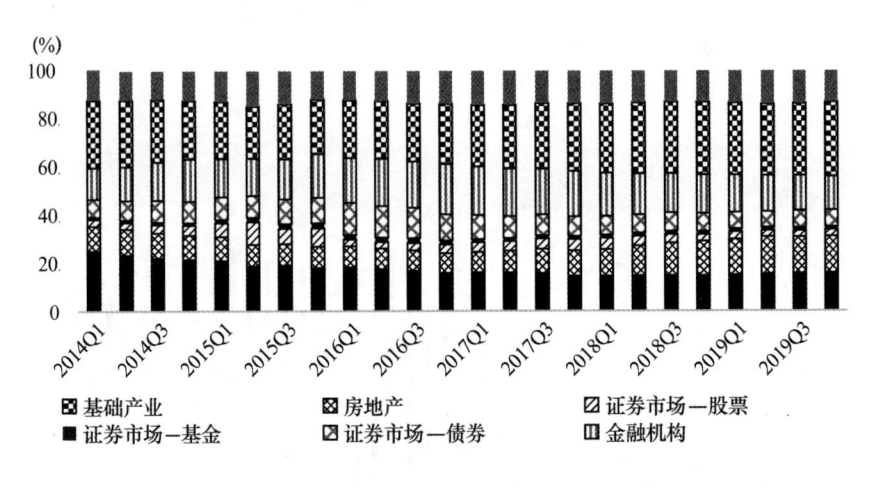

图 5－8　2014—2019 年中国信托行业资金投向占比

资料来源：Wind。

（一）投向工商企业资金占比最高

近年来，工商企业一直在信托资金投向中占据首位。2019 年年末，投向工商企业的信托资金规模为 5.49 万亿元，占比为 30.6%，较 2018 年年末增长 0.7 个百分点，较 2017 年年末增长 2.76 个百分点。信托行业资金投向工商企业占比的持续上升，顺应了金融服务实体经济转型的重要方向。

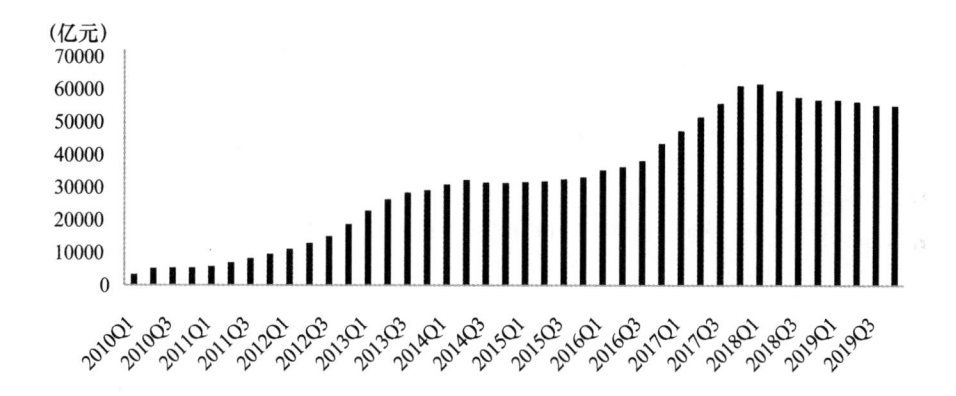

图 5-9　2010—2019 年投向工商企业的信托资金余额

资料来源：Wind。

（二）投向基础产业资金占比上升

2019 年，投向基础产业的信托资金稳步上升，是信托资金第二大配置领域。截至 2019 年年末，投向基础产业领域的信托资金总额为 2.82 万亿元，与 2018 年年末大体相当，占比为 15.72%，较 2018 年增长 1.14 个百分点。

（三）投向房地产资金占比基本持平

一直以来，房地产信托都是信托公司的重要业务和主要收入来源。2019 年年末，投向房地产领域的信托资金总额为 2.7 万亿元，与 2018 年年末基本持平；占比为 15.07%，较 2018 年小幅上升 0.89 个百分点。

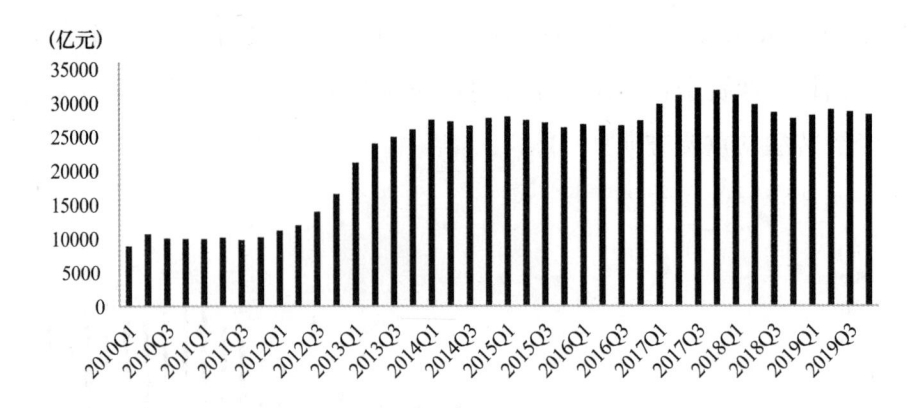

图 5–10　2010—2019 年投向基础产业的信托资金余额

资料来源：Wind。

此前房地产信托规模的不断上升主要源于房地产企业较大的资金需求与房地产信托业务较高的收益率。然而，在"房住不炒"的政策背景下，信托行业也严格遵守中国银行保险监督管理委员会对房地产信托业务的要求，有效控制风险，从 2019 年年内变化来看，房地产信托规模趋于下行。

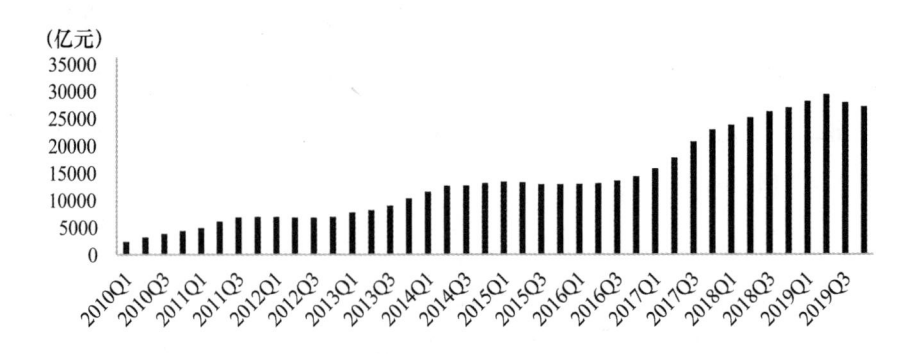

图 5–11　2010—2019 年投向房地产的信托资金余额

资料来源：Wind。

（四）投向金融机构资金占比继续回落

投向金融机构的信托资金规模继续下行。在"去杠杆"背景下，金融同业合作的监管力度不断收紧，通道类业务受不断被压缩。2017年，由于同业业务回流，金融机构一度成为第二大信托资金配置领域。截至2019年年末，投向金融机构的信托资金总额为2.5万亿元，同比下降17.34%；规模占比为13.96%，同比下降2.03个百分点。

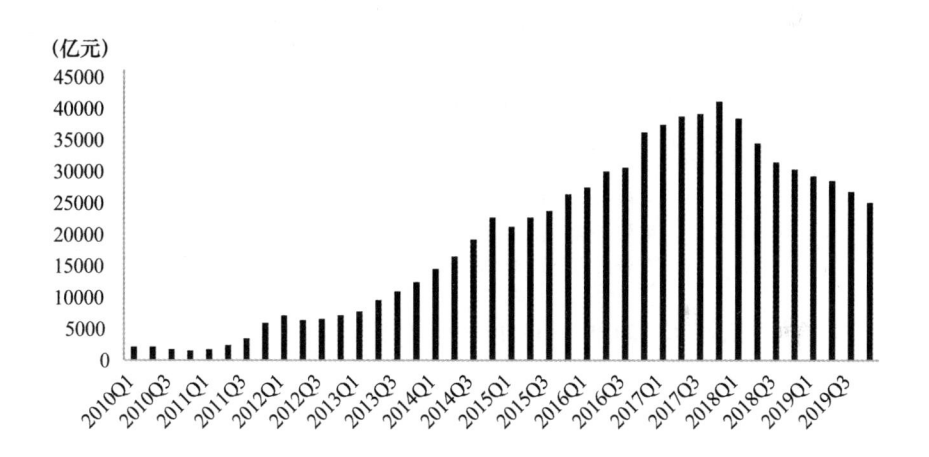

图5-12 2010—2019年投向金融机构的信托资金余额

资料来源：Wind。

（五）投向证券市场资金有望上升

2019年年末，投向证券市场的信托资金总额为1.96万亿元，同比下降10.79%；资金占比为10.92%，同比下降0.67个百分点。2014—2017年，投向证券市场的信托资金规模不断上升，并在2017年末达到峰值3.1万亿元，随后规模逐渐下行。随着资本市场改革的不断推进，A股所具备的投资价值优势逐步凸显，信托资金将会逐渐增加投向证券市场的资金，提升主动投资能力，成为更加具有竞争力的资产管理机构。

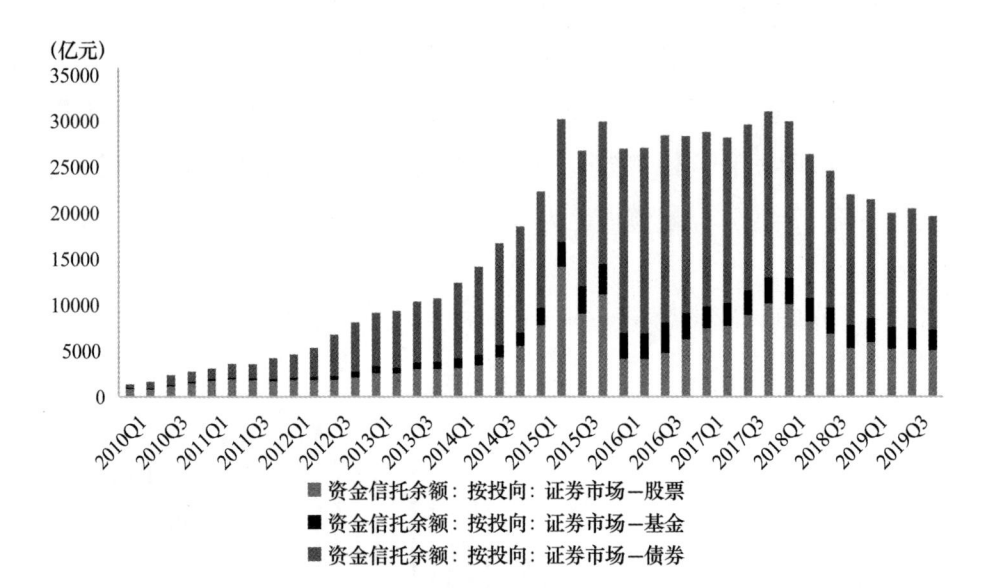

图 5-13 2010—2019 年投向证券市场的信托资金余额

资料来源：Wind。

三 机构发展：全行业机构数量及发展、变动、改革等动态

（一）资本实力进一步增强

增强资本实力有助于公司拓展业务领域，提高风险抵御能力。2019 年，信托行业的资本实力进一步增强，实收资本、信托赔偿准备和未分配利润都保持了较快的增速。截至 2019 年年末，68 家信托公司所有者权益规模达到 6316.27 亿元，同比增长 9.86%。从所有者权益的构成来看，截至 2019 年年末，实收资本为 2842 亿元，较 2018 年年末增加 188 亿元，同比增长 7.09%，占所有者权益比重为 45%；

未分配利润为1819亿元，较2018年年末增加188亿元，同比增长11.53%，占所有者权益比重28.8%；信托赔偿准备291亿元，同比增加31亿元，同比增长11.71%，占所有者权益比重为4.61%。

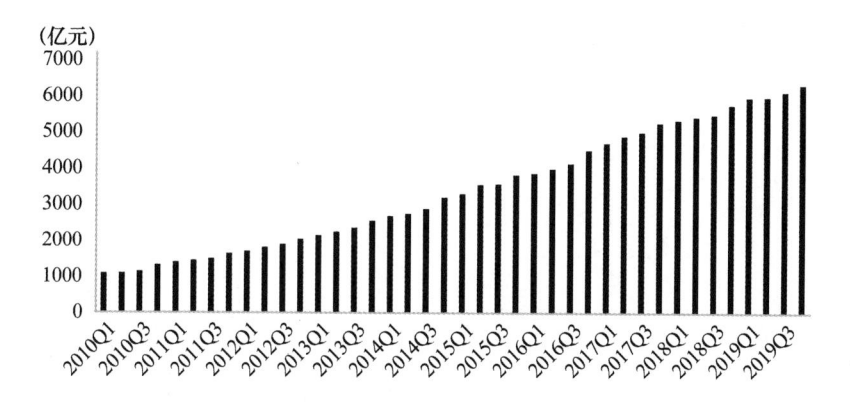

图5-14 2010—2019年中国信托公司所有者权益

资料来源：Wind。

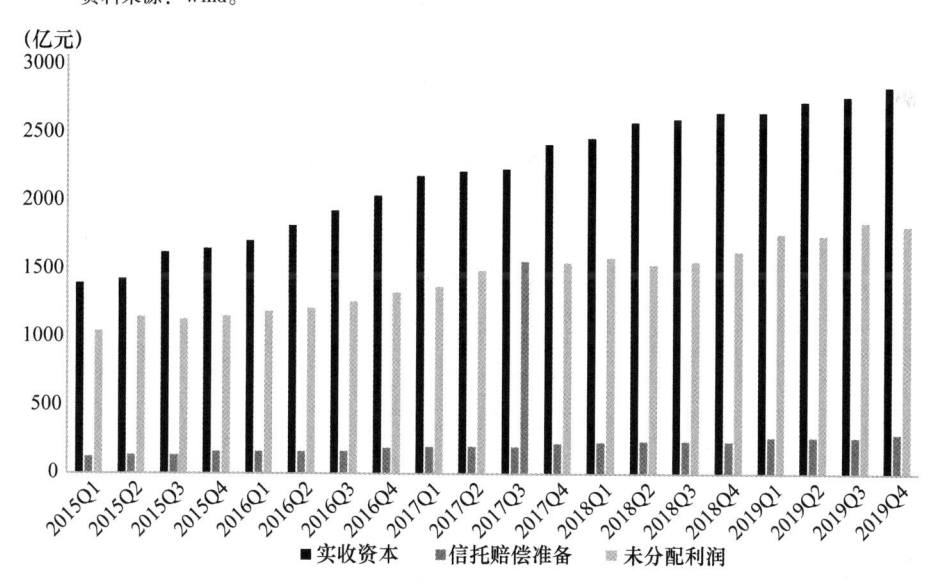

图5-15 2015—2019年中国信托公司所有者权益构成变化

资料来源：Wind。

(二) 固有资产稳步增长

固有资产规模是体现信托公司综合实力与竞争力的重要指标，2019年信托行业的固有资产持续稳步增长，从2018年第四季度末的7193亿元增长至2019年四季度末的7677亿元。2019年第四季度末，固有资产规模达到近五年来最高值，环比增长3.70%，同比增长6.73%。

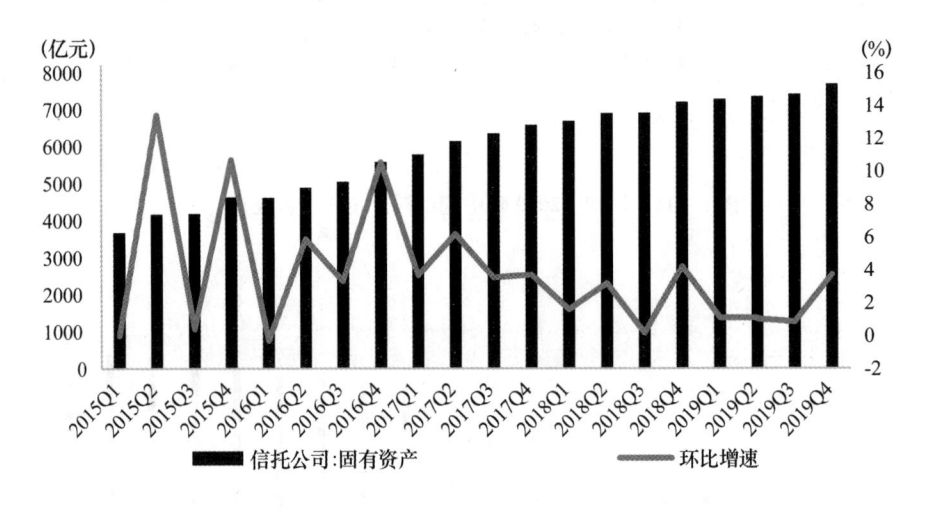

图5-16　2015—2019年中国信托公司固有资产规模及环比增速

资料来源：Wind。

从信托行业固有资产的结构来看，近年来，投资类资产占比逐渐提升，贷款类资产占比基本持平，货币类资产占比逐渐下降。从2015年年末至2019年年末，投资类资产占比分别为71%、74%、75%、78%、79%；贷款类资产占比分别为8%、5%、6%、5%、6%；货币类资产占比分别为16%、12%、10%、8%、8%。

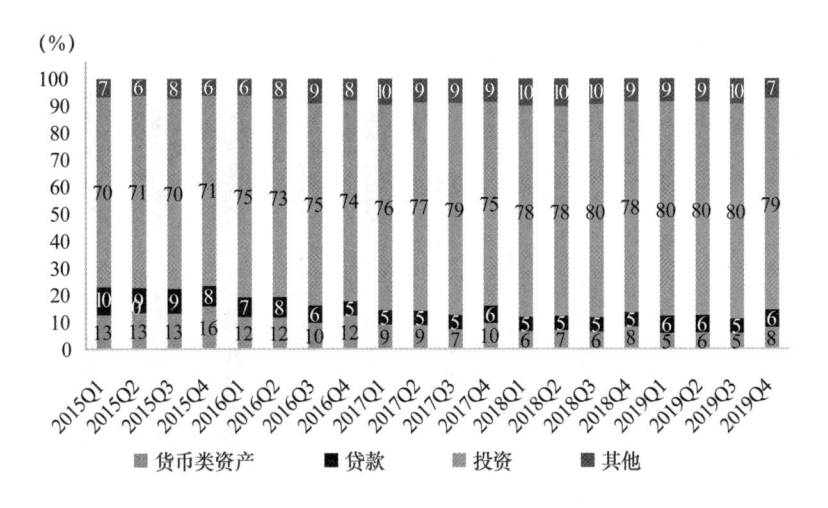

图 5-17　2015—2019 年中国信托公司各类固有资产占比

注：图中数据为四舍五入保留整数。

资料来源：Wind。

（三）经营业绩稳步提升

2019 年，信托行业实现营业收入 2749 亿元，较 2018 年同比增长约 3.93%，扭转了信托行业 2018 年经营收入下滑的态势。此前，2015 年行业营业收入达到近年来最高值 2772 亿元；2016—2018 年，行业营业收入分别为 2558 亿元、2662 亿元、2645 亿元。

从收入结构看，信托业务收入仍在经营收入中占主导地位且占比进一步提升。2019 年第四季度，信托业务收入累计达 833.82 亿元，较 2018 年年末增加 52.06 亿元，占比 69.48%，比 2018 年年末上升 0.94 个百分点；固有业务收入累计为 341.24 亿元，较 2018 年增加 30.88 亿元，占比 28.43%，较 2018 年上升 1.22 个百分点。2019 年第四季度，新增信托业务收入为 282.47 亿元，环比增长 51.23%；新增固有业务收入为 113.33 亿元，环比增速达到 49.72%，短期波动较为明显。

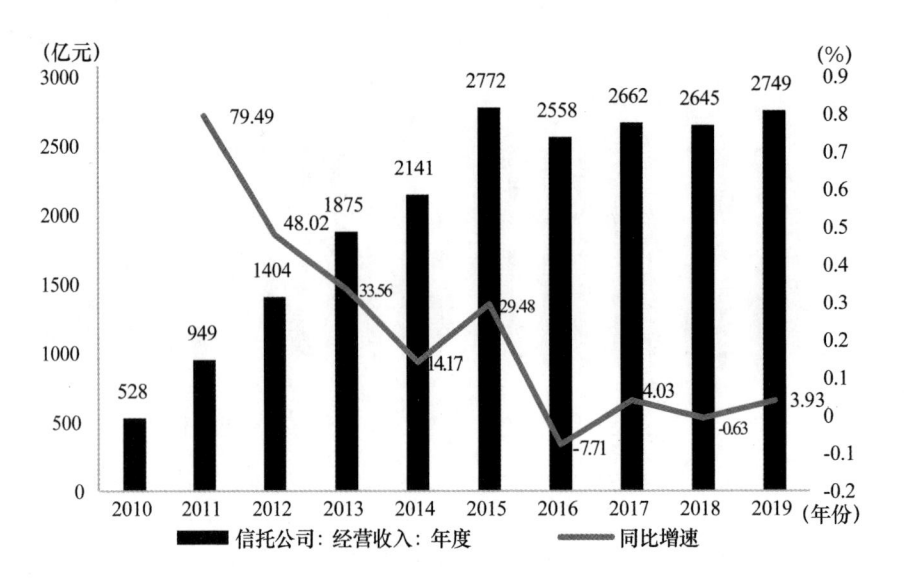

图 5-18　2010—2019 年中国信托公司经营收入及同比增速

资料来源：Wind。

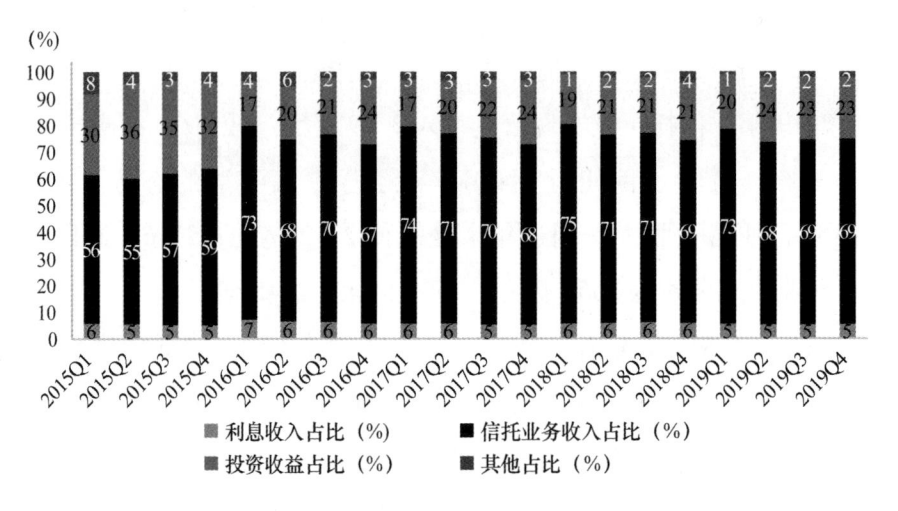

图 5-19　2015—2019 年中国信托公司业务收入结构

注：图中数据为四舍五入保留整数。

资料来源：Wind。

2019 年，信托行业利润总额为 727.05 亿元，同比小幅下降 0.65%。从人均利润来看，2019 年信托行业人均利润为 244.23 万元，同比下降 11.20%。从信托报酬率来看，2019 的平均年化综合信托报酬率为 0.37%，同比提升 0.02 个百分点；平均年化综合实际收益率为 5.49%，同比提升 0.58 个百分点。

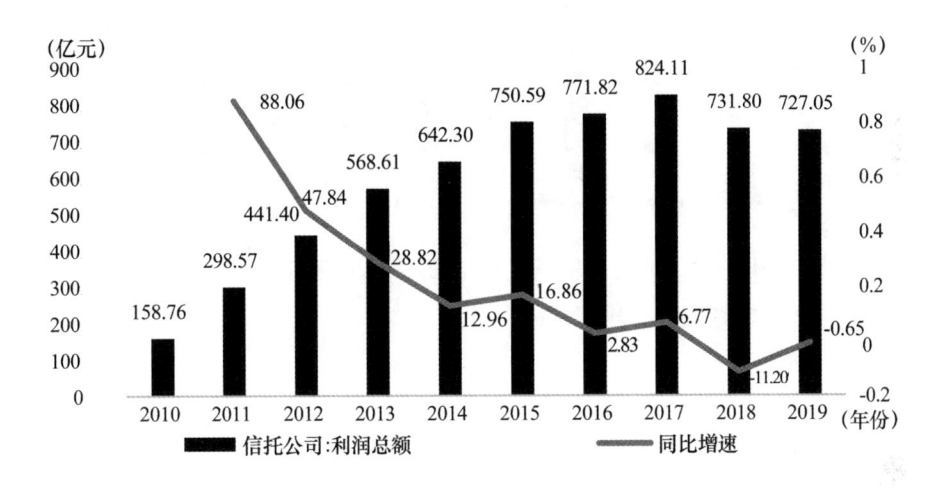

图 5-20　2010—2019 年中国信托公司利润总额及同比增速

注：图中数据为四舍五入保留两位小数。

资料来源：Wind。

（四）面临一定的风险上升压力

1. 风险资产规模和风险项目数量大幅提升

2019 年年末，信托行业风险资产规模为 5770.47 亿元，同比增长 159.71%；风险项目个数为 1547 个，同比增长 77.41%。风险资产规模和风险项目数量均达到近五年来的最高值。2019 年信托行业风险项目和风险资产大幅提升的主要原因包括严监管、去杠杆、贸易摩擦等多重因素的叠加，隐匿的风险被充分地暴露。但这些风险不是信托

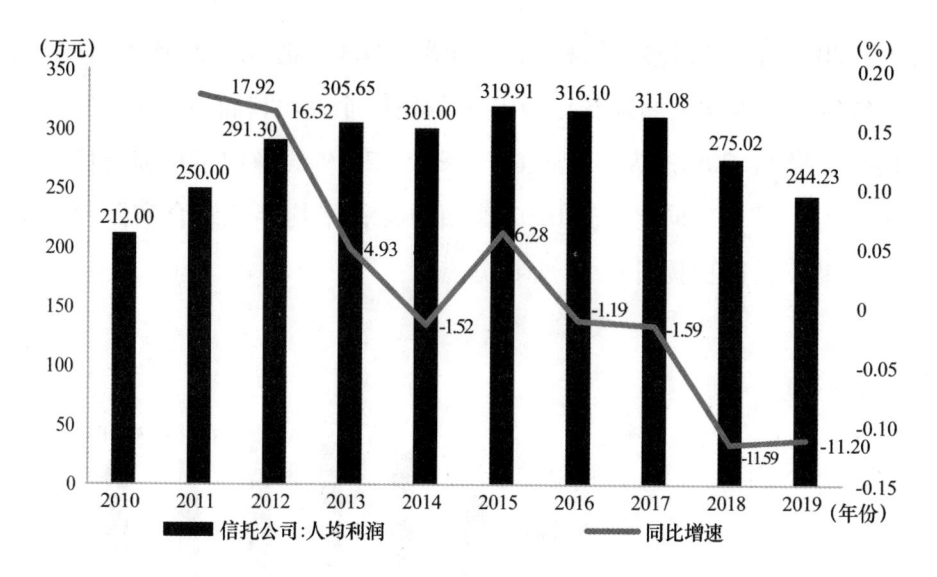

图 5-21 2010—2019 年中国信托公司人均利润及同比增速

注：图中数据为四舍五入保留两位小数。

资料来源：Wind。

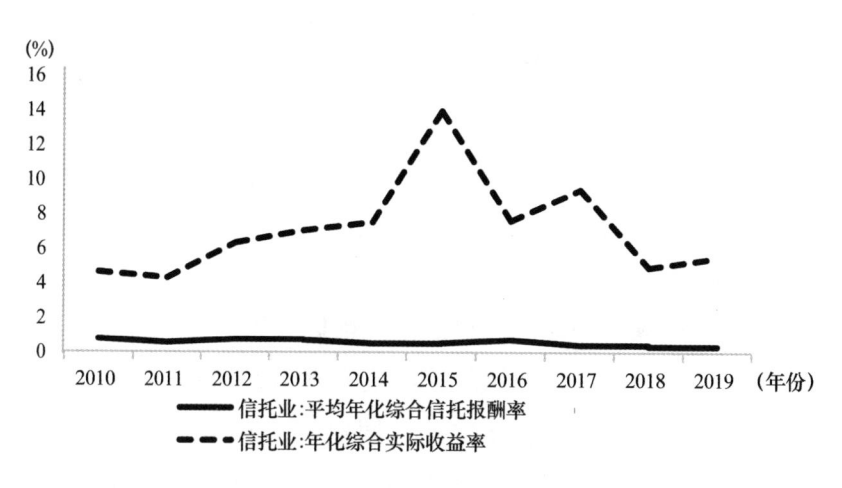

图 5-22 2010—2019 年中国信托公司年化报酬率和实际收益率

资料来源：Wind。

行业独有的，新的外部环境将促使信托行业提升风险管理水平，推动行业稳健发展。

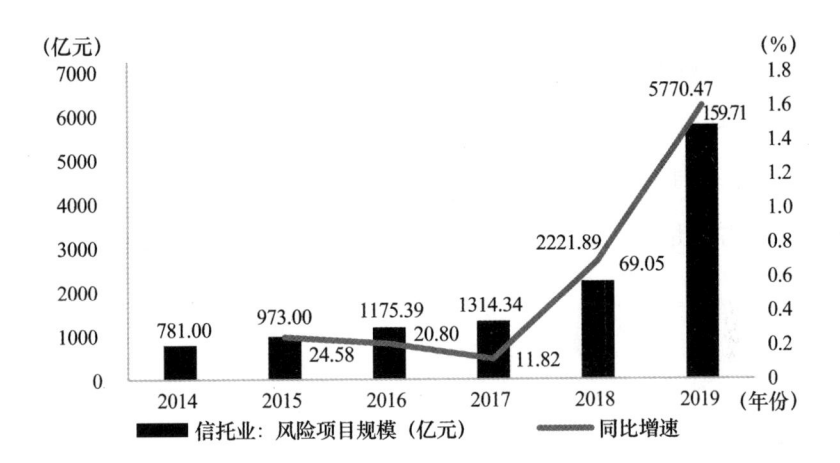

图 5-23　2014—2019 年中国信托行业风险资产规模及增速

注：图中数据为四舍五入保留两位小数。

资料来源：Wind。

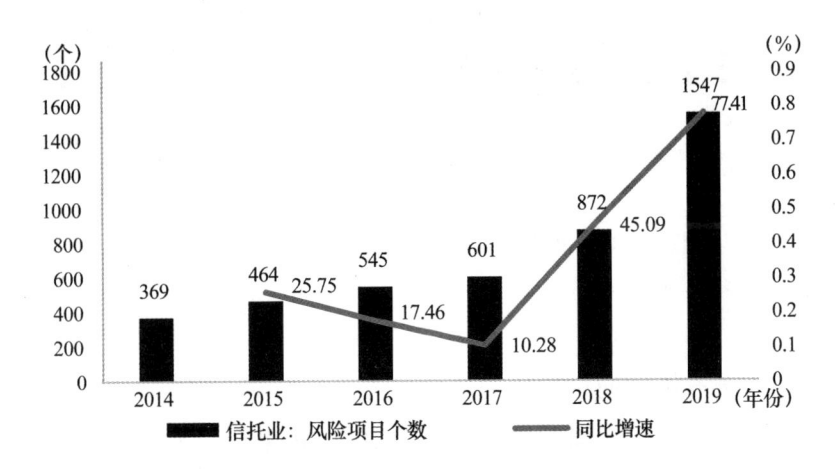

图 5-24　2014—2019 年中国信托行业风险项目个数及增速

注：图中同比增速数据为四舍五入保留两位小数。

资料来源：Wind。

2. 三类风险资产提升都较为显著

2019年年末，集合信托风险资产规模为3451.8亿元，同比提升约151.61%。单一信托的风险规模为2263.09亿元，同比提升约178.57%。财产权信托的风险资产规模为55.58亿元，同比提升约47.84%。从三类风险资产的占比来看，集合信托风险资产占比最高，为59.82%；其次为单一信托风险资产，占比39.22%；财产权信托风险资产占比最低，为0.96%。

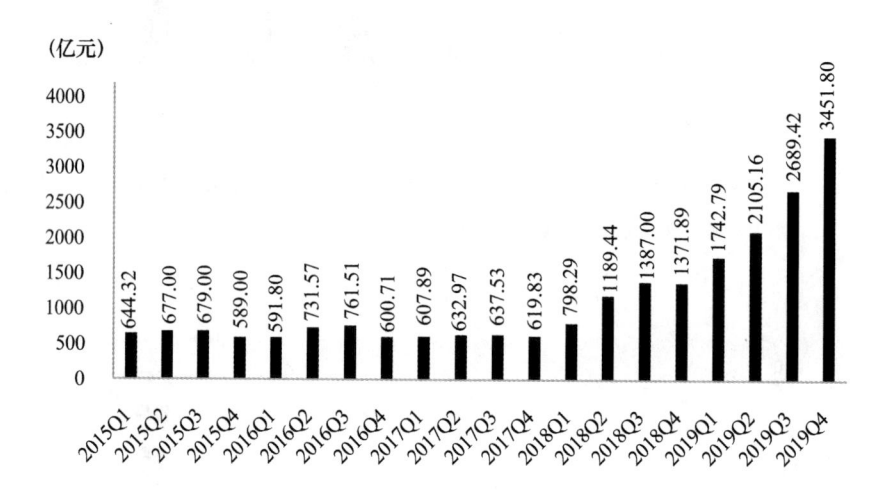

图 5-25 2015—2019 年中国集合信托风险项目规模

资料来源：Wind。

3. 未来一年到期兑付压力较大

从未来一年信托到期情况看，2019年年末，未来一年的信托到期规模为5.40万亿元；从到期项目数量来看，2019年年末预计未来一年到期项目为1.48万个。在严监管环境下，2021年受到新冠肺炎疫情影响，预计将对信托行业的兑付风险造成不小冲击。未来一年的

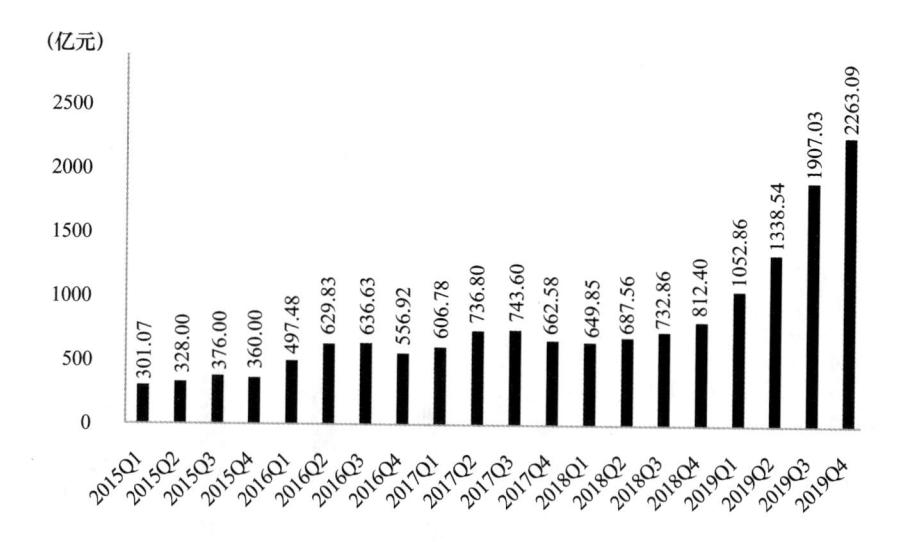

第五章 信托业：严监管下转型趋势加快 | **307**

图 5-26　2015—2019 年中国单一信托风险项目规模

资料来源：Wind。

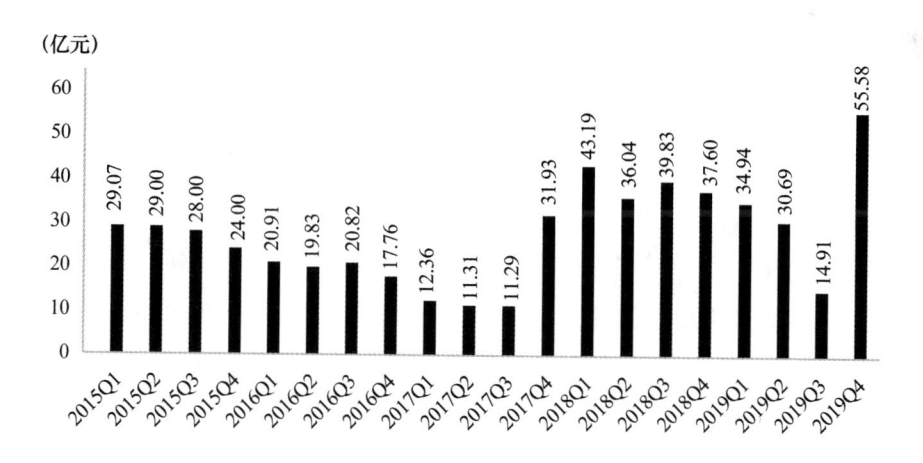

图 5-27　2015—2019 年中国财产权信托风险项目规模

资料来源：Wind。

到期兑付依然面临较大压力，部分信托项目按期正常清算面临较大挑战。

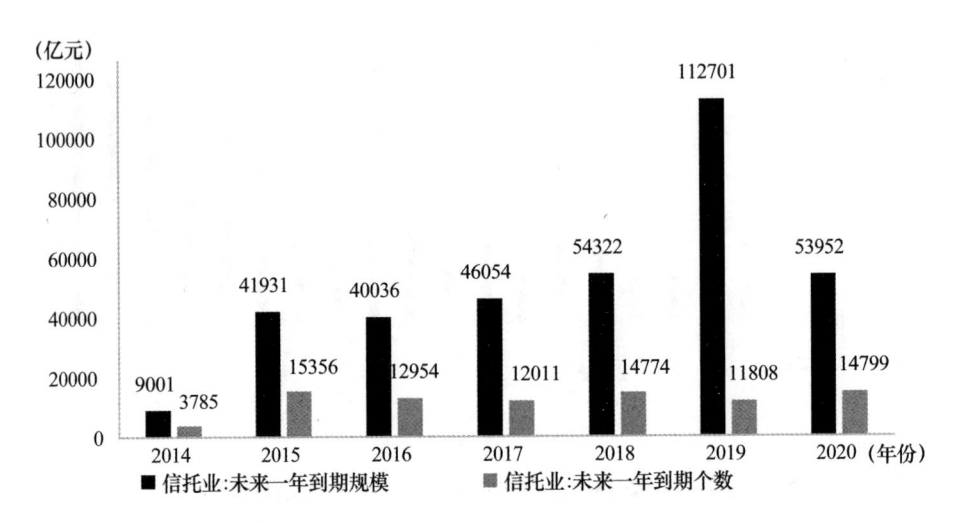

图 5-28 2014—2020 年中国信托行业未来一年到期规模和个数

资料来源：Wind。

◇ 第二节 2020 年信托业发展情况

2020年，监管文件密集落地，在"两压一降"（继续压降信托通道业务规模，逐步压缩违规融资类业务规模，加大对表内外风险资产的处置）的监管主基调下，信托行业加速回归本源业务，持续优化业务结构，并取得了一定成效。受宏观经济下行及新冠肺炎疫情冲击影响，信托行业存量风险集中暴露，经营业绩受损，但伴随着信托公司增资扩股的热潮，资本实力进一步增强，风险抵御能力提高，行业风险整体可控。

一 产品端：行业内产品存续、发行、运作情况

（一）信托业务规模持续回落

信托行业在2018年经历了大幅调整后，2019—2020年资产规模持续回落。截至2020年年末，全国68家信托公司受托资产规模为20.49万亿元，同比2019年年末下降5.17%。2020年分季度看，后两个季度资产规模减幅更大，分别环比下降1.97%和1.79%。

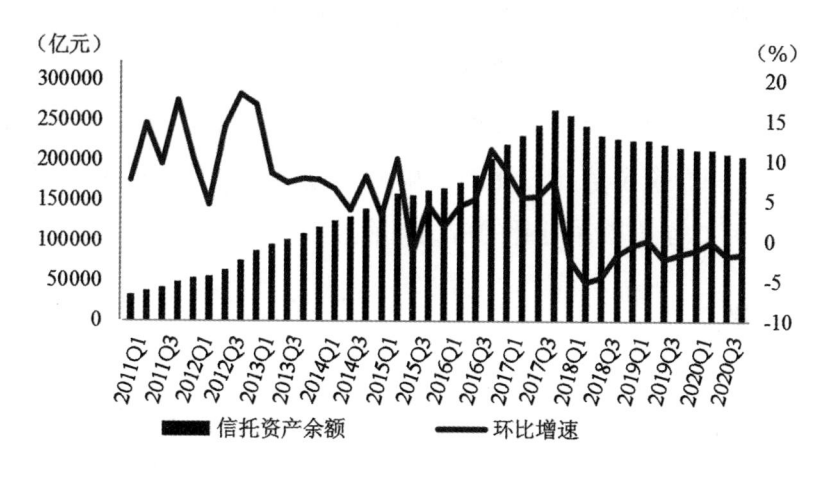

图5-29 2011—2020年中国信托资产规模及环比增速

资料来源：Wind。

（二）集合信托占比上升，单一资金信托占比下降，管理财产信托占比上升

单一资金信托区别于集合信托，主要差异在于委托人的数量和地位。单一资金信托的委托人只有一个，多为机构投资者，在信托资金的运用与投向上占据较大话语权，且资金用途相对单一，信托公司能够发挥的自主管理作用小，从中获取的佣金也比集合信托少。前述的

种种特点决定了单一资金信托常为通道类业务。2012年以前，银信合作的单一信托业务占比优势明显。随着监管力度加大，单一信托业务逐渐收缩。2018年，资管新规的出台进一步加强了对通道类业务的限制，单一信托业务缩减趋势加快。至2020年，信托公司注重加强建设财富管理渠道，资金来源结构持续优化，主动管理能力逐步提升，已取得明显成效。

自2019年第二季度，集合资金信托首次赶超单一资金信托后，占比持续增加。截至2020年年末，集合资金信托规模为10.17万亿元，占比为49.65%，较2019年年末增加2499亿元，占比上升3.72个百分点。单一资金信托规模为6.13万亿元，占比为29.94%，较2019年年末减少1.88万亿元，占比下降7.16个百分点。截至2020年年末，集合资金信托占比高出单一资金信托占比19.71个百分点，比2019年二季度首次赶超的占比差额加大17.11个百分点。

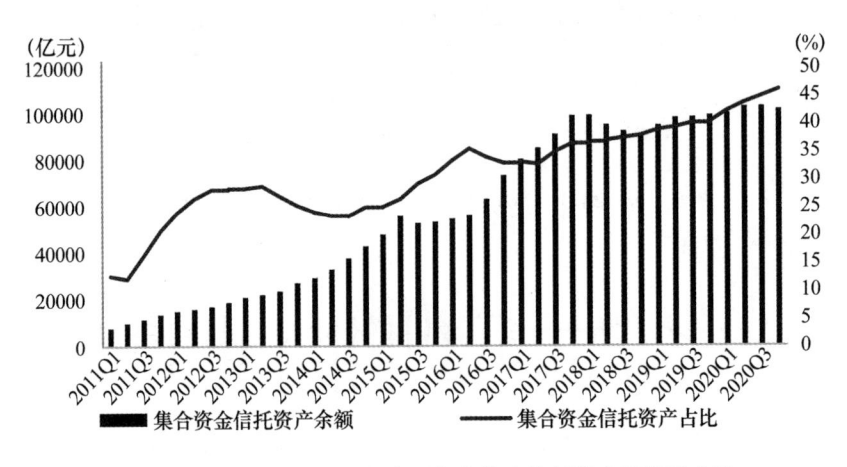

图5-30 2011—2020年中国集合资金信托资产规模及占比

资料来源：Wind。

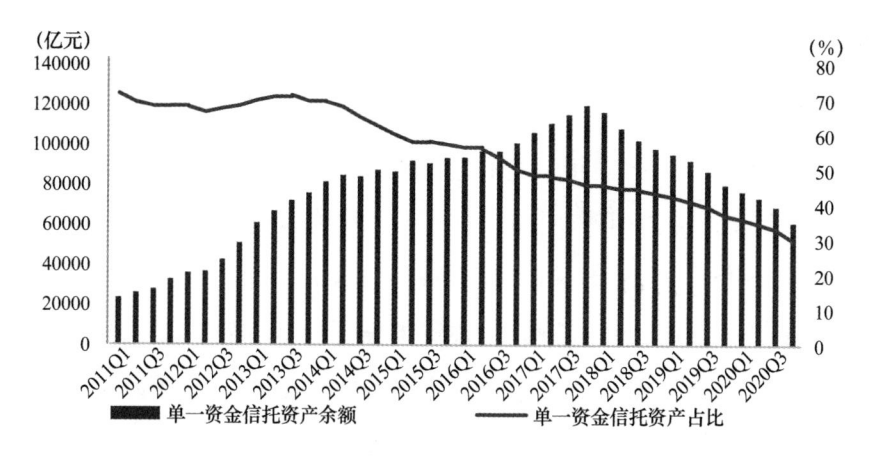

第五章 信托业：严监管下转型趋势加快 | **311**

图 5-31　2011—2020 年中国单一资金信托资产规模及占比

资料来源：Wind。

管理财产信托占比上升。2020 年第一季度末，管理财产信托占比首次超过 17%，环比增加 0.03 个百分点。截至 2020 年第四季度末，管理财产信托规模为 4.18 万亿元，占比为 20.41%，较 2019 年年末增加 5145 亿元，占比上升 3.43 个百分点。

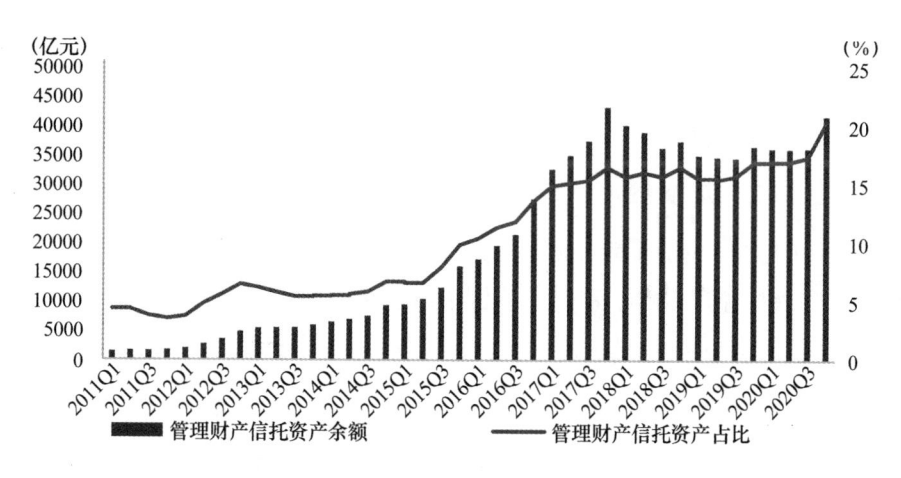

图 5-32　2011—2020 年中国管理财产信托资产规模及占比

资料来源：Wind。

(三)投资类信托占比上升,事务管理类信托占比下降,融资类信托占比下降

2020年6月,中国银行保险监督管理委员会下发《关于信托公司风险资产处置相关工作的通知》(下文简称《通知》),坚持"去通道"目标不变,事务管理类信托规模持续走低。此外,《通知》明确提出要压降具有影子银行特征的融资类信托业务,特别是对于违法违规严重、投向不合规、借助信托通道规避政策限制的融资类信托业务。压降通道、压降融资类业务的监管政策为信托行业的转型发展指明方向,投资类信托或成新的增长点,增长趋势显著。

作为一种被动管理的资金信托,自2018年起,事务管理类信托大幅缩水。2018年、2019年事务管理类信托分别缩水了2.4万亿元和2.6万亿元,占比分别下降1.26个百分点和9.06个百分点。截至2020年年末,事务管理类信托规模为9.19万亿元,占比为44.84%,同比2019年年末缩水1.46万亿元,占比下降4.46个百分点。在"去通道"的监管要求下,事务管理类信托资产规模及业务占比持续下降,其中以监管套利,藏匿风险为特点的同业通道类业务压降最为显著,这将有助于减少金融机构多重嵌套,资金空转等现象。

2020年后两个季度,融资类信托占比显著下滑。2020年6月《通知》的发布冲击了融资类业务,2020年第三季度,融资类信托规模开始下滑,业务规模较第二季度下降4966.43亿元,占比下降1.77个百分比。截至2020年第四季度末,融资类信托规模下降到4.86万亿元,占比为23.71%,比《通知》发布前的同年最高点降低1.59万亿元,同比2019年年末压降16.71%,占比下降3.28个百分点。

投资类信托占比上升,或成新一轮发展重点。2020年后三个季度,投资类信托规模上升趋势显著,环比增速加快,分别为2.90%、

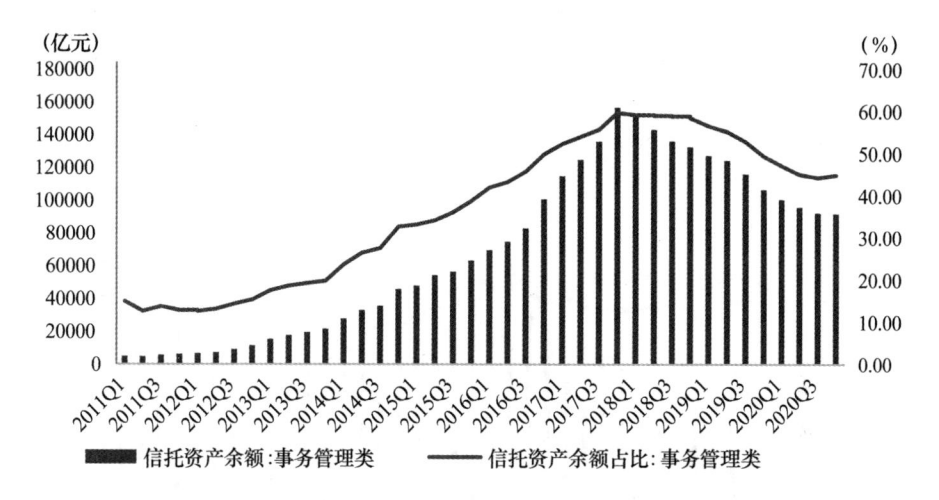

图 5-33 2011—2020 年中国事务管理类信托资产规模及占比

资料来源：Wind。

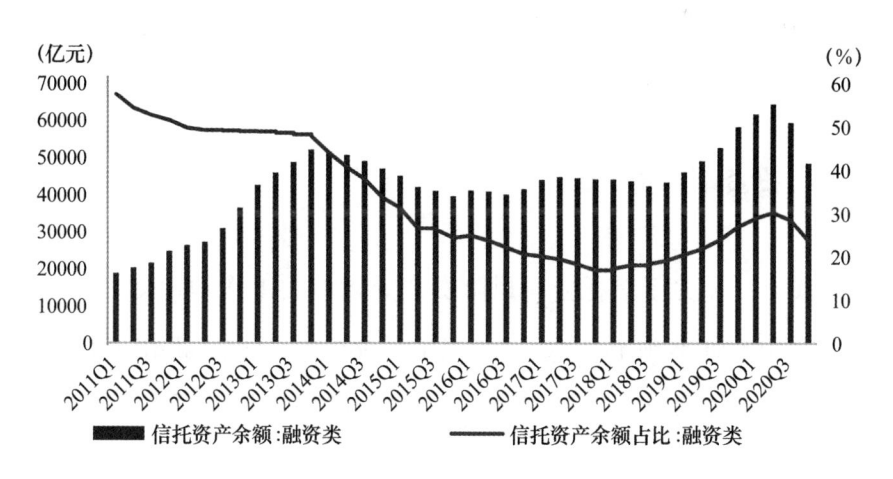

图 5-34 2011—2020 年中国融资类信托资产规模及占比

资料来源：Wind。

8.10%和13.46%。截至2020年四季度末，投资类信托规模达6.44万亿元，占比31.46%，同比2019年年末增加1.32万亿元。投资类信托的显著上升是监管倒逼信托行业加快业务转型的结果。

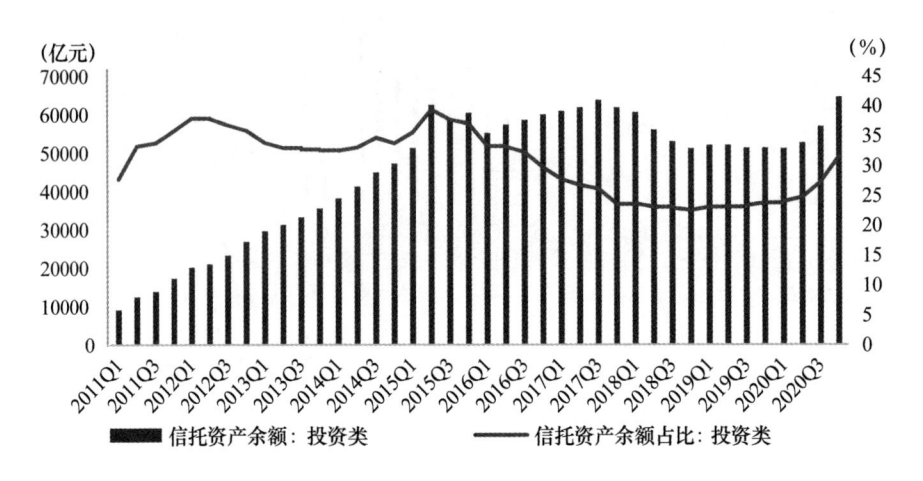

图5-35 2011—2020年中国投资类信托资产规模及占比

资料来源：Wind。

二 投资端：资金的主要投向情况

2020年，《关于信托公司风险资产处置相关工作的通知》《信托公司资金信托管理暂行办法（征求意见稿）》（下文简称《暂行办法》）等一系列监管文件的发布，加快了信托行业的转型步伐，指明了业务转型方向。去杠杆、"去通道"、限制投资非标产品的监管政策，致使投向证券市场的信托资金大幅增加，投向房地产的信托资金继续下降。信托行业落实服务实体经济的政策要求，资金继续投向工商企业和基础设施领域，以更强的力量支持国家实施重大战略。与2019年相比，工商企业和基础产业继续保持信托资金投向的第一、第二大配置领域，证券市场占比上升至第四位，与排名第三位的房地产行业仅相差0.1个百分点。金融机构占比下降到第五位。

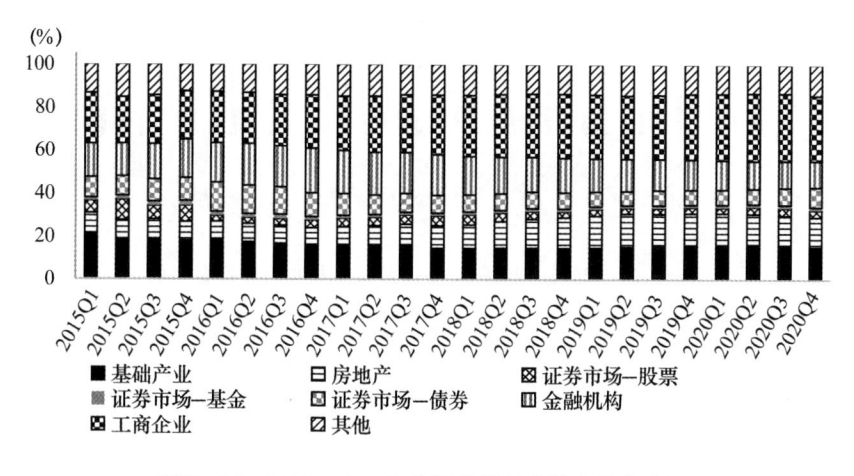

图5-36 2015—2020年中国信托行业资金投向占比

资料来源：Wind。

（一）投向工商企业资金占比最高

近年来，工商企业一直在信托资金投向中占据首位。2020年年末，投向工商企业的信托资金规模为4.96万亿元，占比为30.41%，环比第三季度下降1.06个百分点，较2019年年末的30.6%的占比相差不大。信托行业围绕工商企业构建多元化、有特色的产品体系，优化服务结构，形成了信托业与工商企业协同发展的良性循环。

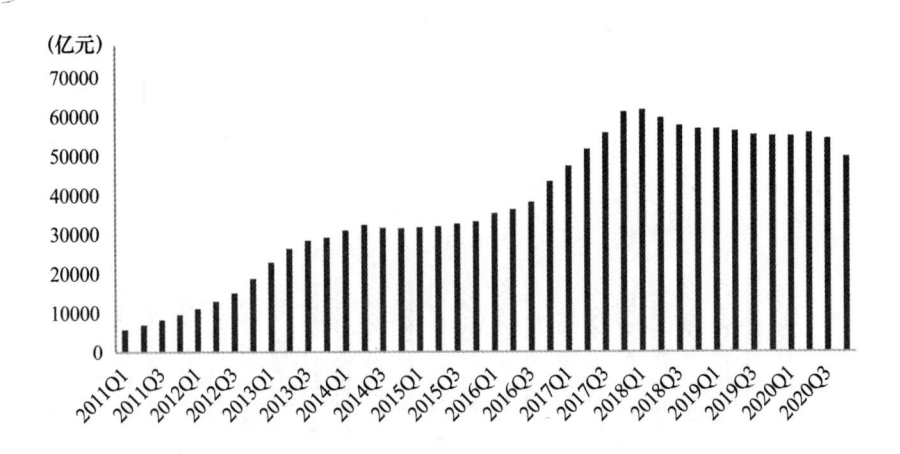

图 5-37　2011—2020 年投向工商企业的信托资金余额

资料来源：Wind。

（二）投向基础产业资金占比稳居第二

2019 年和 2020 年，投向基础产业的信托资金规模赶超金融机构，稳居信托资金的第二大配置领域，占比分别为 15.72% 和 15.13%，分别赶超金融机构 13.96 个百分点和 12.17 个百分点。截至 2020 年年末，投向基础产业领域的信托资金总额为 2.47 万亿元，环比第三季度下降 2923 亿元，同比 2019 年年末下降 3539 亿元。

（三）投向房地产资金占比下降

2020 年 7 月，宏观经济部门明确坚持稳地价、稳房价、稳预期的"三稳"政策保证房地产行业的平稳健康发展。信托行业 2020 年持续落实"住房不炒"的监管要求，减少对房地产信托的依赖程度，投向房地产的资金规模与占比均较 2019 年明显下降。截至 2020 年年末，

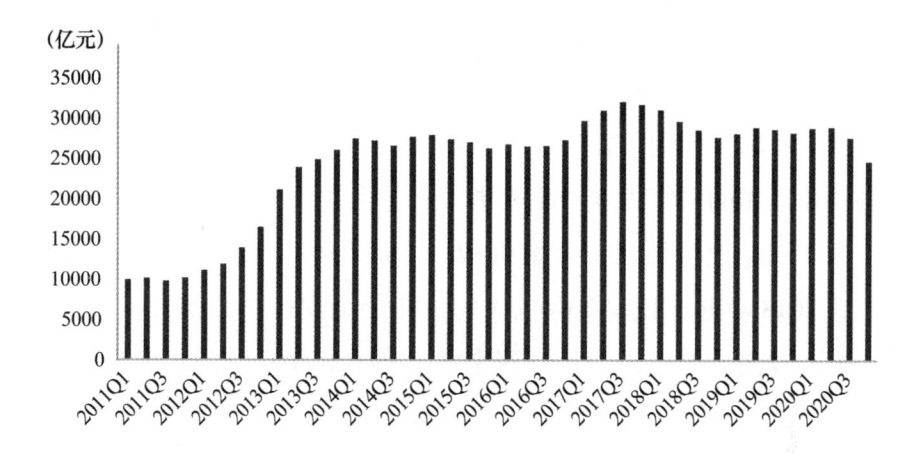

图 5-38　2011—2020 年投向基础产业的信托资金余额

资料来源：Wind。

投向房地产的信托资金规模为 2.28 万亿元，占比 13.97%，同比 2019 年末减少 4257 亿元，降幅为 15.75%，占比降低 1.1 个百分点。

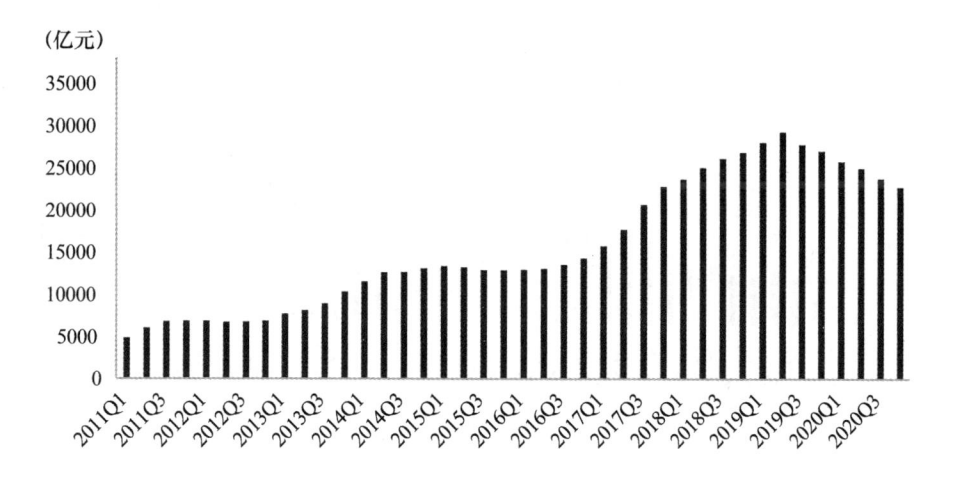

图 5-39　2011—2020 年投向房地产的信托资金余额

资料来源：Wind。

（四）投向金融机构资金占比继续回落

投向金融机构的信托资金规模继续下行。在"去杠杆"背景下，金融同业合作的监管力度不断收紧，通道类业务受不断被压缩。2017年，由于同业业务回流，金融机构一度成为第二大信托资金配置领域。自2018年起，投向金融机构的信托资金规模持续缩减。到2019年年末，投向金融机构的信托资金占比排名由2018年的第二位下降到第四位。2020年，投向金融机构的信托资金规模与占比持续下行，第四季度末，资金规模为1.98万亿元，业务占比12.17%，同比2019年年末下降5197亿元，占比下降1.79个百分点，占比排名降为第五名。

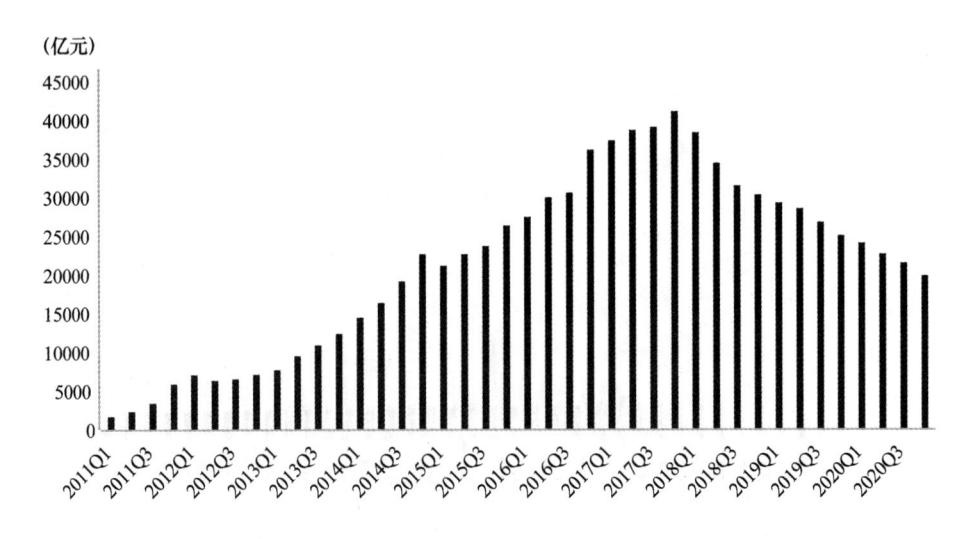

图5-40　2011—2020年投向金融机构的信托资金余额

资料来源：Wind。

（五）投向证券市场资金占比上升

2020年5月，中国银行保险监督管理委员会发布的《暂行办法》明确限制了集合资金信托中非标债权的投向比例不高于50%，意味着标准化资产规模不得低于非标资产。在利好标准化资产的监管背景下，投向证券市场的资金信托逐步兴起，占比上升显著。2020年年末，投向证券市场的信托资金总额为2.26万亿元，同比2019年年末增加3026亿元，涨幅为15.44%，资金占比13.87%，同比上升2.95个百分点，赶超金融机构信托占比，排名第四位。

细分证券市场资金投向，债券市场信托资金占比最高，且上升趋势明显。截至2020年年末，股票、基金、债券三大分支市场信托资金占比分别为3.28%、1.44%和9.15%，其中债券市场信托资金占比环比第三季度提高1.29个百分点，同比2019年年末提高2.27个百分点。

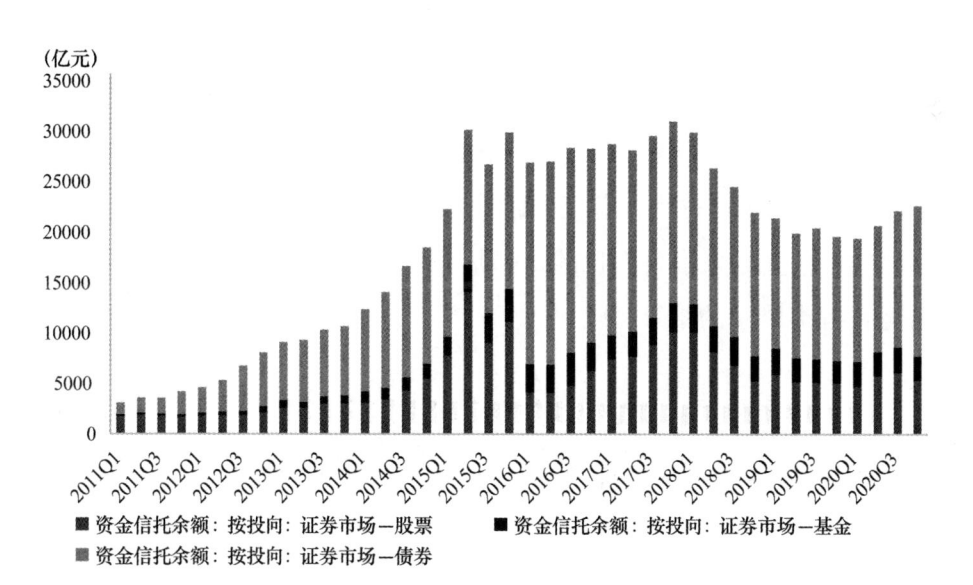

图5-41 2011—2020年投向证券市场的信托资金余额

资料来源：Wind。

三 机构发展：全行业机构数量及发展、变动、改革等动态

（一）资本实力进一步增强

《暂行办法》中多处规定均将业务规模与公司净资产挂钩，激发了信托公司提升净资产规模的内在动机。2020年，已有十余家信托公司增资扩股，引入战略投资者，合计增资额远超2018年、2019年。信托行业在资产规模继续回落的背景下，资本实力持续增强，这将有助于公司拓展业务领域，提高风险抵御能力。

截至2020年年末，68家信托公司所有者权益规模达到6711.23亿元，同比增长6.25%。从所有者权益的构成来看，截至2020年年末，实收资本为3137亿元，较2019年年末增加294亿元，同比增长10.36%，占所有者权益比重为46.74%；未分配利润为1870亿元，同比2019年年末增长2.78%，占所有者权益比重为27.86%；信托赔偿准备322亿元，环比2020年三季度末增长8.54%，同比2019年年末增长10.40%，占所有者权益比重为4.79%，略高于2019年年末的4.61%。信托赔偿准备占比的提高是公司加大计提力度，积极应对经济运行各类风险的结果。

（二）固有资产稳步增长

固有资产规模是体现信托公司综合实力与竞争力的重要指标，2020年信托行业的固有资产持续稳步增长，从2019年第四季度末的7677亿元增长至2020年第四季度末的8248亿元。2020年第四季度末，固有资产规模环比增速达到近两年内最高值，为4.29%，同比增长7.44%。

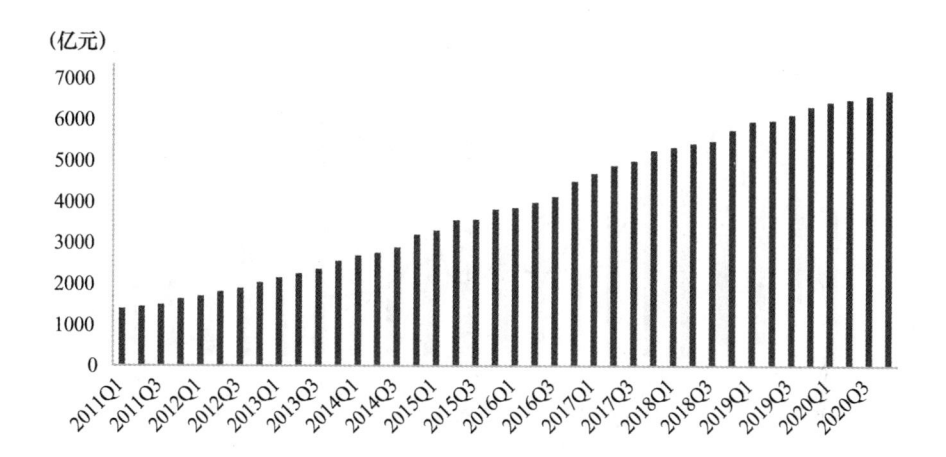

第五章　信托业：严监管下转型趋势加快 | **321**

图 5-42　2011—2020 年中国信托公司所有者权益

资料来源：Wind。

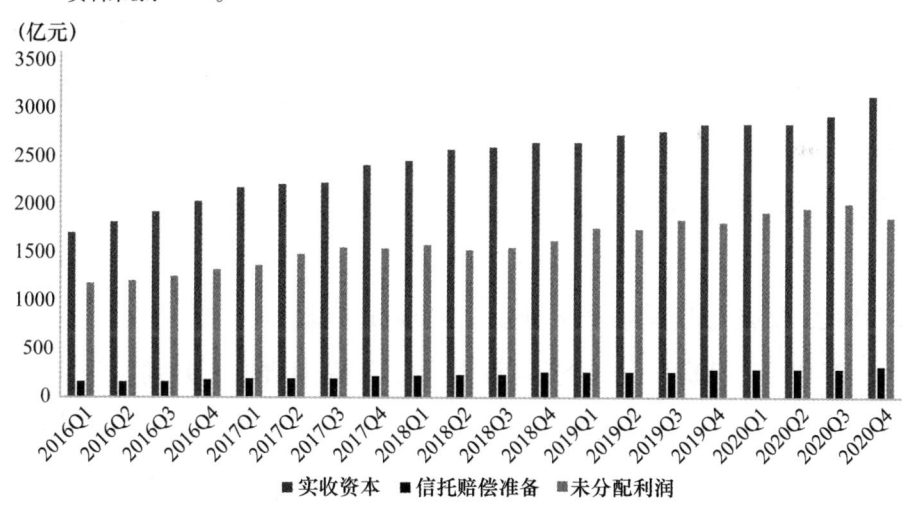

图 5-43　2016—2020 年中国信托公司所有者权益构成变化

资料来源：Wind。

从信托行业固有资产的结构来看，近年来，投资类资产占比稳步提升，贷款类资产占比略有上升，货币类资产占比逐渐下降。从 2016

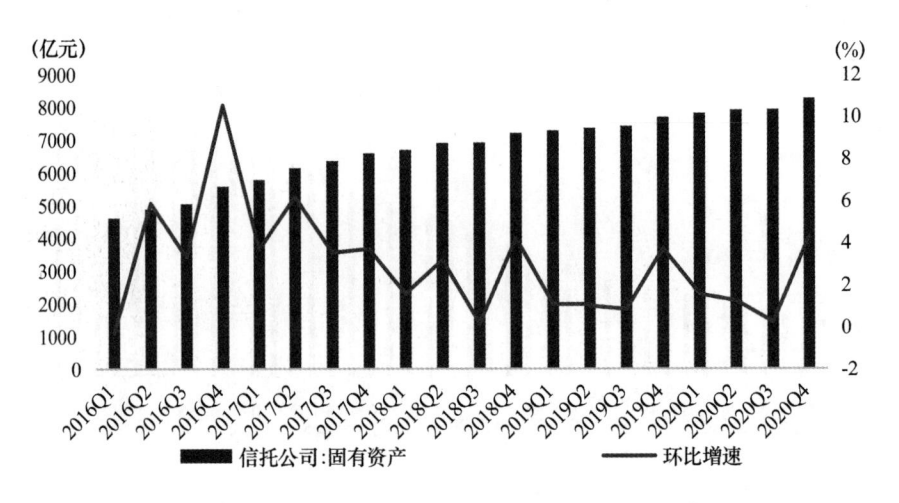

图 5-44　2016—2020 年中国信托公司固有资产规模及环比增速

资料来源：Wind。

年年末至 2020 年年末，投资类资产占比分别为 74%、75%、78%、79%、80%；贷款类资产占比分别为 5%、6%、5%、6%、7%；货币类资产占比分别为 12%、10%、8%、8%、7%。

（三）营业收入维持上升，利润持续下降

2019 年、2020 年，信托行业营业收入稳步增长，分别实现 1200 亿元和 1228 亿元，同比增长 5.22% 和 2.33%。分季度看，2020 年四个季度分别实现营业收入 255.65 亿元、294.86 亿元、291.09 亿元和 386.45 亿元。2020 年第四季度营收增速最快，环比第三季度增加 32.76%。

从收入结构看，信托业务收入仍在经营收入中占主导地位且占比进一步提升。2020 年第四季度，68 家信托公司业务收入累计达 864.47 亿元，较 2019 年年末增加 30.66 亿元，占比 70.39%，比

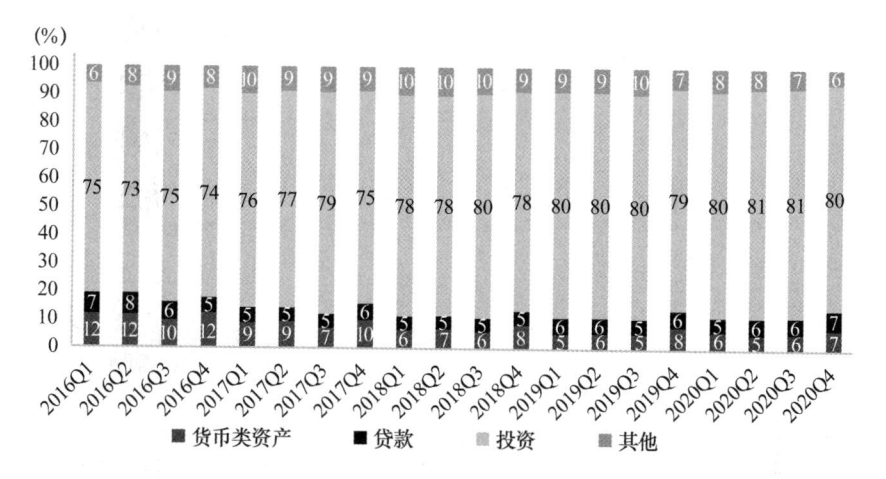

第五章 信托业：严监管下转型趋势加快 | **323**

图 5-45 2016—2020 年中国信托公司各类固有资产占比

注：图中数据为四舍五入保留整数。

资料来源：Wind。

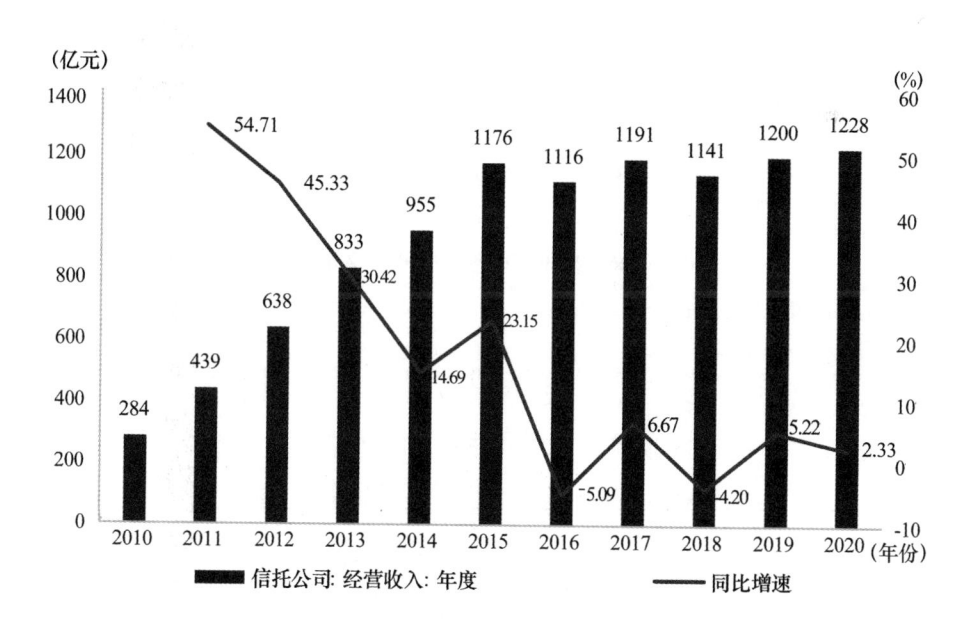

图 5-46 2010—2020 年中国信托公司经营收入及增速

资料来源：Wind。

2019年年末上升0.91个百分点；分季度来看，2020年第一至第四季度业务收入占比分别为74.55%、72.90%、73.17%、70.39%，环比有升有降，但同比2019年四个季度均呈上升趋势。2020年第四季度，利息收入余额与投资收益累计达55.23亿元、271亿元，同比2019年分别减少8.98亿元、6.03亿元，占比分别为4.50%和22.07%。

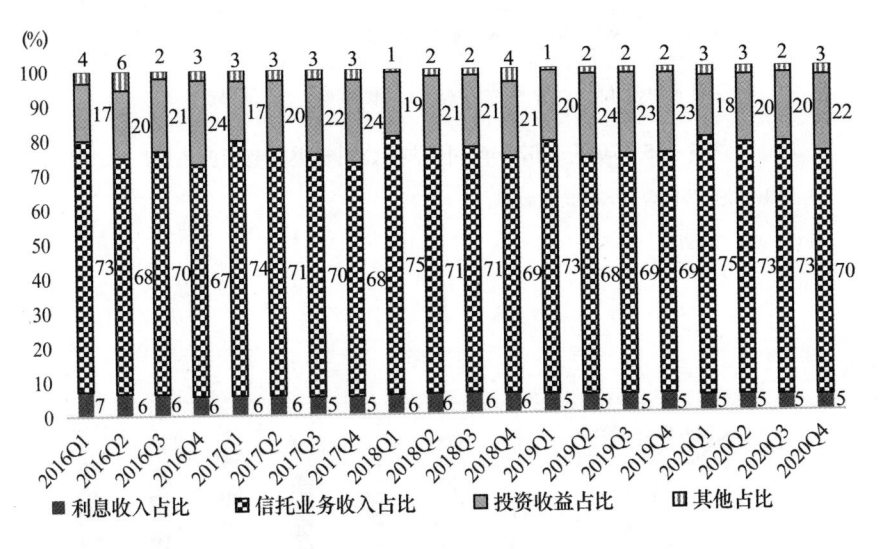

图5-47 2016—2020年中国信托公司业务收入结构

注：图中数据为四舍五入保留整数。

资料来源：Wind。

2020年，信托行业利润总额为583.18亿元，同比下降19.79%。从人均利润来看，2019年信托行业人均利润为196.42万元，同比下降19.58%。从信托报酬率来看，2020上半年的平均年化综合信托报酬率为1.26%，同比提升0.72个百分点，较2019年年末提升0.89个百分点；平均年化综合实际收益率为6.25%，同比提升1.76个百分点，较2019年年末提升0.76个百分点。

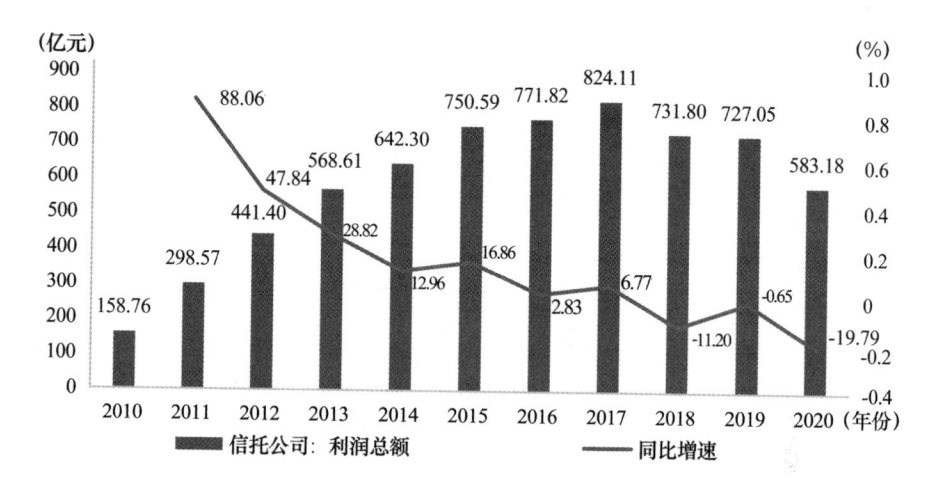

第五章 信托业：严监管下转型趋势加快

图 5-48　2010—2020 年中国信托公司利润总额及同比增速

注：图中数据为四舍五入保留两位小数。

资料来源：Wind。

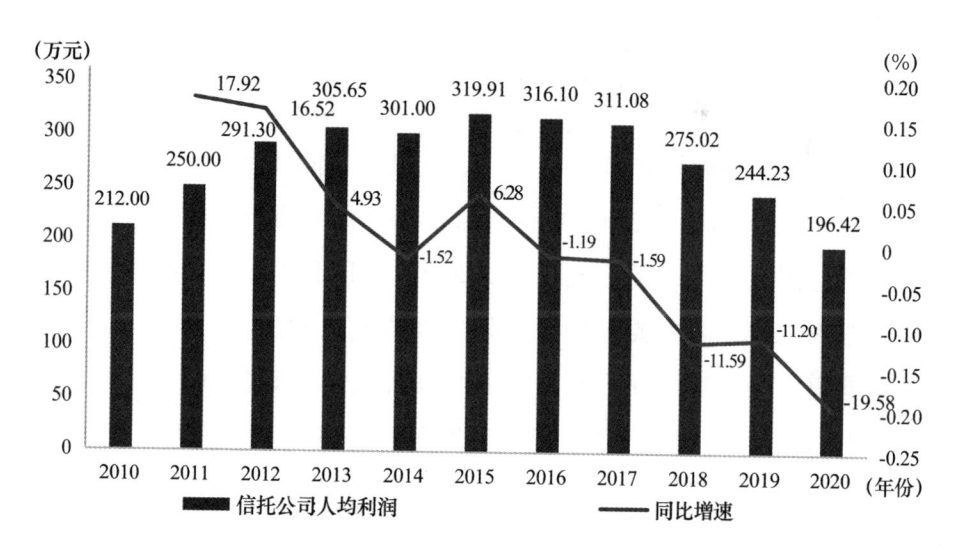

图 5-49　2010—2020 年中国信托公司人均利润及同比增速

注：图中数据为四舍五入保留两位小数。

资料来源：Wind。

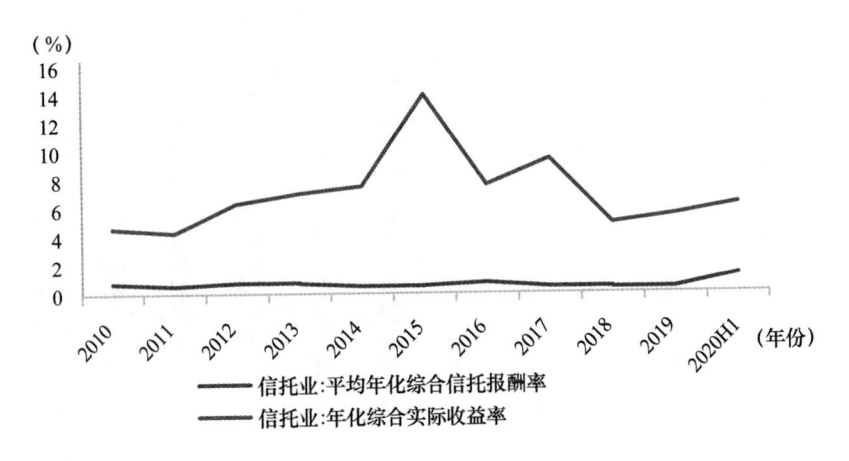

图 5-50　2010—2020H1 中国信托公司年化报酬率和实际收益率

资料来源：Wind。

（四）面临风险持续上行压力

第一，风险资产规模和风险项目数量持续增长。2020年第一季度，信托行业风险资产规模为6431.03亿元，同比增长127.2%；风险项目个数为1626个，同比增长61.63%。风险资产规模和风险项目数量均达到近五年来的最高值。2020年信托行业风险项目和风险资产大幅提升的原因主要包括新冠肺炎疫情蔓延冲击、宏观经济下行、压降通道、融资类业务的严监管下面临转型压力等多重因素的叠加，监管部门风险排查趋严，前期隐匿的存量风险被充分地暴露。

第二，三类风险资产提升都较为显著。2020年第一季度，集合信托风险资产规模为3948.83亿元，同比提升126.58%。单一信托的风险规模2414.08亿元，同比提升129.29%。财产权信托的风险资产规模为68.12亿元，同比提升94.98%。从三类风险资产的占比来看，集合信托风险资产占比最高，为61.40%；其次为单一信托风险资产，

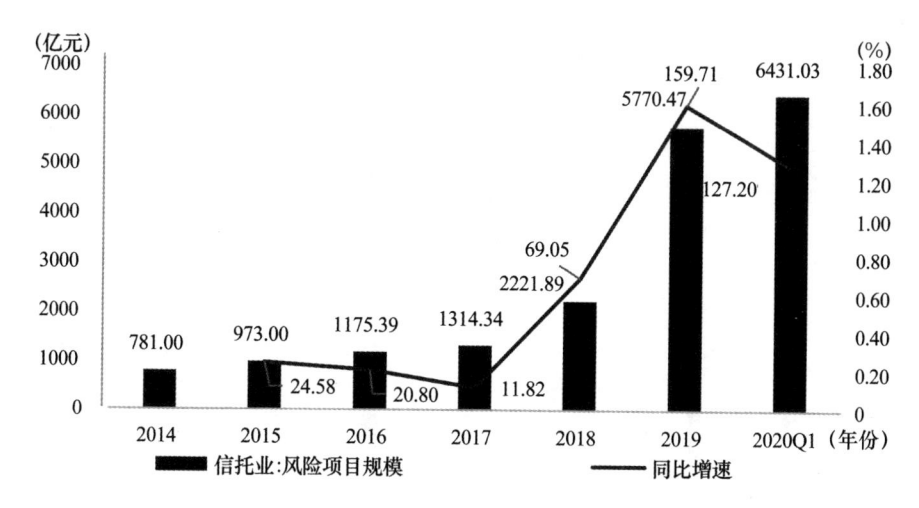

第五章 信托业：严监管下转型趋势加快

图5-51 2014—2020Q1中国信托行业风险资产规模及增速

资料来源：Wind。

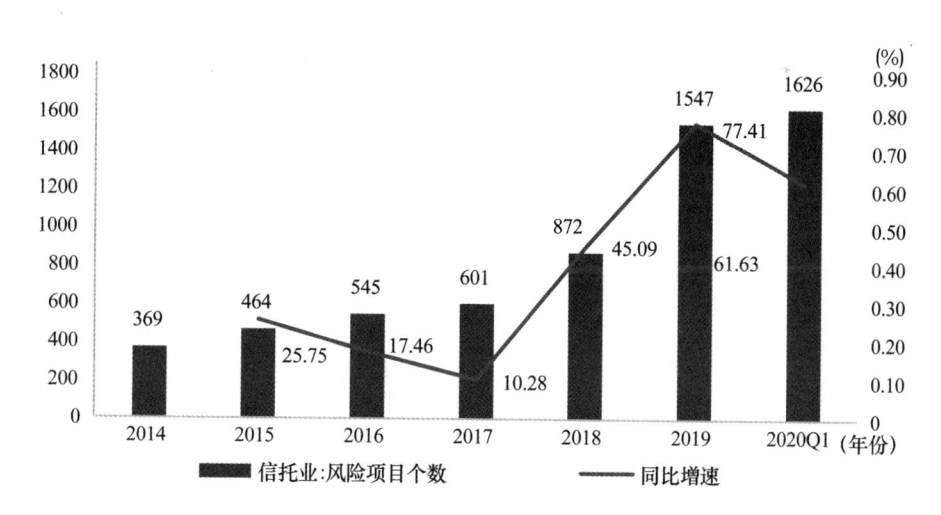

图5-52 2014—2020Q1中国信托行业风险项目个数及增速

资料来源：Wind。

占比37.54%；财产权信托风险资产占比最低，为1.06%。

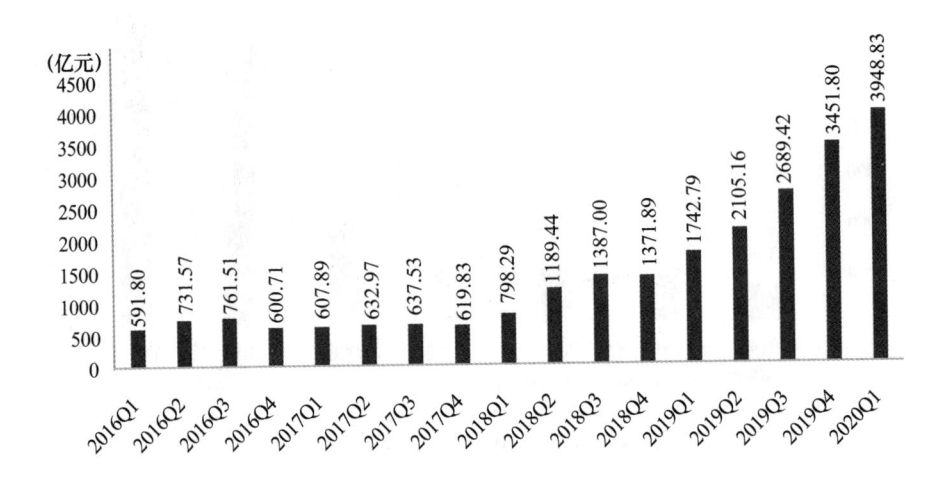

图 5-53　2016—2020Q1 中国集合信托风险项目规模

资料来源：Wind。

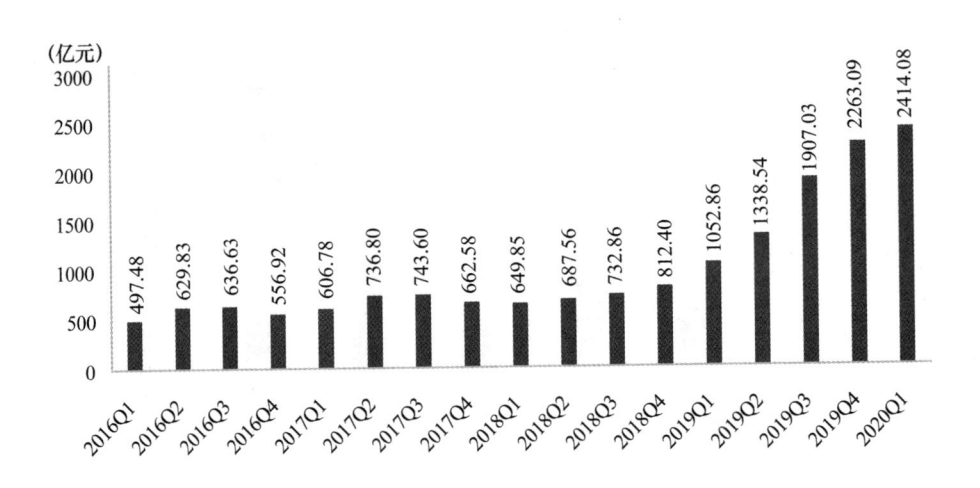

图 5-54　2016—2020Q1 中国单一信托风险项目规模

资料来源：Wind。

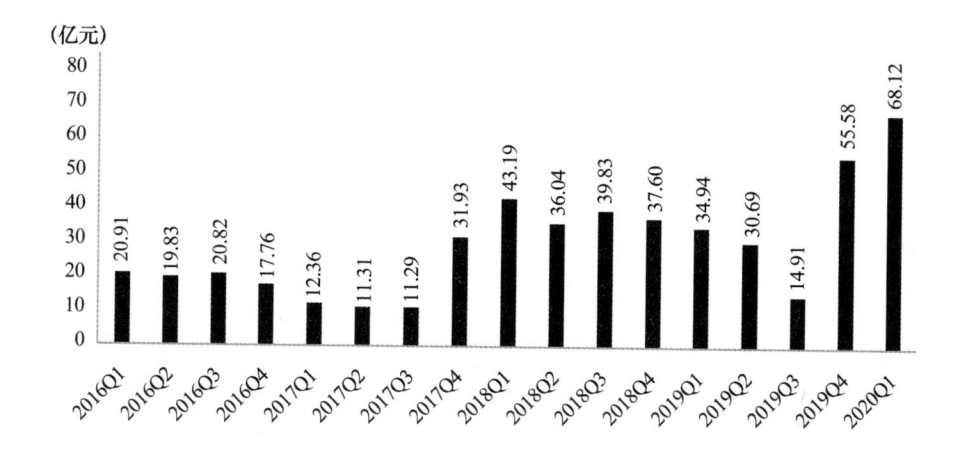

图 5-55 2016—2020Q1 中国财产权信托风险项目规模

资料来源：Wind。

第三节 2021 年信托业发展展望

截至 2021 年 1 月 17 日，已有 59 家信托公司在中国外汇交易中心披露了未经审计的 2020 年财务报告。从 2020 年财务数据管窥 2021 年发展趋势，预计信托公司资本实力稳步提升，营收基础长期难以持续，盈利增长压力加大，行业分化持续加剧。

资本实力稳步提升。受《暂行办法》发布的影响，信托业增资扩股步伐加快。2020 年，全行业 68 家信托公司净资产达 6711.23 亿元，同比增长 6.25%，主要是信托公司增资及 2019 年年末分配利润的积累所致。在披露财务报告的 59 家信托公司中共有 10 家增加了注册资本，共增资近 300 亿元，同比增速 10.77%，快于 2018 年和 2019 年。2021 年 1—3 月，大兴信托、中粮信托也相继完成增资，中航信托、浙金信托等多家公司均抛出增资方案。预计 2021 年将延续增资热潮，一方面是由于未来发展不确定性增大,增资是提高风险抵御能力的最直接途径;另一方面业务规模与净资产挂钩的监管要求激发了信托公司的增资动力。

营收基础长期难以持续。2020年全行业68家信托公司实现营业收入1228亿元,同比增长2.33%,增速低于2019年的5.22%。其中,信托业务收入增速为3.68%,在2020年通道业务费率涨幅50%的情况下,仍低于2019年6.66%的增速水平,预计在2021年营收增速将持续走低。主要原因有:一是压降通道、压降融资类业务的监管要求使得新增规模受限,融资类项目存续期过后,无法长期支撑收入基础;二是标品业务成为政策鼓励方向,但其业务费率却持续走低,短期内难以构成营收支撑。

盈利增长压力加大。据已披露的财务数据,2020年59家信托公司中有26家净利润均同比减少,整体下滑约4.08个百分点。ROE(Return on Eqnity,净资产收益率)由2019年的9.11%下降到7.08%,下降幅度较大。2021年,严监管倒逼信托业务转型,信托行业传统业务受限,创新型业务尚未成熟,营业收入增速趋缓,而营业成本刚性增长,盈利压力将持续加大。

行业分化持续加剧。2020年主要经营指标的行业集中度进一步提升。从营业收入来看,CR10由2019年的42.87%提升至46.98%;从净利润指标来看,CR10从2019年的47.64%提升至53.63%。预计2021年,龙头公司将利用竞争优势,加快适应业务转型,马太效应将进一步增强,行业分化仍然持续。

展望2021年,新冠肺炎疫情冲击经济不确定性增加,监管继续从严,信托资管文件预计出台,信托业发展面临着新的挑战。

一 产品端：回归本源，创新发展四大趋势业务

监管环境持续收紧，信托行业转型压力加大，监管文件的陆续出台为信托业转型发展指明方向。根据监管要求及市场前景，信托产品端将持续压降通道、非标业务，规范融资类业务；回归服务信托、标品投资、慈善信托等本源业务，夯实受人之托的定位根基；创新发展绿色信托、涉众资金管理信托、数字资产信托、永续债信托等新型业务。

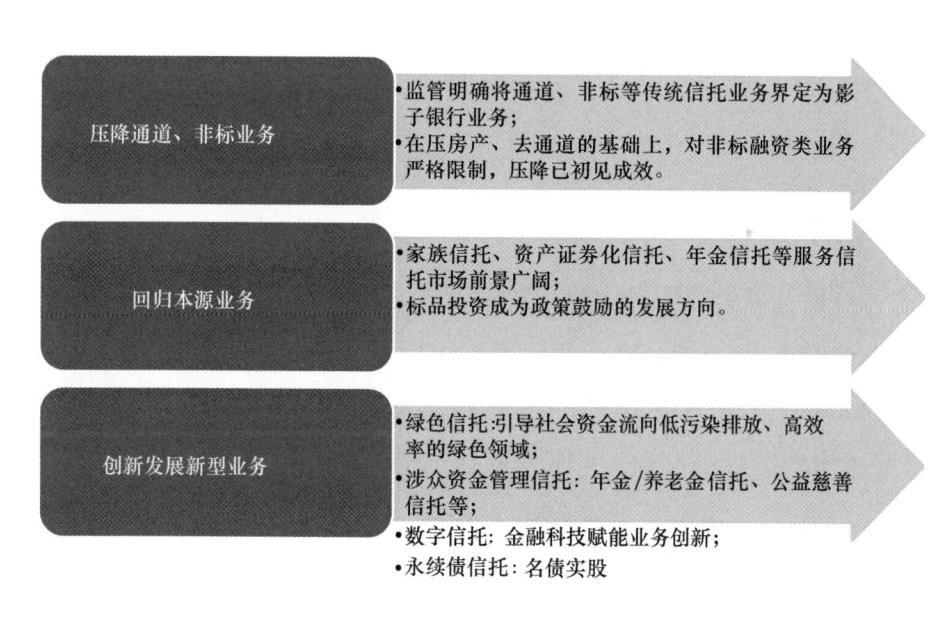

压降通道、非标业务
- 监管明确将通道、非标等传统信托业务界定为影子银行业务；
- 在压房产、去通道的基础上，对非标融资类业务严格限制，压降已初见成效。

回归本源业务
- 家族信托、资产证券化信托、年金信托等服务信托市场前景广阔；
- 标品投资成为政策鼓励的发展方向。

创新发展新型业务
- 绿色信托:引导社会资金流向低污染排放、高效率的绿色领域；
- 涉众资金管理信托：年金/养老金信托、公益慈善信托等；
- 数字信托：金融科技赋能业务创新；
- 永续债信托：名债实股

图 5-56 中国信托产品发展展望

（一）绿色信托

绿色信托是信托公司发挥资源配置优势，利用资产证券化、股权

投资、债券等金融工具，通过公益信托、可交易绿色权益融资、设立产业基金等多种方式，为绿色产业发展提供服务与资金支持。其本质在于引导社会资金流向低污染排放、高效率的绿色领域，助力可持续发展与健康金融生态的构建。

从市场空间来看，绿色金融是绿色服务的重点，"十四五"规划中在消费、生态、制造、服务等多方面均提及"绿色"，并明确指出绿色金融将成为发展重点。"30·60目标"（指中国二氧化碳排放力争2030年前达到峰值、力争2060年前实现碳中和）的提出将持续助力绿色低碳发展，并拉动资金涌向绿色产业。据中金公司预测，未来40年中，碳中和预计带来60万亿元的绿色能源投资。由此可见，绿色金融领域市场空间巨大，政策导向明显。此外，中国绿色产业面临融资难度大、融资渠道单一等问题，产业发展存在较大资金缺口，亟须创新融资手段支持产业发展。

从主要优势来看，信托行业应顺应趋势，拓展绿色金融的业务领域，借助自身资源配置优势，利用多样灵活的信托工具，满足绿色产业的融资需求。截至2020年年末，中国绿色信托存续项目已从2019年的832个上升至近1000个，发展较为迅速。未来，绿色信托将在《绿色信托指引》（2019年下发的首部绿色信托自律公约）的约束下进一步规范，"蓝海"效应将更为显著。

从融资渠道来看，信托财产稳定且多元化，融资渠道灵活高效。一是信托财产的收益权与所有权分离，具有很好的风险隔离功能，使得以信托形式为绿色企业提供的融资资金具有较高的安全性和稳定性。此外，信托除资金融资外，还可以提供诸如资产证券化、财产权信托等服务。目前来看，资产证券化信托已有较好的发展基础，可以为绿色产业提供稳定的融资支持。二是融资渠道灵活高效，信托可以凭借制度优势，在风险可控的前提下，打破传统金融机构对绿色产业的融资限制，创新提供股权投资、产业基金、并购基金等多样的融资形式。此外，信托公司组织架构呈扁平化，决策效率高，融资限制少，可以高效便捷地为绿色企业提供金融服务。

从发展方向来看，信托公司向绿色企业提供的融资服务多以信托贷款为主，服务模式有待拓展，行业优势未全凸显。信托行业服务实体具有规模大，领域广、手段多等特点。信托公司应找准定位，提高PPP绿色产业基金、债券、资产证券化等模式的业务占比，创新绿色信托业务如绿色公益慈善信托、绿色投资类信托等，将绿色金融融入经营理念，助力可持续发展。

（二）涉众资金管理信托

涉众资金管理信托是指由信托公司作为受托人，将涉众性社会资金作为信托财产，遵照委托人意愿与信托目的实现单独、安全、长期的管理。主要涉及分享经济业态（如共享单车、网约车等）的押金、预付式消费资金（如商业预付卡、会员费等）、物业维修基金、公益慈善捐赠、社会保障等领域。

从市场空间来看，信托作为管理涉众资金的制度在国际上运用广泛。如在预付式消费资金方面，日本立法要求商家以所收预付款为信托财产交由信托机构保管，并根据消费者的消费情况逐次获取预付款。中国的涉众资金管理信托已在部分领域得到运用，如社会保障领域中的年金/养老金基金管理、公益慈善信托等。截至2019年年末，中国建立企业年金的企业数量超过9.5万家，积累基金超1.7万亿元，可见年金基金管理具有巨大的市场需求，但信托公司在企业年金业务中的市场占有率远低于银行和保险公司。在公益慈善领域，2019

年，中国新设立慈善信托119单，累计备案273单，信托财产规模接近30亿元；2020年，慈善信托承担社会责任，设立定向"武汉加油""抗击新冠肺炎"等专项慈善信托45单，初始募集金额5亿元。未来，慈善信托业务将在精准扶贫、脱贫攻坚等方面继续发力，具有良好的市场发展前景。

对于中国涉众资金管理信托尚未涉足的领域，如互联网共享经济、预付式消费、物业维修基金等领域，市场规模可观，具有巨大的商业价值与广阔的市场空间。据艾媒咨询预测，截至2020年年末，互联网共享经济市场规模已超过9万亿元。预付式消费、物业维修基金的两领域市场规模也均在万亿元以上。

从主要优势来看，破产隔离及信义义务严格。一是破产隔离。中国金钱权利流转存在"占有即所有"的问题，即金钱收取方将押金、预存款等涉众资金混同自有财产任意处置，一旦出现破产、恶意违约等情况，消费者的利益将无法得到保障。信托机制的引入可以将涉众性社会资金作为独立财产单独管理，将涉众资金从收取方资产中"强行分割"，任何一方不得随意占用、挪用及处分。二是信义义务严格。信托关系具有法律上最严格的信义义务，可以补齐契约制度中双方信用成本及保障力度不平衡的短板，有效保障消费者权益。其次，信托公司内部治理日益优化，已具备较完备的综合性服务功能，为涉众资金管理信托奠定基础。再次，高度透明化的信托管理缓解了"委托—代理"中信息不对称问题。

从发展方向来看，推广涉众资金管理信托至预付式消费、分享经济、物业维修基金等领域。其一般模式可设计为：资金收取方（委托人）以预收的社会资金设立涉众性社会资金信托，交付信托公司单独管理。该信托财产的运用受限，仅包括支付商品、服务对价、返还需求方余额、分配受益人利益等符合行政及监管部门要求的用途；投资限制于流动性好、安全性高的投资产品，如政府债券、金融债券等。

（三）数字信托

数字信托是在数字化经济的背景下，信托公司将大数据分析、人工智能、区块链等新兴信息技术，融入自身业务的各个环节，推动信托业务的优化升级与创新转型。

从市场空间来看，金融科技迅速发展，众多金融机构均将数字化转型加入最新发展战略，信托业大力发展数字信托，助力高质量转型已成为必然趋势。在严监管强推信托业务转型的压力下，金融科技在优化业务结构，助推业务转型，创新业务发展等方面有独特优势。信托公司利用金融科技的内生驱动力，对内强化信息化、数字化建设，提高风控能力，拓展信托业务深度；对外，赋能业务创新，引领信托业转型发展，解决传统业务的痛点与难点问题，拓展业务广度。

2019年，在年报中提及"科技"的信托公司超过4成，有约23%的信托公司将发展"金融科技"上升至战略高度。从金融科技投入上看，据艾瑞咨询预计，2020年金融机构的金融科技投入超413亿元，同比增长14%，预计2023年将持续提升至691.5亿元。信托业目前的平均金融科技投入水平在1750万元左右，与银行百亿元的投入规模相差甚远，在科技人员及体系建设上也略微薄弱。信托行业正处于转型的关键时期，金融科技的助推作用还有待挖掘，数字信托有望在多点布局，提升公司的核心竞争力。

从主要优势来看，在回归本源，压通道、压融资的监管下，信托业务逐渐由传统非标信托向私募股权、家族信托、消费金融等标准化、服务型、投资类信托转变。而标准化信托业务在结构设计、获客渠道等方面均较为复杂，金融科技具备的泛场景处理，智能服务及精准获客能力可以有效解决业务经营痛点问题，助力公司创新业务的顺利开展。目前，已有多家信托公司如中铁信托、国投泰康信托等通过开发优化移动端APP、搭建统一账户，构建投资组合管理体系，在财富管理板块完成科技化布局。

从发展方向来看，金融科技将持续助力慈善信托业务及消费金融业务转型发展。近年来，慈善信托因其快速反应、机制灵活、专业管理等优势成为新一轮行业热点话题，是信托业重要转型方向之一。但实践中，慈善信托存在因信息不对称而导致的投放不精准、信息透明度低等问题。未来，信托公司一方面可以通过大数据技术增加投放精准度，另一方面可以采用区块链技术增加慈善过程的公开透明度，从而有利于慈善信托公信力与社会形象的提升。

另外，消费金融作为另一转型方向，存在"场景繁多""小而分散"等问题，信托公司可以依托大数据、征信等信息技术，构建业务系统群，实现信息数据的共享联通，降低搜寻成本，有效提升核心竞争力。

（四）永续债信托

永续债信托一般有两种形式，一是直接投资发行人（融资方）发行的永续债，二是采用可续期信托贷款形式提供融资。前者大多投向标准永续债，即经监督机构核准备案，依法发行的无明确到期日或带有赎回条款/可续期选择权的债券。后者是非标准化的永续债。

从市场空间来看，永续债市场发展迅速，截至2020年7月，处于存续期的永续债共有1662只，债券余额约21569.33亿元。由于永续债具有债和股的双重属性，结合永续债的具体条款内容，在会计处理上发行人可将永续债计入其他权益性工具科目，这一记账处理方式为高负债的企业和银行提供了降低杠杆的途径，符合国家降杠杆的要求，也契合了企业和银行减小财务风险的愿望。

2016年资管新规颁布后，国家对信托行业监管政策趋严，通道业务受到挤压，所涉及收入约占信托行业营收的10%—15%。在地产类信托受限的情况下，2020年，监管部门又提出要求压低信托融资类信托产品余额，所以加快转变业务方向，寻找新的利润增长点成为信托行业的新目标。而永续债信托产品因永续债的权益属性可被认定为投资类信托，将不会受到融资类信托和地产信托业务限额的影响，永续债也就顺理成章受到信托的追捧。

从主要优势来看，信托业在参与永续债一级市场时具有天然优势。其一，信托行业由于其经营牌照可以选择直接向企业发放可续期信托贷款，规避了将资金存入银行再发放委托贷款的操作过程，这既降低了交易结构的复杂程度和出现法律问题的可能性，同时也避免了向银行借道而向其支付服务费用等额外支出。其二，参与永续债发行的方式灵活且多样，信托机构可以直接进场独自参与永续债发行，也可以与基金、券商、保险等金融机构通过组合模式合作，有限参与永续债的发行。

从发展方向来看，一是地产永续债信托被赋予众多期许。在房地产监管趋严的大背景下，地产永续债成为房地产规避监管和降低企业高企负债率的重要手段和工具。实践来看，2019年地产永续债发行规模为1538.7亿元，同比上升29%，存量规模上升至1538.7亿元，且发行主体大部分是资质评级较高的地产企业。2019年，地产永续债市场平均发行利率6.43%，信托机构通过永续债信托甩掉监管包袱，可获得较高利息收入。二是永续债信托在政府平台项目上也大有可为。地方政府控股城投公司可运用永续债降低自身杠杆比率,补充资本金,其在期限配置上也将获得更多灵活性。三是永续债无固定存续期限的特性使得其与家族信托、教育信托等创新业务充分契合,为信托机构提供了新的利润增长点。永续债能完美弥补上述业务投资周期长的不足,帮助信托机构实现转型创新。

一 资产端:主要投向展望

(一) 工商企业

工商企业一直在信托资产投向中占据首位,是信托行业服务实体经济的直接体现。2020年,实体经济遭受新冠肺炎疫情重创,全球经济面临下行压力。工商企业信托的发展受宏观经济和市场风向影响,资金规模略有下降。工商企业投资意愿减少,进而引发收入降低、消费走弱的恶性循环。随着中国在疫情防控阻击战取得重大战略成果,预计2021年,消费市场有望回升,稳步复苏。2021年第一季度,社会融资规模累计增量为10.24万亿元,比2020年同期减少8730亿元。2021年1—3月,全国固定资产及社会消费品零售总额均较2020年同期同比增长25%以上。中长期来看,工商企业信托的第一大配置领域地位不变,顺应金融供给侧结构性改革趋势,将在风险防控、差异化经营等方面加大力度,有效支持实体经济发展。

一是多维度加强风险防控管理。工商企业信托的行业覆盖面广泛,每个行业的运作模式与专业属性各不相同。信托公司培育行业投资专业能力缓慢,准确鉴别优质资产的能力还有待提升。纵观近年来发生的"爆雷"事件,民营工商企业占据较大比例,违约主体涉及商业贸易、化工、建筑装饰、轻工制造等行业。因此,首先,信托公司应针对融资主体分类管理，建立客户准入标准；其次，应针对不同业务类别建立对应的管理与监控机制；最后，利用科技手段完善投后管理体系，建立实时监控、风险预警机制，提高风控的质量和效率。

二是依照资源优势选择展业领域，实现行业差异化发展。信托公司依照在股东背景、业务渠道、获客能力等方面的差异，选择适合的展业赛道，深度开展产融结合，以融促产，助力工商企业信托布局。对于央企控股等股东背景强劲的一线信托公司，可全方位加大业务开放力度，精耕细作提升服务的广度与深度；对于具备大股东产业资源背景的信托公司，可基于对产业的深入了解，通过并购重组、投贷联动、股权投资等方式，助推工商企业信托业务产业化、基金化发展。对于中小型信托公司，应积极探索特色化服务，结合金融科技手段，深耕普惠金融、养老信托、绿色信托等特色领域，增加资金的有效供给，提升服务质量。

（二）基础产业领域

基础产业信托的发展与政策导向紧密相连，呈现有规律的趋势波动。2018年，受地方政府债务缩紧、平台融资管控等影响，基础产业信托加速下滑。2019年，"六稳"目标及逆周期的财政政策，扭转了基础产业信托的下滑趋势，转而稳步增长。2020年，"新基建"的内涵更加丰富，"两新一重"成为激发有效投资的重要抓手，基础产业信托将迎来发展利好，发展趋势主要包括以下三点。

一是"新基建"将成为主要发力点。随着后疫情时代复工复产，以5G、人工智能物联网、工业互联网为代表的"新基建"将成为发展重点。目前，信托公司参与"新基建"的力度还有待提升，可以在"新基建"发展初期，培育投资业务，布局全产业链，并加强与地方政府合作，采用债权融资、股权投资、产业基金等形式设立"新基建"信托项目。

二是基础设施资产证券化是重要发展方向。发行资产证券化产品是信托公司回归本源的重要表现，而基础设施项目具有稳定现金流的特点，恰好契合证券化发行的要求，从而盘活存量资产。2020年4月，中国证券监督管理委员会就《公开募集基础设施证券投资基金指引（试行）》征求意见，标志着中国基础设施REITs逐步由理论走向现实。一方面，基础设施REITs丰富了融资渠道，有利于实现非标转标，为基础产业提供全周期、全场景的金融服务。另一方面，基础设施REITs助力完善基础设施投资退出渠道。PPP基金管理、基础设施私募基金等业务具有难以退出的痛点问题，基础设施REITs的推出提供了退出便利，加大了信托公司投资的积极性。

三是权益型基础产业投资基金有望加速发展。目前，中国的基础设施投融资主要由地方融资平台承担，市场化机制没有发挥作用。未来，信托公司可与地方政府共同设立具有市场化基础的设施产业基金参与投资PPP项目，提供长期股权资金，优化地方基础设施融资结构，推动基础设施建设的市场化发展。

（三）房地产领域

房地产信托的规模占比不算高，但凭借丰厚的回报成了信托公司收入及利润来源的主要支柱。2016至2019年上半年，房地产信托持续保持正增长；2019年上半年以后，监管部门为遏制行业乱象，对房地产的合规管理趋严，从而影响了房地产信托的发展，增速开始由正转负。2020年，在"三稳"及"住房不炒"的监管导向下，房地产信托规模持续走低。截至2021年第一季度末，投向房地产的信托资金为464.68亿元,与2021年1月的1862.25亿元相比下降了1397.57亿元,下滑趋势预计将继续保持。在"两压一降"的监管政策下,信托公司更多地选择头部房企合作以控制项目风险,资源流向集中,进一步加剧了行业两极分化。随着对房子属性定位的转变,房地产信托"影子银行"类业务将难以维持,股权投资、资产证券化、永续债等融资方式将成为房地产信托业务转型的主要方向。

一是股权投资模式。信托公司之前以股权形式参与地产前融多采用"明股实债"的形式,背离当下的监管要求。区别于"明股实债",真正的股权投资信托承担房地产从开发到销售全过程的相关风险,投资回报与企业业绩挂钩,去除了刚性兑付中保本的特性,在项目实现退出后才可分享开发收益,投资收益也相对较高。真正的股权投资要求信托公司切实参与项目运营管理,对主动管理及专业能力提出更高的要求。信托公司需要加强对项目的研判能力,并做好投后管理,把控项目风险。

二是资产证券化模式。资产证券化模式是盘活存量资产、获取资金流动性的有效途径。对于优质项目,可以先从 Pre-ABS/Pre-ABN 入手,再逐步向标准化产品过渡锁定优质项目源。目前,在房企融资受限的政策环境下,以 REITs 为主的资产证券化业务开始兴起,据中国信托业调研数据,接近20%的信托公司将 REITs 业务作为转型发展的重要方向。

三是永续债模式。在"三道红线"的制约下,永续债凭借在会计上不计入负债,而计入权益的优势,受到房地产企业的青睐,成为新一轮的发展方向。永续债解决了基建项目资本金筹措的难题,扩大了融资渠道。作为创新的融资工具,对于满足实体经济投融资需求、支持实体经济的发展做出了重大贡献。

(四)小微金融领域

在监管倒逼信托业加速转型的当下,慈善信托、服务信托等本源业务短时间内积累有限,无法支撑收入基础。小微业务作为政策支持的方向,为信托公司探寻新业务突破,暂缓利润压力带来了希望。从政策上看,早在2018年,中国银行保险监督管理委员会就明确提出支持信托业为民营经济提供多元化的融资服务与融资渠道。从实践上看,信托业凭借制度优势,可以更精准、高效、便捷地满足小微企业多阶段、多样化的融资需求。主要包括以下两方面。

一是打通供应链金融上下游。供应链金融依托核心企业,为上下游全产业链提供金融服务,特别是对供应链上的中小微企业提供资金支持。在供应链金融模式下,信托公司不再单一衡量企业经营情况、可抵押资产、诚信情况等传统考核标准,而是背靠供应链中核心企业的信用资质,开放货权质押、应收账款ABS等多种融资形式,盘活小微企业资产,提高资金的利用效率,解决小微企业无抵押、融资难等问题。

二是提高金融科技服务效率。随着信息技术日渐成熟,信托公司已开始利用大数据、区块链等技术优化自助贷款服务、增强智能风控体系建设。信托公司依托长期合作的商业银行、第三方等数据资源,向传统金融无法覆盖的小微企业及个体经营户提供融资支持。采用"场景+大数据"的模式,实现全方位、多角度的评估,从而进行合理有效的风险定价。此外,针对小微企业小额高频的贷款特点,信托公司可建立智能运营平台,实现线上审批、快速放贷,提高服务效率。

（五）证券市场

投向证券市场的信托业务大多属于非融资类业务，因此在"两压一降"的监管环境下，证券信托投资不受压降限制，是信托业转型的重要战略方向之一。自2019年起，投向证券市场的资金占比逐年上升，到2020年，已超过金融机构的占比排名第四。未来，监管政策继续利好标品投资，证券投资信托规模有望持续扩大，其发展主要有三大主流方向。

一是现金管理型业务。近年来，非标产品风险"爆雷"事件频发，投资者风险偏好降低，逐渐增加低风险、高流动性、收益稳定的资产配置。在资管新规的过渡期，新老产品共存，客户普遍偏向期限短、稳健收益的老产品，现金管理业务符合客户需求，可作为信托公司留住客户，成为增加客户黏性的资金"中转站"。

二是FOF/MOM业务。应监管要求，信托公司需要加大主动管理能力，但由于在投研预判、专业人才储备、权益投资等方面存在能力缺口，使得发展固收类信托产品受限。FOF/MOM业务管理难度相对较低，投研成本低于股票、债券等底层产品，是证券投资信托转型的切入口。信托公司发展FOF/MOM业务既可以为投资者提供稳健收益，又可以逐步培养自身投研能力。

三是自主投资型业务。监管部门鼓励信托公司可以利用自有资金及信托产品投资证券市场，包括股票、债券、基金三大方向，从源头促进资本市场的健康发展。值得注意的是，自主投资型业务对信托公司的主动管理能力提出了更高的要求，是关乎受益人利益的关键要素。因此，信托公司应积极引入专业人才，加大资源投入，增强投研实力，提升在资产管理领域的市场竞争力。

三 机构端：机构发展展望

（一）信托文化："受人之托，忠人之事"

2020年6月，《信托公司信托文化建设指引》正式发布，旨在引导信托公司形成"受人之托，忠人之事"的经营理念，从服务、民生、责任、底线、品质五方面培育信托文化，为信托业回归本源的转型发展提供源动力。相比于之前常提的"受人之托，代人理财"，"忠人之事"体现了更深层次的内涵，不仅囊括了信托关系中的信义义务，而且更为准确的描述了信托业创新开展的慈善信托等服务信托业务。2021年将持续加大信托文化的普及力度，将受托人的服务定位落实到业务转型中，促进信托业的健康高质发展。

（二）业务结构持续优化

2020年监管新政频发，信托业转型已取得一定成效，融资类业务在2020年全年实现近1亿元的压降，通道类业务规模持续回落，据中国信登数据，信托资金近半数均投向了实体经济，有力促进了疫后经济的恢复及企业复工复产。2020年以来，信托公司持续优化业务结构，落实"受人之托，忠人之事"的服务定位，具体体现为：一是服务信托发展迅速。2020年年末，服务信托规模占比为46.58%，同比2019年提升16.45个百分点，其中资产证券化产品占据主要地位，占比约5成。二是财产权类信托规模的占比上升。2020年全年，财产权类信托规模呈波动上升，2020年12月涉及初始募集金额最高，达5000多亿元，占全年初始募集额的一半以上。

2020年，在监管部门的监督指导下，信托行业防风险、治乱象工作持续推进。与此同时中国经济社会经过四十余年的改革开放后，企业和高净值人群的财富积累不断增长，信托成为重要的投资及服务渠道之一。中国信登信托产品登记数据显示，2020年信托产品投资者数量不断增长、结构持续优化，投资者资产保值增值的需求得到了满足，信托行业支持实体经济的能力进一步提升，具体来看：

一是金融机构与金融产品受严监管影响投资规模持续收缩，但金融机构仍保持信托产品第一大资金来源的地位不变。截至2020年年末，全行业存量信托产品规模为20.13万亿元，在全部存量信托产品中，金融机构投资规模下降至10万亿元以下，占比下降至45.99%，但仍稳居第一资金来源地位；金融产品投资规模下降至3亿元以下，占比为14.20%；非金融企业和自然人投资规模较2019年显著上升，分别达到4亿元和3.5亿元，从投资占比看，两者投资规模占比较2019年分别同比提升了3.79个百分点和4.12个百分点，达到22.10%和17.71%。从不同投向的信托产品来看，金融机构因其有服务实体经济的现实需求，是投向工商企业和基础产业的信托产品的首要资金来源；在房地产信托的投向上，非金融企业投资占比一半以上，自然人投资占比超25%，金融机构与金融产品受监管政策制约，投资规模持续收缩，合计占比不足3成。

二是信托产品投资者数量持续增加，2020年年末，信托产品存量投资者数量达到82.42万个，较2019年同比增加38.46%，其中自然人投资者增加了24.12万人，金融产品数量略有增加，其他两类投资者则不同程度减少。从2020年新增信托产品的投资者情况来看，非金融企业和自然人投资规模同比实现正增长，增速分别为32.14%和16.50%。总体来看，信托产品投资者总数呈上升趋势，自然人投资者增加显著。可见，信托行业转型发展略有成效，通过提升主动管理能力，回归深耕本源业务，创新发展服务信托业务，信托产品越来越受自然人投资者的青睐。此外，在"两压一降"的严监管下，遏制了金融机构间产品多层嵌套、监管套利等现象，这也是金融机构与金融产品两类投资者数量下降的主要原因。

三是2020年新增集合资金信托产品加权业绩比较基准呈下降趋势，实体经济信托融资的成本持续下降。2020年新增信托产品的加权业绩比较基准呈现震荡下行的趋势，2020年12月新增的集合资金信托产品加权业绩比较基准已跌至5.91%。信托行业融资支持实体经济的成本在持续下降，对实体经济发展支持灵活直接的比较优势进一步显现，行业呈现出更健康、可持续的发展态势。

2020年，信托行业的发展经历了不平凡的一年。新冠肺炎疫情的冲击使得中国经济增速放缓，复杂的国际环境在一定程度上又加剧了经济的波动；与此同时信托行业正处于转型发展关键期，中国银行保险监督管理委员会坚持市场乱象标本兼治，信托公司一方面有序落实压降通道业务和融资类信托规模，另一方面改进服务优化产品结构。在业务发展和风险防控的双重压力下，2020年信托产品投资者数量仍净增加22.89万个，至2020年年末全行业信托产品存量规模为20.13万亿元，显现出中国信托业在回归本源业务的过程中，信托的制度优势和法律关系特质正受到更多投资者的理解与认可。

按照监管部门要求，未来信托业要围绕受托人的中心地位建设良好的受托人文化，在实现更高质量发展的同时切实坚守"受益人合法利益最大化"的根本原则，牢固树立"守正、忠实、专业"的受托人文化，进一步发挥信托制度在财富传承和慈善信托等服务领域的优势，不断丰富、优化信托产品体系和服务内涵，以更好更有效地满足人民群众财富保值增值和社会财富资源有效配置的需求，让更多的人民群众享受国家经济发展红利，并继续更好更精准地服务支持实体经济。

（三）存量风险加速出清

2021年第一季度，信托行业共发生违约事件65起，与2020年同期相比，进一步攀升，违约金额达278.28亿元，同比2020年第一季度减少141.39亿元。由此可见，信托行业的风险逐步得到释放，随着信托业主动管理能力的提升以及治理机制的改善，预计信托产品的违约情况将得到改善。随着存量风险加速出清，罚单也创历年新高。2021年第一季度，共有9家信托公司被罚，罚单金额合计达4025万元，远超2020年同期的1500万元。这表明严监管趋势不变，信托公司在展业中应要注重合规管理。

2021年，"防范风险"是主基调之一，信托行业要加快构建与自身业务特点相匹配的风险管理体系，提高受托能力，补全受托履职的短板。同时，还要做好"阳光"股东工作，强化权力的制衡与监督，防范逆向选择和道德风险。

◇ 第四节　2021年信托业的挑战与机遇

一　监管继续从严：对行业转型提出要求

2007年"新两规"（《信托公司管理办法》和《信托公司集合资金信托计划管理办法》）修订后，信托业迎来了十年的发展黄金期，

2017年，信托资金规模达到顶峰，年均增速超过40%。随着高速增长的经济周期结束，信托业积累的风险逐渐显现。为规范资管行业发展，避免监管套利，2018年4月，资管新规正式发布，标志着新的监管框架的形成，信托行业的转型之路就此拉开序幕。资管新规对打破刚性兑付、消除多层嵌套、规范资金池等方面均进行了规范，对信托行业造成了一定的冲击。从打破刚性兑付角度，资管新规要求对资管产品按照公允价值原则进行净值化管理，不允许做出保本保收益的承诺，实现风险"买者自担"。净值化管理的要求削弱了投资者的积极性，增加了信托公司募集资金的难度。从消除多层嵌套角度，资管产品只能投资一层的资管产品，金融机构不能提供以规避投资范围、杠杆约束等为目的的通道类业务。这将直接冲击信托公司传统的主要业务模式，回归资产管理本源定位势在必行。从规范资金池角度，针对资金池业务中存在的严重期限错配问题，资管新规要求实现产品单独管理、建账、核算，并要求存量资金池业务需在过渡期内整改完成。这将进一步强化信托行业的合规性管理，提升信托公司识别与抵御风险的能力。

资管新规颁布后，2020年新一轮的监管文件陆续落地，从严监管的趋势不断加强。2020年伊始，监管部门在全面风险排查工作的发言中，为信托业的严监管奠定基调。2020年3月，《信托公司股权管理暂行办法》发布，对股东从进入退出的全过程加以管控。2020年5月，《信托公司资金信托管理暂行办法（征求意见稿）》发布，明确提出对"非标债权"占比不高于50%的限制、杜绝非标资金池、限制单一信托规模等，极大地影响了信托业2020年下半年的趋势走向。2020年6月，中国银行保险监督管理委员会对多家信托公司窗口指导，要求压降融资类信托额度。2020年8月，央行宣布资管新规延期至2021年年末,信托业转型迎来喘息机会,一方面,存量资产可实现自然到期,避免了集中处置带来的压力;另一方面,将有助于平衡存量整改业务与创新业务发展之间的关系。

随着监管政策陆续出台,信托业面临新一轮的冲击与挑战,转型步伐不断加快。一是产品端:通道类、非标融资业务压降,传统业务模式受阻,亟待挖掘未来业务转型方向,积极探索业务创新。在转型压力下,部分机构可能面临被淘汰的风险,甚至出现机构整合现象。二是资产端:服务实体经济的定位,保证了工商企业与基础产业投向资金的规模与占比;"三稳"政策的要求及"住房不炒"的定位,导致房地产信托规模持续收缩。但其利润空间大、现金回流快等特点,决定了在相当一段时间内房地产信托仍是信托业持续发展与深耕的重点。在监管要求下,房地产信托将向股权投资、资产证券化、永续债等融资方式转变。此外,利好标品投资的监管政策,使得证券投资信托将成为新一轮增长点。三是机构端:一方面,监管政策将业务规模与净资产挂钩,激发了信托公司增资扩股的内在动力;另一方面,提高资本实力也是提高风险抵御能力的最直接途径。但对于资本实力弱、表外资产规模过高的部分民营信托公司,资本补充压力大,面临被收购或国有化的风险。

预计2021年,正式的资金信托管理办法出台,严监管基调不变。从打破刚兑、去嵌套、严控表外资金池业务,到调整资金投向,优化投融资业务结构、重塑产品定位,再到增强主动管理能力,提升资管业务竞争力,监管政策不断对信托行业提出转型新要求。

二 转型压力凸显:融资类信托的收入贡献难以持续

从信托功能角度而言,融资类信托常年居于业务主导地位,截至

2020年上半年融资类资金信托规模达6.45万亿元，占信托总规模的30.29%，优势地位显著。2020年6月，关于明确压降融资类业务的监管文件出台，使得2020年下半年融资类业务规模出现近年来首降，增速由正转负。2020年后两个季度，单季融资类信托资金规模分别环比压降4967亿元和10916亿元，除去2020年上半年的增量业务，全年共计实现近1亿元的压降。2021年，融资类信托压降力度不减，部分公司收到了在2020年基础上再降20%的具体压降指标，转型压力持续加大。

回顾融资类信托在2020年上半年前的迅猛增势，可以发现在经济回落及资管新规去通道的监管要求下，信托公司股东对业绩增长的指标要求并没有做出调整，融资类信托便被当成了替代品，成为公司追求短期业绩的捷径。压降融资类业务的监管政策切断了这一捷径，倒逼信托公司加速转型步伐，虽然加大了公司的业绩压力，但从短中长期来看，这一监管政策保证了信托业的健康高质量发展。从短期来看，融资类业务埋下较多的风险隐患，从近年来"爆雷"事件频发中可以窥知一二，压降举措在一定程度上排除了风险由表外向表内传递转移的隐患，为后续信托业的平稳运行奠定基础。从中期来看，融资类业务具有周期性，受宏观经济环境的影响较大。随着全球经济放缓，新冠肺炎疫情冲击，利率在未来一段时间内将维持低位运行，当利率无法支撑融资成本时，融资类信托将走向消亡。从长期来看，金融科技的蓬勃发展加快了金融脱媒进程，提高直接融资占比一直是政策鼓励的方向。融资类信托的中介功能存在被新的金融业态替代的风险。

值得注意的是，压降融资类信托不能"一刀切"，重点压降的融资类业务有两类：一是信托公司为其他金融机构提供规避政策限制，实行监管套利的通道类融资业务。二是信托公司偏离受托人定位，自身作为"信托中介"，风险自担的违规类融资业务。支持信托公司以受托人定位开展融资类信托业务，转变原本赚取利差的简单业务模式，积极探索基于专业化、多元化服务的受托报酬盈利模式，这是具备直接融资特点的基本要义，也是区别于银行贷款，防止沦为类银行业务的转型关键。在业务领域上，支持投向中小微企业、初创科技型企业、"两新一重"基础设施领域等国家重点战略方向。在后疫情时代，信托公司应审时度势，积极发挥制度优势，引导资金流向，支持企业复工复产。

聚焦信托公司未来收入压力，融资类业务存续期一般在1—2年，存量业务对信托公司的收入贡献有限，预计2021年的收入基础仍有一定的支撑，但长期来看，融资类信托的收入贡献难以持续，信托业转型面临业绩压力。

三　回归本源：信托业务转型的主要方向

近年来，监管一直要求信托行业回归本源业务。对于本源业务的理解从表及里，可以从三个方面加以解读，理清信托业务的前进方向。第一个层面是相比于固有业务与其他业务，坚持信托主业的发展定位。在2007年以前，信托行业长期处在定位不清，业务混乱的状态。业务领域与银行重合，贷款业务和证券业务一度成为主要业务，基本没有真正意义上的信托本源业务。2002年"一法两规"出台，成为信托业规范发展的基石，2007年"新两规"的发布，明确了信托业务的主业地位，信托业务收入逐渐成为公司的主要收入来源。未来，信托公司要继续坚持信托主业地位，充分发挥横跨资本、货币、实体三大流动市场的制度优势，做精做强信托主业，推动信托业高质量发展。

第二个层面是回归资产管理、财富管理、服务信托三大本源业务。对照国外发达国家信托业的发展路径，殊途同归，信托业均从融资功能逐步向资产管理与服务功能过渡。可以预期随着中国监管日趋完善，信托公司将进一步弱化融资服务功能，提高主动管理能力，回归"受人之托，忠人之事"的服务定位，承担起其他金融机构不具备或不完全具备的"真信托"功能。从海外经验看，资管机构的业务可以分化为资产管理业务及财富管理业务。两者的主要差异在于资金端与资产端的运用形式不同，前者是"多对多"，即将多个客户委托的资金集合运作，进行组合投资，偏向于管"钱"；后者是"一对多"，强调对单个客户的个性化定制服务，偏向于管"人"。

一是资产管理业务领域。信托公司以前在开展资管业务时，总带有债性思维或债权模式，通过将募集资金提供给融资方，赚取资金端与资产端的利差收益。这类业务存在隐性的刚性兑付，收益与风险严重错配，背离了资产管理的本质。新监管框架下，资产管理业务禁止刚性兑付，认清信托并不是一种简单的借贷关系，信托公司不再能以保本保收益的承诺吸引投资者，而是需要凭借自身的专业能力与品牌特色获得市场的青睐。

二是财富管理业务领域。该类业务主要是根据高净值人群的理财需求，提供资产配置、财务传承、财产隔离、专业咨询等一系列的综合性服务。目前，监管持续收紧，且高净值人群对财富保护与传承的需求日益增加，财富管理业务有望成为信托业发展的新增长点。信托公司的财富管理业务涉及现金管理类、证券投资类等多种产品，从投资和理财两方面为客户提供多样化的金融服务。未来发展财富管理业务的关键，在于培养客户对信托公司的长期信任，提高客户黏性。这就要求信托公司充分了解高净值人群的需求结构，相应推出定制化服务产品，同时提高主动管理能力，不仅限于提供运营管理、受托管理、法律咨询等服务，防止被通道化。总而言之，财富管理业务不是一蹴而就的，需要信托公司在发展战略上加以支持，并制定合理的长期价值考核指标，推动业务的健康发展。

三是服务信托领域。实际上，服务信托是财富管理业务的创新分支，将其与资产管理和财富管理两大领域并列提出，是为了凸显服务而非理财的功能定位。目前，服务信托的主要趋势方向有资产证券化信托、年金/养老金信托、家族信托及慈善信托等。资产证券化信托具有盘活存量资产、拓宽融资渠道，减少融资成本的作用，对于促进经济内循环具有重大意义。年金/养老金信托背靠人口优势，发展空间广阔，但信托公司投资管理人与账户管理人资质受限，服务深度还远远不足。借鉴国外市场信托发展史，年金/养老金信托是最重要的业务类型之一，如日本2018年年金信托占比7.1%，仅次于金钱信托和投资信托占比，成为第三大信托业务。因此，中国信托公司拓展年金/养老金信托业务大有可为。家族信托作为财富传承保护的重要工具，越来越被高净值人群所重视。信托公司的制度优势全方位契合家族信托的业务需求，且符合监管鼓励方向，是信托业转型发展的新机遇。慈善信托是近年来新设立的一种慈善形式，设立以来发展较为迅速，截至2020年年末，备案的慈善信托已突破500单。相比传统的慈善活动，慈善信托具有设立门槛低、备案期限短、管理灵活、运营成本低等优势。

第三个层面是回归服务实体经济的最深层次内涵。实体经济是价值创造之源，在监管趋严的背景下，去通道、去杠杆、压融资，严防多层嵌套，规避监管套利等，归根结底都是为了服务实体经济。信托公司在转型发展中应建立服务实体的核心理念，紧紧围绕实体经济需求，顺应金融供给侧结构性改革浪潮，向国家重大战略领域及"新基建"方向展业，引导社会资金的有高效配置，促进实体经济的平稳健康发展。

四 转型可期：信托公司转型具备一定市场基础

事实上信托公司转型所需的基础条件已经初步具备：信托资金的供给方和需求方的需求变化共同推动着信托机构的转型。

首先，从信托资金委托方的需求变化来看，资金配置的期限结构发生改变。委托方更倾向于追求资金的长期配置，比如：保险公司配置长期信托资产趋势明显，加大证券化资产、长期基金等另类资产的投资力度；家族信托委托方更注重长期资产回报等。委托方需求的变化要求信托机构增加自身的长期资产配置和管理能力。

其次，信托融资方的需求变化支撑起信托机构产品端的转型。在因宏观杠杆率过高而推出"去杠杆"政策的大环境下，各经济主体均在积极探索非负债类融资途径。从工商企业角度来看，其对信托资金的需求途径和方式逐渐多元化，资产证券化、可转债、供应链金融等融资方式得到更多运用；地产企业由于政府的"三道红线"的制约和限制难以维持扩大负债获取融资的老路，而将眼光聚焦于资产证券化、永续债和股权融资等其他方式；地方政府也因债务上限管控而从信托贷款融资转向永续债等股权方式融资。

再次，信托机构也已经开始转型并有了一定成效。在资产证券化方面，信托机构的业务模式日趋成熟，供应链金融、CMBS等ABS信托产品日益丰富；证券投资信托也有了一定发展，逐渐被投资者所接受；房地产股权信托产品如类REITs等也成为信托机构新的业务方向；事务管理型家族信托计划也逐步落地推进。

最后，信托公司在资产管理和财富管理的本源业务上有着独特优势，为转型发展创造了良好条件。对于资产管理业务，信托机构在能力结构上拥有比较优势。其一，信托机构在多年投行业务线和资管业务线的发展中积累了较多经验，实现了产品创造、资产配置和投资存续管理能力的大幅提升，尤其在所熟悉的产业和非标的资产领域，信托公司能够满足客户的个性化和特色需求。其二，信托机构的风险隔离、产权保护、资产传承等服务优势是其他金融机构所不具备的。这既来源于信托机构独有的业务资质牌照，也受益于其在实际业务操作中不断积累起来的服务能力与水平。

对于财富管理业务，信托机构从制度设计、组织机构、市场竞争三个方面存在比较优势。一是制度设计角度，国内颁布的信托制度充分表明了其在财产保护、风险隔离的法律效力。同时，《全国法院民商事审判工作会议纪要》也明确指出，处于法定存续期的信托资产独立于包括受托人、委托人和受益人在内的各关联主体，除去《信托法》17条所规定的情况外，各主体不允许对信托资产进行保全措施。二是组织机构角度，与其他金融中介机构不同，信托公司体制灵活、机制多变且市场化程度高，信托机构内部扁平化管理，决策时间短、效率高，同时团队成员具备良好的契约精神，敢于担当且业务能力极强，具备为客户提供包括产品创新、资产配置、账户管理等增值服务的系统化解决方案的能力。信托行业的体制机制、人员的职业素质和优质的企业文化是其区别于其他资产管理机构、能够获得顾客长期信赖的关键所在。三是市场竞争角度，大型金融机构往往因其体量优势，主要为客户提供标准化服务，导致其满足特色且个性化服务要求的动力不足。信托机构恰好可以进行差异化战略，成为个性化和特色化金融服务提供商，从而占据这部分市场。

第六章

公募基金：基金管理规模实现历史性跨越

公募基金行业的主体包括公募资产管理人和私募资产管理人，其中公募资产管理人包括公募基金管理公司和获得公募基金资产管理业务资格的证券公司、证券公司资管子公司、保险资产管理公司；公募基金管理公司除从事公募资产管理业务外，也可以开展私募资产管理业务。本章主要针对公募基金管理公司（以下简称"基金公司"）和公募基金管理公司子公司（以下简称"基金子公司"）进行分析讨论。

◇ 第一节 2019年公募基金行业发展情况

从整个公募基金行业发展的历史上看，2019年公募基金行业仍然保持着稳步增长的态势。基金公司及其子公司作为资产管理行业至关重要的主体之一，在逐步落实资管新规要求的基础上，积极利用自身资产管理综合能力的优势，发挥其在行业中的关键作用。2019年公募基金行业受到监管因素的影响较小，公募基金产品的总规模和细分下的各类产品的规模都有稳定的增长，私募资产管理计划（以下也称"专户产品")的规模有所下滑。

一 发展概况

中国的公募基金行业经历了探索、起步、规范、壮大四个发展阶段。

第一阶段,1991—1997年,公募基金行业的探索阶段。1991年,中国首只封闭式基金——珠江基金产品成立,发行规模达到了6930万元,继珠江基金发行成功之后,武汉基金、南山基金等多只投资基金相继发行成立。1993年3月,中国人民银行深圳经济特区分行(1998年更名为中国人民银行深圳市中心支行)批准成立天骥投资基金、蓝天投资基金,并作为首批基金在深圳证券交易所上市交易,自此,中国投资基金开启了上市交易的发展方式;1993年8月,中国人民银行批准淄博基金在上海证券交易所上市交易,标志着中国全国性投资基金市场的诞生。

1993年5月19日,为规范基金产品在快速成立中出现的监管缺失和各地越权审批问题,中国人民银行规定投资基金的发行和上市、投资基金管理公司的设计以及中国金融机构在境外设立投资基金和投资基金管理公司的行为,必须由中国人民银行总行批准。此后,长达5年左右的时间,国内的基金发行一直处于停滞状态。

第二阶段,1998—2001年公募基金行业的起步阶段。基于1997年11月出台的《证券投资基金管理暂行办法》,1998年3月,第一批公募基金管理人——国泰基金、南方基金,各自发行了基金金泰和基金开元,意味着首批公募传统封闭式基金问世。虽然传统的封闭式基金发展有历史局限,但长期封闭的运作条件使得基金产品规模稳定,更有利于基金公司作为管理人践行价值投资的理念,在这个过程中,基金公司的专业能力也得到了极大的提升。目前封闭式基金占公募基金行业管理总资产的比重并不如开放式基金,但可以看出其在公募基金行业发展历史上的关键作用。

继国泰基金、南方基金之后,华夏基金、华安基金、博时基金等先后成立的"老十家"基金公司,也迅速发行了传统封闭式基金,如基金兴华、基金安信等,且募集规模远超20世纪90年代初投资基金的体量,据统计,截至1999年1月,传统封闭式基金数量已突破20只,在1994年迅速突破40只,2001年达到最高50只。

2000年10月,中国证券监督管理委员会发布了《开放式证券投资基金试点办法》,2001年华安基金发行了市场上首只开放式基金,同时,2001年6月,A股市场跌破千点大关,封闭式基金出现整体折价的现象,也直接造成了交易量转向低迷,2002年基金银丰成为市场上最后一只传统的封闭式基金,这也标志着传统的封闭式基金走向衰落,开放式基金逐渐成为主流。

相较于公募基金行业的探索阶段,1998年之后成立的公募传统封闭式基金在《证券投资基金管理暂行办法》的指引约束下,开启了良性发展的历程,1998年也被认定为公募基金行业正式开始行业旅程的一年。

第三阶段,2002—2005年,公募基金行业的规范发展阶段。在这个阶段中,基金管理的监管法规体系得到了不断完善。2003年,第十届全国人民代表大会常务委员会第五次会议通过了《中华人民共和国证券投资基金法》,标志着公募基金行业的基本法已形成。2004年,国务院关于证券投资基金管理公司有关问题的批复,对基金公司的非主要股东、境外股东要求进一步进行了明确。

在公募基金行业法律法规体系逐步完善的过程中，开放式证券投资基金的发行进一步促进了公募基金规模的增长，相较于传统的封闭式基金而言，开放式基金的申购和赎回在操作上更为灵活，销售渠道更为广泛，更容易为大众所接受，在这一阶段，公募基金行业开始发挥其普惠金融的特点。

第四阶段，2006年至今公募基金行业的发展壮大阶段。随着中国经济的快速发展，居民财富随之增长，并逐渐表现出除储蓄存款以外的金融资产配置需求，公募基金在居民资产配置需求和A股市场几轮牛市的带动下，资产管理规模快速增长，截至2019年年末，公募基金产品已达到14.77万亿元。[①]

同一时期，中国资管行业的产业链条逐渐丰富，行业外延不断扩大，从传统意义上的"受人之托、代客理财"向有"通道"性质的产品延伸，信托行业兴起并快速发展，叠加2010年年初央行对银行表内业务进行限制，银行借助信托通道绕道表外进行信贷扩张，银信合作使得银行理财和信托规模同步上涨，公募基金行业"一枝独秀"的市场格局逐步终结，尤其是2012年下半年开始，资管行业的监管逐步放开，资产管理产品的结构、机构类型和数量等都取得了不同程度的发展。

公募基金行业在近几年的发展中，市场份额被其他资管行业所挤占，尤其是2016年，银行理财凭借明显的渠道优势迅速发展，所管理的资产规模占整个资管行业的25%，而公募基金行业排名在银行理财、信托、券商资管之后，占比仅为14%，如加上基金子公司的市场份额，占比为22%，仍低于银行理财的市场份额。资管行业竞争日趋

---

① 中国证券投资基金业协会：《资产管理业务统计数据（2019年四季度）》，2020年5月6日，https://www.amal.org.cn。

激烈，公募基金行业在未来的发展中更应考虑如何集中优势资源，获取长足发展。

二 监管环境情况

自1998年公募基金行业正式运行以来，中国在公募基金行业的法律法规体系已基本成型。

表6-1　　　　　　　　公募基金行业主要监管规则

发文日期	修改日期	监管规则	要点
1999年	2004年6月8日 2019年7月26日 两次修订	《公开募集证券投资基金信息披露管理办法》（原《证券投资基金信息披露指引》《证券投资基金信息披露管理办法》）	明确了公募基金信息披露规则
2002年11月5日	2006年8月24日	《合格境外机构投资者境内证券投资管理办法》	境外合格资产管理机构投资境内证券市场相关要求
2003年10月28日	2012年12月28日	《中华人民共和国证券投资基金法》	公募基金行业基础法
2004年2月23日	2011年1月11日	《企业年金基金管理试行办法》	企业年金管理规范
2004年6月4日	2012年6月19日 2014年7月7日 两次修订	《公开募集证券投资基金运作管理办法》（原《证券投资基金运作管理办法》）	对基金产品的募集、申购、赎回、收益分配等业务进行了规范
2004年9月16日	2012年9月20日	《证券投资基金管理公司管理办法》	基金公司设立及运营管理相关规定
2004年9月22日	—	《证券投资基金行业高级管理人员任职管理办法》	基金行业高管人员管理细则
2004年11月29日	2013年4月2日	《证券投资基金托管业务管理办法》	基金行业托管业务规则明细

续表

发文日期	修改日期	监管规则	要点
2007年11月29日	2013年10月21日	《基金管理公司特定客户资产管理业务试点办法》	基金公司向特定客户募集资金或者接受特定客户财产委托担任资产管理人的展业规范
2007年6月18日	—	《合格境内机构投资者境外证券投资管理试行办法》	合格境内机构投资者开展境外证券投资业务规范
2009年11月6日	—	《证券投资基金评价业务管理暂行办法》	设定了基金评价机构的业务规范
2011年6月9日	2013年3月15日	《证券投资基金销售管理办法》	对基金行业销售业务管理提出明确细则规定
2013年2月21日	—	《人民币合格境外机构投资者境内证券投资试点办法》	合格境外投资者利用来自境外的人民币进行境内投资的相关规定
2015年7月	—	《香港互认基金管理暂行规定》	香港互认基金创新业务规范
2018年5月15日	—	《货币市场基金监督管理办法》	对货币型基金的投资限制、估值要求、流动性风险管理进行了明确要求
2018年4月22日	—	《证券期货经营机构私募资产管理业务管理办法》	证券期货经营机构从事私募资产管理业务规范
2018年9月25日	—	《证券公司和证券投资基金管理公司境外设立、收购、参股经营机构管理办法》	基金公司境外经营业务规范

注：部分法律法规与资产管理业务关联度较低，并未全部列举。

资料来源：笔者根据中国证券监督管理委员会、中国证券投资基金业协会的公开资料整理而成。

资产管理行业的快速发展对中国金融体系的繁荣稳定、国民经济和金融市场的发展都具有重要的意义，但高速发展也带来了一些监管问题，比如分业监管规则和业务交叉发展的模式不匹配、行业发展同质化倾向严重、产品运营存在期限错配和刚兑现象、利用杠杆放大风险等，2018年4月，《关于规范金融机构资产管理业务的指导意见》出台，对资管行业的乱象进行了监管整改。2019年，资管行业监管环境对公募基金行业的影响较小，公募基金行业内的监管环境重在鼓励行业创新、规范发展。

第一，相较于整个资管行业，资管新规对公募基金行业的影响较小。2019年，公募基金行业仍在继续践行资管新规的要求，规范各类产品的投资管理和风险管理。基金公司在公募基金产品的投资管理、信息披露等方面一直以来属于行业内最为严格的，资管新规对其影响更多地体现在基金公司及其子公司的专户业务方面；自2019年5月以来，公募基金行业所管理的专户产品也在逐步按照资管新规进行自查清理，对专户产品的主动管理要求也在提升中。

2019年，监管仍然坚持推进金融去杠杆的风险管理工作，对基金公司及其子公司的资产管理业务，尤其是对专户产品资产管理业务提出了更高的主动管理、风控管理的要求。基金公司及其子公司在开展资产管理业务过程中，对投资标的的选择、产品账户风控指标的设置方面均提高了标准，在降低产品账户流动性风险的同时，对基金公司及其子公司的投研能力、基金经理的投资决策能力都有更高层次的考验。

第二，基金投资顾问业务试点工作重在鼓励公募基金行业集中优势力量进一步发展。2019年，更多的证券公司及其资管子公司开始布局公募基金资产管理业务。截至2020年3月末，共有14家证券公司及其资管子公司已拿到公募基金资产管理业务资格，天风证券、五矿证券等业务资格在申报中，传统的公募基金管理业务份额正在被瓜分。

公募基金行业在面临挑战和压力的同时，也迎来了新的机遇。

2019年10月底，中国证券监督管理委员会下发《关于做好公开募集证券投资基金投资顾问业务试点工作的通知》，酝酿已久的公募基金投顾业务试点正式开启，投顾业务的开启将给公募基金行业带来新的活力，也将成为公募基金行业实现创新转型的关键业务。首批获得试点资格的有嘉实、华夏、易方达、南方、中欧五家基金公司，2019年12月，中国证券监督管理委员会发布了第二批获得试点资格的机构，分别是腾安基金、蚂蚁基金以及珠海盈米基金，具有公募基金投顾业务资格的机构已有八家。

三 总规模发展情况

2019年公募基金行业总规模实现多方面的稳步增长，体现在资产管理规模、基金管理公司机构数量、基金管理公司旗下公募基金产品利润创新高等几个方面各有不同的表现。

第一，公募基金管理公司及其子公司所管理的资产总规模与往年基本持平。截至2019年年末，中国证券投资基金业协会自律管理的资产管理业务总规模约51.97万亿元[①]，较2018年年末增加超5000亿元，即基金公司及其子公司、证券公司、期货公司、持牌私募基金管理机构所管理的资产管理业务总规模。其中，公募基金规模14.8万亿元，证券公司及其子公司私募资产管理业务规模11.0万亿元[②]，

[①] 根据中国证券投资基金业协会的统计，由于数据报送时间限制，养老金、资产支持专项计划数据暂采用2019年11月末的统计数据。总规模已剔除私募基金顾问管理产品与私募资管重复计算部分。

[②] 根据中国证券投资基金业协会的统计，包含大集合产品存续规模以及私募子公司私募基金规模。

基金管理公司及其子公司私募资产管理业务规模 8.7 万亿元，期货公司及其子公司私募资产管理业务规模约 1433 亿元，私募基金规模13.7 万亿元；截至 2019 年 11 月末，基金公司管理的养老金规模 2.3万亿元①，同比增加 6234 亿元，在中国证券投资基金业协会备案的资产支持专项计划存续规模 1.56 万亿元，同比增加 4259 亿元。

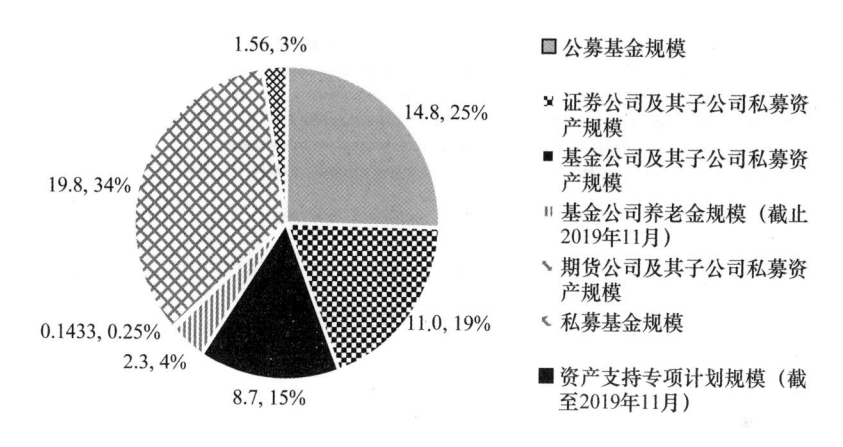

图 6-1　2019 年基金公司及其子公司管理的资产规模变化情况（万亿元）

资料来源：笔者根据中国证券投资基金业协会公开资料整理而成。

其中，不含养老金管理规模的情况下，基金公司及其子公司管理的资产规模总计 23.5 万亿元，在中国证券投资基金业协会统计的数据中，基金公司及其子公司管理的资产规模占比最大，为 45.22%。

公募基金及其子公司所管理的资产总规模在 2019 年有所下降，并且在 2019 年第二、第三季度表现出急剧下降的趋势，2019 年第四季度出现快速增长，全年资产管理总规模与往年基本持平，在中国证

---

① 根据中国证券投资基金业协会的统计，此处养老金包括基金管理公司管理的社保基金、基本养老金、企业年金和职业年金，不包括境外养老金。

券投资基金业协会自律管理的资产总规模中占比仍然保持稳定的领先地位。

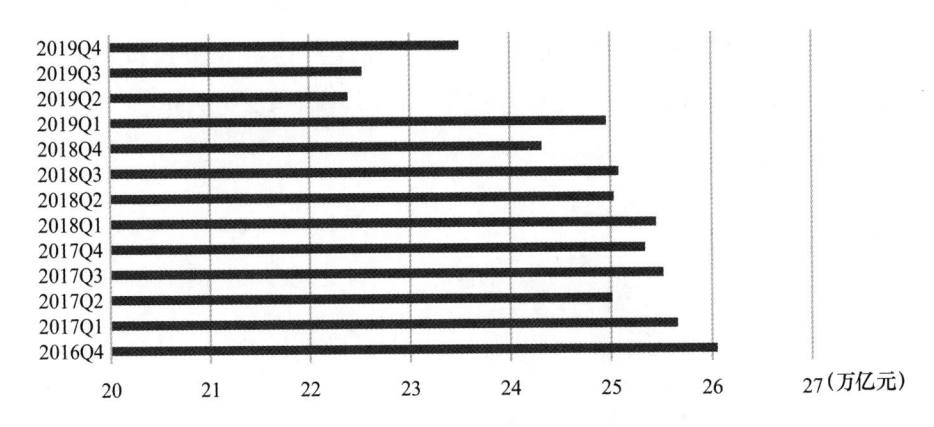

图 6-2　基金公司及其子公司管理的资产规模变化情况

资料来源：笔者根据中国证券投资基金业协会公开资料整理而成。

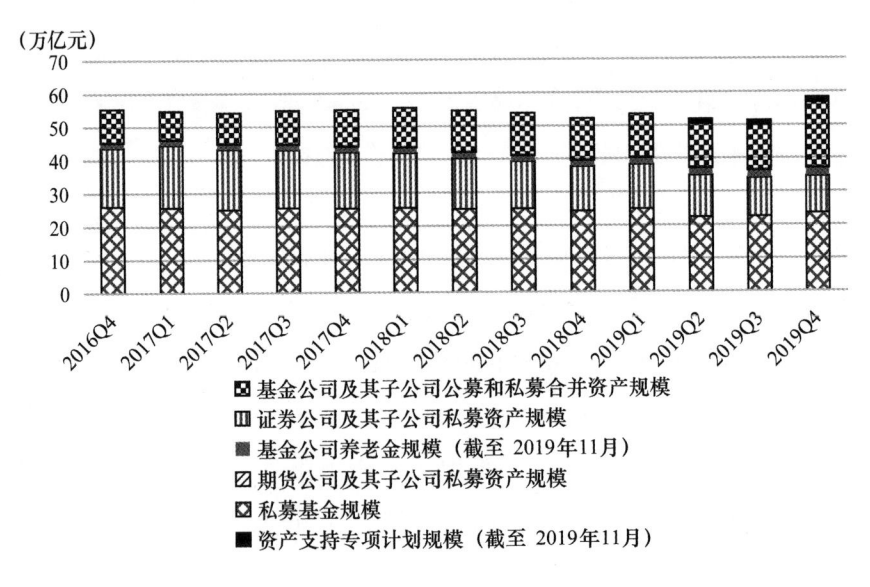

图 6-3　2016Q4—2019Q4 公募资产管理规模发展情况

资料来源：笔者根据中国证券投资基金业协会公开资料整理而成。

第二，基金公司机构数量稳中有升。截至2019年年末，基金公司共计128家，基金子公司共计71家；基金公司数量较2018年年末新增8家，与近5年的增长趋势基本一致。已取得公募基金资产管理业务资格的证券公司及其资管子公司共计14家，保险公司1家，预计2020年度证券公司及其资管子公司取得公募基金资产管理业务资格的数量增长将高于基金公司的注册成立数量。

2019年未发生基金公司及其子公司由于负面因素被取消资产管理业务资格的事件，公募基金行业主体机构诚信经营的基调仍未改变。

第三，基金公司及其子公司所管理的公募资产规模稳定增长，私募资产规模有较大降幅。

（1）公募资产规模稳定增长。截至2019年年末，基金公司管理公募基金总计6544只，份额13.7万亿元，规模约14.8万亿元，同比增加1.7万亿元，其中封闭式基金增加7039亿元，开放式基金中货币型基金减少5008亿元，股票型基金增加4748亿元，混合型基金增加5289亿元，债券型基金增加5032亿元。[①]

从公募基金的数量方面来看，近四年公募基金发行量及存续量一直保持稳定增长态势，在2019年保持每月平均70只以上的存续量增长，较2018年年末新增918只存续公募基金。

从公募基金的净资产方面来看，与资本市场的表现息息相关，尤其是A股市场的表现。公募基金净资产规模在2015年和2018年都有

[①] 由于中国证券投资基金业协会对于公募基金的规模、份额、数量，以及根据不同投资方向所统计的基金类型的净值、规模、数量，这些数据并未区分公募基金管理公司和获得公募基金管理业务资格的证券公司、证券公司资管子公司、保险资产管理公司，故此处引用的数据包含了公募基金管理公司和获得公募基金管理业务资格的证券公司、证券公司资管子公司、保险资产管理公司的数据。

明显的增长,仅从2019年公募基金规模发展情况来看,2019年第一季度A股市场快速修复了2018年下跌带来的估值低估空间,走出了结构性牛市,公募基金作为机构投资者中的代表,其规模在2019年第一季度也出现基金份额和净资产的快速扩张,基金净值增长也比较快,权益基金中甚至出现了回报率超120%的产品,为持有人带来了丰厚的回报;2019年第二、第三季度A股市场持续震荡,叠加债券市场的流动性风险暴露,公募基金净资产规模出现了一定程度的下滑,在2019年6月达到了全年最低值;进入2019年第四季度,市场对2020年度的经济发展持乐观态度,公募基金加仓权益类标的也带来了总体规模的快速增长。

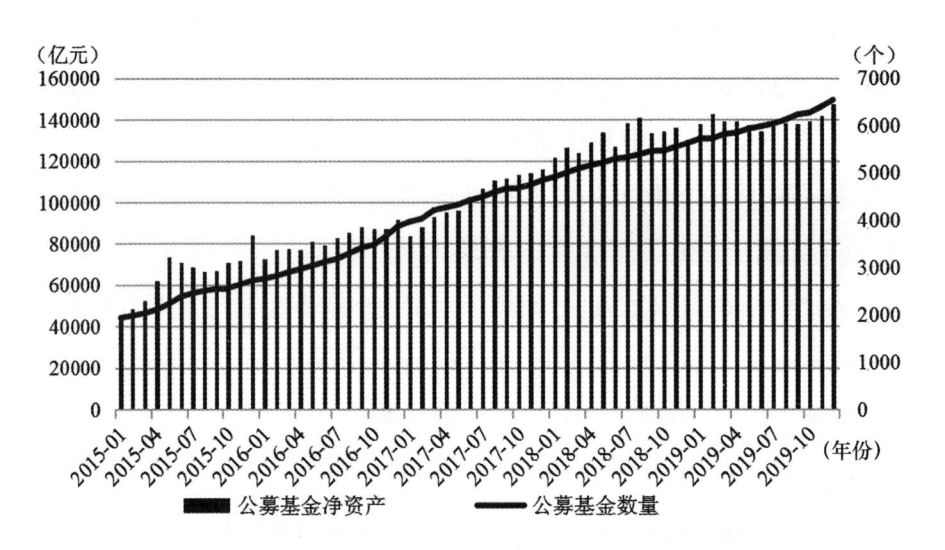

图6-4 2015年1月—2019年10月公募基金规模发展情况

资料来源:笔者根据中国证券投资基金业协会公开资料整理而成。

(2)私募资产规模大幅下降。基金公司及其子公司管理的私募资产规模总计8.7万亿元,其中基金管理公司的资产规模约为4.3万亿元,基金子公司私募资管业务规模约为4.4万亿元。

表 6-2　　　　　基金管理公司及其子公司私募
资管计划管理只数及规模（截至 2019 年第三季度末）

	产品数量（只）	资产规模（亿元）
基金管理公司	5509	43357.82
其中：单一资产管理计划	3832	37146.64
其中：集合资产管理计划	1677	6211.19
基金子公司	6016	44086.50
其中：单一资产管理计划	3479	38135.44
其中：集合资产管理计划	2537	5951.06

资料来源：笔者根据中国证券投资基金业协会公开资料整理而成。

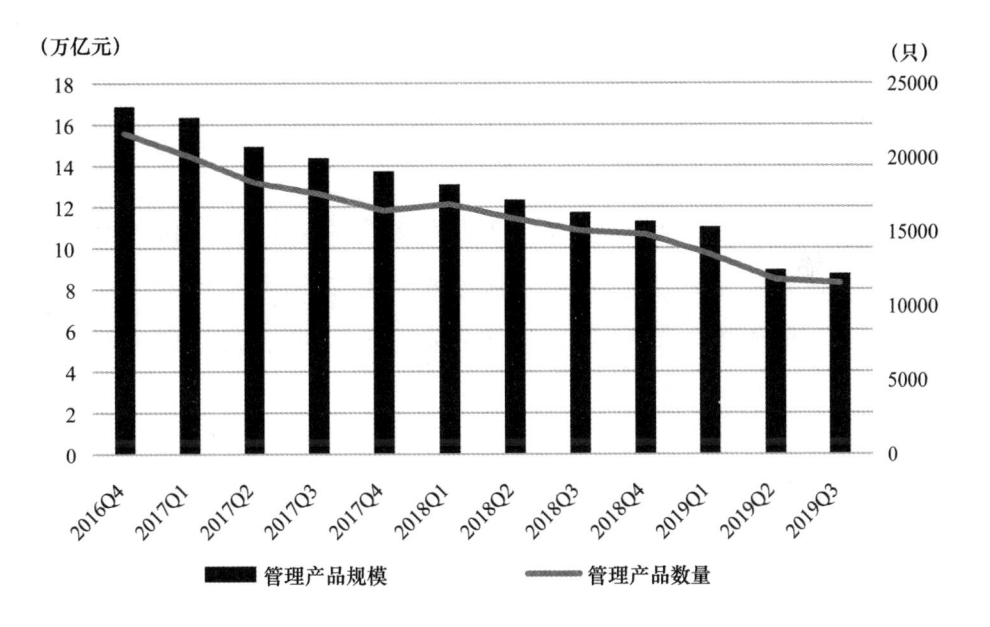

图 6-5　2016Q4—2019Q3 基金管理公司及其子公司私募资管计划只数及规模发展情况

资料来源：笔者根据中国证券投资基金业协会公开资料整理而成。

2016 年至今，基金公司及其子公司管理的私募资产规模一直呈现下降趋势，包括产品数量和净资产均表现出下降态势。2016 年私募资产管理受益于银行委外业务规模迅速增长，专户产品的数量和净资产在当年都达到了近四年的高峰值，银行委外资金净流出之后专户业务规模一直呈下行趋势，截至2018年年末，公募产品的净资产规模已超过专户产品的规模，相比之下，公募基金行业的传统业务发展较专户业务发展更为稳定。

第四，公募基金产品利润创新高。根据公募基金管理人公布的2019年年报数据，公募基金行业全部产品全年利润超过1万亿元[1]基金公司公募产品利润。[2] 由其管理的资产规模及旗下产品费率水平决定，老牌的基金公司在这两个方面仍具备尤为明显的优势，例如2019年公募产品利润位居前5位的基金公司分别是易方达基金、华夏基金、嘉实基金、汇添富基金和南方基金。这些老牌的基金公司在投研能力的积累、销售渠道的议价能力方面都有较为明显的优势，品牌效应突出。

从基金管理人个体角度来看，在品牌效应的影响下，利润集中于头部机构的现象尤为突出，易方达基金的产品2020年906.46亿元的利润水平等同于排名靠后的83家基金公司产品的利润总和，可谓是"贫富差距"尤为突出。

四 业务细分发展情况

从公募基金行业的总体情况看，行业发展呈现出一片欣欣向荣的景象，但从不同产品类型的角度去看，行业内呈现出发展不平衡的

---

[1] 除股东方为上市公司外，基金公司财务情况为非公开数据，此处的利润数据为各家基金管理公司旗下公募基金的利润情况。

[2] 基金子公司在私募资产管理业务的利润数据暂无2019年数据。

态势。

从产品的募集方式角度看，基金管理人可以通过公开和向特定对象募集两种方式发行产品。可以看到，虽然公募产品的数量并不如专户产品的数量多，但公募产品的净资产规模一直是稳步增长，专户产品的规模自2016年之后一路下滑，主要影响因素是银行委外资金的抽离，银行理财产品的规模迅速扩大。

从专户产品的细分来看，一对一类型的专户产品目前仍然在专户产品规模中占较大比重，截至2019年9月，一对一类型的专户占专户产品总规模的86.1%。专户业务的特点仍是委托人主导的业务，一对一类型的专户产品中大比例是通道业务，在资管新规的政策引导下，预计未来一对一类型的专户产品净资产规模将持续下降趋势；一对多产品受制于仅能向特定投资者募集的业务模式影响，产品规模增长有一定的难度，相应地，基金公司及其子公司的经营收入也较少[①]，如无业务转型的动力，一对多类型的专户产品净资产规模也将持续下降趋势。

从公募基金产品运作的模式角度看，基金产品的运作模式分为封闭式和开放式两种，专户产品未按照运作模式进行分类数据披露，本书仅对公募基金产品的运作模式展示其发展情况。从公募基金行业发展的历程来看，封闭式基金发挥了重要的作用，目前存续状态的封闭式基金并非传统意义上的封闭式基金，而是转型后的封闭式基金。

从产品投资方向角度看，专户产品未进行投资方向的分类数据披露，本书仅将公募产品按照此要素来展示其发展情况。截至2019年年末的数据显示，货币型基金仍是公募基金总规模所集中分布的产

---

① 从产品规模角度考虑，一对多专户产品业务的营业收入也会较少，暂无准确可对比数据。

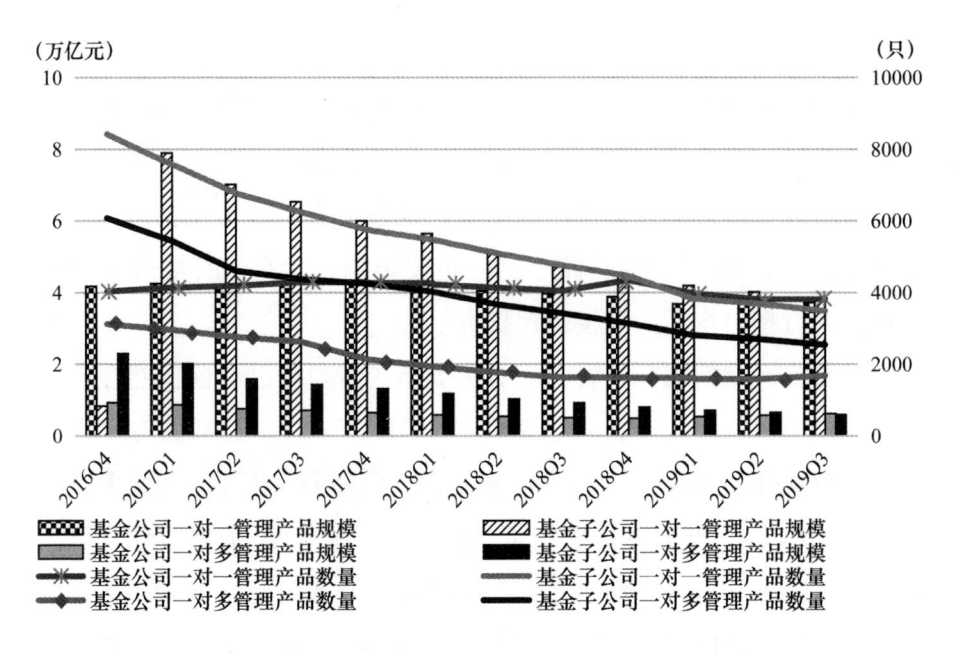

图6-6　基金公司及其子公司一对一专户、一对多专户数量和净资产规模发展情况

资料来源：笔者根据中国证券投资基金协会公开资料整理。

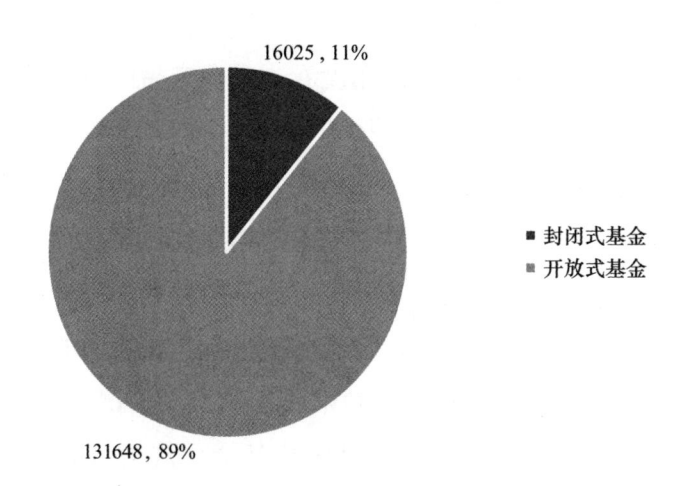

图6-7　2019年年末封闭式和开放式公募基金净资产占比情况（亿元）

资料来源：笔者根据中国证券投资基金业协会公开资料整理。

品，这是货币型基金在公募基金发展历史中的地位和作用的反映，基金公司在发展壮大中，主要靠货币型基金扩大其管理规模，并获取管理费等收入。其次是债券型基金，占公募产品净资产总额的21%。可以看出，债券型基金自2012年以来规模增长速度是最快的。债券型基金投资方向主要是债券市场，相对于股票，债券市场对投资者的专业性和资金要求更高，个人投资者直接参与的难度较高，债券型基金已成为个人投资者进行资产组合配置时必选的公募产品，另外，2017年投资者适当性管理新规发布后，债券型基金相对于混合型和股票型基金来看，其风险等级更低，受众更加广泛。

930.83, 1%
12992.62, 10%
18893.19, 14%
71170.56, 54%
27660.83, 21%

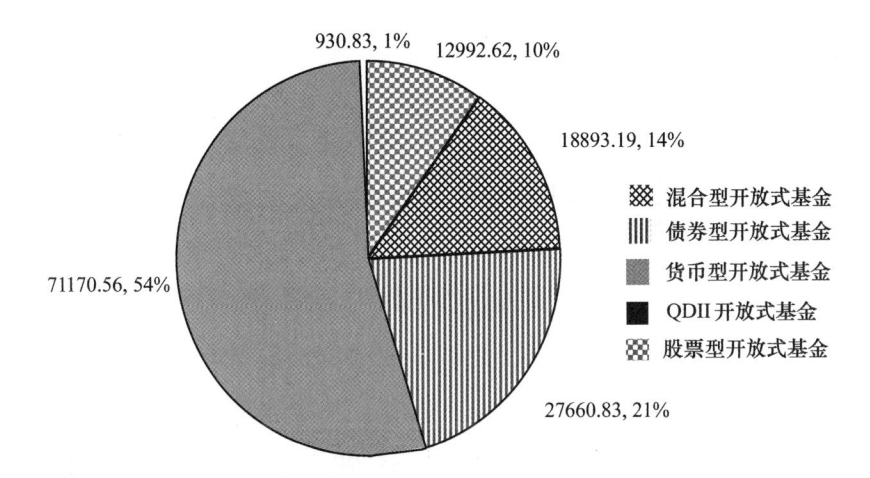

混合型开放式基金
债券型开放式基金
货币型开放式基金
QDII开放式基金
股票型开放式基金

图6-8　2019年年末各类型公募基金净资产占比情况（亿元）[①]

资料来源：笔者根据中国证券投资基金业协会公开资料整理。

[①] 由于中国证券投资基金业协会对于公募基金的规模、份额、数量，以及根据不同投资方向所统计的基金类型的净值、规模、数量，这些数据并未区分公募基金管理公司和获得公募基金管理业务资格的证券公司、证券公司资管子公司、保险资产管理公司，故此处引用的数据包含了公募基金管理公司和获得公募基金管理业务资格的证券公司、证券公司资管子公司、保险资产管理公司的数据。

表6-3　　2012—2019年开放式公募基金产品净资产数据　　（单位：亿元）①

核算日期	股票型	混合型	债券型	货币型	QDII
2012年12月	11476.71	5646.86	3776.94	5717.28	632.02
2013年12月	10958.45	5626.59	3224.84	7475.90	584.09
2014年12月	13142.02	6025.23	3473.40	20862.43	486.75
2015年12月	7657.13	22287.25	6973.84	44443.36	662.53
2016年12月	7059.02	20090.29	14239.10	42840.57	1023.96
2017年12月	7602.40	19378.46	14647.40	67357.02	913.59
2018年12月	8244.63	13603.91	22628.80	76178.14	705.73
2019年12月	12992.62	18893.19	27660.56	71170.56	930.83

资料来源：笔者根据Wind数据库公开资料整理而成。

第二节　2020年公募基金行业发展情况

2020年，公募基金行业收获历史性"超级大年"，实现了规模和业绩双丰收。根据中国证券投资基金业协会披露数据，截至2020年第四季度末，基金管理公司及其子公司、证券公司、期货公司、私募基金管理机构资产管理业务总规模约58.99万亿元，其中，公募基金规模为19.89万亿元，基金管理公司及其子公司私募资产管理业务规模为8.06万亿元，基金公司管理的养老金规模为3.36万亿元。与

---

① 由于中国证券投资基金业协会对于公募基金的规模、份额、数量，以及根据不同投资方向所统计的基金类型的净值、规模、数量，这些数据并未区分公募基金管理公司和获得公募基金管理业务资格的证券公司、证券公司资管子公司、保险资产管理公司，故此处引用的数据包含了公募基金管理公司和获得公募基金管理业务资格的证券公司、证券公司资管子公司、保险资产管理公司的数据。

2019年相比，2020年基金规模实现历史性跨越，公募基金资产管理业务规模增长5.12万亿元，同比增长34.66%。

虽然有新冠肺炎疫情等因素的影响，但是2020年A股整体表现非常出色，创业板指暴涨64.96%，沪指和深成指也分别上涨13.87%和38.73%。在此背景下，2020年主动权益类基金的平均收益率为50.66%（包括普通股票型基金、偏股混合型基金、灵活配置型基金，均剔除C类份额），其中，普通股票型基金的平均收益率为61.29%，偏股混合型基金的平均收益率为58.51%，灵活配置型基金的平均收益率为43.24%。公募基金权益基金成为最亮眼的明星。

业绩和规模的双丰收，带来的还有公募基金四大费用——管理费、托管费、交易佣金和客户维护费的水涨船高。根据2021年第一季度披露完毕的基金2020年年报，受益于结构性牛市，公募基金大发展，四大费用呈现出"跨越式"增长，全年金额分别为管理费926.63亿元、托管费198.59亿元、交易佣金135亿元和客户维护费241.14亿元。

一 2020年公募基金行业发展新动向

2020年中国公募基金行业除了规模、业绩大爆发外，还出现了许多新的动向。

（一）公募基金外资股比"开闸"

自2020年4月1日起，全国范围内取消基金管理公司外资股比限制，外资控股公募甚至外资独资公募正式开闸。2020年8月首家外商独资公募基金管理公司贝莱德基金正式获批，注册资本为3亿元，公募基金业正式掀开内外资机构同台竞技的新篇章。中国证券投资基金业协会数据显示，截至2021年2月，中国境内共有基金管理公司133家，其中中外合资公司44家，内资公司89家。

随着外资控股公募甚至外资独资公募将正式开闸，更多外资机构的投资理念和风格更明确的产品更容易被机构投资者认可，也会对公募的机构客户形成部分替代效应。市场足够大的现实情况，客户的差异化需求也比较丰富，境内公募基金都有机会通过差异化竞争，提供差异化服务来满足不同客户的需求，谋求新的发展点。

（二）公募REITs正式起步

2020年是中国公募REITs元年，中国的基础设施公募REITs已正式起步。2020年4月30日，中国证券监督管理委员会、国家发展和改革委员会联合发布《关于推进基础设施领域不动产投资信托基金（REITs）试点相关工作的通知》，标志着境内基础设施领域公募REITs试点正式起步。2020年8月7日，中国证券监督管理委员会公布《公开募集基础设施证券投资基金指引（试行）》，这一政策的落地将推动公募REITs进入实际操作阶段。

截至2020年10月，国家发展和改革委员会首批基础设施公募REITs试点项目申报已截止。2020年11月，近30单项目参加了国家发展和改革委员会组织的基础设施公募REITs试点项目答辩。之后，国家发展和改革委员会已将符合条件的平安基金、前海开源基金、浙商基金、中航基金、国金基金5家基金公司旗下REITs项目推荐至中国证券监督管理委员会，即首批5单公募REITs试点项目已进入中国证券监督管理委员会及交易所审查阶段。总体来看，中国公募REITs

发展基本遵循政策先行,项目逐步落地的方式。截至目前,从国家发展和改革委员会到中国证券监督管理委员会、交易所及其他各自律组织的相关配套规则已初步完善,首批试点项目有望在2021年上半年落地发行。

(三)公募基金销售新规落地

2020年8月28日,中国证券监督管理委员会发布《公开募集证券投资基金销售机构监督管理办法》及配套规则,于2020年10月1日起施行。新规首次明确规定基金销售机构可以与基金管理人约定以其销售形成的基金保有量提取一定比例的客户维护费(俗称尾佣、后端分成),但需满足规定。其中对销售渠道收取的尾随佣金设定50%的最高上限。规定尾随佣金的上限有助于行业长期健康发展,减缓了基金公司在销售渠道上砸费用等不良竞争的情况,而更多通过业绩和服务赢得市场。

(四)分级基金正式"告别"市场

自资管新规推出以来,监管明确公募产品不得进行份额分级,而2020年年末也成了分级基金退市的最后期限。退市后的分级基金主要有两种选择,一是转型为LOF(Listed Open-Ended Fund,上市型开放式基金),二是清盘。其中,转型为LOF基金需要召开基金持有人大会并通过。

2021年12月2日,存量分级基金密集发布分级份额终止运作并将终止上市等公告,此类产品最后交易日为2021年12月31日,并于2021年1月起终止上市。诞生于2007年、最高管理规模曾达到5000亿元的分级基金,历经十余年的发展历程,将自2022年起集体告别市场。

(五) 首批5只公募MOM正式落地

2020年最后一天，MOM产品正式落地，华夏、招商、鹏华、建信、创金合信5家基金公司旗下的MOM产品于2020年12月31日正式获批，这也是国内首批公募MOM产品。作为公募基金践行大类资产配置理念的重要工具，MOM基金自2019年年末推出产品指引以来，业内一直在密切关注产品的进程。对中国资本市场而言，MOM产品的推出，有利于证券期货经营机构更好地承接各类长期资金资产配置的需求，为资本市场引入更多中长期资金，也有助于实现管理人大类资产配置的能力，发挥不同资产管理机构在特定领域的专业投资能力。

(六) 摊余成本法债基再迎密集发行

2018年4月，资管新规规定封闭式债基在满足一定条件后，可以采用摊余成本法进行计量。2018年7月，央行宣布封闭期半年以上的定开资管产品可以使用摊余成本计量，对此前的限制做出了边际放松，定开债基成了市场少有的可以使用摊余成本法计量的资管产品。摊余成本法债基作为符合资管新规要求的过渡品种，从发展历程来看，自2019年下半年以来，摊余成本债基共经历了两轮密集发行。第一轮发行高峰是2019年11月和12月，新成立摊余债基份额合计超2600亿元，第二轮发行高峰处在2020年7月和8月，新成立摊余债基份额合计超3300亿元。2020年11月摊余成本法债基发行数量又出现了一轮小高峰，由于每家公司只能获批两只摊余债基的窗口指导要求，预计扩容的空间已经相当有限。通过中国证券监督管理委员会披露的基金募集申请信息，截至2021年4月9日没有已发行但尚未结束募集的摊余成本法定开式债基。

整体来看，摊余成本定开债基由于兼具流动性和稳定收益优势，结合公募基金的免税优势，受到银行、保险等风险偏好较低的机构投资者的广泛关注，一跃成为2020年公募基金债基规模增长的主要来源之一。

（七）权益ETF连续两年高增长

2020年的权益类交易型开放式指数基金（ETF）市场依旧可以用"大步向前""竞争白热化"来形容。

Wind数据显示，截至2020年年末，全市场278只权益类ETF资产规模合计7598.68亿元，相比2019年年末增加了2373.87亿元，增幅达到45.43%，连续两年保持近50%的增速。其中权益ETF市场头部效应非常明显，规模排名前十的基金公司合计管理规模超过6000亿元，占全市场比重高达80%。

（八）首批科创50ETF产品获批

2019年7月22日科创板正式鸣锣开市。在科创板开板一周年时，上证科创板50成分指数历史行情发布，2020年9月10日，跟踪该指数的首批科创50ETF产品获批，标志着科创板正式进入指数化投资时代。这也意味着继科创主题基金、主投科创板主题基金后，公募基金开启科创板指数投资时代。

（九）"固收+"类公募基金产品规模大幅增长

2020年，主要以绝对收益为目标，以风险较低的债券等固定收益类资产为底仓构建基础收益，并在严格控制回撤的前提下配置风险资产及策略以增厚收益的"固收+"策略产品迎来大爆发。就"固收+"策略中发行量最多的偏债混合型基金而言，根据 Wind 数据库统计，2020 年共新成立 345 只偏债混合型基金，发行规模 2883.86 亿元，较 2019 年分别增长 3 倍和 5 倍。另一类"固收+"产品——二级债基 2020 年成立了 54 只，发行总规模 604.03 亿元，两类基金合计发行超过 3000 亿元。

整体来看，2020 年公募基金凭借长期投研沉淀、主动管理动力、信息披露等优势，迎来了高速发展的一年。

二 监管环境情况

中国公募基金监管法律法规体系日渐完善和成熟，在前期资管新规相关细则出台的情况下，2020 年相关监管法规继续细化和完善。

表 6-4　　2018—2020 年新出台的公募基金行业监管规则

日期	修订时间	监管规则	要点
2018 年 5 月 15 日	—	《货币市场基金监督管理办法》	对货币型基金的投资限制、估值要求、流动性风险管理进行了明确要求
2018 年 4 月 22 日	—	《证券期货经营机构私募资产管理业务管理办法》	证券期货经营机构从事私募资产管理业务规范
2018 年 9 月 25 日	—	《证券公司和证券投资基金管理公司境外设立、收购、参股经营机构管理办法》	基金公司境外经营业务规范

第六章　公募基金：基金管理规模实现历史性跨越 **381**

续表

日期	修订时间	监管规则	要点
2019年8月16日	—	《证券投资基金侧袋机制操作规范（征求意见稿）》	为公募基金提供流动性风险管理工具
2019年9月1日	—	《公开募集证券基金信息披露管理办法》	公募基金行业信息披露业务规范
2020年4月30日	—	《关于推进基础设施领域不动产投资信托基金（REITs）试点相关工作的通知》	中国基础设施公募REITs业务试点启动
2020年8月7日	—	《公开募集基础设施证券投资基金指引（试行）》	中国基础设施公募REITs业务试点启动
2020年8月28日	—	《公开募集证券投资基金销售机构监督管理办法》及配套规则	对基金行业销售业务管理提出明确细则规定

注：部分法律法规与资产管理业务关联度较低，并未全部列举。

资料来源：笔者根据中国证券监督管理委员会、中国证券投资基金业协会的公开资料整理而成。

2020年7月，央行发布《优化资管新规过渡期安排引导资管业务平稳转型》的通知，考虑到2020年以来新冠肺炎疫情对经济金融带来的冲击，金融机构资产管理业务规范转型面临较大压力，按既有安排资管新规过渡期将于2020年年末结束。为平稳推动资管新规实施和资管业务规范转型，资管新规过渡期延长至2021年年末。2020年，在资管新规过渡期延长1年的特殊背景下，公募基金作为资管行业中监管框架最为严格、运作机制最为规范的产品类别，受资管行业监管环境影响较小，且表现出较大的规范化优势，管理规模进入新一轮扩张期，产品结构亦呈向好态势。

第一，对公募行业的监管趋势仍然延续规范化、专业化方向推进，并在行业风险控制方面提出新的要求。2020 年，监管仍然坚持推进金融去杠杆的风险管理工作，对基金公司及其子公司的资产管理业务，尤其是专户产品资产管理业务提出了更高的主动管理、风控管理的要求。基金公司及其子公司在开展资产管理业务过程中，对投资标的的选择、产品账户风控指标的设置均提高了标准，在降低产品账户流动性风险的同时，对基金公司及其子公司的投研能力、基金经理的投资决策能力都有更高层次的考验。

在公募基金风险控制方面，为进一步提升公募基金风险防控能力，更好地保护投资者合法权益，借鉴境外市场成熟经验，2020 年 7 月中国证券监督管理委员会发布《公开募集证券投资基金侧袋机制指引（试行）》（以下简称《指引》），并于 2020 年 8 月 1 日起正式施行。

侧袋机制是指将基金投资组合中的特定资产从原有账户分离至一个专门账户进行处置清算，目的在于有效隔离并化解风险，确保投资者得到公平对待，属于流动性风险管理工具。侧袋机制实施期间，原有账户称为主袋账户，专门账户称为侧袋账户。

此次修订，明确了侧袋机制的工具定位，即属于流动性风险管理工具，区别于日常风控措施。基金管理人在日常投资运作中，应当依据法律法规和中国证券监督管理委员会的规定，专业审慎、勤勉尽责地管控基金流动性风险，促使基金稳健运作、份额净值公允计价。

第二，自 2018 年资管新规实施以来，监管层鼓励净值型产品，券商资管总规模呈逐季下降态势，各大券商及其资管子公司发力主动管理，开始布局公募基金资产管理业务。2020 年 7 月，中国证券监督管理委员会就《公开募集证券投资基金管理人监督管理办法》公开征求意见，提出"一参一控一牌"，允许同一主体同时控制一家基金公司和一家公募持牌机构。这一政策的放宽，意味着已控股基金公司的券商旗下资管子公司可获得公募牌照。

2020年12月30日，国君资管开展公募业务资格获得了中国证券监督管理委员会的批复，且从发起申请，至公募资格正式获批，仅用时4个月。国君资管公募资格的获批开了一个好头。近期，中信证券、中金公司等纷纷公告表示，拟设立全资资管子公司并申请公募牌照业务。目前持有公募基金牌照的券商系队伍已增至14家，包括华融证券、山西证券、国都证券、东兴证券、北京高华、中银证券6家券商，以及东证资管、浙商资管、渤海汇金、财通资管、长江资管、华泰资管、中泰资管、国泰君安资管8家券商资管子公司。虽然传统的公募基金管理业务份额正在被券商瓜分，但是公募基金领域早已是红海，竞争非常残酷，证券公司或资管的公募业务刚刚起步，体系架构尚不成熟，券商能挤进公募领域争头部的时间和空间都比较紧张，券商与基金公司竞争存在很大难度。在此背景下，未来或许只有头部券商的公募业务才有可能与头部基金公司进行竞争。对于中小券商来说，机会在于细分赛道打造优势。

三 总规模发展情况

2020年公募基金行业总规模实现多方面的稳步增长，体现在资产管理规模、基金管理公司机构数量、基金管理公司旗下公募基金产品利润创新高等几个方面各有不同的表现。

第一，公募基金管理公司及其子公司所管理的资产总规模与往年基本持平。截至2020年年末，中国证券投资基金业协会自律管理的资产管理业务总规模约 58.99 万亿元，较 2019 年年末的 52.23 万亿元增长了 6.76 万亿元，涨幅约达 13%。资产管理业务总规模即基金公司及其子公司、证券公司、期货公司、持牌私募基金管理机构所管理的资产管理业务总规模。其中，公募基金规模为 19.89 万亿元，证券公司及其子公司私募资产管理业务规模为 8.55 万亿元[①]，基金管理公司及其子公司私募资产管理业务规模为 8.06 万亿元，期货公司及其子公司私募资产管理业务规模约为 0.22 万亿元，私募基金规模为 16.96 万亿元；截至 2020 年年末，基金公司管理的养老金规模为 3.36 万亿元[②]，同比增加 6489.62 亿元，在中国证券投资基金业协会备案的资产支持专项计划存续规模 2.11 万亿元，同比增加 4657.39 亿元。

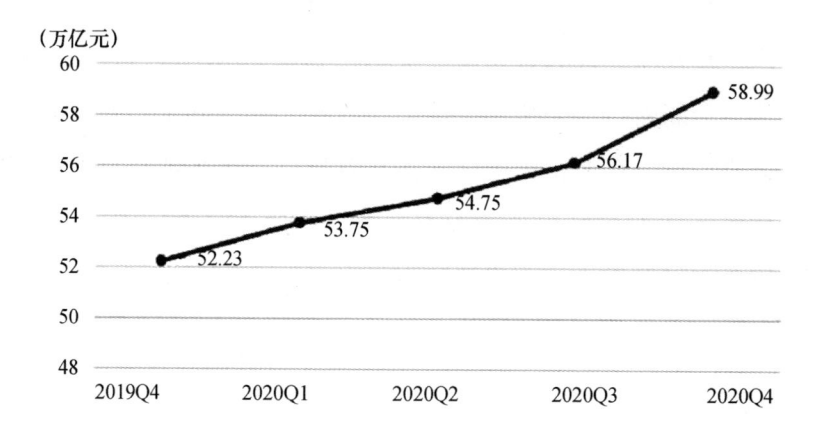

图 6-9　资产管理业务总规模（2019Q4—2020Q4）

[①] 根据中国证券投资基金业协会的统计，包含大集合产品存续规模以及私募子公司私募基金规模。

[②] 根据中国证券投资基金业协会的统计，此处养老金包括基金管理公司管理的社保基金、基本养老金、企业年金和职业年金，不包括境外养老金。

其中，在不含养老金管理规模的情况下，基金公司及其子公司管理的资产规模总计26.64万亿元，在中国证券投资基金业协会统计的数据中，基金公司及其子公司管理的资产规模占比最大，为47.38%。公募基金及其子公司所管理的资产总规模在2020年有所上升，全年资产管理总规模较2019年增长4.65万亿元，同比增长19.94%，在中国证券投资基金业协会自律管理的资产总规模中占比仍然保持稳定的领先地位。

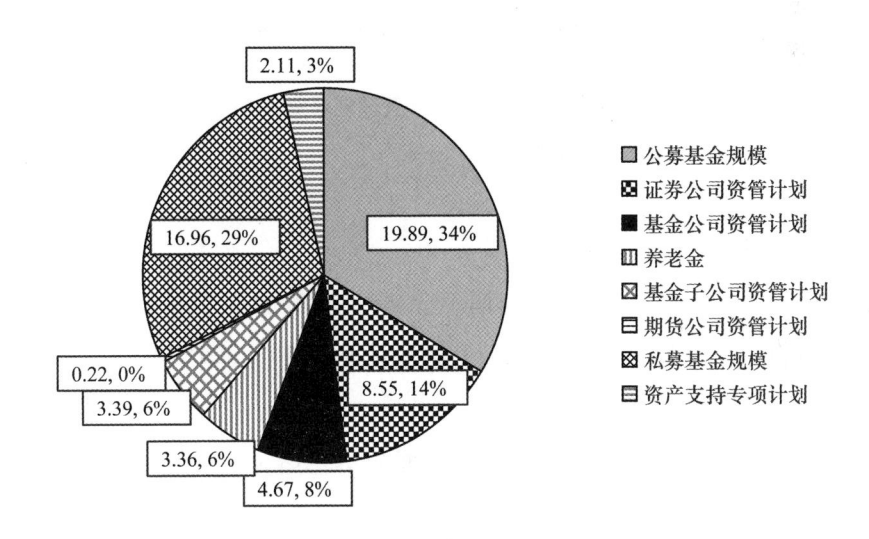

图6-10 2020年各类资产管理业务规模及占比（万亿元）

资料来源：笔者根据中国证券投资基金业协会公开资料整理而成。

第二，基金公司机构数量稳中有升。截至2020年年末，中国境内共有基金管理公司132家，其中，中外合资公司44家，内资公司88家；取得公募基金管理资格的证券公司或证券公司资产管理子公司共12家、保险资产管理公司2家。以上机构管理的公募基金资产

类别	基金数量（只）(2020/12/31)	份额（亿份）(2020/12/31)	净值（亿元）(2020/12/31)	基金数量（只）(2020/11/30)	份额（亿份）(2020/11/30)	净值（亿元）(2020/11/30)
封闭式基金	1143	23967.66	25609.21	1128	22968.50	24315.25
开放式基金	6770	146378.86	173305.70	6655	140322.52	163194.11
其中:股票基金	1362	11930.28	20607.94	1339	11535.31	18908.17
其中:混合基金	3195	27857.78	43600.75	3121	27213.21	39934.03
其中:货币基金	332	80915.99	80521.47	333	77518.03	77604.75
其中:债券基金	1713	24660.60	27286.59	1697	23012.62	25509.66
其中:QDII基金	168	1014.21	1288.94	165	1043.35	1237.49
合计	7913	170346.52	198914.91	7783	163291.02	187545.36

图6-11 2020年公募资产管理规模发展情况

资料来源：中国证券投资基金业协会。

净值合计19.89万亿元。①

2020年未发生基金公司及其子公司由于负面因素被取消资产管理业务资格的事件，公募基金行业主体机构诚信经营的基调仍未改变。

第三，基金公司及其子公司所管理的公募资产规模大幅增长，私募资产规模稳定上升。

（1）公募资产规模稳定增长。截至2020年年末，基金公司管理公募基金总计7913只，份额17.0万亿份，规模约19.9万亿元，同比增加5.1万亿元，其中封闭式基金增加7039亿元，开放式基金中货币型基金减少5008亿元，股票型基金增加4748亿元，混合型基金增

---

① 根据中国证券投资基金业协会的统计，此处养老金包括基金管理公司管理的社保基金、基本养老金、企业年金和职业年金，不包括境外养老金。表中"封闭式基金"包含申报为封闭运作和定期开放的基金。由于四舍五入原因，可能存在分项之和不等于合计的情形。

加 5289 亿元，债券型基金增加 5032 亿元。①

从公募基金的数量方面来看，近四年公募基金发行量及存续量一直保持稳定增长态势，在 2020 年保持每月平均 114 只以上的存续量增长，较 2019 年年末新增 1369 只存续公募基金。

（2）私募资产规模大幅下降。基金公司及其子公司管理的私募资产规模总计 8.06 万亿元，其中基金公司管理的规模 4.67 万亿元，基金子公司私募资管业务规模 3.39 万亿元。

表 6-5　基金管理公司及其子公司私募资管计划只数及规模

（截至 2020 年第四季度末）

产品类型	产品数量（只）	资产规模（亿元）
基金管理公司	6507	46654.19
其中：单一资产管理计划	4130	31876.72
其中：集合资产管理计划	2377	14777.47
基金子公司	4938	33902.64
其中：单一资产管理计划	3091	29289.9
其中：集合资产管理计划	1847	4612.74

资料来源：笔者根据中国证券投资基金业协会公开资料管理。

2016 年至今，基金公司及其子公司管理的私募资产规模一直呈

---

① 由于中国证券投资基金业协会对于公募基金的规模、份额、数量，以及根据不同投资方向所统计的基金类型的净值、规模、数量，这些数据并未区分公募基金管理公司和获得公募基金管理业务资格的证券公司、证券公司资管子公司、保险资产管理公司，故此处引用的数据包含了公募基金管理公司和获得公募基金管理业务资格的证券公司、证券公司资管子公司、保险资产管理公司的数据。

现下降趋势，包括产品数量和净资产均表现下降态势。2016年，私募资产管理受益于银行委外业务规模迅速增长，专户产品的数量和净资产在当年都达到了近四年的高峰值，银行委外资金净流出之后专户业务规模一直呈下行趋势，截至2018年年末，公募产品的净资产规模已超过专户产品的规模，相比之下，公募基金行业的传统业务发展较专户业务发展更为稳定。

第四，公募基金产品利润创新高。根据公募基金管理人公布的2020年年报数据，公募基金行业全部产品全年利润超过2万亿元[①]，同比增长70.26%，创下历史新高。基金公司公募产品利润[②]由其管理的资产规模及旗下产品费率水平决定，老牌的基金公司在这两个方面仍具备明显的优势，数据显示，142家公布年报的基金管理人（包括基金公司、券商、保险资管等）从基金资产中取得管理费收入逼近千亿级别，达929.63亿元，比2019年的632.6亿元增长了297.56亿元，增幅47%。其中，易方达基金、汇添富、天弘基金、广发基金管理费收入均超40亿元，这些老牌的基金公司在投研能力的积累、销售渠道的议价能力方面都有较为明显的优势，品牌效应突出。

四 业务细分发展情况

从公募基金行业的总体情况看，行业发展呈现一片欣欣向荣的景象，但从不同产品类型的角度去看，行业内呈现出发展不平衡的态

[①] 除股东方为上市公司外，基金公司财务情况为非公开数据，此处的利润数据为各家基金管理公司旗下公募基金的利润情况。

[②] 基金子公司在私募资产管理业务的利润数据暂无2019年数据。

势。截至2020年12月31日，2020年各个类型公募基金合计发行1441只，募集规模31589.07亿元，数量、募集规模均创1998年以来历史新高。

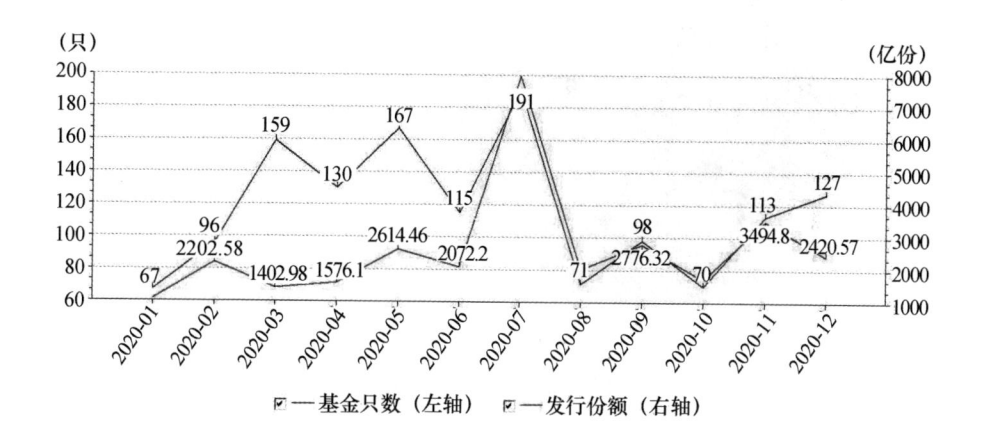

图6-12 2020年基金发行数量及份额情况

资料来源：Wind。

从产品的募集方式角度看，基金管理人可以通过公开和向特定对象募集两种方式发行产品。可以看到，虽然公募产品的数量并不如专户产品的数量多，但公募产品的净资产规模一直是稳步增长，专户产品的规模自2016年之后一路下滑，主要影响因素是银行委外资金的抽离，银行理财产品的规模迅速扩大。

从公募基金产品运作的模式角度看，基金产品的运作模式分为封闭式和开放式两种，专户产品未按照运作模式进行分类数据披露，本书仅对公募基金产品的运作模式展示其发展情况。从公募基金行业发展的历程来看，封闭式基金发挥了重要的作用，目前存续状态的封闭式基金并未传统意义上的封闭式基金，而是转型后的封闭式基金。

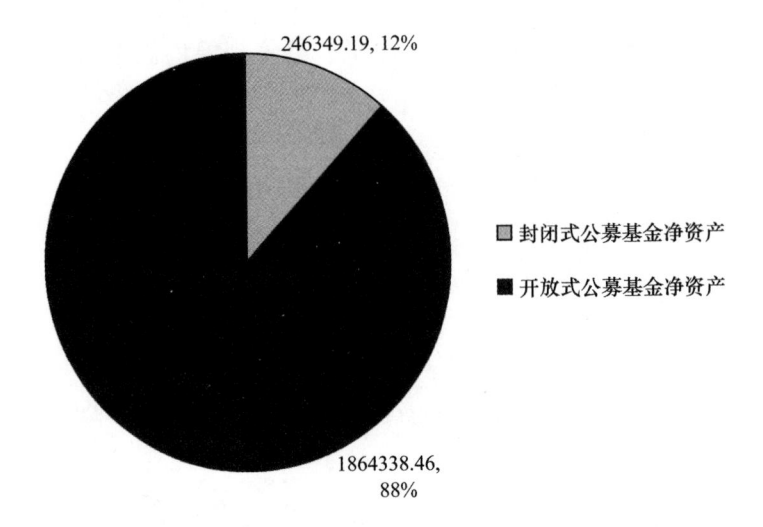

图 6-13 2020 年封闭式和开放式公募基金净资产规模及占比情况（亿元）

资料来源：笔者根据中国证券投资基金业协会公开资料整理。

从产品投资方向角度看。专户产品未进行投资方向的分类数据披露，本书仅将公募产品按照此要素来展示其发展情况。截至 2020 年年末，货币型基金仍是公募基金总规模所集中分布的产品，这是货币型基金在公募基金发展历史中的地位和作用的反映，基金公司在发展壮大中，主要靠货币型基金扩大其管理规模，并获取管理费等收入。其次是债券型基金，占公募产品净资产总额的 19%。可以看出，债券型基金自 2012 年以来规模增长速度是最快的。债券型基金的投资方向主要是债券市场，相对于股票，债券市场对投资者的专业性和资金要求更高，个人投资者直接参与的难度较高，债券型基金已成为个人投资者进行资产组合配置时必选的公募产品，另外，2017 年投资者适当性管理新规发布后，相对于混合型和股票型基金来看，债券型基金风险等级更低，受众更加广泛。

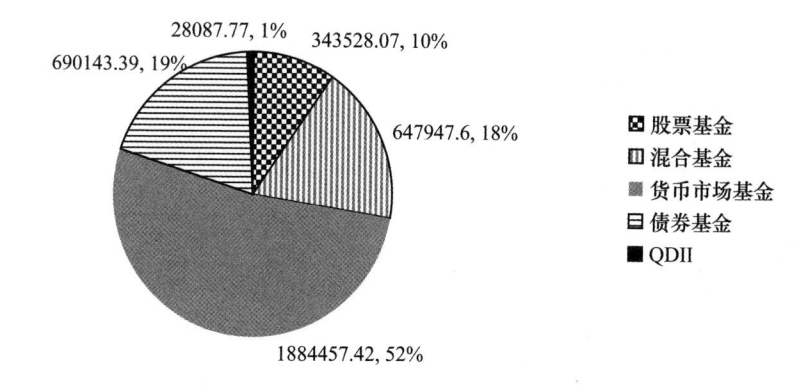

第六章 公募基金：基金管理规模实现历史性跨越 | **391**

28087.77, 1%　343528.07, 10%
690143.39, 19%
647947.6, 18%
1884457.42, 52%

▣ 股票基金
▦ 混合基金
▨ 货币市场基金
▧ 债券基金
■ QDII

图 6-14　2020 年各类型公募基金净资产规模及占比情况（亿元）①

资料来源：笔者根据中国证券投资基金业协会公开资料整理。

表 6-6　2012—2020 年开放式公募基金产品净资产数据（亿元）②

核算日期	股票型	混合型	债券型	货币型	QDII
2012 年 12 月	11476.71	5646.86	3776.94	5717.28	632.02
2013 年 12 月	10958.45	5626.59	3224.84	7475.90	584.09
2014 年 12 月	13142.02	6025.23	3473.40	20862.43	486.75
2015 年 12 月	7657.13	22287.25	6973.84	44443.36	662.53
2016 年 12 月	7059.02	20090.29	14239.10	42840.57	1023.96

---

① 由于中国证券投资基金业协会对于公募基金的规模、份额、数量，以及根据不同投资方向所统计的基金类型的净值、规模、数量，这些数据并未区分公募基金管理公司和获得公募基金管理业务资格的证券公司、证券公司资管子公司、保险资产管理公司，故此处引用的数据包含了公募基金管理公司和获得公募基金管理业务资格的证券公司、证券公司资管子公司、保险资产管理公司的数据。

② 由于中国证券投资基金业协会对于公募基金的规模、份额、数量，以及根据不同投资方向所统计的基金类型的净值、规模、数量，这些数据并未区分公募基金管理公司和获得公募基金管理业务资格的证券公司、证券公司资管子公司、保险资产管理公司，故此处引用的数据包含了公募基金管理公司和获得公募基金管理业务资格的证券公司、证券公司资管子公司、保险资产管理公司的数据。

续表

核算日期	股票型	混合型	债券型	货币型	QDII
2017年12月	7602.40	19378.46	14647.40	67357.02	913.59
2018年12月	8244.63	13603.91	22628.80	76178.14	705.73
2019年12月	12992.62	18893.19	27660.56	71170.56	930.83
2020年12月	20607.94	43600.75	27286.59	80521.47	1288.94

资料来源：笔者根据Wind数据库公开资料整理而成。

第三节 2021年公募基金行业发展展望

2020年公募基金行业取得了亮眼的成绩，尤其是在传统的公募基金业务中，不论是从产品规模还是产品利润收入方面，公募基金行业都有强劲的增长表现。2021年2月前公募基金行业持续火爆，2021年1月新发基金规模超过4900亿元，且主要为权益类。但2021年2月中旬后A股出现明显下跌，权益类公募基金产品面临较大的回撤和赎回压力。同时传统的公募基金业务份额正在被逐步抢占，2019年7月20日，国务院出台了11条金融业对外开放措施，将基金管理公司的股比限制时间从2021年提前至2020年，公募基金行业的发展进入了对外开放的快车道。2020年4月1日，基金公司放开外资股比限制的当天，全球资管规模排名第一的贝莱德就递交了第一份公募基金设立申请。2020年8月21日，贝莱德基金管理有限公司获核准设立，成为中国首家外资全资公募基金管理公司。截至2021年第一季度，除了贝莱德之外，路博迈、富达、联博和施罗德等外资机构也已递交了设立公募基金公司的申请，公募基金行业在2021年的发展中将面临微观流动性收缩和行业开放等方面的多重挑战。

同时，2021年是"十四五"规划开局之年，也是全面建设社会主义现代化国家新征程开启之年。尤其是2020年新冠肺炎疫情暴发以来全球主要国家央行"大放水"以及美国1.9万亿美元的经济刺激计划，今年普通民众对通胀的担忧越发强烈，公募基金作为中国最具代表性的普惠金融工具，在2020年获得更多普通民众的认可，因此未来将会迎来更多的发展机会，公募基金行业应利用自身的投研优势、品牌优势等积极寻求新的发展，基金公司及其子公司应该更多的思考在资产管理业务中如何取得更长远的发展。

一 公募基金行业2021年第一季度发展情况

2021年资本市场最重要的影响因素就是发达经济体央行的大幅扩表，也就是流动性。2021年3月，拜登政府通过1.9万亿美元经济刺激计划，引发市场对通胀的担忧，10年期美债收益率一度突破1.75%，美债利率上行导致国内国外权益资产面临较大的"杀估值"压力，美国债市亦面临较大的抛售压力，因此在考虑资本市场时不能忽略新冠肺炎疫情下发达市场放水对市场的影响。

第一，新冠肺炎疫情对国内经济的影响仍未消除。目前，中国国内疫情已得到有效控制，经济恢复较好，从已公布的2021年3月经济数据来看，国内经济整体运行较为平稳，尤其是第二产业在出口支撑下恢复较好。但同时也应注意到，新冠肺炎疫情对国内经济的影响仍未消除，尤其是疫情以来第三产业恢复较慢，对经济拖累明显。同时2021年第一季度居民可支配收入与疫情前同期相比仍较低，居民收入增长仍受疫情影响，导致消费复苏较慢。

第二，全球通胀预期的抬升对资本市场的影响将考验基金公司及其子公司的资产管理能力。2021年资本市场面对复杂的环境，扰动因素较多，海外发达国家政策环境预期将维持宽松的态势，流动性充足，全球大宗商品价格上行较快，通胀预期抬升。而国内货币政策从2020年下半年开始略有收紧。复杂的市场环境对公募产品和专户产品的投资回报影响较大，基金公司及其子公司在投研能力、投资管理能力方面的实力面临着巨大挑战，也是各机构展示实力的机会。

第三，利率的抬升可能改变投资者的资产配置结构。受美联储宽松政策影响，市场对美联储缩减QE规模以及加息的预期更加强烈，美债收益率2021年年初以来上行较快，导致国内国外权益资产面临较大的"杀估值"压力，2021年权益市场收益或难以像去年一样表现亮眼。新冠肺炎疫情的爆发导致居民部门储蓄率上升，加之2021年年初以来权益市场波动较大，投资者金融资产投资意愿和风险偏好会有所降低，投资者可支配的金融资产投资也会有所降低。2021年2月国内股市处于震荡调整期，公募基金的业绩也出现一定程度的下跌，尤其是权益类基金，新基金发行逐渐降温。

即便2021年2月权益市场出现了较大的波动，但是中国央行保持货币政策的连续性、稳定性、可持续性，使得国内经济恢复较好，金融市场总体表现较为平稳，公募基金行业在2021年第一季度也取得了较好的发展。

首先，从公募基金规模方面来看，截至2021年2月，公募基金管理规模为21.78万亿元，较2021年年初增加1.89万亿元，增量主要来自混合基金和货币基金。其中股票型基金2.13万亿元，混合类基金5.16万亿元，货币基金9.08万亿元，债券基金2.70万亿元，QDII 0.16万亿元，较2021年年初分别增长3.1%、18.3%、12.8%、

−1.1%和26.7%。截至2020年年末，基金公司及其子公司管理的私募资产规模8.06万亿元私募资产管理规模在持续下降。

从公募基金机构数量方面来看，截至2021年2月，公募基金机构数量共计133家，较2020年年末增加1家，机构数量稳定。

其次，从公募行业所管理的资产投向来看，混合型和货币型基金仍是主要的投资方向，且增长较为明显。混合类基金规模增长较快主要是混合类基金在股债配置上更加灵活，给了投资者比较大的选择空间，无论是偏重收益还是偏重安全性的投资者，都能找到合适的产品。而货币型基金规模增长主要原因是2021年2月在股票、偏股类基金等较高风险的产品开始下跌，投资者更加倾向于选择货币基金这一类安全性高、流动性好的资产。

从公募产品的运营方式来看，截至2021年2月，封闭型基金规模为2.55万亿元，占比约12%，开放式基金规模为19.23万亿元，占比约88%，封闭型基金占比较2020年年末有所下降。

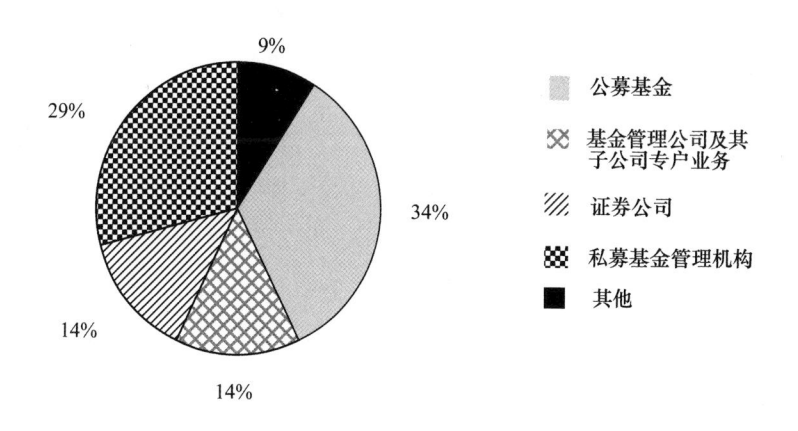

图6-15 2020年资管各行业资产管理规模占比情况

从公募基金产品的投向来看,除去货币型基金产品,混合型基金的规模约为5.2万亿元,占比最大,其次是债券型基金,规模约为2.7万亿元。

表6-7　　　截至2021年2月公募基金产品规模分布情况

产品类型	产品数量（只）	资产规模（亿元）
封闭式基金	1164	25522.97
开放式基金	7038	192288.48
开放式基金：股票型	1417	21252.57
开放式基金：混合型	3378	51597.52
开放式基金：货币型	332	90805.07
开放式基金：债券型	1744	26999.60
开放式基金：QDII	167	1633.72
合计	8202	217811.45

资料来源：笔者根据中国证券投资基金业协会公开资料整理。

从基金公司及其子公司管理的专户产品来看,截至2020年年末,基金公司管理私募资管业务规模为8.06万亿元,其中基金公司管理规模为4.67万亿元,基金子公司管理规模为3.39万亿元;且均主要为一对一产品。

最后,从公募基金产品2020年全年的利润情况来看,虽然新冠肺炎疫情对资本市场的扰动较大,但资本市场回暖的趋势未变,基金的盈利效应凸显,投资人对基金的投资热情高涨;根据统计数据显示,2020年各类基金产品利润合计达1.98万亿元,属历史最高值。在行业内各家基金公司旗下公募基金的利润情况与2019年的特点基本一致,头部基金公司公募产品的利润在行业中仍处于领先地位,其中易方达以1608亿元成为利润最高的公司,而汇添富、广发旗下基

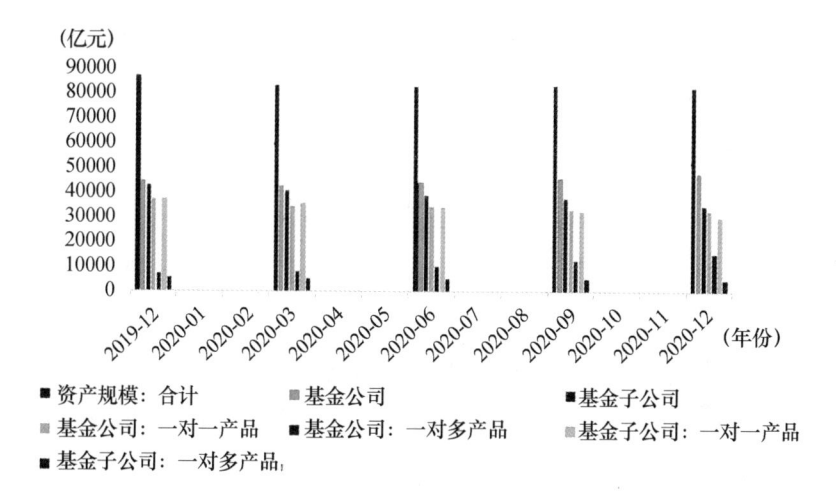

图 6-16　2019 年 12 月—2020 年 12 月基金公司及其子公司私募产品管理情况

金盈利也超千亿元。

造成失衡局面的主要原因仍然是头部基金公司在主要销售渠道的市场集中度过高，中小型基金公司在"牛市"中也很难尝到甜头，据了解，其中多家中小型基金公司选择持续营销工作，并无新增发行计划；而头部基金公司在产品新发等各方面优势不断发酵，导致中小型基金公司的销售渠道资源也被不断挤压，而且长期缺少新品发行不仅错失良机，也会导致基金公司管理费收入下降，造成恶性循环。

二　公募基金行业公募产品业务的发展方向

2020 年 7 月监管部门调整资管新规过渡期的最后一年为 2021 年。事实上，2020 年以来，各金融机构管理的资管产品都在积极调整投资限制指标、风控指标等，各行业的监管部门也陆续出台了行业内资管产品的管理细则，完善和优化资产管理业务，防控金融风险。对于公募基金行业的公募产品业务来说，受资管新规的影响较小，而专户产品业务则受资管新规影响较大，因此公募产品业务对公募基金的发展越发重要。

第一，公募基金行业应充分利用其优势资源。公募基金行业作为中国资产管理行业的资深行业，其在23年的发展历程中累积了丰富的投资研究及各类型资产管理的经验，在资管行业竞争日趋激烈的环境下，公募基金行业应积极利用自身优势，发挥其投资管理的实力。同时面对外资资管机构进入国内，以及银行理财子公司的陆续成立，公募基金行业面临的竞争压力越来越大，公募基金行业应加强行业生态和基础设施建设、丰富产品结构、加强人才培育，进一步提升业务国际化水平和全球化资产配置的能力。

公募产品业务是面向公众投资者的资产管理业务，在产品运营管理方面一直处于严监管的环境中，与其他资管行业相比，在2021年资管新规过渡期结束之际，公募产品业务发展受到监管环境的影响较小，并且在资管新规实施后，劣势逐渐消除。

（1）公募基金行业的投研能力在资管行业中优势突出。基金公司在投资研究方面的行业资源、人力资源等都处于领先地位，每年在投资研究方面的投入也是较多的，尤其是老牌的基金公司，在投资研究方面的能力有目共睹；同时，与证券公司在投资研究中的卖方地位不同，基金公司的投资研究更体现出了内生性，主要是服务于内部的投资决策，内生需求更有利于促进投资研究工作的积极主动性，在投资决策中其灵活度也能适应市场的变化。

2021年金融市场的投资环境复杂，资管产品的管理人在投资管理中能够应对各种因素对投资的影响，及时有效的抓住投资机会，在资产管理的业务中为投资者创造更稳定的收益，才会成为2021年资管产品的管理人中的佼佼者。基金公司在投资管理方面已经具备了条件和能力，如何利用好这个优势是管理层应该重点考虑的问题。

（2）受资管新规过渡期结束的影响，与其他资管行业的对比性劣势逐渐消失。相较于其他机构管理的理财产品，公募基金行业货币型基金的规模和收益在过去的几年收益表现略逊一筹。2020年资管新规正式实施后，货币型基金在投资标的选择范围方面的劣势将不复存在，一贯稳健的收益表现也将重新吸引投资者的关注。

第二，公募基金行业应承担其普惠金融的社会责任。公募基金产品是中国最重要的普惠型金融产品，在服务社会和引导公众投资者长期价值投资的投资理念方面是不可或缺的角色，基金公司作为重要的金融机构之一，也应该主动承担起社会责任。中国人口老龄化问题已经逐渐成为社会关注的热点，而养老问题全部依赖国家养老金系统来解决必然会造成养老系统的沉重压力，2018年3月，中国证券监督管理委员会发布了《养老目标证券投资基金指引（试行）》，这也是对公募产品业务创新的一个重大支持。养老目标证券投资基金初期以FOF的形式运行，目的在于追求养老资产的长期稳健增值，鼓励投资人长期持有，根据Wind数据显示，截至2021年4月9日，公募基金市场上已有108只养老FOF产品相继成立，规模已超过600亿元，2021年以前成立的养老目标基金平均收益率达到23.26%。

养老FOF产品对于公募产品业务来说，不仅仅是基金公司履行金融机构社会责任的体现，对产品运营而言，养老FOF产品提供了优质的负债端资金。长期以来，公募产品业务的负债端都面临资金属性不稳定的情况，对基金经理的投资管理能力和流动性管理能力都有较高要求，对投资管理也有一定的困扰。目前已发行的养老FOF产品，封闭期最短的是三年，对公募产品业务而言，负债端的资金属性更有利于价值投资，产品投资管理在投资安排、期限管理等方面更有利于基金公司发挥其投研实力。

目前，养老型金融产品还处于短缺的局面，除了保险类产品、养老FOF公募产品外，并无更多的金融产品在这方面有涉及；而保险类养老型产品在资产配置上更多的体现其保险资产特质，个人投资者并不会重复配置多个同质性的保险产品，而养老型金融产品在收益表现方面更容易体现出差异化，在居民更重视金融资产配置的情况下，在政策环境引导投资者长期投资价值理念的背景下，养老型公募产品将会有更多的发展机会。

第三，把握公募REITs市场发展先机。REITs的推出是金融系统改革推进的必然成果之一，2020年4月30日，中国证券监督管理委员会、国家发展和改革委员会联合发布《关于推进基础设施领域不动产投资信托基金（REITs）试点相关工作的通知》，标志着基础设施公募REITs试点工作正式启动。中国证券监督管理委员会发布《公开募集基础设施证券投资基金指引（试行）》，进一步明确基础设施领域公募REITs试点的具体安排。2021年1月29日，上海证券交易所发布基础设施REITs相关配套规则，以基础设施REITs业务办法、发售指引和审核关注事项指引构成的"1+2"规则体系，标志着交易所推进基础设施公募REITs试点工作取得阶段性进展。2021年4月21日，两家公司在上交所公募REITs电子申报系统提交申请文件，2单项目分别为浙商证券沪杭甬高速封闭式基础设施证券投资基金（沪杭甬REITs）及国金铁建重庆遂渝高速公路封闭式基础设施证券投资基金（重庆渝遂高速公路REITs）。2021年4月21日深交所也正式接收首批基础设施公募REITs项目申报。本次首批项目申报的启动，标志着上交所基础设施公募 REITs 试点进程又向前迈进了关键一步。公募 REITs 有助于引导养老金、保险等长期资金投资于长期收益型资产的证券化产品，同时能够提升资本市场的普惠性，为居民创造更多的投资标的。

改革开放四十多年来，中国在交通、能源、环保、市政等领域，已积淀了近 150 万亿元的基础设施投资，若按照百分之一的证券化率粗略估计，基础设施公募 REITs 市场规模可接近万亿元。公募 REITs 为公募基金的发展带来了新的机遇，一方面公募基金母公司或者基金子公司有 REITs 或类 REITs 业务的研究或实践经验，另一方面公募基金擅长行业研究、价值发现以及定价。公募基金行业参与公募 REITs 拓展了公募基金行业服务实体经济和直接融资的边界，基金管理人在 REITs 结构里相当于上市公司管理层和实际控制人，REITs 的基金经理对于持有并运营基础设施的公司具有实际控制和管理的权利，因此需要既懂基础设施运营管理，又了解项目的投资与基金管理的复合型人才。

第四，公募基金行业积极布局创新业务。基金公司所具备的内生性投研能力，在公募产品业务的发展中应起到更为重要的作用，在 2021 年特定的投资环境中，发挥其主动性、灵活性的特点，并积极在创新业务中体现投研优势，这是基金公司在 2021 年的公募产品资产管理业务中拓展的方向。公募基金行业品牌效应仍是基金公司发展壮大需要依靠的重要因素，对于老牌基金公司而言，投研力量应着重于对公募产品的有效管理，避免因个别产品在市场上的投资表现欠佳而影响品牌形象，在维护其品牌的同时，老牌基金公司积极布局创新业务，服务社会的同时，提高其整体实力。对于小型基金公司，应利用金融创新的大环境带来的政策红利，积极布局创新业务，通过打造有代表性的公募产品建立品牌形象，提高自身在行业新布局中的业务占比。

三 公募基金行业私募资产管理业务的发展方向

自公募基金资产管理业务资格放开后，证券公司及其资管子公司积极布局公募产品业务，证券公司及其资管子公司在经纪业务中累积了优质的投资者资源，基金公司在公募产品业务方面的市场份额必将受到挤压，在私募资产管理业务方面应更积极的应对规模下降可能带来的影响，避免业务规模受到双重影响。

公募基金行业的私募资产管理业务自2016年之后，业务规模一直持续下降，近几年发展缓慢，主要原因是机构定制业务的锐减带来的业务拓展困难，但是我们也应该看到，机构定制业务的锐减并不是代表需求的缺失，而是目前的私募资产管理业务并不能满足投资者的个性化需求。

公募行业的私募资产管理业务在发展中应该转向于对特定的投资者进行大数据画像，结合其在资产管理行业多年累积的行业资源，为投资者提供更贴合需求、多元化的私募资产管理服务。

2021年为资管新规过渡期最后一年，专户产品业务在2021年度的主要工作仍是主动调整以达到资管新规的要求，同时，在2021年货币政策整体宽松的大环境下，叠加新冠肺炎疫情的影响，资产价格一路下滑，专户业务应考虑高净值投资者的个性化需求，发展方向应更多地从投资者的需求角度出发。

专户业务主动谋求发展，首先应将特定的投资者分类，将避税型需求的投资者分离，精准定位有资产增值需求的投资者；在有资产增值需求的投资者中通过尽调、销售等方式了解其投资偏好，基于对投资者的大数据分析定制不同需求的专户产品，对这些专户产品进行投资方案拟定，进而形成有效的专户产品。

公募基金行业在资产管理业务上的长远发展，必然要做到普惠金融和高净值个性化需求产品的分离，专户业务在执行资管新规的过程中会出现去通道业务的情况，必然损失一定程度的产品规模，但是基金公司在去通道业务的过程中要谨慎出现"一刀切"的现象，专户业务要做成高净值投资者的专业服务业务，基金公司需要做到去通道不去资源。针对原通道业务的投资者，基金公司应主动考虑其投资需求是什么、如何利用现有的优势去实现投资者的投资需求，变被动的投资执行为主动的投资管理。

基金公司在专户业务的发展上，需要转变思维，变被动为主动，主动拿出自有的投研资源、投资管理资源、业务资格资源，与投资者的投资需求主动匹配，实现投资者的资产增值，才是私募资产管理业务的本质。

第四节　2021年公募基金业的机遇与挑战

公募基金行业在资产管理行业虽然保持着领先地位，但随着国内资产管理业务的参与主体增多，各个主体的特点和优势不同，基金公司的业务发展竞争日渐激烈，另外，资产管理业务的创新也越来越多，基金公司要提高行业竞争力，在资产管理业务新格局中继续保持其重要地位，需要对自己进行重新定位，包括如何利用自身优势转变角色、如何在新的业务模式中开拓自己的新领域等。

一 公募基金从规模发展向专业资产管理人的转型

本书一直强调基金公司的投研实力是其自身的重要优势体现，但由于其一直是内生需求的业务，投资者更多享受的是其投研能力的结果，并未在资产配置中享受到基金公司的投研服务，2019年10月，中国证券监督管理委员会下发《关于做好公开募集证券投资基金投资顾问业务试点工作的通知》（以下简称《试点通知》），基金投顾业务正式试水。其中南方基金、易方达基金、华夏财富、嘉实财富、中欧钱滚滚成为首批试点，它们均属于大型公募或旗下子公司。2019年12月，腾安基金、蚂蚁基金、盈米基金这三家基金代销机构成为第二批基金投顾业务试点。

试点一年之后，除了公募、第三方代销机构外，银行、券商也成为基金投顾业务试点新成员。在各方的共同努力和推动下，投资者的关注度和接受度不断攀升。以公募为代表的基金投顾试点机构，在投资研究、择时能力、仓位轮动等方面优势明显，带给客户的整体收益应该略强于其他机构。

公募基金试点投顾业务，不仅仅是国家提倡长期价值投资的实践体现，对基金公司而言，意味着一场基金销售革命拉开帷幕，公募基金行业从卖方投顾向买方时代的转变已经开始。

传统的公募基金业务多看重"将产品卖出去"，基金公司将自己的投研结果，即公募基金产品卖出去，基金公司的收入来源于基金产品的申购费、赎回费、管理费等费用，基金公司的经营活动收入来源于上述费用的收入，所以我们看到公募基金行业发展的轨迹，一直在着力于如何扩大产品规模，货币型基金在基金公司所发的产品中一直占最大比重，也是基于这个原因。如果公募基金的发展目标着眼于卖出产品扩大规模，而不是如何利用自身的优势做好、做精产品，在这个层面上，公募基金行业与投资者想要收益的利益目标发生了背离。在公募基金行业近几年的发展中，基金公司也越来越意识到对其发展更重要的是将投资者留下来，而不是将产品卖出去，提高投资者黏性的根本因素还是基金产品的业绩表现，基金公司的利益与投资者的利益关系越来越紧密。

公募基金投资顾问业务，是拥有相关资质的基金投资顾问机构，接受客户委托，在客户授权的范围内，按照协议约定为客户进行投资基金具体品种、数量和买卖时机的选择，并代替客户开展基金产品申购、赎回、转换等交易申请的业务。基金公司的投研能力不仅体现在资产管理方面，也能在投资者的资产配置服务中心发挥优势。

从海外投顾业务发展的经验来看，基金投顾业务包括"智能投顾""智能投顾+人工投顾""投资顾问""财务顾问"四种不同的业务形态，随着业务形态的升级，人工投顾的参与程度将逐渐提高，产品和服务的类型也会不断增加，同时，投资门槛和费用收入将会同步提升。目前，国内的基金投顾业务在中短期内将处于智能投资这个初级阶段，持续多长时间还需要看政策的支持力度及市场接受度，公募基金行业在投顾业务方面发展到财富管理阶段仍有较长的路要走。基金投顾业务的核心要素包括产品、策略、投顾和投资者，在业务发展初期，投资者和渠道是重要的业务资源，在这些方面，头部基金公司更容易利用其渠道资源和品牌效应开拓业务，而小型基金公司在投研人才资源方面往往有较好的关注度，利用投研人才的市场效应打开市场，也是小型基金公司在未来发展中的重要竞争力。

公募基金行业寻求新的业务增长点，不仅要利用其专业的投研能力做好公募产品的资产管理，也要抓住为投资者提供资产配置服务的发展机会。基金公司自身的投资研究能力是实现业务长远发展的强有力的支撑力，对于基金公司自身来说，资产管理业务主要是体现其优异的资产管理能力，最直接的指标就是公募产品业绩。公募行业利用其投研能力继续深耕资产管理业务，对巩固基础业务，提高投资者黏性是有关键作用的。现阶段，投资者在选取公募基金产品的时候，也更关注于基金经理的历史业绩和基金公司所管理的公募基金产品的整体业绩表现。

从资产管理行业发展的角度来看，投资顾问业务的试点是希望专业投资顾问辅助投资者作出基金产品投资决策并监督执行，提高投资者投资纪律性，适度抑制投资者追涨杀跌的行为；同时，也希望适度扭转销售机构的行为，将收费模式从收取申购、赎回等交易型费用调整为按保有规模收取的方式，使得中介机构与投资者利益保持一致，逐步培育代表投资者利益的市场买方中介机构。基金公司未来的发展要顺应资产管理行业的发展趋势，不仅做好资产管理业务，也要成为引导投资者理性投资、价值投资的专业顾问。

另外，我们也要看到，新业态在发展初期市场接受度并不高，基金公司在投顾业务方面还需要从机构投资者或者高资产净值投资者着手；在培养投资者资源方面，不仅需要政策上的大力支持，基金公司也可以通过互联网金融的方式，在智能投顾业务方面使用更大众化、门槛更低的方式将业务先行进行普及。

二　公募基金线上业务的创新发展

互联网金融的出现和发展催生了金融行业线上业务的发展，从目前各行业的线上业务发展情况来看，三方平台的线上业务开展的效果最好，近几年，证券公司和银行也在线上业务花了很多的人力、物力和财力，从这些线上业务的发展情况和效果来看，线上业务开展的成效与投资者黏性之间是正相关的关系。

近年来，公募基金行业的线上业务铺开比较缓慢，这与基金公司销售产品更多地依靠渠道有关，公募基金行业的前台业务主要是在渠道平台完成，直销渠道主要面对的是机构投资者，基金公司自身强化线上业务的动能不足。不过这个现象在2020年有所改变。

2020年公募基金持续火爆，本轮基金牛市给公募基金带来了与往年牛市不同的社会影响力，最为明显的是本轮牛市让投资明星成了聚光灯下的人，网红基金经理也被"饭圈化"。易方达基金的张坤、诺安基金的蔡嵩松、兴证全球基金谢治宇、睿远基金傅鹏博、中欧基金的周应波等投资明星纷纷"出圈"。"饭圈化"的现象体现在抖音、微博的持续热搜及小红书、B站等年轻人聚集的网络平台高点击量，其中最为典型的是，截至2020年12月31日，张坤管理5只基金，基金总规模达到1255亿元。易方达张坤成为国内史上第一位管理资产突破千亿规模的基金经理。张坤出圈的具体表现在，截至2020年年末"易方达张坤全球后援会"微博粉丝接近1.5万人，超话#易方达张坤#阅读量达到1440万次，#基金圈饭圈化是好现象吗#阅读量超过1.4亿次。基金经理"爱豆化"背后体现的是基民群体的年轻化，粉丝的狂热化放大了社会舆论对公募基金行业的影响，对基金经理的投资能力、投资业绩的持续性及基金公司的规模管理能力带来全新挑战。

2020年，在顶流基金经理爆发自带"热搜"属性的同时基金业进入直播时代，线上直播成为基金业革命性的营销方式。基金公司纷纷投入直播大战，抢占流量高地。与此同时，全新的营销模式助力新基金发行规模刷新历史纪录。

一方面，2020年受新冠肺炎疫情影响，基金业原本路演的项目也"被迫"由线下搬至线上，蚂蚁金服把基金经理搬进了淘宝的直播间，在蚂蚁金服的策划下，数十家公募基金开启了淘宝直播之旅。另一方面，伴随着短视频、直播电商的红利爆发期到来，基金公司从幕后走向台前，纷纷开设直播间，把握"直播+电商"的风口红利。其中，以淘宝为代表的第三方代销直播由于流量、精确用户群及基金产品销售转化方面的优势，成为基金公司积极尝试的平台。

整体来看，在新冠肺炎疫情对线下路演影响、短视频、直播电商的红利爆发及2020年以来公募基金市场持续火热，管理总规模与新发基金规模均刷新纪录等多方面的共同推动下，公募基金的营销方式在2020年发生了巨大的变革。

直播最重要的作用在于客户沟通和投资者教育，从基金公司直播内容看，基金投资及理财知识科普、市场热点解读和新发产品介绍等均有涉及。实际上，直播已成为基金公司常态化的营销模式，不少公司已形成较为成熟的流程体系，目前主要的直播平台包括淘宝直播、新浪财经直播、网易财经直播、今日头条直播等。直播和短视频是互联网时代最高效的传播方式，这一趋势未来还会延续，预计基金直播的受众将在2021年大幅增长。

除了公募基金的营销，基金公司未来发展的新空间主要是在服务投资者方面，包括投资顾问业务、高净值投资者个性化需求定制业务，这些业务并不适合通过渠道平台开展。金融服务的开展已经不再停留于面对面的现场或者电话沟通等方式，基金公司为投资者提供资产管理服务也需要通过线上平台去展示和实施。

整体看来，公募基金行业在2020年受到监管政策的影响并不大，也取得了非常好的业绩表现，但主要的业务仍集中在传统的公募基金业务，从目前资产管理行业的现状来看，传统的公募基金业务正面临着严峻的竞争局面，基金公司需要利用自身的优势在竞争中保持目前的地位，尤其是小型的基金公司，在缺乏品牌效应的情况下，整个公募基金行业都需要通过创新业务来打开新的业务增长空间。

2021年的政策环境、市场环境都为公募基金行业提供了开展创新业务的支持空间，基金公司及其子公司的投资研究能力在传统的资产管理业务中已发挥了较大的优势。在2021年的业务开展中，基金公司及其子公司应更积极地利用其投资研究能力，在传统的资产管理业务中发挥其主动管理的能动性，在创新业务中，基金公司及其子公司应立足于自身优势，转变自身定位，通过线上平台等方式主动服务于个人投资者，通过投资者大数据分析等方式深入了解其投资需求，在投资顾问服务、个性化投资需求服务等方面投入更多的关注。基金公司及其子公司需要通过更主动地提供服务，而不是单纯的卖出产品的方式，承担起为投资者提供资产管理服务的职能，才能在长久的资产管理业务中寻求更高的业务增长点，这也符合国家对金融机构从事资产管理业务的要求。

同时，基金公司及其子公司也需承担起金融机构的社会责任，通过专业的资产管理业务更多的服务社会，比如养老FOF产品，这也是优化公募基金产品负债端资产属性的优质业务。

第七章

私募基金：监管改革下行业现状与转型方向

私募基金是相对于公开募集的基金而言的，本章讨论的私募基金行业主体是在中国证券投资基金业协会备案的私募基金管理人，与前文基金公司及其子公司的私募资产管理业务主体不同。

之所以将私募基金行业从私募资产管理业务中分离出来单独论述，不仅是基于本书框架结构的逻辑性，更深层次的原因是基于私募基金行业在国内资产管理行业中的分量越来越重。目前私募基金管理人的队伍不断壮大，截至2021年2月，已在中国证券投资基金业协会登记的私募基金管理已有24623家，共管理基金17.16万亿元[①]，私募基金管理人所管理的资产规模几乎与公募基金规模并驾齐驱，私募基金管理人已成为中国资本市场参与主体的重要组成部分。同时，我们也要看到，私募基金行业目前所存在的问题仍然很严峻，中国的私募基金行业与美国的私募基金行业相比，在资产管理能力等方面仍有很大的差距，私募基金行业的发展空间是非常大的，通过监管和自

---

① 私募基金管理人登记及私募基金产品备案月报所提供的私募基金管理人管理基金数量及规模相关数据，为正在运作的基金数量及基金规模，不包含已清盘的基金数量及规模。关于管理基金规模，以相关基金填报的运行表中期末净资产为准，其中，如相关基金新设立，且暂未更新运行表，以募集资金规模为准。

律来规范行业业务准则，以谋求更长远的发展，中国的私募基金行业仍有很长的路要走。

◇ 第一节 2019年私募基金行业发展情况

2019年对全球资本市场而言可谓是寒冬，对于正处于蓬勃发展期的国内私募基金行业而言同样如此。不过，也正是在这样的大背景下，国内私募基金行业加强了行业监管，私募基金行业整体规模增速大幅下降，同比增长0.09%，但私募基金管理机构通过优胜劣汰增强了行业的整体实力，虽然规模增速降低，却进入了良性发展时期。

一 监管环境情况

私募基金行业早在20世纪90年代开始进入萌芽期，自交易所成立后中国股市进入散户和庄家时代，高资产值的投资者产生利用股票一级和二级市场价差获利的需求，私募基金在此过程中逐渐成形。随着中国资本市场的发展，私募基金行业也经历了从民间组织向阳光私募转型的过程。整个私募基金行业在2016年迎来了监管大年，中国证券监督管理委员会和中国证券投资基金业协会陆续出台了关于私募基金管理的登记、内部控制、入会，以及私募基金产品的募集、服务、信息披露等规定，根据2016年的数据，注销的私募基金机构1000余家，私募基金行业自此进入规范监管的发展阶段。

第一，私募基金行业已初步形成行业规范。2017年，中国证券投资基金业协会上线了"资产管理业务综合报送平台"（以下简称

"AMBERS系统"），用于私募基金管理人登记申购、备案私募基金，并定期通过该平台更新管理人信息和私募基金运行信息，私募基金行业实现了信息报送自主化，行业主体和产品信息管理一体化、标准化的行业规范，有效地提高了私募基金管理人及产品的信息报送质量，同时，在私募基金管理人及其所管理产品的信息公示化方面又进了一步，为市场了解私募基金管理人及其产品提供了大众认可的官方途径。自AMBERS系统上线以来，在新系统登记的私募基金管理人有10538家，平均退回补正次数2.14次；新备案私募基金63013只，平均退回补正次数1.45次。2019年中国证券投资基金业协会登记私募基金管理人1100家，平均退回补正次数2.27次；备案私募基金18617只，备案规模8520.26亿元，平均退回补正次数1.28次。

第二，私募基金行业监管发展效果显著。私募基金行业的监管在2016—2018年经历了从"散养"向拥有独立、规范的行业标准的发展过程，基于这几年行业监管取得的成效，2019年私募基金行业的监管更注重于抓源头，即注重私募基金管理人的监管，可以概括总结为注册监管严把关、经营监管严复查和经营业务常自查三个方面。

（1）注册监管严把关。2019年4月，中国证券投资基金业协会在针对私募基金管理人申请登记时的反馈意见中，对私募基金管理人的出资能力提出了更为明确的审核要求，即对于申请机构出具的出资能力是否与认缴资金相匹配发表结论性意见，法律意见书应对各项收入来源合并计算并论述，其中银行存量、金融资产需要说明对应的收入来源，并提供相关证明材料，如涉及企业资产应说明该企业的资产负债情况以及申请机构从该企业获得的资本来源；如申请机构出资人的出资能力无法与申请机构的认缴资金相匹配，请合理说明已实缴部分资金来源并提供证明材料，珍惜剩余补正次数审慎提交（请律所对股东出资能力证明是否覆盖全部认缴资本（非剩余认缴部分）出具结论性意见，同时请提供金融资产、银行存款、未变现不动产等资产对应的来源或说明已实缴部分资金来源并出具相关证明材料，请勿提供无赠予情形下的第三人财产作为证明，如为赠予请提供具有法律效益的赠予证明）。

私募基金管理人作为私募资产的管理人，专业素养体现在其产品管理的能力和产品的业绩表现，其作为管理人的自身资产实力关系到其应对经营风险的能力，对私募基金产品的稳健运营至关重要，也关系到委托人的权益。私募基金管理人的经营形式多为合伙企业，注册资本提交认缴金额审批，并未要求全额实缴，在其经营管理过程中，公司应对风险能力较差，极易出现股东失联的现象，损害委托人的权益。中国证券投资基金业协会对私募基金管理人的出资能力进行严格核查，不仅能提高行业的准入门槛，也大大降低了经营过程中的管理风险。

另外，中国证券投资基金业协会对存续期的私募基金管理人发生重大事项变更的业务监管也在加码。私募基金行业通过重大事项变更买卖"壳"的业务一直存在，为严格管理私募基金业务资格，2019年6月，根据中国证券投资基金业协会的最新通知要求，私募基金管理人进行重大事项变更的条件已非常严格。首先，须有已备案的产品后方可提交重大事项变更申请，且变更申请的缘由要有合理性，并通过公司内部的相应决议流程，最重要的是对产品的委托人要履行合规的信息披露业务；对于监管要求前已提交重大变更申请的私募基金管理人，需在变更办结之日起6个月内完成新产品备案，否则注销该私募管理人，这在一定程度上减少了对私募基金业务牌照的纯买卖行为，使得私募基金管理人向专业产品管理人的方向更近了一步。其次，对重大变更业务办理的过程进行条件限制，私募基金管理人需提交重大事项变更法律意见书，法律意见书首次提交后6个月内办理通过，或补正次数不超过5次，否则，暂停管理人产品备案，中国证券投资基金业协会对重大变更业务办理的监管更具主动性，能够有效降低不利于管理人经营活动的重大变更风险。

2019年中国证券投资基金业协会办理通过私募基金管理人重大事项变更11640条，其中涉及实际控制人变更的重大事项变更1583条；办理通过私募基金产品重大事项变更14879条。

（2）经营监管严复查。中国证券投资基金业协会对私募基金管理人的监管不仅仅从资金实力、资格审核方面进行了规范，对于行业内存在的私募基金管理人失联的现象也进行了整顿。

私募基金管理人注册资本实缴资金比例较低，员工人数较少，所需的经营场地限制较少，在经营活动遇到风险事件时可能无法抵抗而无法持续经营，另外，私募基金产品的委托人几乎不需要通过营业现场即可签约购买私募基金产品，与私募基金管理人的业务联系紧密度不够，在私募基金产品出现运营问题无法解决时，私募基金管理人股东由于资金实力不足或者投入资金较少，更容易选择"失联"的方式，导致委托人的权益无法得到保障。2019年9月29日，中国证券投资基金业协会发布的《关于建立"失联（异常）"私募机构公示制度的通知》，明确了"通过私募基金登记备案系统预留电话无法取得联系，同时中国证券投资基金业协会以电子邮件、短信形式通知机构在限定时间内未获回复。存在上述情形时，中国证券投资基金业协会通过网站发布'失联公告'催促相关机构主动与其联系，公告发出后5个工作日内仍未与协会联系的，认定为'失联（异常）'私募机构"。

在私募基金管理人的员工管理方面，中国证券投资基金业协会升级了 AMBERS 系统，要求私募基金管理人在申请业务资格时明确登记时的员工人员、全职员工人数、登记时取得基金从业人数、取得基金从业人数等信息，并且在对员工胜任工作的能力予以充分的说明。

（3）经营业务常自查。2019 年还有一个重要的监管方面不容忽略，即私募管理人自查及约谈管理人逐渐成为常态。

中国证券投资基金业协会自 2018 年 9 月 10 日第一次私募自查活动开始，在不到一年的时间，已开展了五轮自查活动，自查内容从最初的 15 项自查要求，到第五次自查 23 项要求。其中，仅是 2019 年已对部分管理人组织了 2 次限期自查，即 2019 年 1 月 23 日《关于限期提交自查报告的通知》（中基协字〔2019〕11 号）、2019 年 5 月 21 日《关于限期提交自查信息的通知》（中基协字〔2019〕275 号）。此外，各地证监局亦开展了私募管理人随机抽查自查等活动，进一步强化行业自律，规范行业发展。

2019 年 11 月，中国证券监督管理委员会在通报私募基金年度专项检查执法情况时表示，经过几年的引导和发展，私募基金行业总体规范运作水平有所提升。通过检查，各地证监局督促私募基金管理机构进一步完善优化组织架构、合规风控、财务管理等制度。从各行业的发展进程来看，行业自律、行业监管能有效地管理行业市场的参与者，是一个行业健康长远发展的必备条件。

在监管严格的大背景下，监管层对于私募基金行业，尤其是对私募股权创业投资基金管理人给予了更多政策上的支持，鼓励其更好的服务实体经济，充分发挥私募基金在多层次资本市场中的基金作用。财政部、国家税务总局、国家发展和改革委员会和中国证券监督管理委员会于 2019 年 1 月 10 日联合发布，并于 2019 年 1 月 1 日起正式施行《关于创业投资企业个人合伙人所得税政策问题的通知》（以下简称"创投通知"），旨在进一步支持包括创投基金在内的创业投资企业，创投企业个人合伙人来源于创投企业的所得，可选择按单一投资基金或按企业年度所得整体计算个人所得税应纳税额，对于所得税税率和抵扣额都进行了明确的约定。

总体而言，2019年私募基金行业的监管已越来越严格和规范，同时也有政策的激励，我们期待私募基金行业在规范监管的条件下能有更长足的发展，承担资本市场的重要角色。

二 总规模发展情况

2019年，私募基金行业在严监管、资本市场表现不佳的情况下，发展规模受到一定的影响，但总体仍保持良好的增长态势。

截至2019年年末，中国证券投资基金业协会存续登记私募基金管理人24471家，较2018年年末存量机构增加23家，同比增长0.09%，增速下滑8.83个百分点，增速下滑主要受以下两方面因素的共同影响：一是中国证券投资基金业协会对申请机构的严格审查，使私募基金管理人申请难度增大，二是原本存续的私募基金管理人因自身业绩或资金问题，不得不注销管理人资质。

2019年存续备案私募基金81739只，较2018年年末在管私募基金数量增加7097只，同比增长9.51%，增速下滑2.87个百分点。管理基金规模13.74万亿元，较2018年年末增加9603.56亿元，同比增长7.52%，增速下滑7.60个百分点。自2016年起，存续备案私募基金的增速及管理基金规模的增速均逐年下滑。

私募基金管理人在从业人员管理平台完成注册的全职员工有

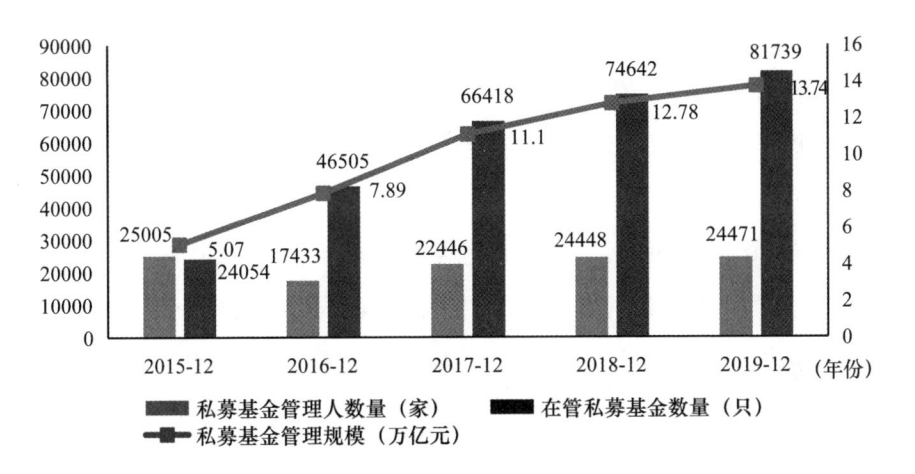

图 7-1 2015 年 12 月—2019 年 12 月私募基金管理人、
在管私募基金数量及私募基金管理规模情况

资料来源：笔者根据中国证券投资基金业协会、Wind 数据公开资料整理而成。

17.65 万人，其中取得基金从业资格的员工 14.22 万人。

截至 2019 年年末，中国证券投资基金业协会共办理 15633 家私募基金管理人的注销手续，其中，主动申请注销的私募基金管理人 2742 家，未按照《关于进一步规范私募基金管理人登记若干事项的公告》（以下简称"二五公告"）要求完成第一只私募基金产品备案被注销的私募基金管理人 12199 家，因违反中国证券投资基金业协会自律规则被注销的私募基金管理人 692 家。2019 年中国证券投资基金业协会办理了 1072 家私募基金管理人的注销手续，其中，主动申请注销的私募基金管理人 479 家，未按照"二五公告"要求完成第一只私募基金产品备案被注销的私募基金管理人有 97 家，因违反中国证券投资基金业协会自律规则被注销的私募基金管理人有 496 家。

截至2019年年末，累计已办理清算的私募基金有37444只[①]，其中，自主发行类产品32287只，顾问管理类产品5157（其中，227只为解除投顾协议）。2019年当年清算私募基金10417只，其中，自主发行类产品9668只，顾问管理类产品749只（其中，74只为解除投顾协议）。

截至2019年年末，按照《证券期货经营机构私募资产管理业务运作管理暂行规定》相关要求，中国证券投资基金业协会已为391家私募基金管理人认定证券期货经营机构提供投资建议服务资格，其中2019年认定通过95家私募基金管理人。

私募基金管理人入会方面，中国证券投资基金业协会进一步完善入会程序和要求，有序引导私募基金管理人入会。截至2019年年末，私募基金管理人会员数量总计3369家，其中普通会员241家，观察会员3128家。2019年新增私募基金管理人会员79家，均为观察会员。

从私募基金管理人管理基金规模的情况来看，截至2019年年末，存续登记私募基金管理人管理基金规模在100亿元及以上的有262家，管理基金规模在50亿—100亿元的有290家，管理基金规模在20亿—50亿元的有726家，管理基金规模在10亿—20亿元的有871家，管理基金规模在5亿—10亿元的有1236家，管理基金规模在1亿—5亿元的有4517家，管理基金规模在0.5亿—1亿元的有2361家。截至2019年年末，已登记的私募基金管理人有管理规模的共21306家，平均管理基金规模6.45亿元。

从私募基金管理人地域分布情况来看，截至2019年年末，存续

[①] 私募基金清算数据仅包括办理状态为"办理通过"私募基金管理人所管理的私募基金清算数据，与协会官网公示保持一致。

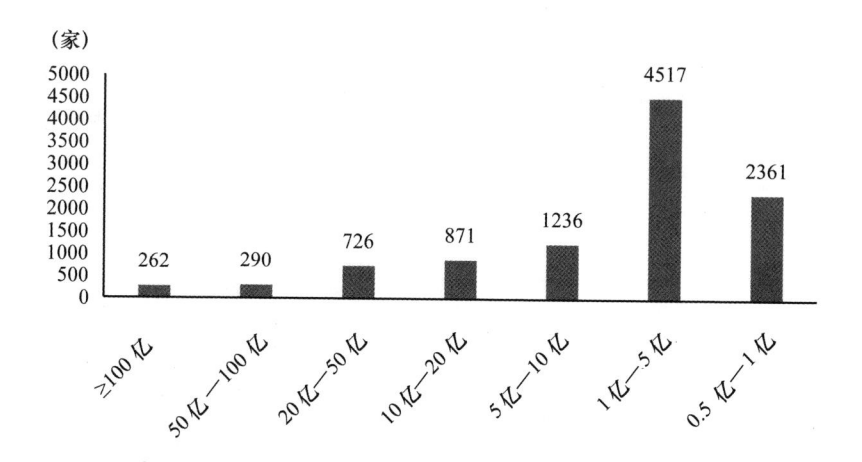

第七章 私募基金：监管改革下行业现状与转型方向 **419**

```
(家)
5000                                          4517
4500
4000
3500
3000
2500                                                  2361
2000
1500                                   1236
1000              726    871
 500   262  290
   0
      ≥100亿 50亿— 20亿— 10亿— 5亿— 1亿— 0.5亿—
           100亿 50亿  20亿  10亿 5亿  1亿
```

图 7-2　2019 年私募基金管理人管理基金规模分布情况

资料来源：笔者根据中国证券投资基金业协会公开资料整理。

登记私募基金管理人数量在注册地分布上（按 36 个辖区），集中在上海、深圳、北京、浙江（除宁波）、广东（除深圳），总计占比达 71.09%，略低于 2018 年年末的 71.68%。其中，上海 4709 家、深圳 4566 家、北京 4367 家、浙江（除宁波）2056 家、广东（除深圳）1698 家，数量占比分别为 19.24%、18.66%、17.85%、8.40%、6.94%。

表 7-1　2019 年私募基金管理人按注册地分布情况（36 辖区）

	辖区名称	私募基金管理人数量（家）	管理基金数量（只）	管理基金规模（亿元）
1	上海	4709	22490	29508
2	深圳	4566	14251	18173
3	北京	4367	14085	31754
4	浙江（不含宁波）	2056	6714	8321
5	广东（不含深圳）	1698	5400	6997
6	江苏	1126	3165	7076

续表

	辖区名称	私募基金管理人数量（家）	管理基金数量（只）	管理基金规模（亿元）
7	宁波	853	2650	3718
8	天津	474	1693	6619
9	四川	430	851	1927
10	湖北	373	702	1415
11	厦门	359	982	751
12	山东（不含青岛）	316	647	1333
13	青岛	271	553	821
14	江西	255	641	1540
15	湖南	253	571	588
16	陕西	241	487	1038
17	福建（不含厦门）	228	821	1480
18	西藏	219	1225	2667
19	安徽	211	791	3176
20	重庆	211	498	1350
21	新疆	154	362	1354
22	河南	137	290	626
23	河北	134	251	438
24	大连	91	249	125
25	云南	91	157	1002
26	广西	86	169	452
27	贵州	83	202	1304
28	吉林	76	111	296
29	辽宁（不含大连）	73	111	81
30	黑龙江	64	95	72
31	山西	61	116	233
32	宁夏	58	129	268

续表

	辖区名称	私募基金管理人数量（家）	管理基金数量（只）	管理基金规模（亿元）
33	海南	53	102	213
34	内蒙古	45	94	352
35	甘肃	34	48	183
36	青海	15	36	135
	总计	24471	81739	137386

资料来源：中国证券投资基金业协会。

三　业务细分发展情况

根据所管理产品的投资标的不同，私募基金主要分为私募证券投资基金管理人、私募股权创业投资基金管理人、其他私募投资基金管理人，以及私募资产配置基金管理人。

私募证券投资基金方面，从管理人数量来看，截至2019年年末，中国证券投资基金业协会存续登记私募证券投资基金管理人8857家，较2018年年末减少132家，同比减少1.47%，下降了7.63个百分点。私募证券投资基金管理人数量占2019年年末存续私募基金管理人总数的36.19%，与2018年年末的比例基本持平。从管理基金规模来看，截至2019年年末，私募证券投资基金管理规模为2.45万亿元，较2018年年末增加0.21万亿元，同比增长9.43%，高于行业整体增速。2019年年末，私募证券投资基金管理规模占私募基金管理总规模的17.84%，与2018年年末的占比基本持平，但从2015起处于逐步缩减的状态。

私募股权、创业投资基金方面，从管理人数量来看，截至2019

图7-3 各类型私募基金管理人数量（家）

资料来源：笔者根据Wind数据库公开资料整理而成。

年年末，中国证券投资基金业协会存续登记私募股权、创业投资基金管理人14882家，较2018年年末增加199家，同比增长1.36%，增速下降9.88个百分点。私募股权、创业投资基金管理人数量占2019年年末存续私募基金管理人总数的60.81%，与2018年年末的比例基本持平。从管理基金规模来看，截至2019年年末，私募股权、创业投资基金管理规模为9.74万亿元，较2018年年末增加1.14万亿元，同比增长13.25%，高于行业整体增速。2019年年末，私募股权、创业投资基金管理规模占私募基金管理总规模的70.91%，较2018年年末的比例略有上升，但从2015年起处于逐步缩减的状态。与私募证券投资基金管理规模的趋势相反，自2015年起，私募股权、创业投资基金的管理规模占比逐渐升高。

其他私募投资基金方面，从管理人数量来看，截至2019年年末，

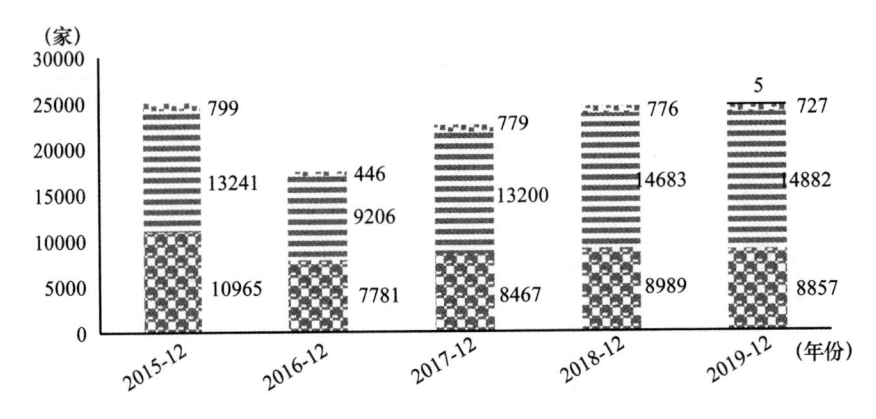

第七章 私募基金：监管改革下行业现状与转型方向

中国证券投资基金业协会存续登记其他私募投资基金管理人727家，较2018年年末减少49家，同比减少6.31%，增速下降5.93个百分点。其他私募投资基金管理人数量占2019年年末存续私募基金管理人总数的2.97%，略低于2018年年末3.17%的占比。从管理基金规模来看，截至2019年年末，其他私募投资基金管理规模为1.55万亿元，较2018年年末减少0.39万亿元，同比减少20.21%，拉低了行业整体增速。2019年年末，其他私募投资基金管理规模占私募基金管理总规模的11.25%，相对于2018年年末15.16%的占比，有所降低。

私募资产配置基金管理人是在私募证券投资基金管理人、私募股权创业投资基金管理人、其他私募投资基金管理人这三类的基础上新增的类型，2019年第一批私募资产配置基金管理人备案完成，也被业内称为第四类私募基金管理人。截至2019年年末，共有5家私募资产配置基金管理人在中国证券投资基金业协会完成备案，占2019年年末存续私募基金管理人总数的0.02%；管理规模共5亿元。

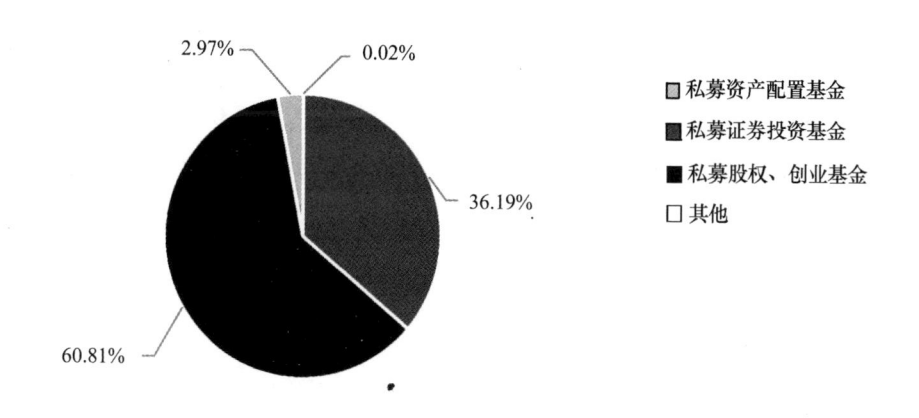

图7-4 2019年年末各类型私募基金管理人数量占比

资料来源：作者根据Wind数据库公开资料整理而成。

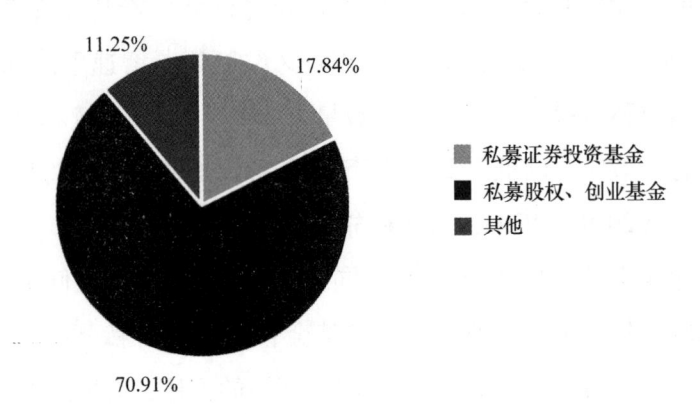

图 7-5 2019 年年末各类型私募基金产品管理规模占比

资料来源：作者根据 Wind 数据库公开资料整理而成。

◇ 第二节 2020 年私募基金行业发展情况

与 2019 年相比，2020 年国内私募基金显著增长，行业发展空间有望持续扩大。在国内私募基金行业强监管下，管理规模从 2020 年年初的 2.45 万亿元增至 3.77 万亿元，增幅达到 53.88%。随着国内资本行情大好，外资也在加速布局，可以说已慢慢进入良性发展的阶段。

一 监管环境情况

近年来，中国私募基金行业快速发展，相关法律法规持续完善，自律规则、促进行业发展的政策体系初步形成。

为顺应私募行业发展的新阶段，监管规则继续推进行业朝规范化、成熟化的方向发展。私募投资基金行业发展呈现出区域分布不均衡、单只产品规模小型化、市场优胜劣汰效应明显的特点；存在资金募集不够通畅、税收体系待完善、行业形象有待提升等主要问题；展望未来，行业进入加速整合阶段，集中度进一步提高，国内外私募基金管理人将实现协同发展等趋势。

私募基金行业在监管部门的引领下继续完善行业的自律规则体系，深化行业诚信体系建设。中国证券投资基金业协会为了引导私募基金行业的规范发展，治理私募基金产品命名混乱、误导投资者的乱象，发布了《私募投资基金命名指引》；另外，中国证券投资基金业协会为了满足私募基金行业跨资产类别配置的投资需求，增设了"私募资产配置基金管理人"机构类型和"私募资产配置基金"基金类型，截至2020年年末，存续的私募资产配置类管理人已有9家，私募资产配置基金9只，规模总计8.55亿元。

总体而言，2020年私募基金行业制度环境又有一些新变化，私募基金行业的监管已越来越严格和规范，同时也有政策的激励，我们期待私募基金行业在规范监管的条件下能有更长足的发展，在资本市场上承担重要角色。

二 总规模发展情况

2020年，私募基金行业在严监管、资本市场表现不佳的情况下，发展规模受到一定的影响，但总体仍保持良好的增长态势。

第一，私募基金管理人存续情况。截至2020年年末，中国证券投资基金业协会存续登记私募基金管理人24561家，较2019年年末存量机构增加90家，同比增长0.36%，增速下滑8.83个百分点。增速下滑主要受以下两方面因素的共同影响：一是中国证券投资基金业协会对申请机构的严格审查，导致私募基金管理人申请难度增大，二是原本存续的私募基金管理人因自身业绩或资金问题，不得不注销管理人资质。

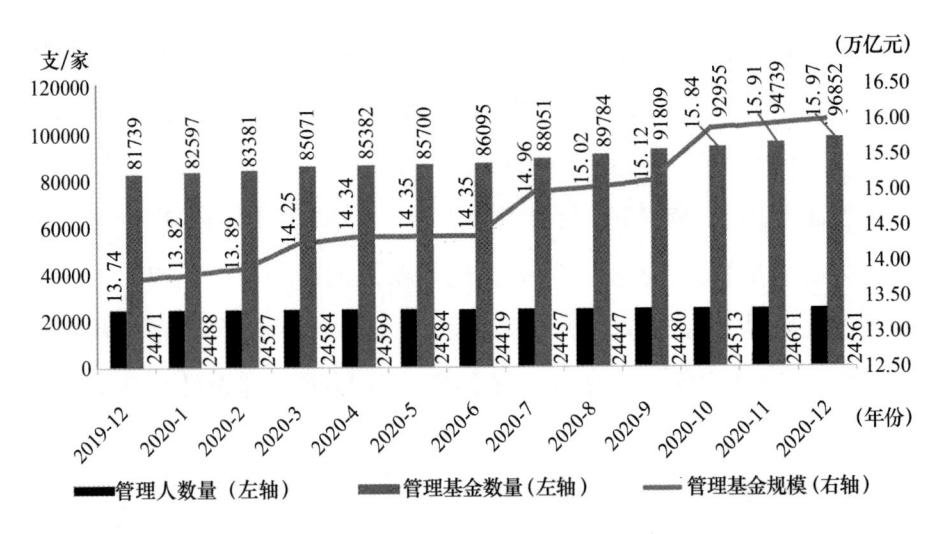

图 7-6　2019 年 12 月—2020 年 12 月私募基金管理人存续情况趋势

资料来源：笔者根据中国证券投资基金业协会公开资料整理。

分地域看，截至 2020 年年末，已登记私募基金管理人数量注册地集中在上海、深圳、北京、浙江（除宁波）和广东（除深圳），总计占比达 70.34%，略低于 2020 年 11 月的 70.41%。其中，上海 4648 家、深圳 4472 家、北京 4336 家、浙江（除宁波）2074 家、广东（除深圳）1747 家，数量占比分别约为 18.92%、18.21%、17.65%、8.44% 和 7.11%。

从各地域私募基金管理人所管理的基金规模来看，前五大辖区分别为上海、北京、深圳、浙江（除宁波）和广东（除深圳），总计占比达69.39%，略低于2020年11月的69.46%。其中，上海管理基金规模为37038.07亿元、北京为35854.47亿元、深圳为19686.78亿元、浙江（除宁波）9330.97亿元、广东（除深圳）8946.09亿元，规模占比分别约为23.19%、12.32%、22.44%、5.84%和5.60%。

表7-2　　　私募基金管理人按注册地分布情况（36辖区）

	辖区名称	私募基金管理人数量（家）	管理基金数量（只）	管理基金规模（亿元）
1	上海	4648	27233	37038.07
2	深圳	4472	16380	19686.78
3	北京	4336	15833	35854.47
4	浙江（不含宁波）	2074	8044	9330.97
5	广东（不含深圳）	1747	6828	8946.09
6	江苏	1165	3605	8216.17
7	宁波	844	3521	4840.87
8	天津	470	1989	7886.58
9	四川	434	1039	1983.69
10	湖北	383	806	1752.00
11	厦门	353	1274	906.04
12	山东（不含青岛）	345	824	1542.42
13	青岛	2362	887	1039.30
14	江西	265	718	1573.14
15	湖南	263	686	784.81
16	陕西	260	620	1054.98
17	福建（不含厦门）	239	1086	1675.60
18	西藏	214	1328	3059.40
19	安徽	224	888	3096.13
20	重庆	210	504	1502.05
21	新疆	135	331	1343.75
22	河南	148	375	741.68

续表

	辖区名称	私募基金管理人数量（家）	管理基金数量（只）	管理基金规模（亿元）
23	河北	125	233	519.82
24	大连	88	227	122.69
25	云南	87	164	1256.81
26	广西	86	213	521.65
27	贵州	85	222	1404.81
28	吉林	69	122	300.44
29	辽宁（不含大连）	76	133	113.41
30	黑龙江	60	92	100.55
31	山西	65	136	299.18
32	宁夏	55	137	256.54
33	海南	70	175	364.21
34	内蒙古	54	114	319.09
35	甘肃	36	52	182.75
36	青海	14	33	142.70
	总计	24561	96852	159749.63

资料来源：中国证券投资基金业协会。

第二，私募基金存续情况。截至2020年年末，存续私募基金96852只，存续基金规模约为15.97万亿元，较2020年11月增加653.97亿元，环比增长0.41%。其中，存续私募证券投资基金54355只，存续规模约为3.77万亿元，环比增加0.62%；存续私募股权投资基金29403只，存续规模约为9.46万亿元，环比增长0.33%；存续创业投资基金10399只，存续规模约为1.60万亿元，环比增长1.69%。

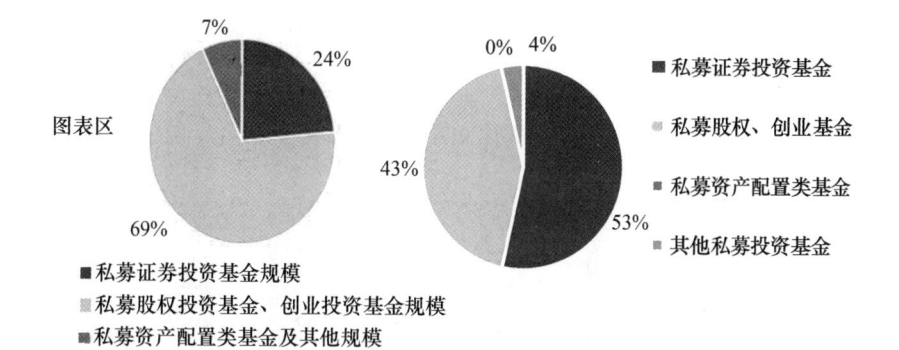

图 7-7　2020 年 12 月各类型私募基金产品规模与产品数占比

资料来源：笔者根据中国证券投资基金业协会公开资料整理。

三　业务细分发展情况

根据所管理产品的投资标的不同，私募基金主要分为私募证券投资基金管理人、私募股权创业投资基金管理人、其他私募投资基金管理人，以及私募资产配置基金管理人。

从存续基金的类型来看，2020 年 12 月存续私募基金 96852 只，存续基金规模约为 15.97 万亿元。其中，存续私募证券投资基金 54355 只，存续规模约为 3.77 万亿元，环比增加 0.62%；存续私募股权投资基金 29403 只，存续规模约为 9.46 万亿元，环比增长 0.33%；存续创业投资基金 10399 只，存续规模约为 1.60 万亿元，环比增长 1.69%。

从存续基金管理人的类型来看，2020 年 12 月在中国证券投资基金业协会存续登记的私募基金管理人有 24561 家。其中，私募证券投

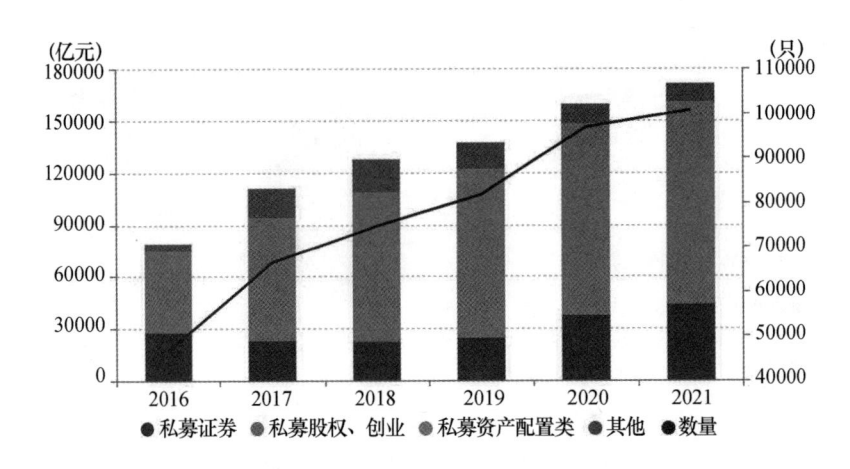

图7-8 各类型私募基金管理人数量

资料来源：笔者根据Wind公开资料整理。

资基金管理人8908家，与2020年11月持平；私募股权、创业投资基金管理人14986家，较2020年11月减少40家，环比下降0.27%；私募资产配置类基金管理人9家，与2020年11月持平；其他私募投资基金管理人658家，较2020年11月减少10家，环比下降1.50%。

其他私募投资基金管理人数量占2020年年末存续私募基金管理人总数的2.68%，略低于2019年年末0.29%的占比。其他私募投资基金管理规模约为1.15万亿元，较2019年年末减少0.4万亿元，同比减少25.80%，拉低了行业整体增速。2020年年末，其他私募投资基金管理规模占私募基金管理总规模的7.18%，相对于2019年年末11.25%的占比，有所降低。

私募资产配置基金管理人是在私募证券投资基金管理人、私募股权创业投资基金管理人、其他私募投资基金管理人这三类的基础上新增的类型，2019年第一批私募资产配置基金管理人备案完成，也被业内称为第四类私募基金管理人。截至2020年年末，共有9家私募资产配置基金管理人在中国证券投资基金业协会完成备案,占 2020 年年末存续私募基金管理人总数的 0.04%;管理规模共约 8.55 亿元。

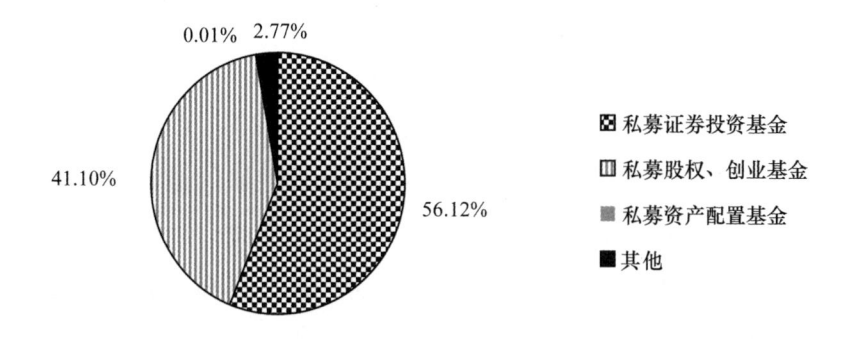

图 7-9　2020 年年末各类型私募基金管理人数量占比

资料来源:笔者根据 Wind 数据库公开资料整理。

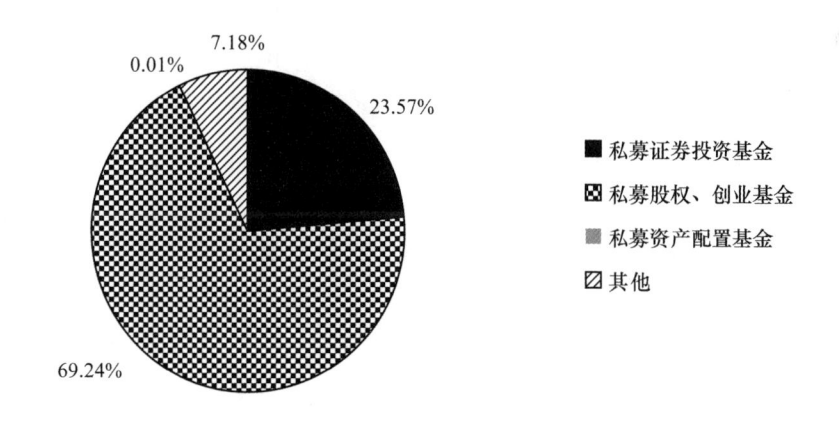

图 7-10　2020 年年末各类型私募基金产品管理规模占比

资料来源:笔者根据 Wind 数据库公开资料整理。

第三节 2021年私募基金行业发展展望

私募基金行业发展至今，私募基金管理人在资产管理业务中争当创新先锋，在支持引导个人投资向实体经济流入、个性化专业资产管理等方面，对中国资本市场的发展起到了不可或缺的推动力作用。私募基金行业目前在资产管理业务中所占比重越来越大，在资本市场机构投资者中的分量也越来越重。与此同时，也要看到私募基金行业从萌芽到发展，长期经历了监管政策缺失、不明确的阶段。表面上看私募基金行业获取了高额的监管红利，但也导致了私募基金行业问题丛生，发展质量一直无法提高的行业现状。

2021年是资管新规过渡期结束之年，私募基金行业监管规范有望加速完善。在此背景下，私募基金行业将继续朝着规范化、阳光化、专业化的方向发展。私募基金行业的竞争方式也将加速更新迭代，从以往"注重投资端业绩"向"投资端业绩、稳健性和对客户的综合服务能力并重"转变。在继续发挥投资专业能力的基础上，更加注重服务能力、沟通能力，及时有效地为合格投资者推介资产增值和风险管理方案。

2021年是全球和国内宏观经济复苏之年，也是经济增长的新旧动能加速切换之年，"碳中和"、ESG等新兴理念开始引领新一轮全球经济社会发展。私募基金行业有望一方面充分利用较为有利的宏观经济环境，推动行业规模和份额持续提升；另一方面，私募基金行业在投资决策、公司治理方面也将不断融入ESG的理念，获取可持续回报，并不断提升自身业务水平。

一　私募基金业的监管现状及趋势

从目前私募基金行业的快速发展趋势来看，对行业的监管相对比较滞后，虽然近几年国家加强了监管的力度，然而历史遗留问题的解决仍需行业历经一段长时间的阵痛期。

私募基金行业在行业准入方面已经陆续出台了相应的监管规定，但本质的定位问题仍未得到彻底解决。私募基金行业以目前的业务范围、管理的资产规模来说，已经是一个独立的资产管理行业，但监管部门对资产管理业务的相关规定并未明确的提及私募基金行业，存在监管边界模糊的问题，在私募基金产品的运营中的监管要素仍有很多未明确的方面。私募基金产品，尤其是股权类私募产品的运作采用封闭运作的方式，在产品运作方面监管要素不清晰，产品的运作缺乏统一的底线标准，很容易产生管理人自说自话、投资者利益无法保障的情况。监管规则方面可以考虑将私募基金行业适用的规则做统一整合，或者更进一步制定行业业务规则。

也有人担忧私募基金行业制定统一的行业规则会导致其投资灵活的特性无法发挥优势，但是我们要看到目前私募基金行业的体量已经达到能影响资产管理业务发展的程度，统一的行业规范更多地体现为底线规则，私募基金行业监管的目标是让风险可控、可衡量，而不是改变其高风险属性。从这一角度来看，私募基金行业拥有独立的监管规范也是很必要的，避免与其他行业不同风险属性的资管产品统一监管，也能更好地完善中国资产管理业务体系的多元化。

独立的监管体系有利于相关行业的政策支持，目前行业发展过程中仍有一些政策壁垒，比如，私募股权类基金产品，尤其是涉房基金产品仍旧面临着托管难题，其中最重要的原因之一就是中国银行业协会评估到该类业务风险较高，且无行业统一监管规范。在这一点可以参考证券公司与银行之间三方存管业务的情况，证券公司在其经纪业务客户资金监管方面也经历了一段监管无序的时期，在2007年经纪业务客户资金实行三方存管之后，银行监管从银行柜员驻点营业部网点升级为系统自动实现资金转账模式，监管效果立竿见影。三方存管业务监管模式可参考的意义在于，私募基金行业首先要有自己的监管体系和监管意愿，在业务风险可控的基础上，不仅能改善行业内业务发展情况，也能得到行业外的认可和支持。

另外，在私募基金行业信息披露方面的监管仍需有更有效的措施出台，2019年年末中国证券投资基金业协会颁布了新的《私募投资基金备案须知》，其中对于私募基金产品信息披露的必备内容、时间进行了统一要求，尤其是对私募基金产品需披露的重大事项项目进行了说明，主要包括：管理人、托管人发生变更的重大事项；基金合同发生重大变化的重大事项；基金触发巨额赎回的重大事项；涉及基金管理业务、基金财产、基金托管业务的重大诉讼、仲裁、财产纠纷的重大事项；投资金额占基金净资产50%及以上的项目不能正常退出的重大事项；对基金持续运行、投资者利益、资产净值产生重大影响的其他事件。私募基金管理人未按照要求按时履行季度、年度、重大事项信息更新和信息披露报送义务累计达2次的，中国证券投资基金业协会将其列入异常机构名单，并对外公示。一旦管理人作为异常机构公示，即使整改完毕，至少6个月后才能恢复正常机构公示状态。据业内人士表示，2020年4月1日之后，私募基金管理人已收到托管人发送的2020年第一季度数据，私募基金管理人仅需对数据进行确认，无法操作更改，信息披露的数据来源更可靠、更准确。

中国证券投资基金业协会不仅加强对行业内信息披露工作的监管，也通过外部合作强化私募基金管理人的诚信信息披露，提高了私募基金管理人的违规成本。2019年3月28日，国家市场监督管理总局信用监督管理司与中国证券投资基金业协会签署信息共享合作协议，全面加强企业信息公示数据、失信数据以及私募基金管理人、私募基金公示和不予登记机构等信息的共享合作。管理人重大事项变更、基金管理人及高管诚信信息，高管任职及兼职变动情况，未备案的合伙企业型产品情况等将无处隐藏。

另一个很重要的行业监管内容是对从业人员的监管。私募基金行业的快速发展吸引了大量的人才，其人才资源的特点是更为年轻化。当然，私募基金行业作为新兴的发展行业，吸引大量的年轻人并非是负面因素，但是这部分并没有充足资本市场投资经验的年轻人担任着私募基金高管、基金经理等重要角色，这对于一个强调专业性、需要具备从业经验的行业来说，确实是令人担忧的情况。根据目前的监管要求，私募基金管理人在备案时应如实提交在职的从业人员情况，这一点仅对基金管理人的员工基本素质做了要求。在私募基金行业发展的过程中，监管应着重对关系到私募基金产品投资、管理的关键人员进行资质监管，在2019年年末发布的关于公募基金产品的基金经理兼职私募基金产品基金经理的相关规定中也体现了监管的业务思路；即使行业监管暂未跟上，在私募基金行业竞争日趋激烈的当下，行业本身是更偏重于有专业素养的人士，投资者在选择产品时，也会更关注产品运营团队是否有从业经验丰富、优异历史业绩的专业人士。

私募基金行业自2016年实施强有效的监管后，近几年行业稳健发展，虽然从表面上看损失了政策红利，但从行业长远发展来看，在严监管、有针对性的监管条件下，私募基金行业的发展空间还很大。

表7-3 私募基金行业监管概况

	文件名称	要点
2005年11月15日	《创业投资企业管理暂行办法》	对创业投资企业的备案要求、经营范围等进行了规范
2009年7月10日	《关于加强创业投资企业备案管理严格规范创业投资企业募资行为的通知》	对创业投资企业的备案、代理、披露业务进行了补充规范
2014年1月17日	《私募投资基金管理人登记和基金备案办法(试行)》	首次确定了私募基金管理人登记和备案的要求
2014年3月25日	《关于私募投资基金开户和结算有关问题的通知》	对私募基金开立证券账户和采用托管模式进行了规范
2014年8月21日	《私募投资基金监督管理暂行办法》	对私募投资基金的募集、合格投资者、运作等方面进行了规范
2015年3月19日	《关于进一步规范私募基金管理人登记若干事项的公告》	进一步规范了私募基金管理人的登记业务
2015年9月11日	《上市公司与私募基金合作投资事项信息披露业务指引》	规范了上市公司与私募基金合作投资的披露要求
2015年11月12日	《政府投资基金暂行管理办法》	对政府投资基金的设立、终止、退出、风险管理进行了规范
2016年2月1日	《私募投资基金管理人内部控制指引》	加强私募基金管理人内部控制要求
2016年2月4日	《私募投资基金信息披露管理办法》	形成了私募基金信息披露的行业规范
2016年2月5日	《私募基金管理人登记法律意见书指引》	对私募基金管理人登记业务的法律文件进行了详细说明
2016年3月19日	《关于实行私募基金管理人分类公示制度的公告》	按照管理人填报的管理基金规模、运作合规情况、诚信情况等信息,实行私募基金管理人分类公示制度

第七章　私募基金：监管改革下行业现状与转型方向　437

续表

	文件名称	要点
2016年4月	《私募投资基金投资者风险问卷调查内容与格式指引（个人版）》《私募投资基金风险揭示书内容与格式指引》	对私募基金投资者适当性管理进行了初步规范
2016年4月15日	《私募投资基金募集行为管理办法》	对私募基金募集环节业务进行了规范
2016年4月29日	《关于私募基金管理人注销相关事宜的公告》	规范了私募基金管理人注销行为
2016年7月15日	《私募投资基金合同指引》1、2、3号	首次提供了私募基金合同范本
2016年9月8日	《关于资产管理业务综合报送平台上线运行相关安排的说明》	私募基金报送业务实现线上标准化管理
2018年1月12日	《私募证券投资基金管理人会员信用信息报告工作规则（试行）》	私募证券基金管理人会员报送的登记备案、信息披露及从业人员信息等信用信息情况
2018年1月29日	《关于加强私募投资基金等产品账户管理有关事项的通知》	中国证券登记结算有限责任公司对私募投资基金产品账户进行进一步规范
2018年3月27日	《关于私募基金管理人在异常经营情形下提交专项法律意见书的公告》	对私募基金管理人重大变更等事项进一步规范
2018年3月27日	《关于进一步加强私募基金行业自律管理的决定》	再次提出行业自律管理
2018年7月10日	《私募投资基金非上市股权投资估值指引（试行）》	规范了股权类私募基金估值要求
2018年9月30日	《关于加强私募基金信息披露自律管理相关事项的通知》	私募基金信息披露已形成行业规范
2018年11月20日	《私募投资基金命名指引》	规范私募基金命名乱象，避免误导投资者
2018年12月7日	《私募基金管理人登记须知》	对私募基金管理人的规范进行强化
2019年11月11日	《私募股权、创业投资基金管理人会员信用信息报告工作规则（试行）》	在私募证券基金基础上，对私募股权、创业类基金管理人的会员信用报告工作进行了规范

续表

	文件名称	要点
2019年12月23日	《私募投资基金备案须知（2019年版）》	进一步规范基金产品备案要求
2020年2月28日	《关于便利申请办理私募基金管理人登记相关事宜的通知》	进一步明确办理私募基金管理人登记的流程
2020年12月30日	《关于加强私募投资基金监管的若干规定》	为了规划私募投资基金业务活动，保护投资者和相关当事人的合法权益，促进私募基金行业健康发展

资料来源：笔者根据中国证券投资基金业协会公开资料整理。

二 私募基金业的专业优势

私募基金行业起源于风投基金，得益于中国经济的快速增长，以及经历了三十余年的快速发展。私募基金行业的业务一直都是资本市场的创新业务，并且是适合高资产、高风险偏好投资需求的业务，其快速发展也是中国经济快速发展的一个方面。

整个私募基金行业从萌芽到发展壮大，背后都离不开中国经济的发展，甚至可以说，私募基金行业是经济发展的产物。最早的私募基金即风投基金，诞生于20世纪90年代，中国证券市场刚刚起步、国有企业改革深入到产权制度层面，由于当时的行政干预仍然较为严重，投资后期无法做到在中国境内全流退出。2000年年初，中国出台了第一个有关风险投资发展的战略性、纲领性文件——《关于建立风险投资机制的若干意见》，同时，深交所也积极筹备开设创业板，这些政策和举措极大地推动了中国私募股权投资的发展，但由于当时企业在主板上市条件较高，这阶段的私募股权基金无法快速通过企业上市收回投资而清盘。自2004年中小板开板，以及2006年开始的新三板业务，私募股权投资基金的退出更容易实现，由此开始，很多相似的私募股权案例接踵而至，中国的私募股权基金投资市场日趋活跃，无论从规模还是数量上，本轮发展都超过了此前任何时期。私募证券基金、私募资产配置基金在国内资产管理行业多元化发展的过程中，与证券公司资产管理业务、保险管理业务同步发展，并且资产管理规模快速增长。

从私募股权、创投基金、私募证券基金、私募资产配置基金的出现来看，都是伴随着中国资本市场的发展、支持着中国经济的发展，其行业所具备的专业优势是与生俱来也是与时俱进的。私募股权、创投类基金的优势主要体现在其对企业的专业调研、预判，以及资源整合能力，私募证券基金、私募资产配置基金的优势主要体现在投资管理过程中对资质适当下沉的投资标的的风险控制能力。

私募基金行业尽管已发展了三十余年，但仍算得上是中国资本市场的新兴行业，任何一个新兴行业的发展都离不开经营主体的行业专业能力。私募基金的发展经历了很长一段时间的监管模糊、无序时期，近几年才通过各项监管措施理顺行业规范，但由于历史上行业频发负面事件，行业在公众中的认可度并不高，如何提升和重新建立行业形象也是近几年发展的重点。提升行业形象还是需要从严监管着手，公众往往有从众心理，对官方平台发布的信息认可度更高；中国证券投资基金业协会已通过 AMBERS 系统收集私募基金管理人和私募基金产品的要素信息，并于 2020 年加大信息披露和信息公示。官方平台虽然可靠但关注度却不高，用现在的网络语言来说，官方平台的流量还不够，私募基金行业通过严格监管体现行业形象，可以更多地借助第三方平台，将来源于官方的数据让更多的公众看到、传播，更有助于私募基金行业改变监管混乱的行业形象。另一方面，私募基金管理人和私募基金行业从业人员的监管和培训需要加强，中国证券投资基金业协会对于私募基金高管、从业人员的培训应该加大频次，从行业业务培训中增强其合法、合规开展业务的意识。

私募基金的自身管理也要从合规、专业等方面着手，私募基金管理人多数都是小型企业，从企业经营方面看小型企业抗风险能力较弱，但所谓"船小好调头"，规范自身管理的改革也能很快得到落实。私募基金管理人应转变自身定位，将自己定位为资产管理领域的专业管理人，从标的选择、产品推荐、产品运营等方面出发做专业的管理业务，展示行业良好的专业形象。

三　私募基金行业是目前资管行业的重要补充

私募基金行业管理的资产规模与公募基金行业不分伯仲，已经成为目前资产管理行业重要的组成部分。

第一，私募基金行业是资产管理行业支持实体经济发展的重要补充。私募基金行业与其他资产管理行业有一个重要的不同点，即其对实体经济的支持更直接有效，私募股权、创投类基金产品主要是为创业型企业提供直接的资金投资；与私募基金行业不同，银行业通过贷款满足实体经济融资需求，而创业初期的企业很难达到银行贷款的种种要求，或者所申请到的贷款额度较低，对于一些科技类创业企业，资金需求无法得到满足。私募股权、创投类基金作为产业投资人的角色，备案新规鼓励这类产品设置七年或者更长的期限，能为创业型企业提供长期的投资资金，也能伴随着企业的增长获取成长红利，私募基金行业是资产管理行业支持实体经济发展的重要补充。

第二，私募基金行业是资产管理行业中资产管理模式的重要补充。私募基金行业所管理的产品，股权、创投类基金占比超过私募基金行业管理产品总规模的一半，并且是资产管理行业中最直接投资于实体经济的产品，是资产管理行业中资产管理模式的重要补充。私募基金行业所管理产品的资产均是通过定向募集所获取，尤其是股权、创投类基金，委托人对私募产品所投资的标的有直观的认识，与传统的资产管理产品利用各种投资策略获取投资收益不同；私募股权、创投类基金采用封闭的运作模式，备案完成后不得开放认/申购（认缴）和赎回（退出），期限一般为3—5年或者更长时间，新的私募产品备案须知中鼓励股权、创投类基金的长期限运作，相对于投资实体经济的信托类资产管理产品而言，期限更长，可选择的企业范围也更广泛。

国内近几年的经济稳定增长，不仅仅是实体经济有创新发展的需求，随着居民收入的增加，投资者的理财需求不再简单的局限于购买股票、公募基金、信托基金等，更多的转向如何进行资产配置，而各类资产的投资门槛、要素不同，多数投资者并没有相关的专业知识，在部分资产投资方面可能并不具备投资资格。在居民理财需求多元化的大背景下，FOF产品应运而生，在FOF产品发行初期投资者认购热情较高，但随着FOF产品被越来越多的投资者所了解，投资者发现其所能投资的标的范围有限，比如券商FOF产品主要投资标的是证券，公募基金混合型FOF产品主要投资于混合型公募基金产品，FOF基金并未满足投资者资产配置的需求。2019年年初，中国证券投资基金业协会开放了"私募资产配置类"牌照的申请，与过往三类基金牌照不同的是，私募资产配置类基金突破过往中国证券投资基金业协会要求的"专项经营"，可以横跨一二级市场和债权市场进行投资，无论是投资的范围上，还是操作方式上，都更为灵活。尽管目前对私募资产配置类管理人的要求较高，实现完全意义上的资产配置还需要一定的时间去专业经营，但私募基金资产配置类基金对目前资产管理行业的管理模式起到了试金石的作用。

第三，私募基金行业是对资产管理行业所服务投资者的拓展和补充。私募证券类基金与其他资产管理行业所管理的私募资产在管理模式上并无太大差异，截至2020年年末总规模4.36万亿元，相较于其他私募资产总规模较小，在整个私募资产管理中具有服务于高资产净值、高风险偏好投资者的作用。相较于银行业、证券公司等，私募基金行业在高资产净值投资者方面并无其他业务资金黏性，比如存款业务、股票投资业务，私募证券类基金的投资管理团队在行业中的专业性却是比较强的，与其他机构不同的一点是，私募证券类基金的投资管理团队小型化，更类似于公募基金、证券公司资产管理部门中的一个小团队，在投资管理中小团队的投资理念更为集中，决策流程耗时更短，对于产品的投资管理所受来自投资市场以外的因素影响更小，更容易集中优势专注于投资管理。同时，私募基金产品并非普惠金融性质的产品，投资门槛较高，需要投资者具备合格投资者资格，且产品的购买金额起点较高，一般为100万元；非普惠金融性质的产品在投资风险的控制上要求相对较低，这有助于私募基金产品在选择标的时做适当的资质下沉，挖掘低估值投资标的。

四 ESG理念持续深入私募投资决策和公司治理

近年来ESG理念不断深入政府政策和经济社会发展中。私募基金行业在两大方面可以充分利用ESG理念，一是在投资端，充分了解和把握ESG带来的增长趋势，参与全球ESG投资趋势，获取可持续回报。二是从公司治理和募资端的角度，在公司治理中贯彻ESG理念，提升管理效能和专业能力，并以此在全球范围内吸引具有ESG要求的投资资金。

2021年2月，中国证券投资基金业协会发布了《基金管理人绿色投资自评估报告（2020）》（下称"报告"）。报告对37只公募基金和421只私募基金进行了问卷统计，结果显示，截至2020年第三季度末，上述机构共独立申报绿色投资产品83款，总资产管理规模626亿元。从产品推出以来的投资回报率来看，79%的ESG和绿色投资基金产品的回报率高于基准利率，8%的产品回报率持平，13%的产品回报率较低。就私募基金而言，96只私募证券投资基金和89只PE/VC基金从事绿色投资研究。在197家私募证券投资基金管理公司中，65家建立了绿色投资评级方法，40家建立了绿色信息数据库。在224只PE/VC基金中，48只基金建立了绿色投资评级方法，40只基金建立了绿色信息数据库。

私募基金行业在ESG投资工具、投资标的筛选方面，可以参考国内外主流机构的ESG评级和ESG指数。近年来国内外主要资管机构皆推出ESG指数和评级，如摩根士丹利资本国际公司推出ESG评级和ESG指数，国内中证指数有限公司也推出中证财通中国可持续发展100（ECPI ESG）指数，从沪深300指数样本股中挑选ESG评级较高的100只公司股票组成样本股。

与此同时，私募基金行业内部也将利用全球ESG兴起的趋势，推动自身私募基金公司治理的提升，并以此在募资端吸引具有ESG要求的资金。私募基金应该做好诸如投资者适当性管理、利益冲突管理、公平交易管理、信息披露管理和风险控制等私募基金内部治理的基本要求，同时不断丰富信义义务内涵、优化内控制度，为投资者最佳利益的实现提供内部治理上的保障。近年来全球投资 ESG 的资金明显增加，如 2021 年全球最大资管公司贝莱德发布年度致客户信和致全球 CEO 信，重点提及气候变化将改变全球资产配置格局，速度甚至比预期更快。私募基金行业在募资端也可推出相应产品。

第四节　2021 年私募基金行业的机遇与挑战

私募基金行业作为小型的资产管理机构，与金融机构在市场份额、政策支持、公众认可度方面有一定的差距，私募基金行业的定位与金融机构也有不同，如何在严监管的环境中准确的在行业定位的方向获取上有更大的发展，在金融体系中树立自己的行业地位，是目前私募基金行业所面临的挑战。

一　监管新规大背景下面临的挑战

2019 年，在"三期叠加"影响持续深化、经济下行压力加大的背景下，私募基金的发展也面临诸多挑战。2019 年 12 月 23 日，中国证券投资基金业协会发布《私募投资基金备案须知》，对当前部分私募基金偏离投资本质的"伪私募"业务情形进行重新界定和规范：进一步明晰私募基金的外延边界、厘清管理人的托管人职责、重申合格投资者要求、明确募集完毕概念、细化投资运作要求、并针对不同类型基金提出差异化备案要求。本次发文旨在杜绝"明基实贷"等现象、促使私募基金回归投资本源，推动行业更加规范化发展。在监管新规的大背景下，私募基金面临的挑战如下：

首先，从政策环境来看，监管部门对私募基金的规范化运作提出了更高的要求，一些"伪私募"、不合规私募将面临出清，私募基金的管理人门槛明显提高；

其次，受经济下行压力和去杠杆大趋势的影响，私募基金募资渠道明显收窄，整体募资变得更难，一些优质的私募也难逃其影响；

再次，私募基金门槛提高、渠道收窄的同时叠加投资难、退出难、税负重等问题的困扰，私募基金的竞争局面将更为严峻；

最后，由于私募基金的投资群体主要为高资产净值客户，相对于机构投资者来说，对私募基金管理人的鉴别能力往往更弱。并且私募行业本身具有私密性、不透明性，竞争优势较难得到充分的展示，也难以被投资者充分认识。因此随着投资者和监管层对信息透明度以及运营条件的要求将逐渐提高，私募基金管理人的成本也将逐步上升。

二 国内经济回升转暖背景下的机遇

2020年面对新冠肺炎疫情巨大冲击和复杂严峻的国内外环境，各地区各部门科学统筹常态化疫情和经济社会发展，国民经济延续稳定恢复态势。从资管行业发展的角度来看，最困难的时期已经过去，例如银行的资产负债表收缩，金融去杠杆的过程已大致结束。资管新规的落地，全面规范了私募基金在募集、投资、治理等环节中的老问题，促使私募基金回归本业、推动行业更加规范化的发展，长期来看有利于私募行业稳健发展。

从募资环节看，募资难或将持续，基金管理人应制定差异化募资策略、创新合作模式；新冠肺炎疫情、国际形势变化与监管政策或将加剧募资困境。

从投资环节看，随着中国的创业创新不断深入，供给侧结构性改革的不断深化，将为私募股权和创投基金带来大量投资机会。中国证券投资基金业协会数据显示，截至2019年年末，登陆科创板的70家企业中有60家在成长过程中获得私募基金的支持，获投比例高达85.7%；每家科创板上市企业平均获得4.79亿元的资本支持，其中获投资金最多的企业累计获得35.19亿元投资。从退出环节看，资本市场改革正积极推进，创业板改革、新三板改革以及发行、上市、交易等基础制度改革的陆续实施，将为私募股权投资基金提供更加便捷、更为丰富的退出选择。

从对外开放来看，监管层近年来推出多项举措，包括放开外资私募产品参与"港股通"交易的限制、明确外资私募基金投资参与银行间债券市场的标准等，为外资私募管理人进入中国市场创造了公平竞争的环境，推进私募基金领域的对外开放。外资私募具有风险管理经验、全球投资经验、专业投研能力和系统支持等优势，进入国内市场必将加剧竞争，也会推动国内私募行业的进步。

综上所述，私募基金行业正在进入一个规范和包容的阶段，不管是量化，还是其他细分领域，比如人工智能、期权套利、可转债套利等，都在慢慢受到市场的认可。私募基金管理人要做的是规范自身业务的合规性，提高投研能力，做好风险控制，积累投资人资源，真正用心把自己的细分领域做好做精。

第八章

互联网理财：财富管理新时代

◇ 第一节　2019年互联网理财行业发展情况

一　互联网理财行业发展概述

（一）外部市场环境

近年来，中国不断攀升的居民家庭财富规模为财富管理的需求扩张奠定了坚实基础。2008—2018年，中国实际国内生产总值（GDP）从4.59万亿美元增长至13.89万亿美元。尽管近年来经济增长速度减缓，但是财富积累作为存量受增速影响较小，同期内，中国居民可投资金融资产总规模随之扩大，从2008年的31万亿元快速增长至2018年的147万亿元，增长了3.7倍。

（二）总体规模情况

与传统理财产品相比，随着大数据、人工智能等技术不断成熟，互联网理财产品的优势更加凸显。互联网理财产品具有交易门槛更低、透明度更高、交易操作更便捷等特点，能够更大程度满足居民对

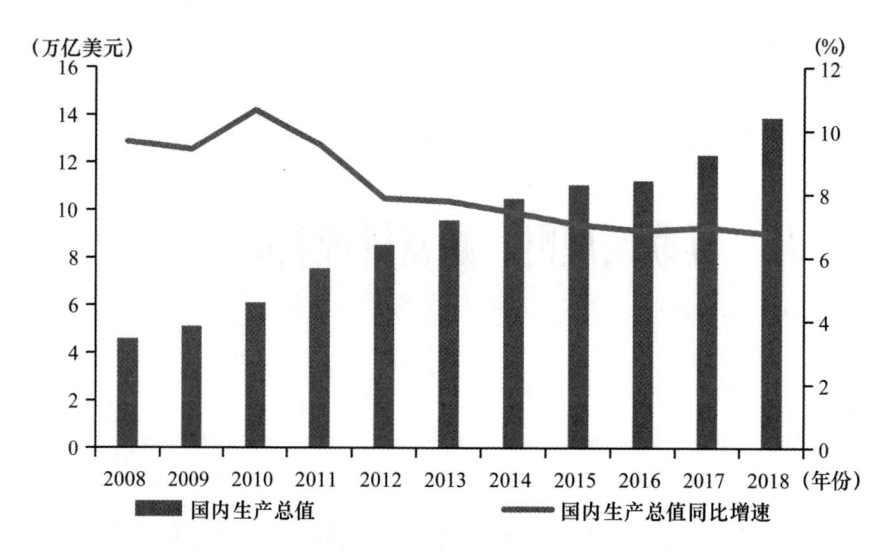

448 中国资产管理行业发展报告2021

图8-1 2008—2018年中国国内生产总值和同比增速

资料来源：Wind。

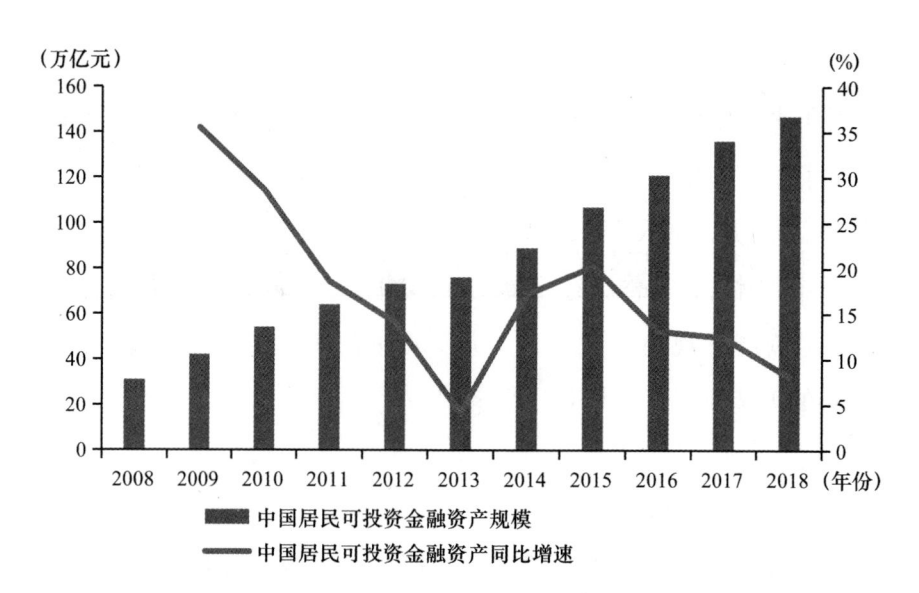

图8-2 2008—2018年中国居民可投资资产规模及财富管理市场规模

资料来源：《中国私人银行2019》、Wind。

于理财的个性化、多样化需求，不仅能够有效拓展理财市场的规模，而且深刻影响着传统线下理财方式，改变居民理财观念。近年来，随着互联网覆盖人群范围进一步扩大，互联网理财市场规模和用户数量均有大幅增长。北京大学数字金融研究中心、上海新金融研究院和蚂蚁科技集团股份有限公司（蚂蚁集团）共同编制的"数字普惠金融投资业务指数"反映了居民个体参与互联网理财的发展趋势。如图8-5所示，2014—2018年中国数字普惠金融投资业务指数整体处于快速上升趋势，2018年投资业务指数大约是2014年的6倍。此外，中国互联网络信息中心数据显示，截至2019年6月，中国购买互联网理财产品的网民数量已达1.69亿人左右，占全国网民人数的19.9%。

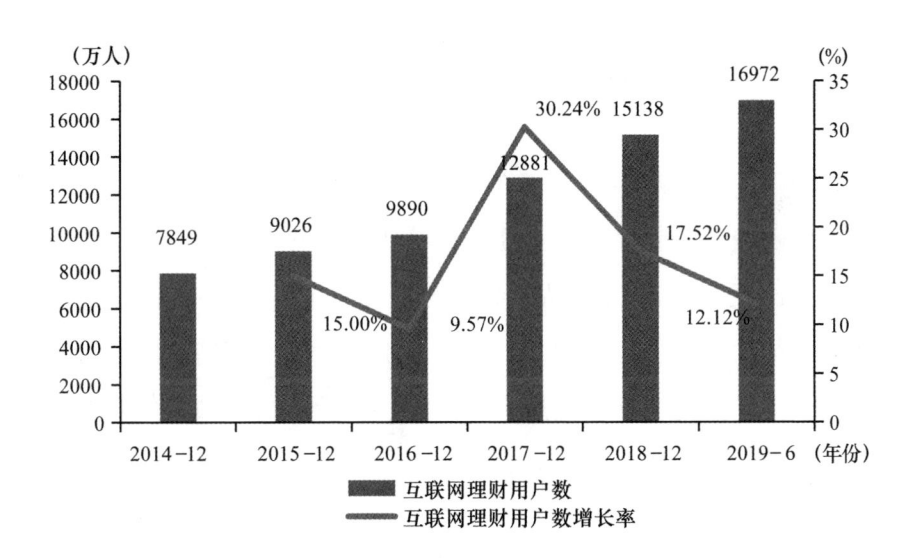

图8-3 2014—2019年中国互联网理财用户数及增长率

资料来源：中国互联网络信息中心。

2020年以来，新冠肺炎疫情进一步强化了理财服务的线上化趋势。新冠肺炎疫情期间，线下网点被迫关闭，难以直接接触用户，使

图 8-4　2014—2019 年中国互联网理财用户使用率

资料来源：中国互联网络信息中心。

得传统理财业务在产品销售、贷后管理等方面都受到了极大影响。而互联网理财业务的无接触性、便利性等优势凸显，各理财产品提供机构纷纷推出互联网理财产品来维持自身业务正常开展，包括线上销售、线上征信、线上理赔等。同时，由于新冠肺炎疫情期间复工复产难度上升、不确定性增加，用户更加注重资产的稳定性，偏好保本类资产及抗疫主题理财产品，健康险、医疗险的需求大幅度上升。《2018 中国城市家庭财富健康报告》的调研数据显示，家庭选择理财产品时最看重的因素是收益率和风险，同时可接受的产品回报周期普遍较短。受新冠肺炎疫情影响，家庭理财对于短期低风险、相对高回报的产品需求更大，相应产品的购买量也有所上升。

根据蚂蚁集团提供的 2019 年 11 月至 2020 年 6 月线上交易用户数据，本书将 2020 年 1 月 19 日作为断点，进行断点回归分析，研究新

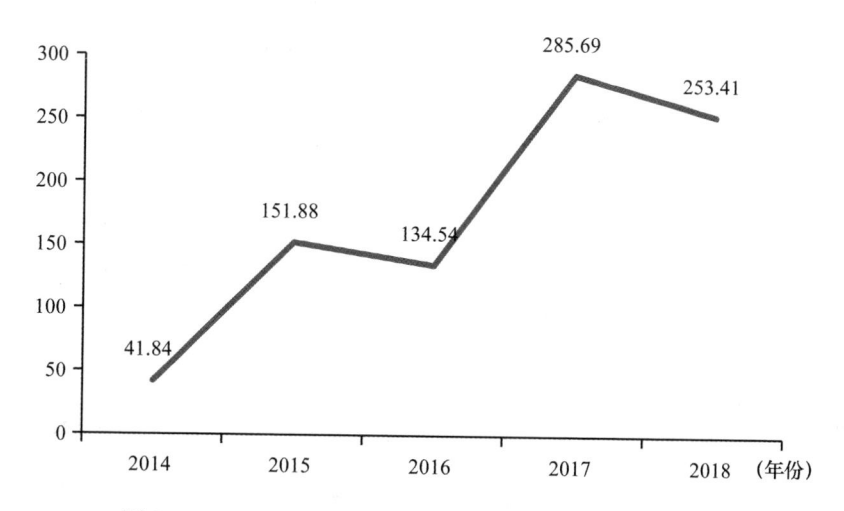

图 8-5　2014—2018 年中国数字普惠金融投资业务指数

资料来源：北京大学数字金融研究中心。

冠肺炎疫情前后个人购买理财产品行为的变化。图 8-6 为 2019 年 11 月至 2020 年 6 月每 7 天购买理财产品用户数的日平均值，图 8-7 为将断点日期设为 1 月 19 日的线性拟合和二次型拟合结果。结果表明，新冠肺炎疫情暴发之后，每日购买线上理财产品的用户数整体上升，尤其在疫情暴发初期有明显增长趋势，随着疫情趋于缓和，用户数仍较疫情前更高。居民线上理财意识逐渐提升，线上理财群体进一步扩大。

二　互联网理财行业用户特征

本章节根据蚂蚁集团平台在 2017 年 8 月 31 日至 2019 年 7 月 31 日这两年间随机抽取的线上活跃用户数据，制作用户画像。该组数据涵盖了全国 31 个省（自治区、直辖市）中不同性别、不同年龄、不

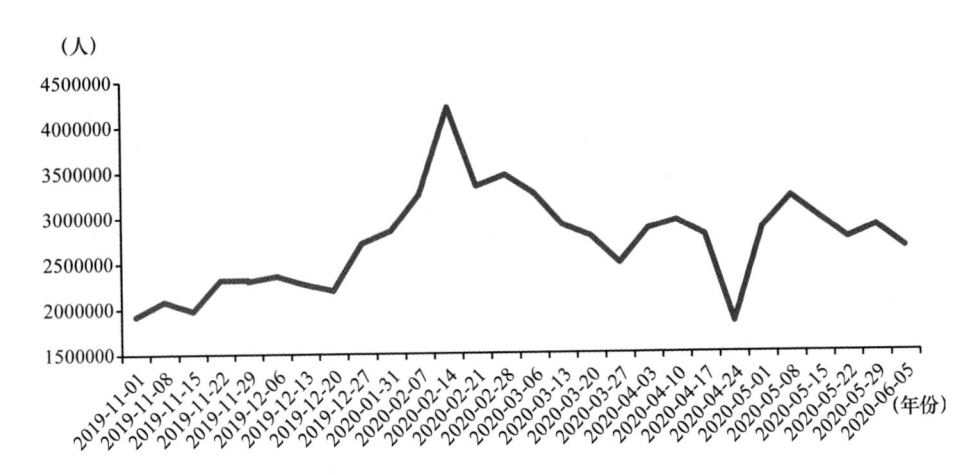

图 8-6　周内平均购买用户数

资料来源：中国人民大学金融科技研究所、蚂蚁集团研究院。

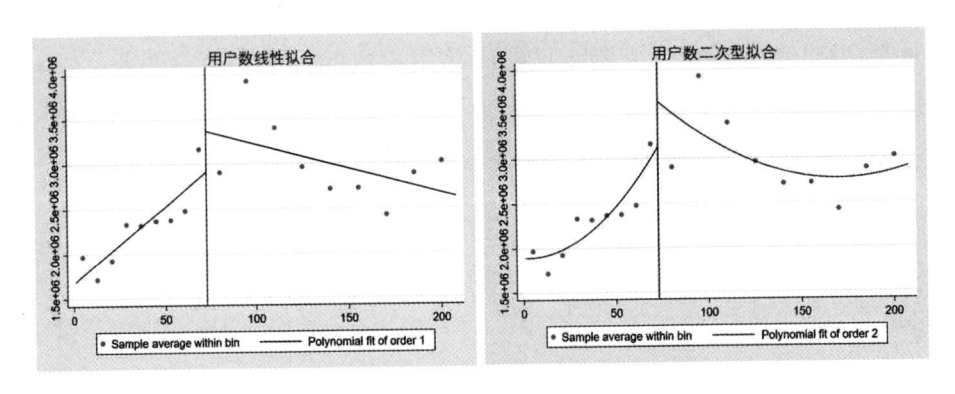

图 8-7　断点回归的线性拟合与二次型拟合

资料来源：中国人民大学金融科技研究所、蚂蚁集团研究院。

同居住地、不同职业、不同理财类型、不同风险偏好的 30266 个用户的有效信息。本章将从理财用户分布、理财经验与风险偏好、资产配置结构以及理财效果与投资者教育四个方面进行描述。

（一）活跃理财用户分布

从职业分布来看，白领人群占比过半，其次是蓝领人群及学生群体。从年龄分布来看，占比排名前三位的年龄段分别为21—25岁、26—30岁和31—35岁，表明青年人是购买理财的中坚力量。

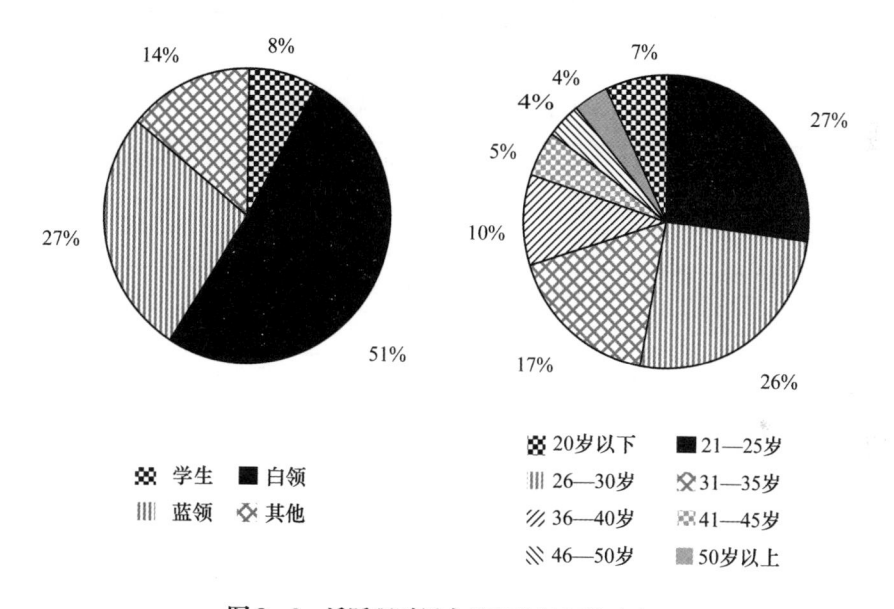

图 8-8 活跃理财用户的职业与年龄分布

资料来源：中国人民大学金融科技研究所、蚂蚁集团研究院。

从地域分布来看，整体呈现从东部沿海地区向西部内陆地区、从南部向北部逐级递减的趋势。其中，广东省的活跃人数最多，其次是江浙地区。一定程度上，活跃理财用户数量与地区经济发达程度、个人收入水平均有着紧密联系。

从趋势变化来看，活跃理财用户中下沉人群占比显著增加。在购买理财产品的用户当中，涉农的理财人数大约是非涉农人数的1/3。

相比于第一年，涉农和所在城市等级较低的理财人数的占比在第二年均有所增长，这表明下沉人群中购买基金人数占比与其他人群中购买基金人数占比的差距正在缩小。同时，小镇青年理财人数的增长潜力要大于城市青年，在所有理财的青年人当中，小镇青年理财人数的占比较上一年有所上升。整体上讲，互联网理财平台在拉动下沉人群参与理财市场方面产生了积极作用。

表8-1　　近两年内下沉人群购买基金人数变化对比　　（单位:%）

		第一年	第二年	占比增长率
是否涉农	城市	74.78	73.68	-1.47
	涉农	25.22	26.32	4.37
城市等级	一、二线城市	52.49	50.86	-3.12
	三线及以下城市	47.51	49.14	3.44
青年人群	城市青年	80.89	78.19	-3.34
	小镇青年	19.11	21.81	14.11

注：表中数据为四舍五入保留两位小数。
资料来源：中国人民大学金融科技研究所、蚂蚁集团研究院。

（二）理财经验与风险偏好分布

为进一步描述抽样用户的理财经验与风险偏好，本书将样本按照以下两个标准进行划分。首先，根据投资者理财经验，可以划分为NO INTEREST（低理财意愿型）、BEGINNER（低理财认知型）、GROW（理财成长型）、PRO（理财老手型）四类。其中，理财意愿较低的用户接近半数；随着理财能力等级的提升，人数也逐渐减少，最高等级的"理财老手型"用户比例仅占10%。这表明样本用户普遍具有一定的理财认知，但大多投资者的金融知识水平及理财能力仍有待提高。其次，根据投资者风险偏好等级，可以划分为-2（未做过理财)、-1（曾做过理财，但已过期）、0（极度保守型）、1（保守型）、2（稳健型）、3（平衡型）、4（成长型）、5（激进型）八类。其中，处于稳健型的用户占比最高，其次是平衡型用户，而激进型用户占比较低，表明绝大部分用户是风险中性甚至是风险厌恶的。

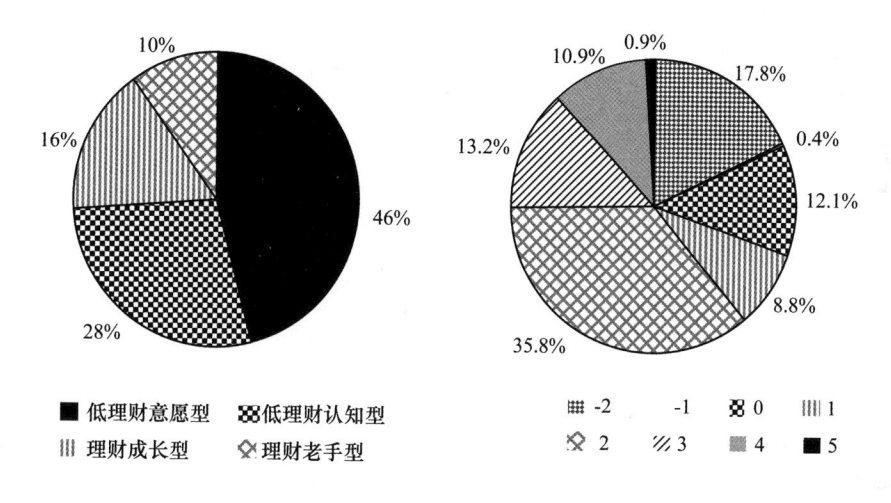

图 8-9 理财经验和风险偏好

资料来源：中国人民大学金融科技研究所、蚂蚁集团研究院。

接下来，本书将分别从是否涉农、城市等级、性别及年龄对理财经验类型及风险偏好等级的分布进行分析。

从城乡分布来看，下沉人群理财经验不足、风险偏好更低。理财经验方面，涉农人群中理财认知较低的两类用户（低理财意愿及低理财认知）占比相较城市人群更高。不同城市等级中，一线城市各类人数分布最为均衡，随后依次递减，至六线城市时，低理财意愿用户人数已超过50%，而理财经验等级较高的两类用户（理财成长型及理财老手型）人数占比低于20%。风险偏好方面，涉农用户的风险偏好等级普遍低于城市用户，而城市投资者的风险偏好等级也随着城市级别的下降而递减。

表8-2　　　　　　　　理财经验—按城乡与城市等级划分　　　　　（单位:%）

	是否涉农		城市等级					
	城市	涉农	一线	二线	三线	四线	五线	六线
低理财意愿型	44.71	50.20	39.27	44.46	47.75	50.08	50.00	53.75
低理财认知型	26.22	28.29	25.31	27.47	27.71	28.23	29.06	28.11
理财成长型	17.48	14.05	19.98	16.99	15.72	14.63	12.79	11.72
理财老手型	11.59	7.46	15.44	11.08	8.82	7.06	8.15	6.42
合计	100	100	100	100	100	100	100	100

注：表中数据为四舍五入保留两位小数。
资料来源：中国人民大学金融科技研究所、蚂蚁集团研究院。

表8-3　　　　　　　　风险偏好—按城乡与城市等级划分　　　　　（单位:%）

	是否涉农		城市等级					
	城市	涉农	一线	二线	三线	四线	五线	六线
-2 未做过	16.72	20.46	14.74	16.43	18.86	19.28	21.47	23.35
-1 曾做过	0.44	0.42	0.38	0.49	0.32	0.51	0.60	0.37
0 极度保守	11.13	14.65	8.41	11.66	13.06	14.47	14.05	14.56
1 保守型	8.36	9.87	6.79	8.52	9.38	9.84	10.07	9.71
2 稳健型	36.09	35.22	34.83	35.57	36.59	36.92	35.23	34.43
3 平衡型	14.06	10.94	16.93	14.41	11.76	10.63	10.49	9.98
4 成长型	12.17	7.76	16.28	11.95	9.29	7.81	7.51	7.05
5 激进型	1.03	0.68	1.64	0.97	0.74	0.55	0.60	0.55
合计	100	100	100	100	100	100	100	100

注：表中数据为四舍五入保留两位小数。
资料来源：中国人民大学金融科技研究所、蚂蚁集团研究院。

从性别来看，男性投资者的理财经验分布更加平均，同时对风险的承受能力远远高于女性；女性投资者则以低理财意愿用户为主。

表8-4 理财经验—按性别划分 （单位:%）

	性别 男	性别 女
低理财意愿	39.35	54.66
低理财认知	30.34	23.54
理财成长	18.89	12.98
理财老手	11.42	8.82
合计	100	100

注：表中数据为四舍五入保留两位小数。

资料来源：中国人民大学金融科技研究所、蚂蚁集团研究院。

表8-5 风险偏好—按性别划分 （单位:%）

	性别 男	性别 女
-2 未做过	14.26	22.48
-1 曾做过	0.44	0.43
0 极度保守	11.32	13.23
1 保守型	8.38	9.33
2 稳健型	36.55	34.90
3 平衡型	14.13	11.89
4 成长型	13.58	7.35
5 激进型	1.33	0.39
合计	100	100

注：表中数据为四舍五入保留两位小数。

资料来源：中国人民大学金融科技研究所、蚂蚁集团研究院。

从年龄分布来看，理财经验相对均衡但风险偏好差异较大。如图8-11所示，不同年龄人群的理财经验分布差别不大，但风险等级分布呈现出特殊的规律。风险等级分布最均衡的年龄段集中在21—35岁。20岁以下的用户由于知识积累不够充分、可用资金不足、投资经验不足等原因，高风险偏好的投资者占比极低；21—35岁的用户由于具有稳定的收入来源，且没有家庭消费开支的压力，具有较多的闲置资金用于理财，其风险偏好度也相应提升；36—60岁的用户由于买房、子女教育等家庭开支的压力加重，高风险等级人群占比逐渐下降。

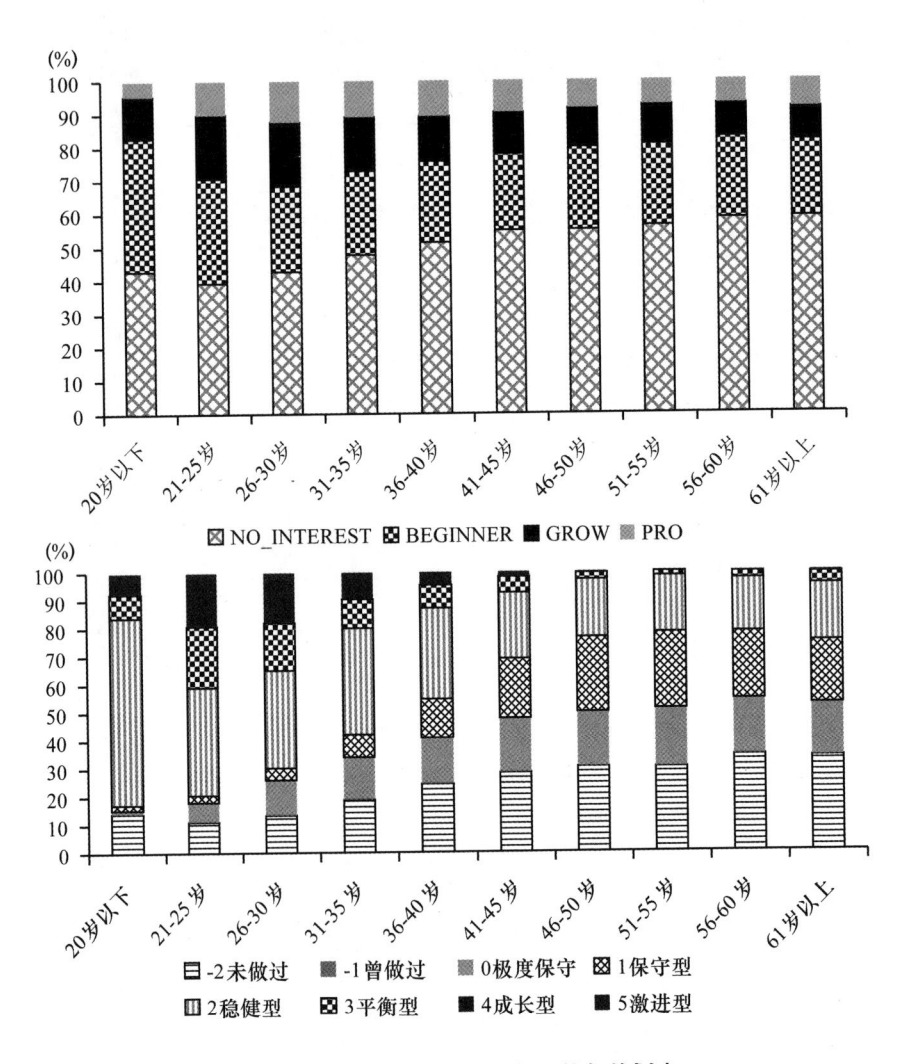

图 8-10 理财经验与风险偏好—按年龄划分

资料来源：中国人民大学金融科技研究所、蚂蚁集团研究院。

从趋势变化来看，下沉人群理财观念转变显著。表8-6统计了在风险调查问卷中填写的风险偏好为-2（从未做过理财）、-1（曾经做过理财，但已过期）、0（极度保守型），但近两年内有过理财行为的人在各类人群中的占比。可以看出，涉农人群中有过理财行为的人数占比高于城市人群，且六线城市中有过理财行为的人数占比要高于一线城市，这表明互联网理财显著提高了下沉人群金融可得性，深刻改变了其理财观念与行为。

表8-6　　　　　近两年内下沉人群理财观念转变程度　　　　（单位:%）

类型	不同人群	理财观念转变程度
是否涉农	涉农人群	82.00
	城市人群	70.14
城市等级	一线城市	64.50
	二线城市	66.04
	三线城市	77.62
	四线城市	83.17
	五线城市	82.54
	六线城市	92.11

注：表中数据为四舍五入保留两位小数。
资料来源：中国人民大学金融科技研究所、蚂蚁集团研究院。

（三）资产配置结构分布

为进一步分析理财资产配置结构，本书将基金类理财产品划分为BLEND（混合型基金）、BOND（债券型基金）、CURRENCY（货币基金）、FOF（组合型基金）、INDEX（指数基金）、PENSION（养老基金）、QDII（"合格境内机构投资者"基金）、SHORTDATED（短债基金）、STOCK（股票型基金）九大类。整体上讲，投资指数基金的人数最多，占比接近30%，这表明互联网理财人群对被动投资理念的接受度非常高；其次是混合型基金与货币基金，占比均超过20%；其他类型基金的投资人数均低于10%，其中投资于养老基金及组合型基金的人数极少，不到1%。

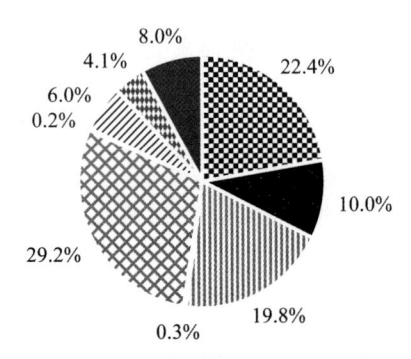

图8-11 按基金类型分布的活跃理财人数占比

资料来源：中国人民大学金融科技研究所、蚂蚁集团研究院。

饼图数据：混合型基金22.4%、债券型基金10.0%、货币基金19.8%、组合型基金0.3%、指数基金29.2%、养老基金0.2%、QDII基金6.0%、短债基金4.1%、股票型基金8.0%。

从职业分布来看，白领用户的基金产品投资最为均衡，且对风险较高的基金产品投资比重也较高；而学生及蓝领用户更愿意投资被动型基金，指数基金的占比较高；退休人员更偏好货币型基金。

从趋势变化来看，主动配置意愿和合理配置能力整体上升，下沉人群尤为明显。从表8-7可以看出，相比第一年，第二年在购买被动型基金和货币基金的基础上还购买主动型基金的人数有所增加，表明人们主动配置理财产品、寻求超额收益的意愿有所增强。其中，城市等级较低人群和涉农人群在购买被动型基金和货币基金的基础上还主动配置理财产品意识的增长速度要快于城市等级较高和城市的人群，并且小镇青年主动配置理财产品意识的增长速度要快于城市青

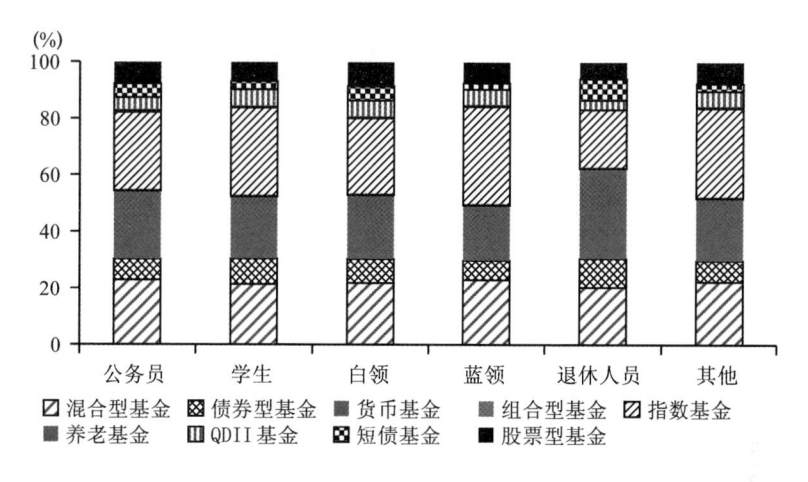

图 8-12　各基金类型占比—按职业划分

资料来源：中国人民大学金融科技研究所、蚂蚁集团研究院。

年。在基金产品配置结构上，只购买风险较大的主动型基金的人数占比大幅度下降，一方面说明所有人群的安全意识有所增强，另一方面也意味着用户合理配置理财产品的能力正在不断提升。此外，互联网理财平台在很大程度上满足了所有人群（尤其是下沉人群）对于财富管理的需求，使得用户能够更加广泛地接触理财知识，积累理财经验。由此可以看出，理财用户无论是对被动性投资的接受度，还是金融认知和资产配置多样性的提升，都和互联网平台在投资者教育上的努力分不开。

表 8-7　是否涉农人群资产配置结构变化趋势　　（单位:%）

	第一年		第二年		占比增长率	
	城市	涉农	城市	涉农	城市	涉农
只购买货币基金	8.82	2.40	6.66	2.30	-24.52	-4.35
只购买指数基金	11.39	4.09	9.11	3.84	-20.04	-6.21
只购买货基和指数基金	3.15	1.06	5.34	2.07	69.70	94.87

续表

	第一年		第二年		占比增长率	
	城市	涉农	城市	涉农	城市	涉农
在购买指数型基金和货币基金的基础上还购买了其他主动型基金	37.21	11.78	45.77	15.40	22.99	30.81
只购买单一种类主动型基金	11.21	4.48	4.38	1.80	-60.93	-59.92
购买两种以上主动型基金	3.20	1.20	2.50	0.85	-21.97	-29.79
只购买股票型或混合型基金	9.69	3.81	3.29	1.55	-66.06	-62.21

注：表中数据为四舍五入保留两位小数。

资料来源：中国人民大学金融科技研究所、蚂蚁集团研究院。

表8-8　　不同城市等级人群资产配置结构变化趋势　　（单位:%）

	第一年		第二年		占比增长率	
	一、二线	三线及以下	一、二线	三线及以下	一、二线	三线及以下
只购买货币基金	6.06	5.16	4.43	4.52	-26.90	-12.40
只购买指数基金	8.23	7.24	6.31	6.62	-23.33	-8.56
只购买货基和指数基金	2.31	1.90	3.69	3.73	59.74	96.32
在购买指数型基金和货币基金的基础上还购买了其他主动型基金	26.36	22.63	31.93	29.25	21.12	29.26
只购买单一种类主动型基金	7.45	8.26	2.94	3.24	-60.51	-60.78
购买两种以上主动型基金	2.26	2.13	1.71	1.63	-24.26	-23.45
只购买股票型或混合型基金	6.02	6.98	2.17	2.49	-63.91	-64.25

注：表中数据为四舍五入保留两位小数。

资料来源：中国人民大学金融科技研究所、蚂蚁集团研究院。

表 8-9　　　　　　不同青年人群资产配置结构变化趋势　　　　　（单位:%）

	第一年		第二年		占比增长率	
	城市青年	小镇青年	城市青年	小镇青年	城市青年	小镇青年
只购买货币基金	6.97	1.82	5.32	1.79	-23.64	-1.74
只购买指数基金	12.36	4.43	9.73	4.15	-21.27	-6.32
只购买货币和指数基金	3.09	1.02	5.55	2.13	79.27	108.54
在购买指数型基金和货币基金的基础上还购买了其他主动型基金	38.52	11.75	47.08	15.36	22.23	30.70
只购买单一种类主动型基金	11.29	4.32	4.11	1.59	-63.60	-63.12
购买两种以上主动型基金	3.21	1.20	2.39	0.79	-25.57	-34.20
只购买股票型或混合型基金	9.32	3.62	3.04	1.26	-67.33	-65.04

注：表中数据为四舍五入保留两位小数。

资料来源：中国人民大学金融科技研究所、蚂蚁集团研究院。

（四）理财效果与投资者教育

表 8-10 为各类人群通过理财行为获益的人数占比。可以看到，获益人数占比均超过 60%，通过互联网进行理财的收益效果显著。此外，本书对整个样本期间都持有理财产品的人群进行投资效果分析，发现获益人数占比超过 75%，这也表明理财经验丰富、长期持有理财产品的群体投资效果更好。

从下沉人群和非下沉人群来看，城市获益人群占比整体高于涉农获益人群占比。一、二线城市获益人数在总人群中的占比高于三线城市及以下获益人数在总人群中的占比。作为理财人群的主力军，获益的城市青年占比整体高于获益的小镇青年占比。这表明，受教育程度、接受信息便捷程度以及周围环境等影响，下沉人群投资效果普遍低于非下沉人群，因此，需要进一步加强对下沉人群的金融教育和理财知识普及。

表8-10　　　　　　各类人群理财获益人数占比　　　　　　（单位:%）

全部	人群	收益人数占比
全部	全部人群	64.80
是否涉农	城市人群	65.40
	涉农人群	62.96
城市等级	一、二线城市	65.62
	三线城市及以下	63.85
青年人群	城市青年	63.40
	小镇青年	61.60

注：表中数据为四舍五入保留两位小数。

资料来源：中国人民大学金融科技研究所、蚂蚁集团研究院。

◇ 第二节　2020年互联网理财行业发展情况

一　互联网理财行业发展概述

（一）外部市场环境

近年来，中国居民家庭财富规模不断攀升，为财富管理的需求扩张奠定了坚实基础。2010—2020年，中国实际国内生产总值从6.03万亿美元增长至14.72万亿美元，2020年在新冠肺炎疫情影响下GDP增速仍达到了2%以上，是全球唯一实现正增长的主要经济体。随着中国经济保持稳中有升，居民收入水平不断提高，带动居民财富规模持续扩大，据奥纬咨询统计，截至2019年年末，中国个人可投资资产总规模已达到约160万亿元、相较2009年增长了近4倍，预计2025年中国个人可投资资产规模可达287万亿元，2019—2025年CAGR（Compound Annual Growth Rate，复合增长率）达10.2%。

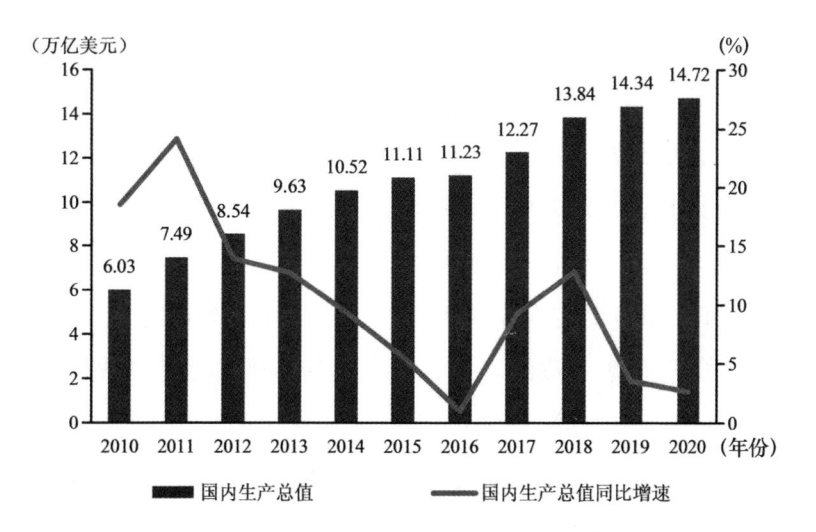

图 8 – 13 2010—2020 年中国名义国内生产总值和同比增速

资料来源：Wind。

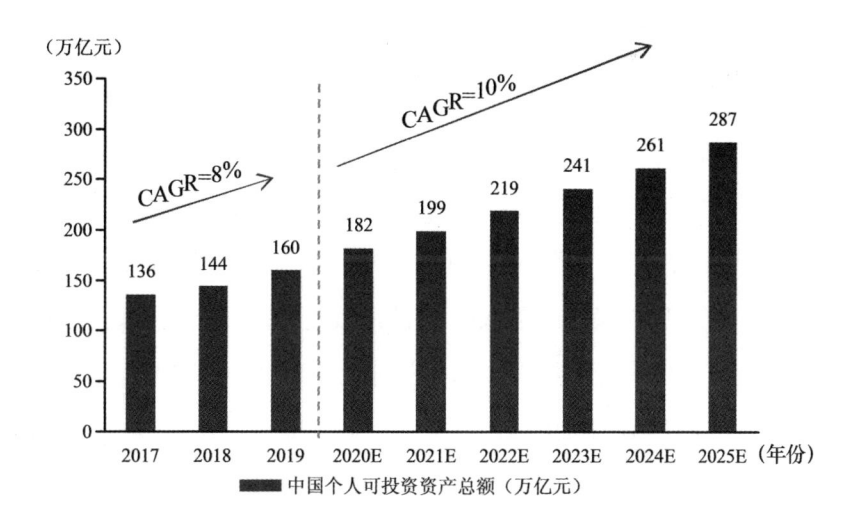

图 8 – 14 2017—2025 年中国居民可投资资产规模

资料来源：奥纬咨询。

中国资本市场经过多年的改革与发展，深度和广度大为拓展，居民投资环境日益改善。截至2020年年末，中国境内股票市场总市值达79.7万亿元，占GDP的比例为78.5%、相比2010年提升了约14%，上市公司数达4154家，投资者人数①达1.8亿人。债券市场获得较大发展并成为资本市场重要组成部分，与股票市场形成有效的平衡。截至2020年年末，中国债券市场托管余额达117万亿元，占GDP的比例约为115.2%、相比2010年提升超过45%。当前，中国多层次的资本市场已基本建立，资产频谱在逐渐丰富，除了传统的股债资产之外，各类金融投资产品的品种也逐渐增加；能源、金属、农产品等商品期货品种日趋完善；作为风险管理的重要工具的金融衍生品如股指期货、国债期货、股指/ETF期权等产品也在稳步推进；海外投资的渠道随着QDII、互联互通等机制的发展不断拓宽。随着可投资金融产品品种日益丰富，居民进行金融资产配置的资本市场条件已经基本具备。

互联网技术迅速发展和使用规模的日益扩大，为互联网财富管理行业不断发展奠定基础。截至2020年年末，中国网民规模已达到9.89亿，互联网普及率（网民人数占全国人口的比例）增加至70.4%。互联网的快速发展推动了用户行为线上化，2019年，中国线上移动支付笔数已超过1000万笔，移动支付规模达347.1万亿元。由于移动支付背后连接的是用户资金端，移动支付的普及直接催生了互联网现金管理和理财的需求。当前所属互联网理财的综合理财APP和股票交易APP月活用户数和用户时长不断增长，2021年3月，两类APP月活用户数分别超过8000万户、1亿户，用户月使用时长分别达到53.3亿分钟、331.3亿分钟，为互联网财富管理行业的持续发展奠定了广泛活跃的客群基础。

---

① 中国结算统计数据，指持有未注销、未休眠的A股、B股账户的一码通账户数量。

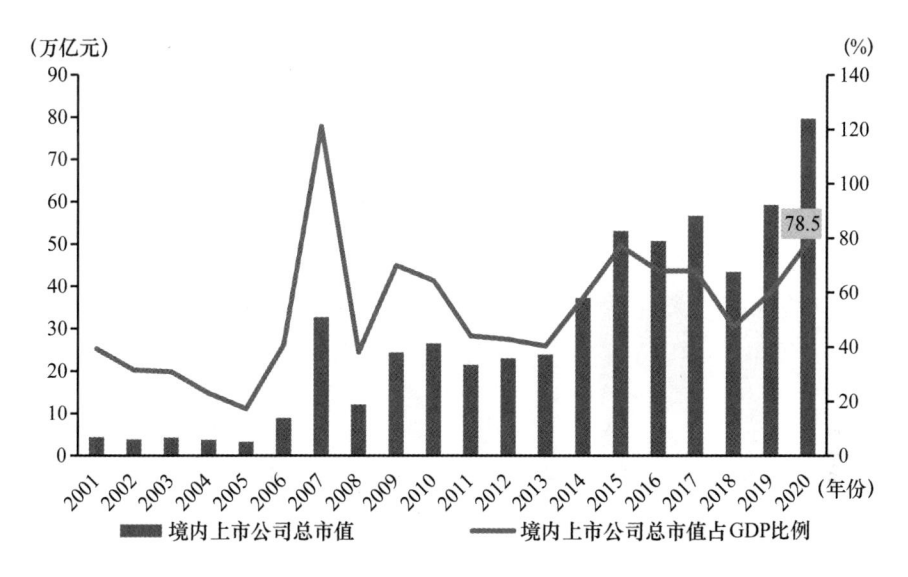

图 8-15　中国境内上市公司总市值及占 GDP 比例

资料来源：Wind。

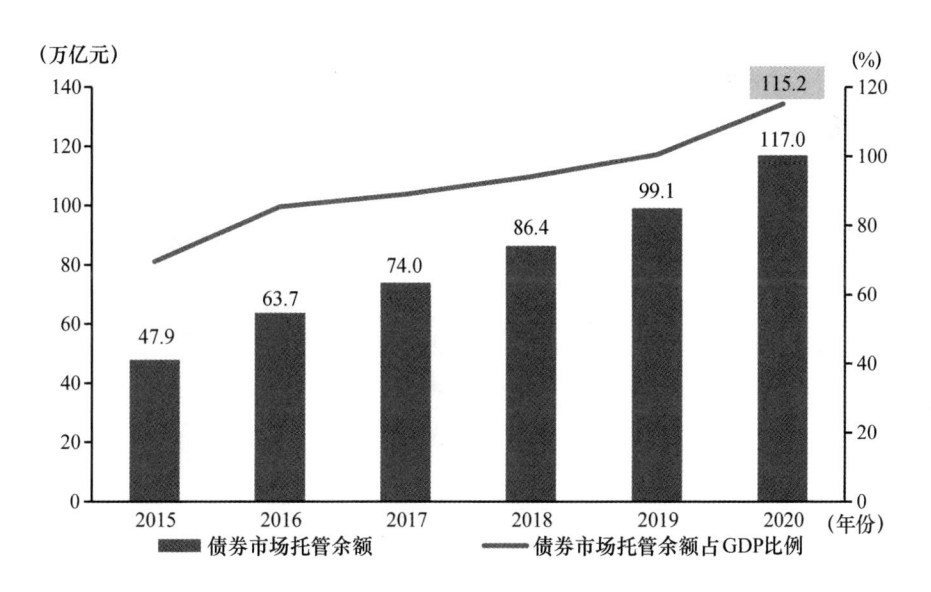

图 8-16　中国债券市场托管余额及占 GDP 比例

资料来源：Wind。

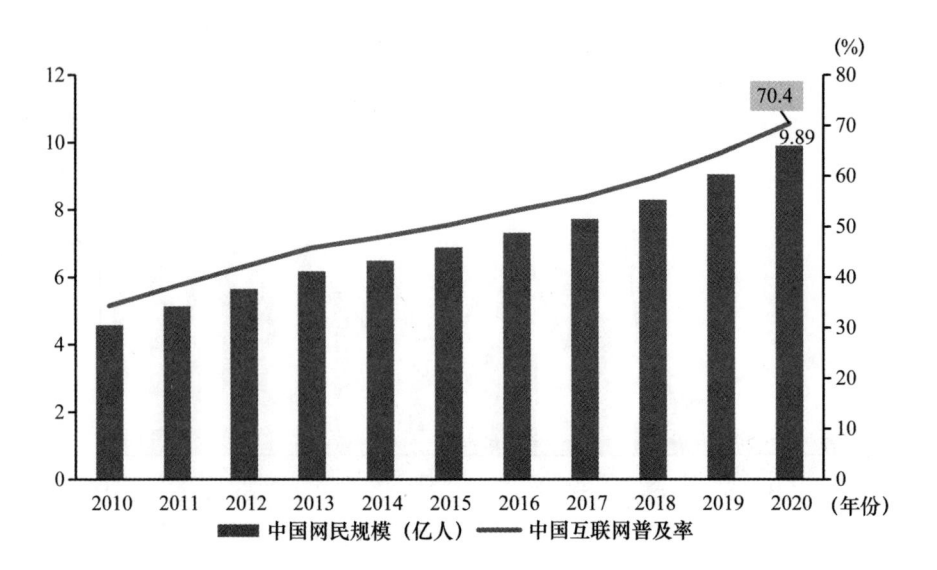

图 8-17 2010—2020 年中国网民规模及互联网普及率

资料来源：《中国互联网络发展状况统计报告》。

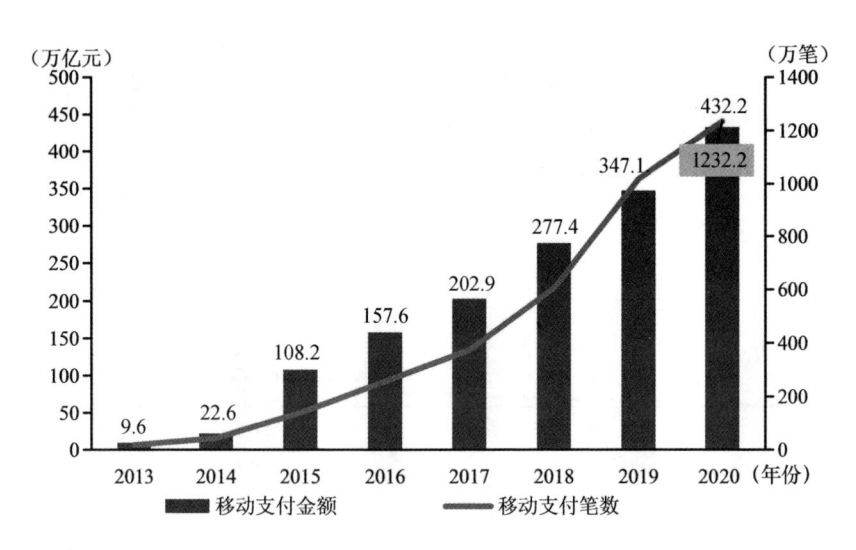

图 8-18 2013—2020 年中国移动支付笔数及增速

资料来源：中国人民银行。

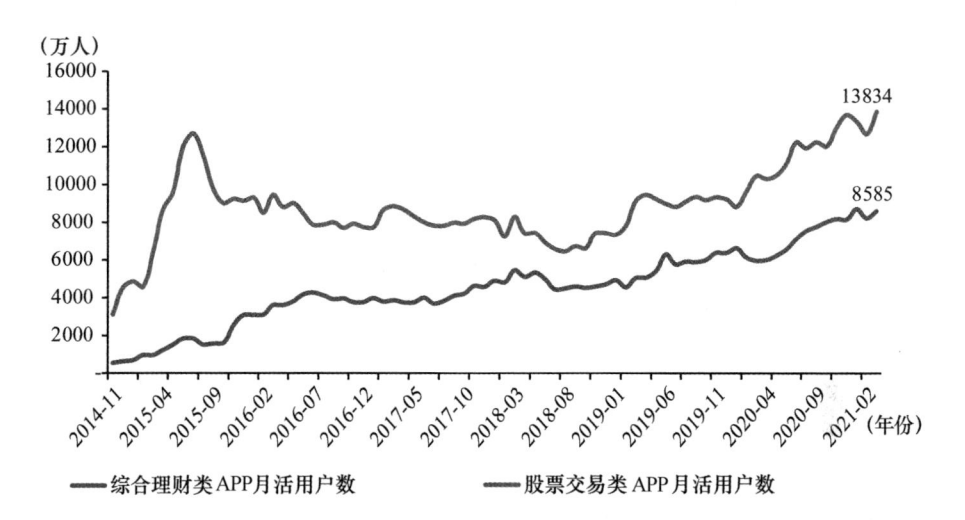

第八章 互联网理财：财富管理新时代 **469**

图 8-19 2014 年 11 月—2021 年 2 月综合理财和股票交易类 APP 月活用户数

资料来源：QuestMobile。

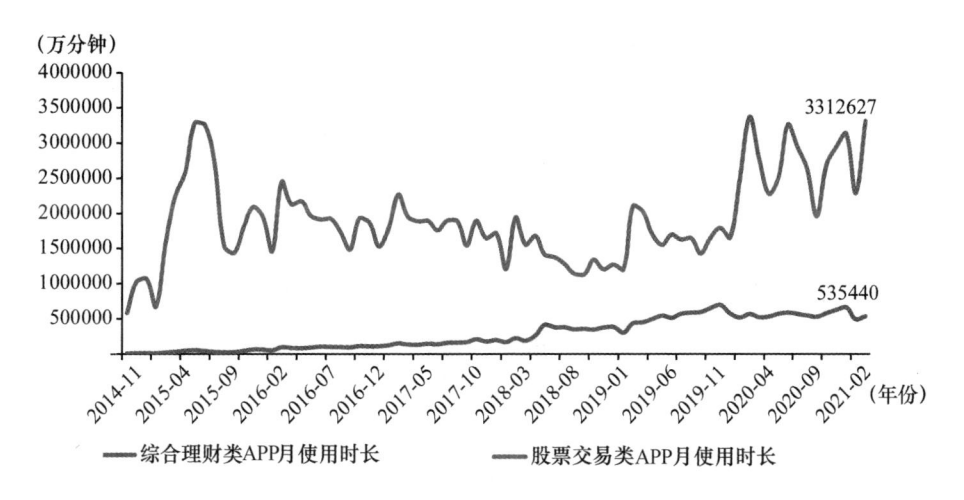

图 8-20 2014 年 11 月—2021 年 2 月综合理财和股票交易类 APP 月使用时长

资料来源：QuestMobile。

（二）政策和监管环境

2013年伴随着余额宝的迅速推广，互联网财富管理行业整体进入高速发展阶段。然而，由于行业缺乏监管条例、平台成立门槛低，互联网理财平台良莠不齐、金融风险不断积聚。自2015年以来，为了加强互联网金融风险防范，监管机构相继出台多项监管规定，推动互联网理财行业规范化发展。

2015年7月，中国人民银行等十部委联合发布《关于促进互联网金融健康发展的指导意见》，明确了互联网基金销售、互联网保险、互联网信托等互联网金融主要业态的业务边界及准入条件。2018年4月7日，中国人民银行、中国银行保险监督管理委员会和中国证券监督管理委员会联合国家外汇管理局印发了《关于规范金融机构资产管理业务的指导意见》（以下简称"资管新规"），明确资管业务必须具备相应牌照，并打破刚性兑付，实行穿透式监管。包括互联网理财平台在内的金融机构依据资管新规要求进行理财产品规划与调整，规范互联网金融市场秩序。

2019年以来，监管机构进一步明确银行存款产品、银行理财子产品、基金产品等各类产品的销售范围，规范互联网理财产品销售渠道。基金产品方面，2019年2月，中国证券监督管理委员会发布《公开募集证券投资基金销售机构监督管理办法（征求意见稿）》，明确基金销售业务的边界和互联网信息技术服务机构的职责定位。2019年10月25日，中国证券监督管理委员会下发了《关于做好公开募集证券投资基金投资顾问业务试点工作的通知》，5家基金及基金子公司获得首批试点资格。继首批五家基金公司试点获批后，中国证券监督管理委员会相继于2019年12月13日和2020年2月28日批复了3

家独立基金销售公司和7家券商、3家银行参与公募投顾业务。买方投顾的推出能够促进更多个人资金通过专业机构投顾账户进入资本市场、提升机构投资者的持股市值占比，推动短期交易性资金向长期配置力量转变。此外，投顾普及下，有助于提升投资者预期收益，增加个人投资者投资股票和基金等风险产品的获得感，从而持续吸引投资者将资金通过投顾注入资本市场。2020年8月，中国证券监督管理委员会出台《公开募集证券投资基金销售机构监督管理办法》及配套规则，对独立基金销售机构申请需额外满足的硬性条件做出了规定，例如净资产≥5000万人民币、取得业务资格3年内不得变更实控人及控股股东等多条硬性标准，进一步强化了基金销售活动的持牌准入要求。

保险产品方面，针对互联网保险消费投诉暴露出的互联网保险领域的突出问题，2020年6月30日，中国银行保险监督管理委员会出台了《关于规范互联网保险销售行为可回溯管理的通知》，实施互联网保险销售行为可回溯管理，规范互联网保险销售行为。2020年12月7日，中国银行保险监督管理委员会进一步出台《互联网保险业务监管办法》，规范互联网保险业务，有效防范风险，保护消费者合法权益，提升保险业服务实体经济和社会民生的水平。

个人存款及银行理财子产品方面，2020年12月25日，中国银行保险监督管理委员会制定了《商业银行理财子公司理财产品销售管理暂行办法（征求意见稿）》，明确现阶段仅允许银行理财子公司和吸收公众存款的银行业金融机构作为其代理销售机构，但同时，中国银行保险监督管理委员会将根据银行理财产品的转型发展情况，允许适时将销售机构范围扩展至其他金融机构和专业机构。2021年1月15日，中国银行保险监督管理委员会、中国人民银行办公厅联合印发《关于规范商业银行通过互联网开展个人存款业务有关事项的通知》，要求商业银行不得通过非自营网络平台开展定期存款和定活两便存款业务，互联网理财业务经营范围得到进一步明确与规范。

（三）总体规模情况

近年来，随着互联网覆盖人群范围的进一步扩大、互联网理财产品日益增多、用户体验持续提升，投资者在线理财的习惯已初步养成，互联网理财市场规模和用户数量均有大幅增长。中国互联网络信息中心数据显示，截至 2020 年年末，中国购买互联网理财产品的网民数量已达约 1.7 亿人，占全国网民人数的 17.2%。根据奥纬咨询数据，2019 年，中国通过在线渠道销售的个人可投资资产规模达到 21 万亿元，预计 2025 年可达到 69 万亿元，2019—2025 年 CAGR 达到 21.6%。

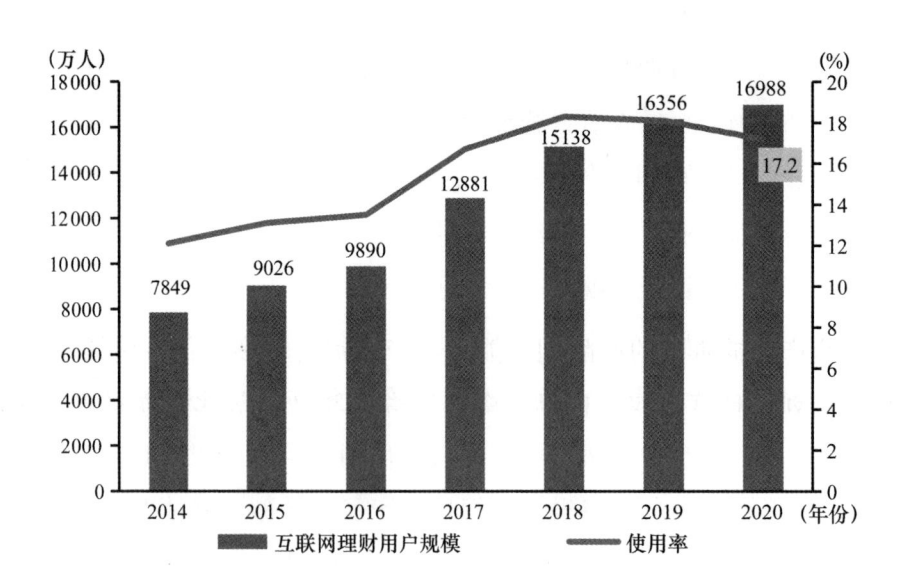

图 8-21　2014—2020 年中国互联网理财用户规模及使用率

资料来源：中国互联网络信息中心。

二　互联网财富管理平台类型

互联网财富管理平台可以划分为传统金融机构线上平台和第三方互联网理财平台两大类型，传统金融机构线上平台主要是银行、券商和公募基金等财富管理业务线上化，互联网平台则主要包括蚂蚁集团、腾讯理财通、东方财富在内的等互联网企业开展线上理财业务。各类机构基于不同的资源禀赋和战略布局切入差异化客群，本节将主要介绍各类型互联网理财平台的主要产品布局以及当前的核心客户群体。

（一）传统金融机构线上平台

商业银行：财富管理业务以代理基金、保险、信托计划等为主。相较其他财富管理机构有明显的渠道与客群优势，尤其是私行部门凭借长期稳固的信任关系、在资产配置、法律咨询、税务筹划等方面的专业技能沉淀，在高净值人群领域具有显著竞争优势。

证券公司：随着以经纪业务佣金和融资融券利息收入为代表的传统收入不断下滑，券商行业积极拥抱财富管理转型。券商的优势在于基于全产业链协同的产品创设能力，产品销售端多元化，包括基金、信托计划、私募股权类产品、资产证券化类产品等多层次的产品梯队，匹配客户差异化的风险收益偏好特征。此外，在客户群体方面，券商在客户储备能力上与银行存在较大差距，虽然券商正加大对自身APP的升级换代，但仍需依托互联网财富管理平台等第三方机构开展理财业务，利用平台流量基础提高获客效率。

公募基金：公募基金主要从事公募基金及其他金融理财产品销

售，由于公募属性的限制，基金管理公司的产品类别较少，产品创新能力不强。此外，公募基金销售渠道不足，需要依托其他金融机构和第三方机构进行产品代销。

（二）互联网平台

互联网财富管理平台能提供公募基金、现金管理类、保险等更多元化的投资产品选择，且线上渠道建设领先于传统金融机构，拥有丰富的使用场景，流量优势显著。近几年互联网平台依靠开放式的平台和类似于余额宝等创新性产品，不断提升对大众客群服务的可触达性和便利性，挖掘传统金融服务未覆盖到的长尾客群理财需求，成功地将客户流量优势转化为资产，给传统金融机构带来挑战。

表8-11 各类型平台业务、客户、渠道、产品、投研实力对比

	银行	券商	公募基金	互联网平台
业务布局	以代理基金、保险、信托计划等为主	主要代销基金、保险、信托计划等	主要从事基金及其他金融理财产品销售	以基金代销为主
客户群体	客群基础庞大、高净值人群多、客户风险偏好相对较低	客群基础相对较小、风险偏好高	基金客群基础相对较小、风险偏好高	客群基础较广、长尾用户覆盖度高
渠道布局	银行线下网点众多、线上渠道建设有待提高	券商线下网点较多，线上渠道建设不足	销售渠道不足	线上渠道建设领先
产品能力	需要继续丰富净值化产品体系	可基于全产业链协同优势提供多层次产品	产品类别较少、产品创新能力不强	产品创设能力不足
投研实力	通过银行理财子公司扩充投研团队	依托券商研究部门、投研团队和实力较强	投研实力较强	投研能力不足

资料来源：笔者根据公开资料整理。

三 互联网理财行业用户特征

由于互联网理财模式与传统理财不同,其受众特征也与传统理财存在一定差异。分析互联网理财人群的行为有利于全面理解财富管理行业、为未来转型和发展提供方向。

以下调查资料来源于2020年招商银行针对线上财富管理群体的调研分析,此次研究有效样本约16830份,其中6800份来源于招商银行线上财富管理客群,10000份来源于全国272个城市。

(一)互联网财富管理人群的基本特征

互联网理财人群多数处于中年并已组建家庭,其中76%年龄在30—45岁,86%已组建家庭并有子女。

从经济情况来看,互联网理财群体中43%的人群收入来源于非工资收入,如投资理财收入、个人经营收入或房租收入等,在保证生活需要的同时还积累了一定规模用于金融资产投资,平均可投资资产为67万元。

从区域分布上看,北京、上海和广州的互联网理财用户最多,占比分别为13.5%、11.1%和9.3%。由于互联网打破了地域的限制、降低了理财的门槛、普及了理财理念,用户呈现向二、三线城市分散的趋势,非一线城市人数占比达60%。

(二)互联网财富管理群体的理财行为特征

互联网理财群体的行为更偏向线上化,月均线上理财18天,62%的理财资讯通过线上渠道获得,91%的人群乐于向他人推荐金融产品，体现了互联网平台的社交属性。同时，该群体对新兴事物的接受程度更高，愿意通过新媒体和科技等手段辅助理财、提升理财体验，46%的人群将金融科技作为选择财富管理机构时看中的因素、40%的人群将新媒体作为选择信息渠道时看重的因素。

互联网理财群体的成熟度更高，其中专业理财人员占比约为40%，持仓丰富的人群占比约为61%。

第一，从具体产品来看，该群体最熟悉的三类产品为医疗险/重疾险/意外险、货币基金/活期理财、股票；最陌生的三类产品为国债、外汇期权、私募，这些产品具有相对不常见、门槛较高或专业度较高的特征。

第二，从配置理念来看，该群体懂得基本的理财风险分散原则，28%的人群在进行资产配置；32%的人群在进行流动性配置；31%的人采取定投的方式，均摊成本。

表8-12　　　　　　　　　中国互联网理财群体配置理念

	具体解释	人数占比（%）
资产配置	将资金分散在不同类型的产品，以分散风险	28
流动性配置	投资不同期限的产品，满足灵活的资金需求	32
定投	定期投资固定金额，投资某几类产品，均摊成本	31

资料来源：招商银行、普华永道。

第三，从产品持仓来看，该群体在进行"基本款"产品投资的同时，也愿意在其他类型的产品上进行尝试，对财富增长有更高的预期。除现金类和保障类外，13.3%的人群持有固收类产品、15%的人群持有权益类产品、5.7%的人群持有另类产品、希望财富迅速增长的人群占比14%。虽然互联网理财群体的成熟度较高，但也会出现冲动理财的行为，比例达到43%，即在不了解产品的情况下去投资该产品。

表8-13 中国互联网理财群体冲动理财动机

	冲动人数占比（%）	行为动机
固收类	36	盲目购买：容易被产品的安全性迷惑而冲动购买
保障类	33	焦虑购买：35—45岁的人群面临养儿和养老压力，容易冲动购买教育金、养老金
权益类	27	跟风购买：40—50岁的高收入人群，容易受市场氛围影响，冲动购买股票
另类	17	谨慎购买：对于另类产品的收益与风险一知半解，因此敬而远之

资料来源：招商银行、普华永道。

在互联网理财群体中，财富状况、生命周期和活跃领域不同的人群在产品偏好上也有所差异。20—35岁、可投资资产在20万—50万元的人群以职场新人和都市白领为主，其更重视保障，有80%持有相关产品；20—40岁、可投资资产在100万元以上的人群收入主要来源于非工资收入，其积极理财的比例更高，约为58%，并且相对其他人群更偏好权益和固收类产品；35—50岁、可投资资产在50万—200万元的人群通常职级较高、理财实操经验较丰富，相比于其他人群更偏好保障类产品。40岁以上、可投资资产在100万—500万元的人群资产积累较多且闲暇时间充裕，对权益和另类产品投资较多。

表 8-14　　　　　　　　　　互联网理财细分群体持仓情况

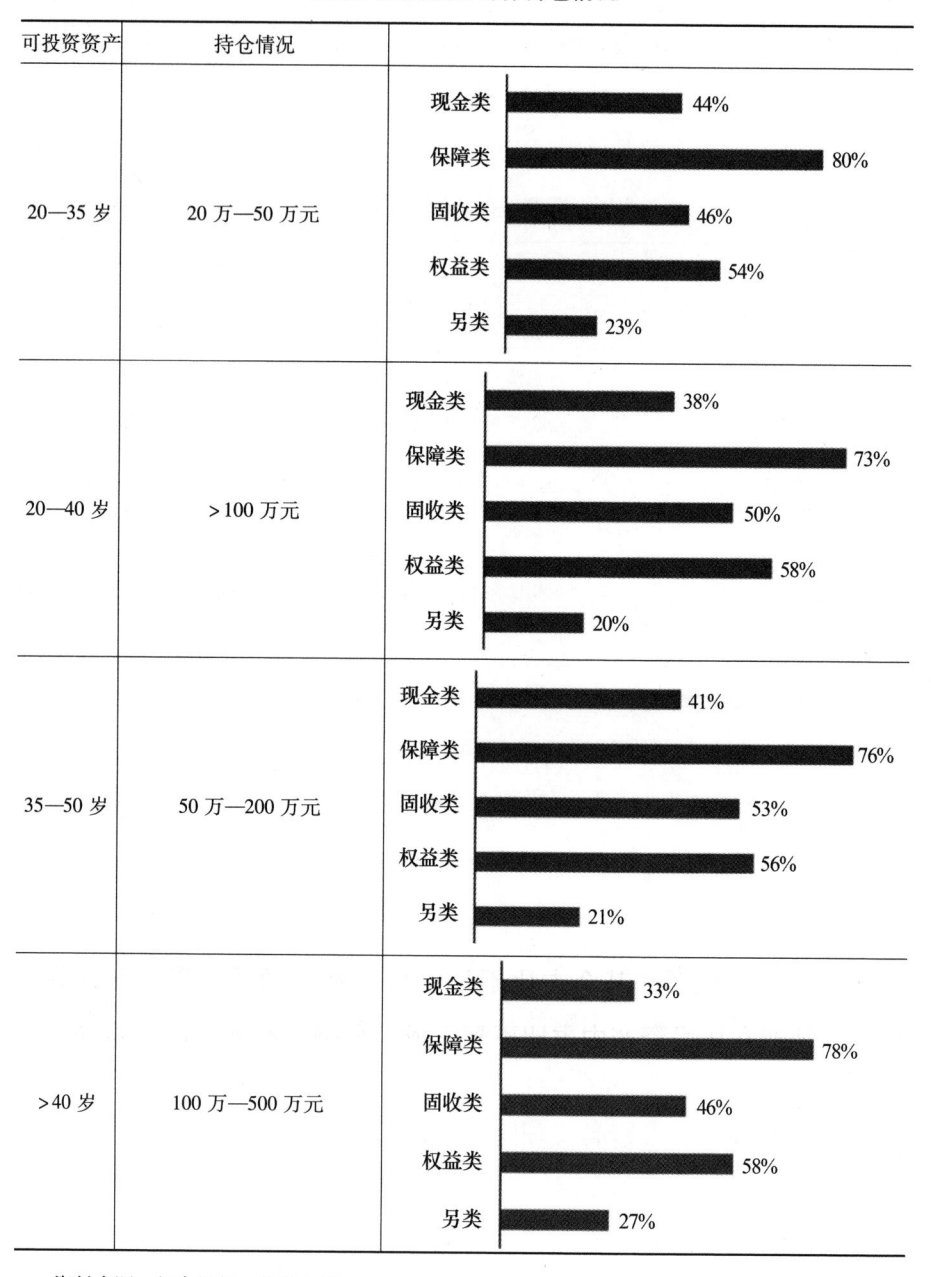

可投资资产	持仓情况	
20—35 岁	20万—50万元	现金类 44% 保障类 80% 固收类 46% 权益类 54% 另类 23%
20—40 岁	>100万元	现金类 38% 保障类 73% 固收类 50% 权益类 58% 另类 20%
35—50 岁	50万—200万元	现金类 41% 保障类 76% 固收类 53% 权益类 56% 另类 21%
>40 岁	100万—500万元	现金类 33% 保障类 78% 固收类 46% 权益类 58% 另类 27%

资料来源：招商银行、普华永道。

整体来看，互联网理财群体的个性化特征明显，对财富保值增值、个性化和专业化的理财服务、金融科技赋能下新型的理财体验以及更加多样的理财方式都有较高的要求，这些诉求为整个财富管理市场的良性发展提供了强劲的动力。

◈ 第三节　2021年互联网理财行业发展展望

一　居民资产配置拐点加速到来，未来金融风险资产在居民资产配置中占比有望提升

中国当前居民资产配置以非金融房地产/存款为主，相较于美国等发达国家，中国居民风险金融资产配置仍有较大提升空间。根据中国人民银行发布的《2019年中国城镇居民家庭资产负债情况调查》报告，中国城镇居民户均实物资产为253万元，占总资产的比重接近八成，其中74.2%为住房资产，相当于住房资产占到家庭总资产的六成，而金融资产所占比重为20.4%。此外，在金融资产配置中，2019年中国城镇居民金融资产中存款占比为39.1%，理财和信托产品占比为26.6%，而股票和基金占比不足10%。在美国居民资产配置分布中，房地产在居民资产中占比不到三成，金融资产配置以保险和股票为主，存款占比不足15%。可见，美国居民对金融风险资产的配置比例较高，中国居民对风险金融资产的配置仍有较大提升空间。

造成中国与发达国家居民资产配置结构显著差异的原因主要在于以下两点：一方面是由于中国商品房制度建立以来，房价持续且相对稳定的上涨，居民还可以借助杠杆的作用放大收益，激发了居民对于

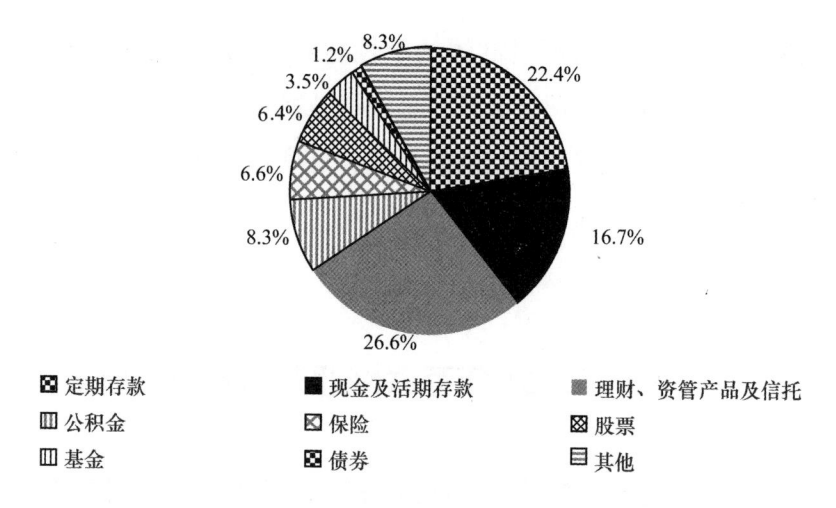

图 8-22 2019年中国居民金融资产配置结构

定期存款 22.4%，现金及活期存款 16.7%，理财、资管产品及信托 26.6%，公积金 8.3%，保险 6.6%，股票 6.4%，基金 3.5%，债券 1.2%，其他 8.3%

资料来源：《2019 年中国城镇居民家庭资产负债情况调查》。

房产配置的投机性需求。另一方面，在中国高利率的环境下，居民承担风险的意愿不足。在资管新规出台以前，刚性兑付的存在使得银行理财、信托等保本产品在收益率上长期高于无风险利率2—3个百分点以上，考虑到国内居民长期以来储蓄习惯所形成的对预期收益率型产品的偏好，此类金融资产已经能够满足居民的收益率要求，因此居民承担风险的意愿不足。另外，房贷的还款需求也对金融资产的配置增加了流动性限制。

随着政策及市场利率环境的变化，中国居民资产配置结构持续优化，推动财富管理需求中金融风险资产配置比例提升。一方面，政府房地产调控政策趋严后并未放松，始终坚持"房住不炒"的态度，房地产增值预期逐渐下降，其作为居民财富锚的财富管理模式逐渐失效。随着房地产的金融属性逐渐消退，房地产占中国居民资产配置的比重已呈逐年下降态势，占居民家庭总资产的比重由 2004 年的 78% 下降至 2019 年的 65%。

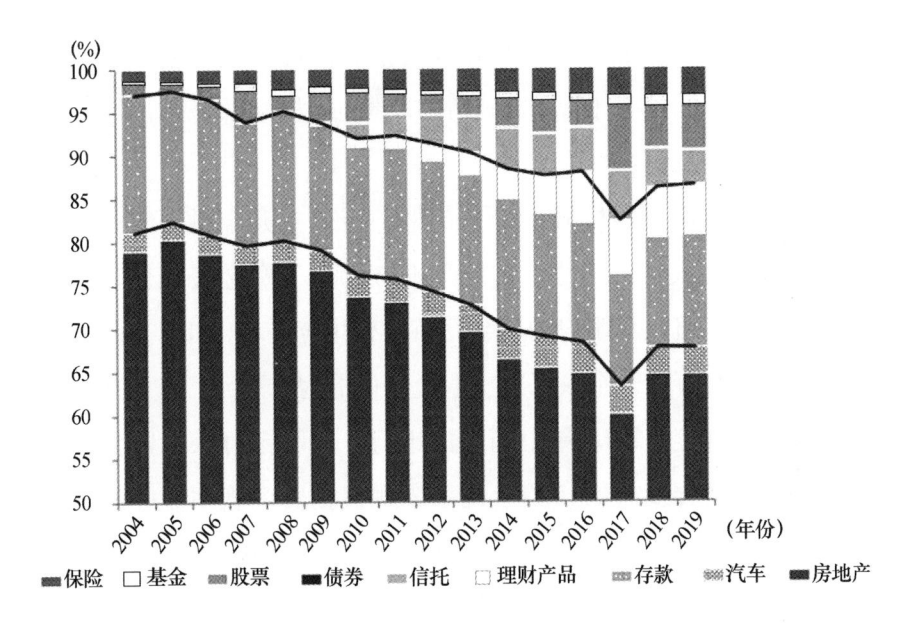

第八章 互联网理财：财富管理新时代

图 8-23　2004—2019 年中国居民家庭总资产配置结构

资料来源：Wind。

另一方面，传统存款、余额宝等类似产品所反映的无风险收益率进一步下降。2020 年 4 月 6 日，余额宝 7 天年化收益率首次跌破 2%，之后继续快速下行，截至 2020 年 5 月末已经降至 1.5% 以下。目前余额宝的用户规模达到 6 亿人，资产规模为 1.26 万亿元，顶峰时曾达 1.69 万亿元（2018 年 3 月）。随着无风险利率降至 2% 以下，可能难以满足居民的财富增值要求，将推动财富管理需求中金融风险资产配置比例提升。

二　互联网渠道凭借强大的用户洞察优势、显著的费率优势、全产品布局优势，渗透率有望持续提升

与传统理财产品相比，随着大数据、人工智能等技术不断成熟，互联网理财产品的优势更加凸显。互联网理财产品具有交易门槛更

低、透明度更高、交易操作更便捷等特点，能够更大程度满足居民对于理财的个性化、多样化需求，在用户端和机构端都显示出了自身独特的优势。

第一，互联网理财能降低投资门槛，有效提升金融可得性。出于资金流稳定和高收益的考虑，传统理财产品对于资金安全性、可偿还能力要求较高，机构对用户的资金门槛也有相应要求，如7天通知存款的资金门槛是5万元，个人每次支取金额最低为5万元。监管机构也对此做出了明确规定，2018年中国人民银行、中国银行保险监督管理委员会等四部委联合发布的《关于规范金融机构资产管理业务的指导意见》中要求：商业银行发行公募理财产品的，单一投资者销售起点金额不得低于1万元。同时，传统理财产品存取周期也较长，在这种情况下，许多收入状况不理想、对资金灵活性要求高的用户难以享受到理财服务。相较而言，互联网理财通常门槛较低，大多数产品为100元起投，部分产品的门槛会低至1元，如余额宝、存金宝等，给众多储蓄较少的用户提供了参与理财业务的机会。同时，大多数互联网理财产品提现周期较短、手续较少，用户能够在手机端灵活地进行存取操作，减少了资金紧张用户的后顾之忧，也给资金丰厚的用户提供了更多元的资产配置选择，提高了不同资金状况用户的金融获得度。

第二，互联网理财为用户提供更便利的一站式服务。互联网理财平台本身的一个重要作用是对理财产品信息的整合，通过将不同渠道的产品整合在一起，提升信息透明度，便于投资者基于客观信息对不同产品进行更加广泛的横向比较，选出优质的产品。此外，互联网还可为用户提供专业化、个性化、快捷化的理财方案。由于用户信息筛选能力有限，且本身金融和理财知识水平不足，而传统理财服务市场的理财顾问咨询费用较为高昂，因此互联网理财引入的智能投顾可以很好地满足用户的这一需求。智能投顾通过一系列智能算法综合评估用户的风险偏好、投资目标、财务状况等基本信息，为用户提供个性化理财方案，为客户带来更优惠、便捷、全面的一站式服务。

第三，对机构端来说，互联网理财平台使得机构销售更为精准。金融产品强调将"合适的产品卖给合适的人"，要设计出好的理财产品不仅要了解用户整体需求，更需要把适当的产品推荐给适合的用户，这就需要数据和技术的支持。在数据方面，互联网平台相较于传统业务更便于数据的整合与沉淀，包括各类金融交易、客户信息、市场分析、风险控制等，大型数据库的应用为金融数据的存储提供了坚实基础，人脸识别、指纹识别、扫码支付等技术的应用为海量数据收集提供了便利。在技术方面，互联网理财产品常常与人工智能等技术进行结合，随着算法优化、算力提升，尤其是知识图谱、自然语言处理等技术的发展，更多智能化技术能够处理海量数据并从中归纳描述、还原用户画像，进行用户和产品的归类、匹配，帮助销售机构把不同的产品匹配给更适合的人。

基于上述优势，互联网不仅能够有效拓展理财市场规模，而且极大地促进了理财业务线上化，带动了财富管理行业的转型升级，进一步扩大了互联网理财市场空间。例如，从基金销售各渠道保有量分布来看，近年来商业银行以及基金公司的基金销售保有量规模占比呈不断下降态势，而互联网平台所属的独立基金销售机构的保有量规模占比由 2015 年的 2.1% 快速提升至 2019 年的 11.0%。此外，从保险理财产品来看，线上销售保险理财产品的趋势越来越明显，一些银行的 APP 也开始有意识加大对保险产品销售的布局和线上运营，产品种类也从最初的理财险扩展到健康险、意外险、车险、终身寿险等，未来互联网渠道有望持续抢占传统理财渠道的市场份额。

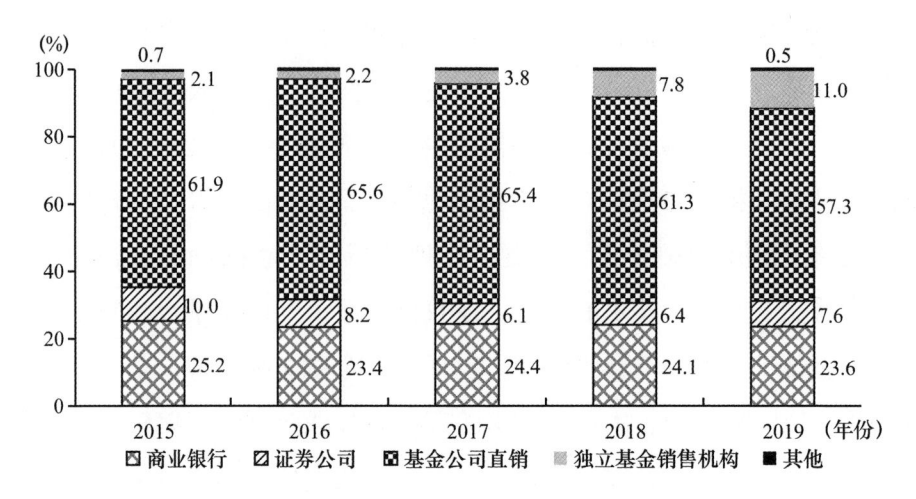

图 8-24　2015—2019 年各渠道基金销售保有量市占率分布

注：其中部分通过互联网平台销售的基金被统计在基金公司直销及商业银行类别下，实际互联网平台所属的独立基金销售机构占比更高。

资料来源：中国证券投资基金业协会。

三　基金投顾成为财富管理行业新趋势，推动互联网理财平台转型

2019 年买方投顾模式正式落地，目前已经有三批试点机构，包括了基金公司、银行、证券公司以及第三方基金销售机构。由于各类型金融机构和基金销售平台自身的资源禀赋存在差异，因此在投顾业务的发展策略上也各有侧重。例如券商和银行自身渠道和投顾的基础较好，试点机构主要通过自建团队发展中高端客户的投顾业务，而对于一般投资者采用互联网平台进行标准化管理；互联网销售平台自身线上渠道能力较强但投资能力相对较弱，因此大多需要与专业投资公司进行并购或合作（少部分顶尖平台可以花时间打造投资团队），提

供风险和门槛较低的产品；基金公司投资能力较强但渠道能力较弱，目前普遍需要借助智能投顾技术开展业务。

买方投顾有利于推动财富管理机构商业模式加速升级。传统"卖方模式"下财富管理机构主要通过销售交易获取佣金，以产品销售为导向，而"买方模式"下机构多通过存量资产管理规模向客户收取管理费，盈利模式转向以用户服务为导向。而基于管理资产规模收取投顾服务费用的"买方模式"对抗市场波动的能力相对较强，当投顾方业务模式较为成熟、品牌影响力较高之后，其客户黏性和定价能力也会提高，因此具有高附加值、ROE 稳定的价值，商业模式的升级能提升机构收入稳定性、形成良性循环。此外，买方投顾业务凭借其多样化、差异化、场景化的产品设计以及规范的管理流程，有望引领中国大财富管理领域变革与发展。

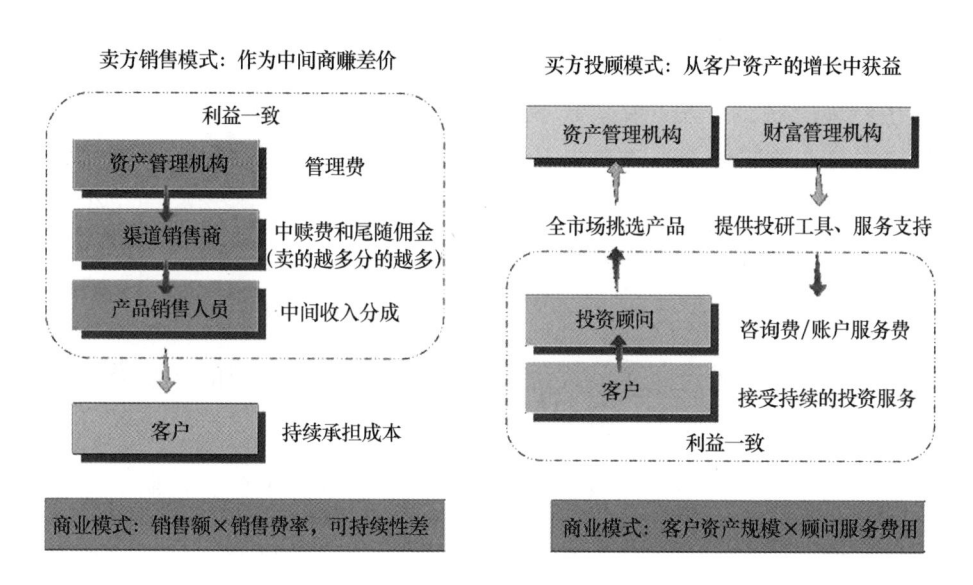

图 8-25 卖方销售模式与买方销售模式对比

资料来源：券业星球。

四 各类互联网财富管理平台基于各自优劣势进行未来布局和完善

中国居民的财富管理仍处于快速发展阶段，未来各类财富管理机构结合自身优缺点进行商业模式转型，整体围绕客群、产品与投顾实力，持续夯实核心竞争力。

对于银行及其理财子公司而言，其主要劣势在于投研团队搭建不完善，投研能力不足；此外，商业银行还需在资管新规过渡期内完成整改目标。因此，一方面，商业银行需要继续丰富产品体系，加速净值化转型。可通过强化与头部基金公司的战略合作，打造公募基金代销品牌，并大力发展资本市场类私募产品体系，推动"家族信托＋债券定制＋全权委托"的定制服务，满足群众多样化的财富管理需求。另一方面，还需继续加强投研能力，构建多元化投资策略。除了常见的股票、基金、债券等投资品种策略研究，还可积极布局资管计划、国债期货、跨境业务，不断开拓并表型产品等新投资品种，研究储备公募REITs投资机会，落地"多策略、全天候的大类资产配置＋组合投资"的投资策略，加速非标业务转型发展。

基金公司当前的主要劣势在于销售渠道不足，需要依托其他金融机构和第三方机构进行产品代销；此外，基金管理公司的产品类别较少，产品创新能力不强。对于基金公司而言，一方面，可以加大利用科技赋能金融，构建包括数字线上化平台、大数据平台、投研一体化平台、投前投中投后运营平台等在内的一站式财富管理平台，为投资者提供便利，提高线上理财渗透率。另一方面，进一步丰富产品类别，加快FOF/MOM产品、注册制打新产品、FICC/CTA产品等创新产品的发展。

对于券商而言，其主要劣势亦在于销售渠道相对不足，需要依托其他金融机构和第三方平台进行产品代销。因此对于券商而言，同样需要加强线上渠道建设，构建开放式平台，并不断丰富使用场景，在线上APP里搭建生活生态，逐渐缩小与互联网平台的流量差距。另外，可以积极申领公募牌照，充分挖掘数量庞大、投资经验丰富、风险容忍度较高的经纪业务客户的变现能力。

互联网平台则在产品创设方面较传统金融机构有较大的差距，在资产管理和综合服务能力上并不具备竞争力。一方面，互联网平台可通过与领先的第三方资管机构合作，在产品端引入丰富且领先的理财产品；另一方面，可以打造金字塔形分层次财富管理体系，实现多层级客户的内源增长，针对自己聚焦的长尾客群，不断开发标准化、低门槛的一站式管理产品与服务，针对高净值人群不断强化财富客户服务和培育升级，夯实差异化竞争优势。

◇ 第四节 2021年互联网理财行业的机遇与挑战

一 互联网理财行业面临的挑战

（一）互联网理财监管环境趋严，互联网销售金融产品范围收窄

随着互联网财富管理行业不断发展，针对互联网理财平台的监管全面趋严，2020年监管重点在于规范互联网销售渠道，第三方互联网平台未来将在监管许可的范围内进行金融产品销售，可提供的理财产品范围收窄。2020年12月中国银行保险监督管理委员会起草了

《商业银行理财子公司理财产品销售管理暂行办法（征求意见稿）》，明确现阶段仅允许银行理财子公司和吸收公众存款的银行业金融机构作为其代理销售机构，叫停互联网平台的理财产品销售；2021年1月中国银行保险监督管理委员会发布了《关于规范商业银行通过互联网开展个人存款业务有关事项的通知》，明确叫停了第三方平台的互联网存款业务；因此当前占居民可投资金融资产逾六成的两大品类存款及银行理财的主要销售入口仍将为银行自身渠道，而银行自身的线上化渠道渗透率不足。此外，养老保险公司提供的理财产品亦处于监管空白，未来或将面临潜在的整改或被叫停的风险。整体来看，政策监管趋严可能制约互联网财富管理行业市场规模的进一步扩大。

（二）金融业对外开放程度加深，互联网理财面临竞争加剧

在推进金融供给侧结构性改革的过程中，金融行业对外开放程度不断加深，2020年，证券、基金以及保险等金融机构外资持股比例限制全面取消。海外财富管理机构凭借自身资源禀赋，通过直接申请公募或私募牌照、提高现有合资基金公司持股比重、新发起中外合资资管机构等方式加快在华布局，加速中国财富管理行业格局演变。

一方面，领先的外资机构具备稳健的投研能力、跨境投资的完善布局以及市场化的激励机制，在主动投资能力方面占优；另一方面，外资在科技投入、平台运营、产品及策略研发经验等方面优势明显，被动投资、智能投研、风险管理水平上更胜一筹。此轮金融开放浪潮下，外资财富管理机构加速切入中国市场，将对国内互联网理财平台带来激烈竞争。

（三）互联网理财对高净值人群的覆盖不足，综合服务能力有待提高

中国高净值人群数量及持有可投资资产规模不断攀升，而互联网财富管理平台定位大众客户，对于高净值人群的覆盖不足。随着中国经济不断发展及居民财富日益积累，中国高净值人群数量及持有可投资资产规模不断攀升。截至2018年年末，中国高净值人群数量为197万人，同比增长5.3%，中国高净值人群可投资资产规模为61万亿元，同比增长5.2%。目前国内以大中型银行为代表的领先财富管理机构深耕私人银行领域多年，而互联网财富管理平台总体定位于大众客户，对于高净值人群的覆盖度还处于较低水平。

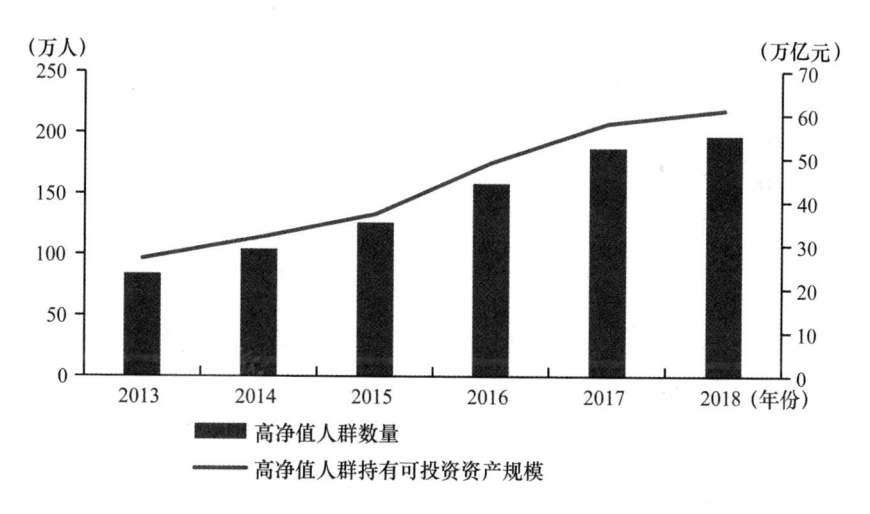

图8-26 2013—2018年中国高净值人群数量及持有可投资资产规模

资料来源：Wind。

此外，高净值人群对于财富管理的需求也将变得更为多元化，除了家族财富保障和传承、家族资产的长期增值等较为常规和传统的事务，他们还需要更多与财富相关的服务，包括子女教育和培养、高品

质生活、家族税务规划和咨询、家族企业的投融资服务、境外资产的配置等，这也需要财富管理机构提供更高水准和更综合化的服务。大型私人银行已经建立了专业的财富管理服务体系，在品牌和综合服务上同样具有优势，而互联网财富管理平台的综合服务能力还有待提高。

二 互联网理财行业面临的机遇

（一）资本市场深化改革，引领大财富管理时代到来，居民财富管理意识持续提升

资本市场改革深化，将引导更多长期资金入市。2020年1月4日，中国银行保险监督管理委员会发布《关于推动银行业和保险业高质量发展的指导意见》，其中指出，大力发展企业年金、职业年金、各类健康和养老保险业务，多渠道促进居民储蓄有效转化为资本市场长期资金。2021年1月28日，中国证券监督管理委员会召开2021年系统工作会议，提出将以更大力度推进投资端改革，加大权益类基金产品供给与服务创新力度，推动个人养老金投资公募基金政策尽快落地，优化中长期资金入市环境。近年来，在监管层综合施策以及多措并举下，为居民储蓄入市营造了非常好的制度环境。

长期资金的持续入市会是引领居民财富配置结构变化的重要催化剂。近年来，社保、养老金、险资等持股比例限制不断提高，鼓励居民通过公募基金等方式参与资本市场投资。机构投资者占比的提升，有利于股市的平稳健康发展，进一步增强投资者的入市投资意愿和投资信心，居民财富管理意识持续提升，引领大财富管理时代到来。

（二）年轻人群是互联网理财的主力军，随着其财富不断积累与理财意识不断提升，带动互联网理财快速发展

线上化理财渗透率持续提升，年轻人群是线上财富管理的重要客群，推动互联网理财快速发展。根据中国家庭金融调查（China Household Finance Survey，CHFS），2015—2019年家庭线上投资参与率呈现持续提升态势，年轻家庭群体的渗透率显著高于中老年群体，2019年户主年龄在20—40岁的家庭参与率达到23.2%，高于户主为60岁以上的老年群体的线上投资参与率3.3%。随着年轻群体财富的持续积累，驱动年轻人线上理财意识与需求不断提升，未来线上财富管理规模将持续提升。

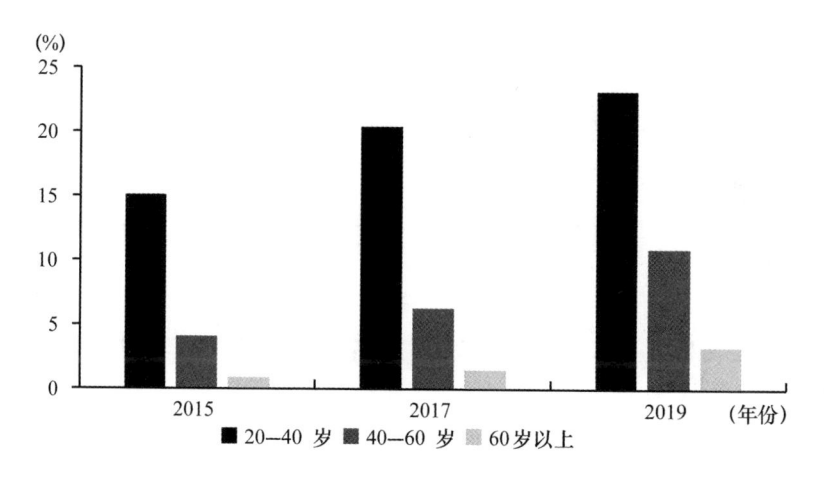

图8-27　互联网理财参与率（按户主年龄分组）

资料来源：中国家庭金融调查（CHFS）。

（三）金融科技不断渗透，全流程赋能互联网理财业务

推动金融与科技深度融合，实现人工智能等新兴技术手段在财富管理领域的应用，有助于全流程赋能互联网理财业务。

在客户挖掘阶段，互联网财富管理平台运用大数据、智能数据分析等技术进行投资者行为分析，收集投资者行为数据等信息，根据数据走势预估投资者行为趋势、风险偏好和信用属性等特征，形成用户全景视图，以实现财富管理资源精准匹配。在资产配置阶段，应用大数据支持产品与底层大类资产的尽职调查，并使其成为智能化投资组合的基础，基于客户实际存量资产、风险偏好和收益目标等进行个性化、定制化、智能化的财富管理服务。在投后服务阶段，云计算、大数据及人工智能等高科技可为财富管理机构提供数据支持，对财富管理机构提供的产品及服务进行更新升级，以提升效率、降低运营成本。

强化科技赋能财富管理业务的全流程，一方面，有利于财富管理业务质量提升，满足客户的多样化、个性化投资需求，为客户带来更便捷、更全面的理财体验；另一方面，有利于提升机构的运营效率、降低其运营成本。

附录 8-1 互联网理财助推中国居民消费升级

一 关于消费的经典理论评介

经典理论对收入影响消费的研究进程可分为三个主要阶段：第一阶段始于20世纪30年代，该阶段开始从收入假说角度研究消费，重点研究消费和当期收入的短期关系，代表理论有绝对收入假说；第二阶段延续收入函数视角，开始于20世纪50年代中期，重点研究消费与收入的长期关系，以持久收入假说为代表理论；第三个阶段始于20

世纪 50 年代，从个人效用函数角度出发，研究收入在效用最大化目标下对平滑消费的影响，代表理论为生命周期假设。

绝对收入假说由约翰·梅纳德·凯恩斯（John Maynard Keynes）于 1936 年首次提出，在其出版的著作《就业、利息和货币通论》中，凯恩斯认为居民的消费决策受众多因素影响，如收入总量、收入分配、消费者偏好、价格等因素，起决定性作用的因素是收入水平。绝对收入假设认为，消费支出取决于绝对收入，消费支出与收入之间保持着稳定的函数关系，边际消费倾向和平均消费倾向随收入增加而递减。绝对收入假说将收入引入对消费的研究，开创现代消费理论，其对短期消费行为的研究，合理地解释了大萧条时期的经济，但对长期边际消费倾向递减规律缺乏数据与实践证明，无法有效解释长期消费的稳定性。

持久性收入假说（Persistent Income Theory）由米尔顿·弗里德曼（Milton Friedman）于 1957 年提出，在《消费函数理论》一书中，弗里德曼认为人们更倾向于根据持久、长期的收入做消费决策而不是依据短期收入。原因在于，短期收入受影响因素众多，导致经常发生波动变化，为实现消费效用最大化，消费者根据长期保持的持久收入水平决定消费水平。永久收入代表消费者长期预期下、常规稳定的收入，暂时收入指非经常性的、带有偶然性的收入，是现期收入与过去收入的加权平均数。消费取决于永久收入，利息、财富等占消费者收入的比例，偏好、文化等其他因素也会产生影响。根据持久收入消费理论，当期收入增加时，消费者由于无法判断收入增加能否持续，不会立刻调整消费，因此短期的边际消费倾向明显低于长期边际消费倾向，从而合理地解释了凯恩斯绝对收入假设下，边际消费递减和长期消费稳定相悖的问题。

生命周期假说是1954年由弗兰科·莫迪利安尼（Franco Modigliani）和理查德·布伦伯格（Richard Brumberg）共同提出的理论。该假说认为，消费者是理性的，会根据对未来收入的预期来优化生命周期的各期消费，并非仅依据当前收入，以实现个人效用最大化为目标来推导消费函数，消费取决于财产收入和劳动收入，以及两类收入的边际消费倾向。该理论认为，居民在青年和老年时期的消费大于收入，会动用未来收入或储蓄，进入中年时期收入高于消费，储蓄部分用以偿还青年时期的预支和老年期的养老，消费水平主要随生命周期不同时段变化，目标为整个生命周期内预算约束下的效用最大化，因此理性消费者会借助信贷和储蓄手段，将一生收入合理分配来平滑消费，强调一生的持久收入对消费的影响。居民综合考虑过去积蓄的财富、当期收入、未来收入、可预期的支出、工作与退休时间等因素，决定一生中的消费和储蓄。在长期收入对消费和储蓄的影响上，和持久收入假说有共同之处，但更强调个体一生的平滑，储蓄是出于年龄结构的考虑。生命周期假说未将不确定性纳入消费理论模型，这一点在后来的发展中得到完善。

二 互联网理财助推消费升级的经验证据

1. 合理配置金融资产行为有助于消费和消费升级

基于蚂蚁集团数据，本部分主要通过截面数据研究合理配置金融资产的行为对消费和消费升级的影响。基准模型设定如下：

$$Consumption_i = \beta_0 + \beta_1 treated_i + \beta_2 X_i + \varepsilon_i$$

其中，$Consumption_i$为电商消费支出，以及发展型、享受型、耐用品消费；$treated_i$为资产配置行为，如是否在购买被动性基金的基础上还购买了主动型基金、是否在购买货币基金的基础上还购买了其他基金、是否在购买股票和混合型基金的基础上还购买其他低风险基金；X 代表消费者个人特征。

根据基准回归结果，在购买被动型基金的基础上还购买其他主动型基金比仅购买被动型基金更能够促进消费支出总额，并且有助于发展享受型消费和耐用品消费在消费总支出中比重的增加，即促进消费升级；在购买货币基金的基础上还购买其他类型的基金比仅购买货币型基金更能够促进消费和消费升级；在购买股票和混合型基金的基础上还购买其他低风险基金比仅购买风险较高的基金更能够促进居民消费和消费升级。因此，合理配置金融资产的行为更有助于促进居民消费和消费升级。

表 8-15　合理配置金融资产对消费影响的实证结果

	电商消费总额	发展型消费	享受型消费	耐用品消费
是否在购买被动型基金的基础上还购买主动型基金	1.3080 *** (0.0859)	0.0425 *** (0.0065)	0.0172 ** (0.0071)	0.0652 *** (0.0085)
是否在购买货币基金的基础上是否还购买其他类型基金	2.2587 *** (0.1673)	0.0739 *** (0.0097)	0.0708 *** (0.0097)	0.1202 *** (0.0136)
是否在购买股票和混合型基金的基础上是否还购买其他低风险基金	2.4613 *** (0.1597)	0.1044 *** (0.0123)	0.0675 *** (0.0097)	0.0370 *** (0.0104)

注：右上标星号数据为根据同行业其他维度增长率与年度数据的季节性调整变化估算的替代数据。

资料来源：中国人民大学金融科技研究所、蚂蚁集团研究院。

由于不同人群存在一定异质性问题,本书在基准模型中分别加入处理变量与城市等级的交叉项、处理变量与是否涉农的交叉项、处理变量与现金流状况的交叉项、处理变量与房产持有情况的交叉项来研究金融资产配置行为对不同人群消费的影响。结果表明,这些交叉项的系数均显著为负,意味着随着城市等级的增加、现金流的增大、房产持有评分的增加或者对于城市人群,金融资产配置行为对消费总额和消费升级的影响有所下降,表明合理配置金融资产对下沉人群消费的影响更重要。

2. 居民理财行为影响消费升级的传导机制

基于现有文献以及实证分析提供的经验证据,本书认为居民理财行为对消费的影响主要通过三个传导渠道:财富效应传导机制、资产效应传导机制和信贷效应传导机制。

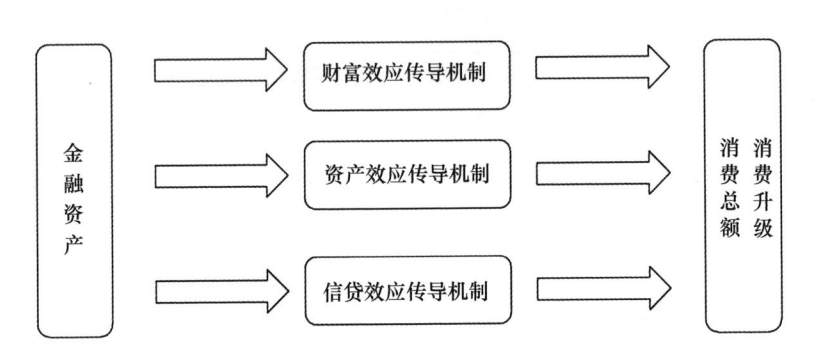

图 8-28 居民家庭理财行为影响消费行为的传导机制

第一,财富效应传导机制。居民家庭购买的资产的价格波动会使得消费者的收入增加或者减少,进而引起消费总额及结构发生变化。财富传导机制主要是通过实际收入和预期收入两种途径进行传导:(1)实际收入效应,当居民持有的金融资产价格上升时,其拥有的金融资产价值会相应提高，居民可以在市场上卖出金融产品来获得资本利收益，从而刺激消费总额的增长以及消费结构的升级；（2）预期收入效应，当居民对持有的金融资产抱有一种未来价格会增长的预期时，将会增加投资者的消费信心，从而在一定程度上影响消费行为的改变。如当投资者看好某一只股票的长期投资价值时，没有即刻变现，即使持有股票不会给投资者带来实际收入，但只要能给投资者带来未来收入增长的预期，也会导致当期消费的增加及消费结构的调整。

实证分析结果表明，金融资产是否获益对居民消费有显著的正向影响，并且会显著影响到发展型、享受型和耐用品的消费。此外，对于现金流比较低和房产持有评分较低的人群而言，投资收益对消费促进作用更大。

第二，资产效应传导机制。居民或家庭会通过理财行为优化资产配置，将其持有的不同类型资产（固定资产、金融资产等）跨期分配用于消费[①]，通过缓解流动性约束实现消费平滑，从而促进消费以及消费多样性。当投资者流动性紧张时，通过变现持有的金融资产增加当期收入，缓解流动性约束，从而扩大当期消费额度或者推动消费转型升级。

实证分析结果表明，基金赎回金额对消费总额以及发展型、享受型消费和耐用品消费都有显著的正向影响。同时本书还用是否有赎回行为这一虚拟变量作为核心解释变量进行稳健性检验，所得结论保持一致。同样，对于现金流比较低和房产持有评分较低的人群而言，资产效应对消费的影响更大。

---

① 李涛、陈斌开：《家庭固定资产、财富效应与居民消费：来自中国城镇家庭的证据》，《经济研究》2014 年第 49 期。

第三，信贷效应传导机制。居民家庭持有金融资产有助于个人信用，更容易获得消费信贷，进而促进居民的消费和消费升级。一方面，金融资产价值上升时，投资者的抵押资产就会增加，信用水平提高；另一方面，互联网理财行为完善了居民家庭的信用记录，使得投资者获得信贷支持的难度降低，最终能够通过信贷提高消费水平、拓宽消费种类。

实证分析结果表明，基金持有规模对消费和消费升级有显著影响，并且会通过增加消费者的消费信贷来促进消费和消费升级。

第九章

主要结论与政策启示

◇ 第一节 2013—2020年中国资管行业总指数增长近5倍

中国武夷资产管理行业发展指数旨在动态刻画近年来中国资产管理行业的整体变化情况,本书选取资管规模、资管产品、经营效益和人才资源四个一级指标,银行业、证券业、保险业、信托业、基金业五大行业作为二级指标,并以此来构建2013年第一季度至2020年第四季度中国武夷资产管理行业发展指数。

结果表明,2013年第一季度至2020年第一季度,中国资产管理行业总指数增长近5倍,整体呈现两个发展阶段。第一阶段为2013年第一季度至2017年第四季度的迅猛增长阶段,指数从2013年第一季度基期的100增长到2017年第四季度的531.67,五年间增长了近4.3倍。第二阶段为2018年第一季度至2020年第四季度的稳定发展阶段,2019年第一季度总指数首次出现同比负增长,而后出现回升。

2020年,在新冠肺炎疫情冲击和国内外经济复杂形势的影响下,中国金融体系流动性供求变化的不确定性明显加大,随着中国率先控制疫情、率先复工复产、率先实现经济正增长,央行稳健的货币政策体现了前瞻性、主动性、精准性和有效性,同时也为资管行业逆势回升提供了有力支撑。截至2020年第四季度,指数测算的最新结果如下:

第一,整体层面,总指数为596.23,同比增长10.66%,环比增长3.94%;

第二,分二级指标层面,规模指数为552.71、同比增长2.42%,产品指数为934.20、同比增长17.70%,经营效益指数为258.76、同比增长2.37%,人才资源指数为232.68、同比增长7.10%;

第三,分行业层面,银行业资管指数为560.26、同比减少1.68%,证券业资管指数为336.40、同比减少7.00%,保险业资管指数为651.32、同比增加27.35%,信托业资管指数为285.20、同比增加3.53%,基金业资管指数为1172.52、同比增加17.69%。

◇ 第二节 银行理财转型进入攻坚期,未来机遇与挑战并存

第一,2020年银行理财市场经历了新冠肺炎疫情的冲击,但也经受住了考验,各项业务平稳发展,资管新规转型顺利推进。具体体现为以下几方面:首先截至2020年年末,全国非保本理财余额约为25.86万亿元,较2019年年末增加2.46万亿元,增幅10.51%,不管是理财规模还是增速,均较2019年有所提升;其次,从产品来看,开放式、净值型产品规模大幅提升,同业理财、短久期与嵌套类理财产品规模进一步明显压缩;最后,从资产端来看,标准化资产占比继

续上升，非标资产占比下降。2021年是资管新规过渡期的收官之年，考虑到监管层面已对实际情况作出"延期+个案"的处理，且特别出台政策配套与激励处罚机制督促资管机构完成转型，为打破市场"一再延期"的预期，本书预计2021年对银行理财业务的监管将趋严。对此，本书建议，银行要用好当前稳增长压力较小的窗口期，仍应以资管新规为大纲，落实监管转型要求，稳妥处置表外非标、表外不良、非上市股权资产或者产业基金、信用债、商业银行资本补充工具等问题，尽早全面达到资管新规的要求。

第二，银行理财中长期发展潜力巨大，马太效应凸显。以国外主流的银行系资管公司为例，2020年年末，表内资产与表外资管规模比例平均为1：1，部分银行表外资管规模远超过表内资产。以国外成熟资管行业作为对标，未来国内银行理财子公司成立之后，规模至少有十倍左右的增长空间。若表内外资产比例能达到1：1，则国有大行增长空间更大。并且以理财子公司开业的速度看，大行有明显的先发优势，能迅速抢占市场份额。对此，本书建议，大中型银行可以凭借其在客户基础、人才团队等多方面的优势，尽快完成从资管部到理财子公司的组织结构及业务转型，相比较而言，部分中小银行在投研能力、产品布局等方面实力较弱，业务转型难度相对较大，因此预计未来大中型银行将会抢夺更多市场份额，而中小银行更多作为资管产品的代销平台，银行资管机构的市场集中度或将进一步提升。

第三，后疫情时代，"固收+"将是理财产品策略配置的主流，"权益类"产品将会是差异化发展的方向。"固收+"资产配置策略成为银行在资管新方向下对保本理财产品的替代方案，即以策略保本代替刚性兑付，将大部分资金投资于固定收益类资产，使其期末的本息和等于本金额度，然后将剩余资金投资于股票指数期权、股票、衍生品等其他资产。借鉴发达经济体资管业务发展的经验，权益市场将在固收收益市场之外，能为客户提供更多超额收益，或将成为更多头部银行做大做强理财子公司、并且有望形成差异化发展的方向。对此，本书建议，体制机制更为市场化的银行，可以效仿公募基金的投研运作体系，全面对标海外优秀的资管机构，搭建成熟的投研体系，将权益市场逐渐作为理财资金配置的重心，为客户提供更多差异化产品的选择。

第三节 券商资管稳步转型，加速主动化管理提升竞争实力

第一，资管新规"降杠杆、去通道"要求下，业务结构发生重心转变。资管新规下，资金端通道业务被全面封堵，资产端被动管理模式也被封堵，以定向计划通道业务为主的券商资管必然要转移重心。对此，建议将工作重心转移至资产证券化等"非标"转"标"业务，利用自身比较优势进行主动管理，从客户拓展、产品创新等方面予以突破。

第二，资管行业同质化竞争加剧，券商资管需打造差异化优势。未来资管新规过渡期结束后，资管行业有望迎来统一监管的局面，各类金融机构的资管业务同质化将越发明显，市场竞争也将越发激烈。对此，本书建议，充分发挥券商的业务协同和综合实力优势，依靠经纪、投行、托管业务现有优势及研究所的研究实力，扩大资管实力，从而充分发挥全产品链的优势。

第三，正确理解与迎合政策导向，迅速完成业务转型，在变化阶

段抢占先机。资管新规过渡期正式宣布延长至2021年年末，目的是保持金融市场稳定，防止资产集中抛售，为券商资管转型提供空间与时间，但长期改革大方向并没有改变。对此，本书建议坚持改革决心不动摇，充分利用过渡期的延长时间，集中精力处理存量资产和老产品，力争2021年年末之前完成过渡目标。

第四，积极开拓产品创新，以主动管理型产品为发力点。资管新规下，券商资管以往依赖的定向通道业务已无生存空间，需要创设能够凸显自身投研实力的主动管理型产品。对此，本书建议，券商资管应利用自身资源禀赋，开拓资产证券化、FOF及"固收+"类产品，充分整合券商积累的投研能力、信息资源及客户渠道等增强业务实力，优化资管业务结构。

第五，增强研究实力，把握居民财富管理需求。2020年中国居民的财务配置呈现从不动产和银行储蓄向金融资产迁移的趋势，居民追求金融性财富增长的意愿越发强烈。对此，本书建议，券商资管加强产品需求定位、产品设计及资产负债管理方面的钻研，培育自身的研究实力，切实发挥"代客理财"的功能，为广大投资者们提供低回撤、稳增长的资产管理服务。

第四节　保险资管"1+3"监管框架落地，有望迎来规范大发展时代

第一，资管新规赋予保险资管市场化地位，有利于其长期健康发展。2020年保险资管新规落地实施，2020年9月出台了针对债权投资计划、股权投资计划、组合类保险资产管理产品的配套细则，自此

保险资管业"1+3"监管框架落地。资管新规统一各资管子行业监管要求，缩小监管差异，保险资管新规赋予保险资管市场化地位，有利于保险资管行业长期健康发展。保险资管新规将保险资管明确定位为私募资管产品，将开启保险资管市场化发展的新篇章。监管规则的明确为保险资管行业规范发展的保障，对此，本书建议保险资管机构抓住机遇，提升发展速度，做大做强。

第二，拓展负债来源，提升投研能力，降低对母公司的依赖。受托关联保险机构保险资金业务、非关联保险机构的保险资金业务、第三方非保险资金的业务等是目前保险资管公司主要受托业务。2012年《保险资金委托投资管理暂行办法》实施以来，券商、基金公司等资管机构可作为受托人受托保险资金投资，保险资管面临的竞争压力加大。对此，本书建议保险资管机构积极拓展负债来源，积极发展组合类产品，提升产品能力及投研能力，适度降低对母公司的负债依赖。

第三，科技赋能，提升科技在业务上的运用。科技变革了很多传统行业，也在赋能金融业的发展。科技能够提升保险资管业效率，不少保险资管公司利用金融科技打造智能投研平台，提升投研能力；大数据风控可以赋能保险资管的债券投资业务，识别财务造假，降低债券投资踩雷的概率。金融科技还能改善客户体验。对此，本书建议保险资管机构紧跟时代的步伐，加强金融科技的应用，通过科技赋能提升竞争力。

第五节　信托资管：严监管下转型趋势加快

第一，信托行业监管继续从严。资管新规颁布后，2020年新一轮的监管文件陆续落地,从严监管趋势不断强化。监管趋严的背景下,去通道、去杠杆、压融资,严防多层嵌套,规避监管套利等,归根到底都是为了服务实体经济。随着监管政策陆续出台,信托业面临新一轮冲击与挑战,倒逼信托公司加快转型步伐。对此,建议信托公司在转型发展中建立服务实体的核心理念,紧紧围绕实体经济需求,顺应金融供给侧结构性改革浪潮,向国家重大战略领域及新基建方向展业,引导社会资金的高效配置,促进实体经济的平稳健康发展。具体可从以下三方面进行转型:一是产品端,通道类、非标融资业务压降,传统业务模式受阻,在转型压力下,部分机构可能面临被淘汰的风险,甚至出现机构整合现象。信托公司产品需积极探索产品业务创新。二是资产端,服务实体经济的定位保证了工商企业与基础产业投向资金的规模与占比;"三稳"政策的要求及"住房不炒"的定位,导致房地产信托规模持续收缩,但其利润空间大、现金回流快等特点,决定了在相当一段时间内房地产信托仍是信托业持续发展与深耕的重点。在监管要求下,房地产信托可向股权投资、资产证券化、永续债等融资方式转变。此外,监管政策利好标品投资,证券公司可借力发展证券投资信托。三是机构端,当前监管政策将业务规模与净资产挂钩,信托公司可进一步进行增资扩股、提高资本实力,从而提高风险抵御能力。

第二,融资类信托的收入贡献难以持续。从短期来看,融资类业务埋下较多风险隐患,从近年来"爆雷"事件频发中可以窥知一二,压降举措在一定程度上排除了风险由表外向表内传递转移的风险隐患,为后续信托业的平稳运行奠定基础。从中期来看,融资类业务具有周期性,受宏观经济环境影响较大。随着全球经济放缓,新冠肺炎疫情冲击,利率在未来一段时间内将维持低位运行,当利率无法支撑融资成本时，融资类信托将走向消亡。从长期来看，金融科技的蓬勃发展加快了金融脱媒进程，提高直接融资占比一直是政策鼓励的方向。融资类信托的中介功能存在被新的金融业态替代的风险。对此，本书建议信托行业从融资功能逐步向资产管理与服务功能过渡，进一步弱化融资服务功能，提高主动管理能力，回归"受人之托，忠人之事"的服务定位，承担起"真信托"功能。值得注意的是，压降融资类信托不是"一刀切"，重点压降的融资类业务有两类：一是信托公司为其他金融机构提供规避政策限制，实行监管套利的通道类融资业务；二是信托公司偏离受托人定位，自身作为"信托中介"，风险自担的违规类融资业务。具体来看，本书建议：一是信托公司根据受托人定位开展融资类信托业务，转变原本赚取利差的简单业务模式，积极探索基于专业化、多元化服务的受托报酬盈利模式，这是具备直接融资特点的基本要义。二是在业务领域上，投向中小微企业、初创科技型企业、"两新一重"基础设施领域等国家重点战略方向。在后疫情时代，信托公司应审时度势，积极发挥制度优势，引导资金流向，支持企业复工复产。

第三，信托行业资本实力进一步增强，实收资本、信托赔偿准备和未分配利润都保持了较快的增速。在资管新规要求下，将促进信托行业打破刚兑、回归本源、创新发展。2020年，已有十余家信托公司增资扩股，引入战略投资者，合计增资额远超2018年和2019年。信托行业在资产规模继续回落的背景下，资本实力持续增强，这将有助于公司拓展业务领域，提高风险抵御能力。对此，本书建议信托公司进一步弱化融资服务功能，提高主动管理能力，回归"受人之托，忠人之事"的服务定位，承担起其他金融机构不具备或不完全具备的"真信托"功能，回归资产管理、财富管理、服务信托三大本源业务：

一是资产管理业务领域。新监管框架下，资产管理业务禁止刚性兑付，信托公司不再能以保本保收益的承诺吸引投资者，而是需要凭借自身的专业能力与品牌特色获得市场的青睐。二是财富管理业务领域。目前，监管持续收紧，且高净值人群对财富保护与传承的需求日益增加，财富管理业务有望成为信托业发展的新增长点。信托公司的财富管理业务涉及现金管理类、证券投资类等多种产品，可从投资和理财服务两方面为客户提供多样化的金融服务。未来发展财富管理业务的关键，在于培养客户对信托公司的长期信任，增强客户黏性。这就要求信托公司充分了解高净值人群的需求结构，相应推出定制化服务产品，同时提高主动管理能力，不仅限于提供运营管理、受托管理、法律咨询等服务，防止被通道化。三是服务信托领域。目前，服务信托的主要趋势方向有资产证券化信托、年金和养老金信托、家族信托及慈善信托等，信托公司可结合自身禀赋，从以上方面发力。

第六节 基金资管稳步发展，高起点带来新机遇更带来新挑战

第一，在资管新规过渡期结束之际，公募基金作为整个资管行业的标杆，起着规范全行业资产管理行为的带头作用。在其他资管面临业务模式转变的情况下，公募基金则因原本就扎根净值化管理领域而具备先天优势，高起点意味着在短期内获得更大的政策支持和能力发挥空间。建议公募基金在新机遇下更需加速创新化。

首先，公募基金公司在夯实固收类产品的同时，应紧抓中国资本市场深化发展的机遇，加强权益投资能力和产品发行，着力打造代表

中国经济竞争力和经济转型升级、科技创新方向的两类核心资产的投资优势。其次，公募基金公司应加快变革，根据客户需求，配合监管部门加强新产品创新，诸如REITs、被动投资、"固收+"、新三板基金、量化投资等业务加速创新，为提高公募基金行业发展水平奠定坚实的支撑。再次，公募基金需顺应渠道销售线上化的趋势，通过线上直播交流、专栏推送等形式增强与高净值客户的沟通和互动，让个人投资者对基金的投资理念、投资思路及最新的投资环境有更好的了解。最后，公募基金应将专业化、创新化、资产配置服务化三者结合起来，专业化是指公募基金公司的投研和投资管理能力继续提升，创新化是指利用线上媒介和工具，加强与客户的沟通和内部沟通，资产配置服务化是指利用其专业投资和投研能力，为客户提供一整套资产配置服务方案，当前基金投顾业务发展即是重要的体现之一。

第二，银行资管选择单独成立资管子公司来运作理财业务背景下，与公募基金一样，股债均可投。虽然银行理财子公司整体仍处于起步阶段，但是1元起投的"普惠化"优势，未来将对公募基金构成强大的竞争。目前银行理财子公司发展初期，借力银行固收方面的传统优势，初期发行产品以固收为主，之后扩展其他品类。公募基金可在凭借在权益投资上的优势，在银行缺乏丰富的投资经验和完善的投研团队的背景下，与银行理财子提供的全权委托、FOF、MOM等形式开展跨业合作，在银行理财子自主开展权益类投资前，与其他资管抢占市场合作份额。对于公募基金来说，在FOF和资产配置领域处于起步阶段，权益类资产配置外的其他策略竞争力较弱，亟须通过快速创新，夯实优势。

此外，本书建议公募基金行业应积极履行其普惠金融的社会责任。在业务开展中，基金管理公司应积极布局养老FOF产品业务，不仅是社会责任的体现,也能优化资产管理负债端。

第三,私募基金行业规范取得明显进步,但仍任重道远。目前,中国证券投资基金业协会已经通过 AMBERS 系统实现了对私募基金管理人和私募基金产品的规范登记和基础信息披露,2020 年 2 月,中国证券投资基金业协会正式上线信披备份系统投资者定向披露功能,私募基金投资者可以通过中国证券投资基金业协会信披备份系统查看其购买私募基金的信息披露报告。中国证券投资基金业协会增加投资者登录查询端口,大大推进了私募基金规范化、透明化的转变。在此背景的推动下,以私募排排网为典型代表的三方基金代销平台,逐渐成功引导证券类私募基金向合格投资者公开业绩、定期路演,让私募管理人在产品净值化背景下,以客户利益为先,坚持价值投资理念,注重回撤控制,不断投入和更新投研体系,给私募带来厚积薄发的效应。由此可见,在保留高灵活度的监管政策下,行业规范化的要求,有利于私募基金行业良性发展。

目前,相比其他资管行业领域,私募基金距离一个严格意义的监管规范还有一定的距离。对此,建议私募基金行业应加快行业自律的脚步,让私募基金管理人与客户实现有效的互联互通,最大限度减少信息不对称,为投资者提供良好的法律保障,进而引导中国私募基金行业良性发展与迭代。

第四,私募基金行业是国内资管行业的重要补充,无论是证券类基金、股权类基金、创投基金还是其他私募基金,均应在更专业化的领域做出重要贡献。以量化私募为例,近年来,量化私募采用以统计套利、机器学习、人工智能等相关数量化技术,并配合算法交易等方法从事专业的量化对冲投资。与公募相比,量化私募通过交易更加灵活、技术更加先进、激励机制更加吸引人的优势,获得超额收益的能力比公募基金更加突出，进而掀起规模增长浪潮。头部量化私募的崛起，逐渐进入银行委外资金视角，为私募基金规范化、专业化带了好头，与此同时量化私募行业的马太效应也更加明显，中小私募的处境并不乐观，尤其是尾部的机构面临较大的生存压力。量化领域的马太效应扩展到整个私募行业看也是同理。在资金向头部私募集中趋势明显的背景下，建议中小私募发展中，要客观认识资深的特质及行业小众性，在资产管理中不必广布局，要么坚持有特色，要么坚持有能力，去做某领域专业资的资管机构，否则便容易在近年的持续洗牌阶段进入持续淘汰行列。

第七节 财富管理新时代来临，互联网理财快速发展

第一，理财市场存在缺口为互联网理财留下发展空间。2018年以来，中国理财市场的规模和产品存续量增速放缓，信托、证券业的理财规模以及银行、证券业的理财产品数量甚至出现了负增长。互联网理财的发展速度虽然受到强监管影响有所下降，但其线上化的模式以及智能投顾的运用能够突破传统理财模式的诸多限制，降低理财门槛，为投资者提供多元选择，减少数字鸿沟，将理财服务触达更多下沉人群，扩大理财市场规模，未来发展动力强劲。对此，本书建议传统金融机构与互联网金融平台展开全方位地深入合作，推动理财线上化，创新理财服务模式，提高理财服务的普惠性，满足大众投资者的多样化理财需求，从而推动中国理财业务转型升级。

第二，大财富管理时代到来，带动互联网理财快速发展。随着资本市场深化改革、居民资产配置拐点加速到来，未来金融风险资产在

居民资产配置中占比有望提升。与此同时，随着年轻群体财富积累，线上理财意识与需求提升，未来线上财富管理规模将持续提升。根据奥纬咨询数据，中国通过在线渠道销售的个人可投资资产规模2019年为21万亿元，预计2025年有望达69万亿元，对应2019—2025年复合增速达22%。对此，本书建议互联网理财平台抓住机遇、积极布局，在产品端进一步引入丰富且领先的理财产品，以满足居民日益提升的风险资产配置需求；在客户端打造金字塔形分层次财富管理体系，针对长尾客群不断开发标准化、低门槛的一站式管理产品与服务，针对高净值人群不断强化财富客户服务和培育升级，持续提升互联网理财市场渗透率。

第三，青年人群和下沉人群是互联网理财的"明日之星"。互联网理财平台有助于培养投资者理财习惯，增加理财经验，帮助理财用户迅速成长为成熟的投资人，尤其是对小镇青年和下沉人群理财意识的培养效果更为显著。但整体来看，下沉人群的投资效率和投资能力相对较弱。对此，本书建议加强金融投资者教育，注重金融知识"向下"普及，加大对下沉人群金融知识的普及力度，增加投资者的金融素养，提高投资效率。一方面可以帮助下沉人群实现收入向上迁跃，拉动内需，促进经济增长；另一方面可以提高金融监管效率，维护金融市场稳定。

第四，互联网理财有助于促进居民消费和消费升级，拉动内需。对居民来说，合理配置金融资产有助于促进居民的消费和消费升级，更进一步，这主要是通过财富效应传导机制、资产效应传导机制和信贷效应传导机制来促进。对此，本书建议要充分发挥互联网理财在促进消费升级、改善金融资产配置等方面的作用，进一步拉动内需，促进经济增长。

第五，买方投顾成为财富管理行业新趋势，推动互联网理财平台转型。2019年10月，买方投顾试点落地，"买方模式"下机构大多通过存量资产管理规模向客户收取管理费，盈利模式由以产品销售为导向转向以用户服务为导向。"买方模式"对抗市场波动的能力相对较强，同时较为成熟、具备品牌影响力的投顾方拥有较高的客户黏性及定价能力，由此带来较高的附加值及稳定的ROE水平，进而能够提升机构收入稳定性、形成良性循环。对此，本书建议互联网理财平台积极顺应买方投顾的趋势，一方面，建立更为丰富的底层投资产品线；另一方面，利用大数据、人工智能等技术进行客户画像分析，为其进行个性化、定制化、智能化的财富管理服务，满足客户真实的投资需要；此外，通过投后陪伴引导客户理性和长期投资，为客户创造最大价值，实现互联网财富管理行业的商业模式升级。

第六，互联网理财监管环境趋严，互联网理财平台正确理解与迎合监管导向。随着互联网财富管理行业不断发展，针对互联网理财平台的监管趋严，2020年监管重点在于规范互联网销售渠道，互联网财富管理业务短期或将主要依托中国证券监督管理委员会颁发的基金销售牌照、信息技术系统服务机构备案以及基金投顾试点资质，向自身零售长尾客户提供公募（私募）基金、券商资管、股票开户和交易等产品及服务。对此，本书建议互联网理财平台一方面积极顺应监管趋势，更加注重平台产品合规性；另一方面，加强对投资者理财观念的教育与培养，提升用户对净值化产品的接受程度，并依靠精准用户识别、优异资产配置、贴心投后陪伴，持续建立客户信任，在积极拥抱监管的同时为未来实现长久发展打下坚实基础。

第七，金融业对外开放程度加深，互联网理财面临竞争加剧。在推进金融供给侧结构性改革的过程中，金融行业对外开放程度不断加深，2020年，证券、基金以及保险等金融机构外资持股比例限制全面取消，外资财富管理机构通过直接申请公募和私募牌照、提高现有合资基金公司持股比重、新发起中外合资资管机构等方式加速切入中国市场，将对国内互联网理财平台带来激烈竞争。对此，本书建议互联网理财平台继续夯实自身具备先发优势的渠道布局、广泛累积的流量基础、强大的用户洞察优势、显著的费率优势以及全产品布局优势，积极应对金融开放浪潮下的激烈竞争。此外，也须跟上时代的步伐，实现人工智能等新兴技术手段在财富管理领域的应用，强化科技赋能财富管理全流程，提高互联网理财平台竞争力。

参考文献

益普标准：《银行理财能力排名报告（2020年3季度）》，2020年10月27日。

巴曙松等：《2020年中国资产管理行业发展报告》，北京联合出版公司2020年版。

陈永伟等：《住房财富、金融市场参与和家庭资产组合选择——来自中国城市的证据》，《金融研究》2015年第4期。

傅秋子、黄益平：《数字金融对农村金融需求的异质性影响——来自中国家庭金融调查与北京大学数字普惠金融指数的证据》，《金融研究》2018年第11期。

高明、刘玉珍：《跨国家庭金融比较：理论与政策意涵》，《经济研究》2013年第2期。

广发银行、西南财经大学：《2018中国城市家庭财富健康报告》，2019年1月17日。

韩立岩、杜春越：《城镇家庭消费金融效应的地区差异研究》，《经济研究》2011年第1期。

江静琳等：《金融知识与基金投资收益：委托投资能否替代金融知识》，《世界经济》2019年第8期。

蒋涛等：《中国城镇家庭的资产配置与消费行为：理论与证据》，《金融研究》2019 年第 11 期。

李凤等：《中国家庭资产状况、变动趋势及其影响因素》，《管理世界》2016 年第 2 期。

李涛、陈斌开：《家庭固定资产、财富效应与居民消费：来自中国城镇家庭的经验证据》，《经济研究》2014 年 3 期。

李真：《投行加速对接实体经济，资管业务走出差异化——2019 年保险资管行业报告》，华宝证券，2019 年 2 月 28 日。

路晓蒙等：《住房、负债与家庭股市参与——基于 CHFS 的实证研究》，《南方经济》2019 年第 4 期。

马德功等：《互联网消费金融对我国城镇居民消费行为的促进作用研究》，《现代财经》2017 年第 9 期。

蚂蚁集团研究院：《美国投顾市场运行机制研究及其对我国投顾市场发展的启示》，2020 年。

潘敏、刘知琪：《居民家庭"加杠杆"能促进消费吗？——来自中国家庭微观调查的经验证据》，《金融研究》2018 年第 4 期。

孙兴杰等：《消费降级还是消费分层？——中国居民消费变动趋势动态特征研究》，《商业研究》2019 年第 8 期。

唐琦等：《中国城市居民家庭的消费结构分析：1995—2013》，《经济研究》2018 年第 2 期。

田长海、刘锐：《消费金融促进消费升级的理论与实证分析》，《消费经济》2013 年第 6 期。

王江等：《消费金融研究综述》，《经济研究》2010 年第 1 期。

王平、王琴梅：《消费金融驱动城镇居民消费升级研究——基于结构与质的多重响应》，《南京审计大学学报》2018 年第 2 期。

魏革军：《金融可得性的理解》，《中国金融》2018年第24期。

肖钢等：《中国智能金融发展报告2019》，中国金融出版社2020年版。

谢家智、吴静茹：《数字金融、信贷约束与家庭消费》，《中南大学学报》（社会科学版）2020年第2期。

邢天才、张夕：《互联网消费金融对城镇居民消费升级与消费倾向变动的影响》，《当代经济研究》2019年第5期。

易行健、周利：《数字普惠金融发展是否显著影响了居民消费——来自中国家庭的微观证据》，《金融研究》2018年第11期。

尹志超等：《金融知识、投资经验与家庭资产选择》，《经济研究》2014年第4期。

尹志超等：《金融可得性、金融市场参与和家庭资产选择》，《经济研究》2015年第3期。

尹志超、张号栋：《金融可及性、互联网金融和家庭信贷约束——基于CHFS数据的实证研究》，《金融研究》2018年第11期。

臧旭恒、张欣：《中国家庭资产配置与异质性消费者行为分析》，《经济研究》2018年第3期。

曾刚：《2019年度中国信托业发展评析》，2020年3月20日，中国信托业协会官网，www.xtxh.net/xtxh/。

张春辉：《券商资管业务创新：历史演进，制约因素与发展对策》，《证券市场导报》2013年第6期。

张大永、曹红：《家庭财富与消费：基于微观调查数据的分析》，《经济研究》2012年第1期。

张李义、涂奔：《互联网金融对中国城乡居民消费的差异化影响——从消费金融的功能性视角出发》，《财贸研究》2017年第8期。

招商银行，贝恩公司：《2019中国私人财富报告》，2019年6月5日。

招商银行：《2020年线上财富管理人群白皮书》，2020年12月22日。

中国保险资产管理业协会：《2015年中国保险资产管理发展报告》，2016年6月30日。

中国互联网络信息中心：《第44次中国互联网络发展状况统计报告》，2019年8月30日。

中国互联网络信息中心：《第45次中国互联网络发展状况统计报告》，2020年4月28日。

中国互联网络信息中心：《第47次中国互联网络发展状况统计报告》，2021年2月3日。

中国建设银行、波士顿咨询公司：《中国私人银行2019：守正创新 匠心致远》，2019年4月8日。

中国信托业协会：《2019年信托业专题研究》，2020年1月8日。

中国银行保险监督管理委员会：《保险资产管理产品管理暂行办法》，2020年5月1日。

中国证券投资基金业协会：《中国证券投资基金业年报（2019）》，中国财经出版传媒集团2019年版。

Hiroaki Hayakawa, "Consumer Behavior in a Monetary Economy and Smoothing of Composite Consumption", *Eurasian Economic Review*: *A Journal in Applied Macroeconomics and Finance*, No.1, 2020.

Campbell, J. Y. and Cocco, J. F., "How Do House Prices Affect Consumption? Evidence from Micro Data", *Journal of Monetary Economics*, No.3, 2007.

Haikel-Elsabeh, Marie, "How Personal Finance Management Influences Consumers' Motivations and Behavior Regarding Online Banking Services", *Digiworld Economic Journal*, No.3, 2016.

Jie Li, etc. ,"The Impact of Digital Finance on Household Consumption: Evidence from China", *Economic Modelling*, No. 86, 2020.

John Y. Campbell, "Household Finance", *The Journal of Finance*, No. 4, 2006.

Nicholas S. Souleles, "Expectations, Heterogeneous Forecast Errors, and Consumption: Micro Evidence from the Michigan Consumer Sentiment Surveys", *Journal of Money, Credit, and Banking*, No. 1, 2004.

Quanyun Song, etc. , "Accessibility of Financial Services and Household Consumption in China: Evidence from Micro Data", *North American Journal of Economics and Finance*, No. 53, 2020.

Stephen P. Zeldes, "Consumption and Liquidity Constraints: an Empirical Investigation", *Journal of Political Economy*, No. 2, 1989.

后　记

在《中国资产管理行业发展报告2021》的编写过程中，以下人员亦有贡献（以姓氏拼音排序）：安国志、楚丽君、崔志威、戴丹苗、戴甜甜、杜盈初、樊优、何华艳、李皓、梁虎、郎峻、刘婧漪、刘穆、冉然、孙翼、汪导国、王昊舒、吴海宇、王瑜婕、徐钒、许惠芬、延安、于寒、杨美萍、张晨阳、邹玥萌。

一本书籍的出版离不开每一位参与者严谨、细致的工作，离不开每一位参与者所提供的新思路、新观点的碰撞。在新书付梓之际，感谢以上人员在书稿完成过程中给予的帮助。

《中国资产管理行业发展报告2021》编委会
2021年7月